中国经济伦理思想通史

〔民国卷〕

王露璐 李明建
张 燕 等著

王小锡 主编

江苏人民出版社

图书在版编目(CIP)数据

中国经济伦理思想通史. 民国卷 / 王露璐等著. —
南京:江苏人民出版社,2024.6
ISBN 978 - 7 - 214 - 25383 - 5

Ⅰ. ①中… Ⅱ. ①王… Ⅲ. ①经济伦理学-经济思想
史-中国-民国 Ⅳ. ①F092

中国版本图书馆 CIP 数据核字(2020)第 153758 号

中国经济伦理思想通史
王小锡 主编
民国卷
王露璐 李明建 张 燕 等著

责 任 编 辑　王　溪
装 帧 设 计　刘葶葶
责 任 监 制　王　娟
出 版 发 行　江苏人民出版社
地　　　址　南京市湖南路 1 号 A 楼,邮编:210009
照　　　排　江苏凤凰制版有限公司
印　　　刷　苏州市越洋印刷有限公司
开　　　本　718 毫米×1000 毫米　1/16
印　　　张　22.5　插页 6
字　　　数　365 千字
版　　　次　2024 年 6 月第 1 版
印　　　次　2024 年 6 月第 1 次印刷
标 准 书 号　ISBN 978 - 7 - 214 - 25383 - 5
定　　　价　96.00 元(精装)

(江苏人民出版社图书凡印装错误可向承印厂调换)

总　序

　　《中国经济伦理思想通史》(全七卷)是国家社科基金重大项目"中国经济伦理思想通史研究"(11&ZD084)课题的最终研究成果。

　　本课题历时6年,经过艰苦努力和认真打磨,形成了《中国经济伦理思想通史》约280万字的最终研究成果。我们的课题研究宗旨是"全面、系统、创新、深刻、精当、可靠",为此,课题组全体成员在课题研究期间始终坚持这一宗旨,努力朝着预期的目标前进。课题组充分利用集体力量,在科学分工及责任明确的基础上,平均每年至少召开一次由课题组全体成员参加的专题研讨、学术攻关会议。同时,不定期地召开了数十次子课题组研讨会,适时讨论和解决研究中遇到的学术问题。课题从开题到最终成果定稿,我们先后聘请了学术顾问和相关专家学者参加专题研讨会或课题工作座谈会,及时为课题的进展把脉并提出指导性意见。课题研究伊始,我们聘请图书管理专业人员与课题组成员一起收集了80多万字与课题研究内容和研究路径相关的资料目录,为本课题研究提供了较为全面的学术信息资料。课题研究虽然十分艰难,但推进有序。

　　本课题有7个子课题组,分别是:

　　一、中国经济伦理思想通史基本问题研究

　　负责人:王小锡

主要成员:郭建新、汤建龙、陶涛

二、先秦经济伦理思想研究

负责人:王泽应

主要成员:贺汉魂

三、汉唐经济伦理思想研究

负责人:葛晨虹、王文东

主要成员:任俊华、张霄、李兰芳、李朝辉、刘沛恩
郭子一、尹梦曦、唐春玉、刘昱均

四、宋元经济伦理思想研究

负责人:刘可风

主要成员:阮航、解丹琪

五、明清经济伦理思想研究

负责人:周中之

主要成员:苏令银、周治华

六、民国经济伦理思想研究

负责人:王露璐

主要成员:李明建、张燕、谢新春

七、新中国经济伦理思想研究

负责人:郭建新

主要成员:刘琳、张露、白雪菲

《中国经济伦理思想通史》在坚持马克思主义立场、观点、方法的基础上,本着不忘本来、借鉴外来、着眼未来的思维视角,努力讲好中国故事。《中国经济伦理思想通史》力图全面展示中华文化独特瑰宝的尊荣和魅力;梳理和挖掘中国经济伦理思想的历时性和共时性相统一的完整体系;揭示三千年中国经济伦理思想发展历程及其基本规律;以科学的理念给哲学、经济学、伦理学、经济伦理学等学科建设和经济建设以独特的启迪;用历时与共时兼容、传统与现代交融的客观、科学的中国话语的研究成就体现中国风格和中国精神;等等。期盼

《中国经济伦理思想通史》为中华文明的建设和发展发挥应有的作用。

《中国经济伦理思想通史》是"中国经济伦理思想通史研究"课题组全体成员共同努力的结果，是集体智慧的结晶。课题组全体成员参与了《中国经济伦理思想通史》写作过程中的各卷提纲、相关专题和书稿的研讨等工作；各子课题负责人在拟定《中国经济伦理思想通史》相关分卷的撰写提纲的基础上，主持了提纲斟酌、书稿撰写和初稿修改等工作，并完成了全书统改工作；课题组首席专家主持了《中国经济伦理思想通史》撰写工作全过程，并召集各子课题负责人在完成《中国经济伦理思想通史》各卷审改工作的基础上进一步统改、定稿。

在"中国经济伦理思想通史研究"课题的研究过程中，许多著名专家学者给予了重要的学术支撑。课题组学术顾问（以姓氏笔画为序）万俊人、朱贻庭、华桂宏、李建华、宋希仁、柯锦华、唐凯麟、章海山等始终关注课题研究进展，参与课题组研讨、审稿等系列学术活动；课题组特邀学者（以姓氏笔画为序）杨义芹、邵汉明、徐小跃、樊和平、薄洁萍等参加了课题开题报告会或相关主题研讨会议，他们为本课题研究的顺利、深入展开提供了可贵的学术指导。同时，课题研究参考、借鉴了国内外有关专家学者的研究成果。在此，对有助于本课题研究的专家学者和相关学术成果作者表示由衷的感谢。

"中国经济伦理思想通史研究"首席专家　王小锡

2021 年 6 月

引　言

　　与整个近代中国社会一样,中华民国是从农业文明向工业文明转型的时代,经济、政治和文化呈现出错综复杂的状态。从经济上看,民国时期主要有封建经济、资本主义经济和新民主主义经济三种经济形态,它们同时存在且相互斗争,民国时期的经济发展在多种因素的制约下呈现一种缓慢的上升态势。从政治上看,民国时期30多年是中国饱受战争和政治磨难的动荡时期,各种政治势力和军事集团相互倾轧,战火不断。最终,中国共产党领导的革命力量夺取了政权,建立了中华人民共和国。从文化上看,民国时期的思想文化在开放的基本态势中显现出古今中外思想文化的碰撞和融合。正如毛泽东同志曾经指出的,民国时期存在着三种性质不同的思想文化,即帝国主义文化、半封建文化和新民主主义文化。同时,这一时期思想家群体和思想流派众多,思想文化论争此起彼伏,各个阶级、阶层和各种政治势力及集团对思想文化的运用也更加自觉。

　　民国时期经济、政治和文化的错综复杂,决定了这一时期经济伦理思想的演变表现出新旧杂陈、中外混合的状态。

　　从纵向的历史维度看,民国时期工业经济对农业经济的不断冲击,商品化进程的进一步加速,突破了中国传统社会的生产方式和生活方式,改变了经济关系和利益关系,从而动摇了传统儒家伦理思想的根基,也打破了中国传统的家庭(族)伦理关系。鸦片战争后西方功利主义思想的传入和传播,辛亥革命时期资产阶级革命派对封建主义旧道德、旧礼俗的批判,"五四"新文化运动时期激进民主派倡导的道德革命对封建旧道德的批判和对"个人本位主义"新道德的建立,新民主主义革命时期中国共产党和马克思主义者对旧道德和伦理学说的批判及对马克思主义伦理思想的研究和宣传,在很大程度上动摇了民国时期重农轻商、安土重迁、信任互助等传统经济价值观,自我意识、合作意识、契约意识等现代经济伦理观开始萌芽并日益强化。

从横向的区域维度看,民国时期经济伦理的演变呈现出极大的区域差异性。一方面,鸦片战争后商品经济的发展和西方功利主义思想的影响大多作用于沿海城市及以江浙为代表的近代资本主义工商业和民族工业发祥地。而在广大内陆地区,尤其是边远农村和少数民族地区,现代经济伦理观的辐射和影响十分微弱。另一方面,民国时期国民党统治区和共产党红色政权区的经济道德状况和经济伦理关系呈现出巨大差异。国民党统治区主要提倡以"礼义廉耻"为核心的、经过改装的中国传统道德。蒋介石还通过发起"新生活运动",以实践的方式改造国民的日常道德生活状态,大力倡导诚信、节俭、互助等传统美德。尽管新生活运动产生了一定的积极影响,但由于其虚伪性、形式化等问题和脱离社会制度的变革空谈道德改造,因而从整体上说收效甚微。而中国共产党在其先后建立的苏区、抗日根据地和解放区开展了新民主主义的经济改革和民主政治建设,推进了区域内以全心全意为人民服务为宗旨、以集体主义为核心的新道德的建立。尤其值得一提的是,土地革命以"耕者有其田"的土地政策推翻了封建伦理制度的经济基础,为平等、互助、合作等新型经济道德规范和伦理关系提供了生长点。抗日战争时期的大生产运动,增强了官兵和百姓的劳动观念和自立精神,更产生了"自己动手,丰衣足食"的南泥湾精神,至今仍有深远影响。

总体上看,民国经济伦理思想呈现出传统意识受到一定挤压、现代理念不断生长的基本特征,二者既有矛盾与冲突的一面,又有共生与融合的一面。这一特征在生产、交换、分配、消费四个方面都有所体现。具体而言,恋土重农、安土重迁、勤勉耐劳的传统生产伦理观与富民利国、理性务实、敬业自律的现代生产伦理观并存;基于熟人社会的特殊信任与互助互惠的传统交换伦理观和基于陌生人社会的普遍信任与契约规则的现代交换伦理观并存;基于群体本位与等级秩序的传统分配伦理观和基于个体本位与平等关系的现代分配伦理观并存;节制欲望、崇尚节俭、遵从习俗的传统消费伦理观与合理节欲、俭奢有度、反对迷信的现代消费伦理观并存。

　　民国时期，一些著名的思想家、革命家、实业家提出一系列关于经济伦理的重要论述，尽管他们在立场、观点上有所差异，但是，总体上看，他们提出的观点反映了民国社会转型和经济发展的基本方向，体现了这一时期经济、政治、文化的基本态势及其所决定的经济伦理关系和道德规范的变化。在本书中，我们将对民国时期经济伦理思想转型的背景、特征进行全面的分析，梳理民国三大伦理思潮及其经济伦理思想，并着重阐释孙中山、梁漱溟、李大钊和费孝通的经济伦理思想。

第一章

民国社会概况与经济文化变革

中华民国时期(1912—1949)在中国历史上虽然短暂,却是承上启下的重要时期。这一时期,中国的经济、政治、社会和思想文化出现了新旧大交替的情形,发生了中华文明五千年未有的巨大变革。从经济上看,民国时期主要有封建经济、资本主义经济和新民主主义经济三种经济形态,它们同时存在且相互斗争,民国时期的经济发展在多种因素的制约下呈现一种缓慢的上升态势。从政治上看,民国时期30多年是中国饱受战争和政治磨难的动荡时期,各种政治势力和军事集团相互倾轧,战火不断。最终,中国共产党领导的革命力量夺取了政权,建立了中华人民共和国,人民成为国家的主人。从文化上看,民国时期的思想文化在开放的基本态势中显现出古今中外思想文化的碰撞和融合。在这一历史背景中,民国时期经济伦理思想同样呈现出激烈的斗争和强劲的变革态势。

第一节　中华民国基本概况和主要特征

总体看来,中华民国时期与整个近代社会一样,是从农业文明向工业文明转型的时代,经济、政治和文化发展呈现出错综复杂的状态。这一时期的主要特征,在军事、政治方面主要体现为内战、革命和外敌的入侵,在经济、社会、知识和文化领域则主要体现为变革和发展。

一、承上启下的重要时期

虽然中华民国的历史仅有37年(1912年至1949年),但却是中国历史上一段极为重要的历史时期。中华民国是中国资产阶级革命推翻封建统治而建立起来的共和制国家,与此前的清朝及此后的中华人民共和国都有着重要的关系,是承上启下的一个重要时期。不论是断代史研究,还是专门史研究,这一历史时期都是不可忽略和不可跨越的。经济伦理思想史的研究,亦是如此。

17世纪下半叶至18世纪,清朝经历的"康雍乾盛世"是中国封建社会后期发展的鼎盛时期,中国的封建社会也由此开始走向衰落。与此同时,世界历史开启了资本主义时代,英国、法国、美国等国家先后建立起资本主义政权。工业革命使机器大生产取代了工场手工业,推动了资本主义经济的快速发展。为适应资本主义发展的需要,西方殖民势力来到东方,掠夺财富,这使中国遭遇了前所未有的挑战,中华民族面临着严峻的生存形势。1840年鸦片战争以后,争取民族独立、人民解放和实现国家富强、人民富裕成为近代中国的两大历史任务。在挽救民族危亡的过程中,农民群众、洋务派、维新派先后登台,分别发动了太平天国农民运动、洋务运动、戊戌维新运动,为挽救国家而努力,但这些对国家发展道路的早期探索都未能避免最终失败的命运。

在民族危机不断加深、社会矛盾日趋激化的情况下,以孙中山为代表的革命派为救亡图存而继续顽强斗争,发动了资产阶级民主革命。孙中山领导的同盟会发动了多次武装起义,起义虽然失败,但是产生了极为广泛的影响,革命党人的英勇气概鼓舞了国人为挽救国家而努力奋斗。此后湖北革命党人所发动的武昌起义掀起了辛亥革命的高潮,清王朝统治政权摇摇欲坠。1911年底,孙中山从海外回国,被各省代表选举为临时大总统。1912年1月1日,孙中山在南京宣誓就职临时大总统,定国号为中华民国,成立中华民国临时政府。1912年成为民国元年。

辛亥革命,与太平天国农民运动、洋务运动、戊戌维新运动都不同,这是一次比较完全意义上的资产阶级民主革命,是中国人民挽救民族危亡的重要里程碑,给中国大地带来了历史性的巨变。"1911年的辛亥革命,作为一次暴力革命,完成了历史赋予它的任务,即:推翻清朝,建立民国,实现由传统社会向现代社会的初步转型,把中国引向建设现代社会的发展道路。"①辛亥革命的历史意义在于沉重打击了清王朝统治势力及帝国主义侵略势力,使封建君主专制制度消亡,使民主共和的观念深入民众。辛亥革命使中国的经济、风俗习惯等社会生活各方面都发生了巨大变化,推动了人们思想的大解放、大变革。

辛亥革命虽然取得了巨大的成果,但是北洋军阀首领袁世凯窃取了革命果实,他为了维护大地主和买办资产阶级的利益建立了北洋军阀政权。

---

① 张宪文等:《中华民国史》第1卷,南京:南京大学出版社2013年版,第9页。

北洋政府时期，帝国主义势力的影响依然存在，传统思想观念仍有遗留，中国人民的生活在动荡、混乱中依然表现为贫穷、落后。北洋军阀的统治是对辛亥革命在经济、政治及文化上的颠覆，革命派的资产阶级共和国梦想最终破灭。这一时期，传统社会向现代社会的转型只能缓慢进行。"但是，北洋军阀政府也颁布了一些鼓励发展资本主义和文化教育事业的法令，采取了一些有利于社会转型的措施。对于文化转型起了巨大作用的新文化运动和五四运动，就发生在北洋军阀统治时期。"①

　　北洋军阀统治时期，国家内部分裂，地方混战，列强加快掠夺步伐，中国再次处于黑暗之中。为了维护民主共和的成果，孙中山领导发起"二次革命"，组建护法军政府举行护法运动和第二次护法运动，但都遭到失败。依然黑暗的社会现实促使思想先进的中国人继续寻求救国救民的真理，先进的知识分子们深入分析了国家危亡的各种原因，他们认识到仅靠西方政治制度难以完成救国救民的任务，对民众进行思想上的改造，更显重要。他们深刻批判了封建主义制度，举起了民主与科学的旗帜，发起了新文化运动。新文化运动反对旧道德提倡新道德，反对旧文学提倡新文学，倡导者们试图通过西方思想来改造国民性，最终改造社会，这股思想解放的潮流使得人们的思想经受了一次深刻的洗礼。

　　1919 年，以巴黎和会上中国外交的失败为导火索的"五四运动"爆发，成为中国新民主主义革命与旧民主主义革命的分水岭。俄国十月革命的胜利，给中国先进的知识分子带来很多触动。在"五四运动"的影响下，马克思主义在中国大地广为传播，并与中国的工人运动相结合，中国共产党也应运而生。1921 年，中国共产党成立后，中国革命的面貌焕然一新。此后，孙中山重释"三民主义"，提出联俄、联共、扶助农工三大政策，在中国共产党建议下，改组国民党，在苏联和共产国际帮助下，国共两党统一战线得以建立，国民革命轰轰烈烈地开展起来。1927 年，第一次国共合作破裂，大革命归于失败，中国历史进入土地革命战争时期。1931 年，日本发动"九一八"事变，加快侵略中国的步伐。1937 年 7 月 7 日，日本发动全面侵华战争，中国人民面临深重的灾难。在民族危亡的紧要关头，中国共产党再次推动国共两党合

----

① 郭德宏：《20 世纪中国的社会转型与评价》，载《史学月刊》2004 年第 7 期。

作,促成建立了较为广泛的抗日民族统一战线。在抗击日本侵略的过程中,中国国民党领导的军队和中国共产党领导的武装力量分别在正面战场和敌后战场努力抗击日军,做出了重要贡献。特别是中国共产党在抗日战争中发挥了中流砥柱的作用,中国最终取得了抗日战争的胜利。抗战胜利后,中国人民期望的民主与和平建国的道路,在国民党统治集团发动的内战中无从实现。中国共产党则领导中国人民进行了人民解放战争,最终推翻了帝国主义、封建主义和官僚资本主义的反动统治,实现新民主主义革命的伟大胜利。1949 年 10 月 1 日,中华人民共和国成立,开启了中国历史发展的新纪元。

中华民国史在中国的历史长河中虽然仅是 37 年的短暂历史,却是前承晚清、后启新中国的历史。中华民国的成立,推翻了清王朝的统治,君主专制制度宣告结束,中国历史上第一个民主共和国得以建立,这是与封建王朝完全不同的政权。虽然此后的共和政制经历了演变,但民主共和的观念已经深入人心,“敢有帝制自为者,天下共击之”[1]的观念在中国社会已经形成。由于中国特殊的国情,资产阶级共和国方案在中国行不通,在中国共产党领导中国人民进行的新民主主义革命取得胜利之时,中国建立了工人阶级为领导、各革命阶级联合专政的新民主主义社会,再通过社会主义革命推动发展,最终建立起社会主义社会。中华民国成立以后,南京临时政府为了振兴实业,颁布了一些推动民族资本主义经济发展的政策措施,使民族资本主义迎来了一个发展的黄金时期。在民国之前,中国的民族资本主义经济虽然已经产生,但是只能在帝国主义和封建主义的夹缝中成长,发展缓慢,力量微弱,农村地区封建地主的土地所有制依然保持着。而中华民国成立后,民族工商业虽然总体上发展极不容易,但也有几次发展的大好机遇。新中国成立以后,社会主义经济、个体经济和私人资本主义经济三种经济成分是中国主要的经济形式。1956 年,国家完成对个体农业、手工业及资本主义工商业的社会主义改造,建立起了社会主义的经济基础。

中华民国成立前后,是中国思想文化的激烈震荡期,1840 年鸦片战争以后,中国人民开始睁眼看世界,“师夷长技以制夷”“君民共主”等思想主张展

---

① 《孙中山全集》第 1 卷,北京:中华书局 1981 年版,第 297 页。

示了一些先进分子的民族觉醒意识。中日甲午战争以后,在民族生死存亡之时,中国人普遍的民族意识开始觉醒。在救亡图存的探索中,太平天国农民起义冲击了儒家经典的正统权威;洋务运动在"中学为体,西学为用"思想的指导下,给当时的中国人带来了新的知识,开阔了中国人的眼界;维新运动提出不仅要学习西方先进的科学技术,更重要的是学习西方的政治制度和思想文化,而资产阶级思想和封建主义思想的正面交锋,则进一步传播了西方资产阶级政治学说;以孙中山为代表的革命派提出了民族主义、民权主义、民生主义的"三民主义"思想,在与改良派的论战中,民主革命思想得到传播,辛亥革命还推动了中国民众思想习惯和社会风俗的变革。中华民国时期的文化在开放发展中显现出中国传统思想文化、西方思想文化及马克思主义思想的碰撞与融合。这一时期,西方近代思想文化流入中国后,中国传统伦理思想面临深刻的生存危机,而中西方伦理文化的冲突所带来的伦理思想的变迁与转型,也使中国伦理思想开始走上现代化发展之路。中华人民共和国成立后,在马克思主义指导下,中国从发展新民主主义文化转向建设面向现代化、面向世界、面向未来的,民族的、科学的、大众的社会主义文化。

可见,这一承上启下的历史时期,开始了中国社会前所未有的历史变革,特别是辛亥革命给此后的中国社会带来了巨大的震撼和深刻的影响,为中华民族发展进步探索了道路。

二、动荡的军事政治格局

辛亥革命的历史意义巨大,但最终因北洋军阀首领袁世凯窃取革命果实而失败,南京临时政府只存在了三个月。武昌起义后,袁世凯在帝国主义列强支持下,给附从革命的立宪派及旧官僚施加压力,以谋取大总统职位。孙中山提出让位的条件,即清帝要退位、袁世凯宣布拥护共和。在得到孙中山的保证后,袁世凯加紧"逼宫"。1912年2月12日,清宣统皇帝颁布退位诏书。次日,袁世凯宣布拥护共和制度,孙中山也提出辞职咨文。2月15日,临时参议院选举袁世凯为临时大总统。3月10日,袁世凯在北京正式就任临时大总统。4月1日,孙中山正式卸任临时大总统职务,中国历史进入了北洋军阀的专制统治时期。此后,袁世凯武力镇压"二次革命",强迫议员选举自己为正式大总统,解散国民党,遣散参议院及众议院议员,撕毁《中华民国临时约法》,用总统制取代内阁制,后又接受日本侵害中国权益的"二十一条",复辟帝制,企图实现专制独裁。1916 年 3 月 23 日,当了 83 天皇帝的袁世凯面对护国运动,最终取消帝制。袁世凯称帝败亡之后,中国陷入了军阀割据的局面。

袁世凯暴亡后,黎元洪继任大总统,任命段祺瑞为国务总理兼陆军总长,补选冯国璋为副总统。黎元洪、冯国璋不满日本支持的段祺瑞把控政府实权,寻求英美支持,导致了所谓的"府院之争"。军阀统治是民国时期政治混乱、军事动荡的重要原因。袁世凯死后,北洋军阀派系分化的速度加快,以段祺瑞为首的"皖系"、冯国璋为首的"直系"、张作霖为首的"奉系"加上南方的唐继尧为首的"滇系"、陆荣廷为首的"桂系",各占一方,争夺权力,混战不已。府院之争矛盾激化之时,黎元洪免去段祺瑞国务总理职务,段祺瑞则要武力倒黎,带兵进京调停的军阀张勋趁机复辟帝制,遭到全国各界人士严厉声讨。后黎元洪又请冯国璋代理大总统职务,恢复段祺瑞职务。1917 年 8 月,"国会非常会议"在广州召开,恢复《中华民国临时约法》,组建中华民国军政府,孙中山当选大元帅。护法运动的开展,鼓舞了各地反对北洋军阀政府统治的斗争。1918 年 5 月,"国会非常会议"改大元帅制为政务总裁制,孙中山、唐继尧、陆荣廷、岑春煊等七人当选政务总裁并组成政务会议,唐继尧、陆荣廷推举岑春煊为主席总裁,西南军阀也就控制了护法军政府的权力,孙中山从广州奔赴上海,护法运动宣告失败。1918 年 6 月,在皖系军阀政客的操纵下,新国会选举中,徐世昌被选举为大总统。

北洋政府统治时期军阀之间不只是简单地争权夺利,军阀之间的混战更让时局动荡不堪。1919 年 2 月,南北双方在上海开始议和,5 月,谈判破裂。直皖两派军阀争权夺利、扩大地盘,矛盾不断加深。7 月,段祺瑞以吴佩孚受贿通敌、曹锟胁迫中央为名,要"兴师讨逆"。段祺瑞把军队命名"定国军",自任总司令,进行军事部署。曹锟则将部队称为"讨贼军",吴佩孚担任前敌总司令。张作霖表面中立,实则加入倒皖之战。西路战线,皖军先向直军发起进攻,后遭直军反攻而溃败。东路战线,直军在奉军的支援下,大败皖军。7 月下旬,直、奉军队战胜皖军,共同掌控北京政权。直皖之战实质是各派争夺更多权力和利益的战争,战争结束仍然难以结束社会动荡的形势。

1920年11月下旬,孙中山返回广州,重建军政府,继续护法。1921年4月,国会议员非常会议召开,孙中山当选中华民国大总统。6月,陆荣廷带领桂系军队进攻广东,孙中山任命陈炯明率军攻入广西,后桂系将领宣布脱离陆荣廷,陆荣廷失败下野。此后,孙中山决心进行北伐,但陈炯明多次反对或暗中阻挠,迫使孙中山改变北伐计划。1922年5月,孙中山发布北伐命令,兵分三路,进军江西。与此同时,陈炯明在广州策划叛乱。8月上旬,孙中山由于孤立无援,再赴上海,第二次护法运动宣告失败。

直皖战争中,直系与奉系有过合作,但战争结束后,直系、奉系不断扩张自己的势力,二者矛盾也不断加剧。1922年3月,曹锟委托吴佩孚备战,决定与奉系开战。此时,张作霖恢复与段祺瑞的关系,并与广州护法政府联系,结成同盟对付直系。4月,第一次直奉战争爆发,5月初,奉军全线溃败。6月初,张作霖宣布东三省自治,直奉代表签订和约。6月中旬,黎元洪在直系军阀的催促下赴京复职,直系内部开始争斗,曹锟派与吴佩孚派都要控制黎元洪,后黎元洪被迫辞职。10月上旬,国会总统选举会召开,曹锟成为"贿选总统",其贿选行为遭到社会各界强烈声讨,新的军阀冲突也在酝酿。1924年9月,江浙战争爆发,曹锟下令讨伐卢永祥,皖系、奉系通电支援卢永祥。10月,直系孙传芳部队占领松江,卢永祥下野,江浙战争结束。与此同时,张作霖利用江浙战争之机入关。9月12日,曹锟组建"讨逆军",吴佩孚任总司令,9月下旬,第二次直奉战争爆发。直奉两军对战之时,直系将领冯玉祥回师北京,发动政变。10月23日晚,冯玉祥与张作霖里应外合,包围总统府,监禁曹锟。北京政府解除吴佩孚职务,吴佩孚率部赶回天津,奉系抓住直系军心动摇之机,发动猛攻,直系大败,第二次直奉战争结束。

1924年10月,冯玉祥等宣布脱离直系,建立"国民军",任国民军总司令。奉系与国民军因争夺反直战争成果而矛盾加深。1924年11月,天津会议确定段祺瑞组织临时政府,任临时执政,而因当时已无真正民意机关,段祺瑞表面大权独揽,实为政治傀儡。1925年10月,奉、浙战争爆发,浙江军务督办孙传芳任五省联军总司令,率兵进攻奉军,奉系势力退出苏、皖、沪。奉、浙战争结束后,奉系转而对付国民军,张作霖与阎锡山、吴佩孚合作进攻冯玉祥,后冯玉祥宣布下野,国民军撤出北京。1926年4月,段祺瑞下野后,北京政府即无国家元首。

在共产国际和中国共产党的帮助下,孙中山领导国民党进行改组。1924年1月,国民党一大在广州召开,大会通过《中国国民党第一次全国代表大会宣言》草案,确立了联俄、联共、扶助农工三大政策,大会还确定了共产党员以个人身份加入国民党的原则,标志着第一次国共合作局面形成,国民革命的高潮得以掀起。国民革命时期,孙中山领导筹办"黄埔军校",培养革命需要的军官。此外,在孙中山的领导下,广州革命政府平定广州商团叛乱,讨伐陈炯明、邓本殷等军阀势力。1925年3月12日,孙中山在北京病逝。7月1日,广州国民政府成立,汪精卫任主席。1926年5月,国民政府军事委员会发动北伐战争。6月,国民党政府任命蒋介石担任国民革命军总司令。8月,孙传芳中止与国民革命军的谈判,开始进攻北伐军。10月,直系吴佩孚主力基本被消灭。12月,国民政府在武汉成立临时联席会议,进入武汉国民政府时期。1927年2月,临时联席会议结束,中央党部和国民政府在武汉正式办公。3月,北伐军占领南京,北伐战争取得重大胜利。4月12日,蒋介石发动反革命政变,18日,在南京成立国民政府和中央党部,宁汉对峙形势严峻。6月,冯玉祥、阎锡山倒向南京国民政府,宁汉力量更加失衡。1927年6月,张作霖出任安国军政府大元帅,代表中华民国行使统治权,因仍无代议机关,实乃军事独裁时期。7月15日,武汉政府决定"分共",宁汉对立转向宁汉合流。此后,大批共产党员、革命群众被杀害,第一次国共合作彻底破裂,国民大革命宣告夭折。

1927年8月,蒋介石被迫下野,9月,宁汉实现合流。1928年1月,蒋介石重任国民革命军总司令,继续北伐。5月,张作霖奉系主力退往关外,北洋军阀统治结束。6月,北伐军占领北京,宣告全国统一。同月,新疆易帜。大革命失败后,国民党成为代表地主阶级、大资产阶级利益的政党,国民党统治依然是独裁统治。7月,张学良就任东三省保安总司令,后东北易帜。12月底,张学良担任东北边防军司令长官。至此,国民党实现了全国范围形式上的统一。

南京国民政府成立后,内部派系林立,争权夺利斗争不停。汪精卫派骨干成员组织"改组派",公开从事反蒋活动。1929年12月,国民党中常会永远开除汪精卫党籍。1929年1月,蒋介石集团与桂系为争夺湖南利益矛盾激化,蒋桂战争爆发,4月,桂系失败。5月,蒋介石与冯玉祥冲突再起,冯自任"护党救国军西北路军总司令",进行武力反蒋。蒋介石则集结中央军主力迎战,并采取措施推动冯玉祥高级将领拥蒋反冯,后冯玉祥宣布下野。11月,桂系第二次反蒋战争失败。1930年5月,阎锡山、冯玉祥、李宗仁联合反蒋,中原大战爆发。9月,北平国民政府在反蒋派的操作下成立。9月中旬,在蒋介石的努力下,张学良公开声明拥护南京国民政府。东北军入关,占领平津、华北。11月,阎锡山、冯玉祥宣布下野,中原大战结束。此时,蒋介石本以为自己地位巩固、不可动摇,却因要召开国民会议,引发约法之争。1931年4月底,陈济棠、李宗仁、白崇禧等两广实力派和汪精卫派、西山会议派联合反蒋。5月下旬,反蒋人士在广州召开国民党中央执监委员会非常会议,决定成立广州国民政府,汪精卫等17人当选国民政府委员。非常会议及广州国民政府的成立,意味着广州国民政府与南京国民政府完全对立。12月,蒋介石宣布下野。1932年3月,蒋介石出任新的军事委员会委员长,蒋汪合作格局形成。至此,国民党新军阀的混战暂告一段落,各派联合统治局面暂时形成。

　　大革命失败后,中国共产党领导人民进行了艰苦卓绝的土地革命战争,从起初的城市武装起义,到后来创建农村革命根据地,探索了一条适合中国国情的农村包围城市、武装夺取政权的革命道路。国民党政府对革命根据地的发展与壮大感到惊慌,发动了多次"围剿"。中国共产党领导第五次"反围剿"陷于被动时,决定战略转移,红军开始长征。1935年1月,遵义会议在危急关头,解决了中国共产党和中国工农红军的组织问题和军事问题,挽救了党,挽救了红军,挽救了中国革命。1936年10月,红军三大主力在甘肃会宁胜利会师,长征结束,中国革命开始转危为安。1937年7月7日,日本发动全面侵华战争,中国共产党倡导建立抗日民族统一战线,实现第二次国共合作,中国人民经历了从战略防御到战略相持再到战略反攻的长期抗战,最终取得抗日战争的伟大胜利。抗日战争胜利后,国民党坚持独裁统治,无视人民对和平、民主的期待,依靠美国政府的支持,发动内战,中国共产党又领导人民进行了反对国民党反动统治的人民解放战争,在粉碎国民党的全面进攻和重点进攻后,由战略防御阶段进入战略进攻阶段,最终彻底摧毁国民党的反动统治,建立新中国,取得新民主主义革命的伟大胜利。

三、变革的经济社会文化

在中国近代历史上,辛亥革命的重大历史意义还在于其带来了前所未有的经济社会文化变革,推动中国开始迈向现代社会之路。辛亥革命沉重打击了中外反动势力,帝国主义难以在中国建立起稳定的统治秩序。辛亥革命所建立的资产阶级共和国开始探索资本主义经济发展的措施,提出了振兴实业的目标,促进工商业发展,推动了民族资本主义经济的快速发展。辛亥革命还带来了思想文化上的巨大变革,民主共和的观念深入人心,封建君主专制在中国已难以生存,人民由"封建臣民"转变成"民国国民",取消跪拜礼、互称"先生"或"君"、男子剪辫、女子放足等变化席卷全国,成为社会风尚。

北洋政府时期,中华民国继续保护并促进工商业发展,鼓励商人呈请开办厂矿,支持民营企业发展。政府还通过制定法律、法规促进民族资本主义经济发展。第一次世界大战期间,资本主义国家对中国的商品输出和资本输出减少,中国民族资本主义获得一个发展良机,民族资本商业集团出现,民族资本主义经济进入新的发展阶段。但是北洋政府代表和维护的是帝国主义、地主阶级和大资产阶级的利益,军阀官僚们不断扩大地盘,压榨农民,操纵国家财政金融、工业及运输业。北洋军阀的专制统治,难以容忍资产阶级民主制度的存在,人民难以享有各种政治权利。这一时期,北洋政府还进行了尊孔复古活动,一些团体宣传封建伦常,攻击民主共和思想。

辛亥革命失败后,一些先进的知识分子发起了新文化运动。新文化运动以《新青年》杂志和北京大学为主要阵地,高举民主、科学旗帜,在陈独秀、李大钊、蔡元培、胡适、周作人等人的努力下,不断推进。新文化运动的主要内容有二:一是文学革命,提出以白话文取代文言文,主张个性解放的文学内容;二是批判儒学,反对孔教。新文化运动表明先进的知识分子要通过传播西方思想改造国民性,尽管对中国传统文化和西方文化未能全面科学分析,但对于民众思想解放的意义重大。五四运动以后,实验主义、基尔特社会主义、无政府主义等新思潮涌入中国。在五四运动的推动下,社会主义思潮在中国蓬勃兴起,马克思主义也开始在中国传播。五四运动以后的新文化运动呈现新的特征,那就是马克思主义在思想文化领域逐渐发挥其指导作用。也正是因为马克思主义的逐步传播,加之中国工人阶级作为独立政治力量在历史舞台的显现,推动了中国共产党的诞生。

南京国民政府建立后,因为战事不断,军费激增,财政经济状况堪忧。后因同意承担北洋军阀政府及清政府的巨额外债,陷入极度沉重的债务负担中。南京国民政府通过税制改革增加税收收入,通过大举借债解决入不敷出状况。后又重组银行,建立起"四行二局"①为主体的国家金融体系。这一时期,官僚资本控制的工矿业有一定发展,但民族工业受官僚资本压迫而开始萎缩。南京国民政府在农村地区实行一些积极的经济发展措施,但地主土豪与农民的贫富差距不断扩大,农民遭受极其沉重的封建剥削。国民党政府还开展了"废约外交",在妥协的基础上改定新约,试图换取帝国主义列强的承认。在思想文化方面,国民党政府实行文化"围剿",制造文化"白色恐怖",查禁书刊,杀害进步人士。在中国共产党领导下,左翼文化运动兴起,在国统区传播了进步思想,对于抗日救亡运动也发挥了积极作用。为了改造积贫积弱的乡村社会,有识之士积极探索发展出路,开展了复兴农村的运动。晏阳初提出,建设乡村首先要解决建设乡村人的问题,主张通过文艺教育、生计教育、卫生教育和公民教育来提升民众的"知识力""生产力""强健力"和"团结力",解决中国乡村"愚""穷""弱""私"这四大基本问题。梁漱溟认为,乡村建设运动起于乡村的破坏和救济。"在他看来,近代以来西方入侵所导致的'文化失调',破坏了中国乡村社会伦理本位的礼俗秩序,从而导致乡村破坏。因之,乡村救济的路径是,通过乡村建设建立新的乡村文化礼俗,从而恢复伦理本位的社会秩序。"②梁漱溟认为要解决文化失调问题,就需从乡村入手建设一个新的社会组织构造,建设新礼俗,开展乡村教育。晏阳初、梁漱溟等没有停留在乡村救济的理论探讨层面,而是进行了长期的实践探索,并取得了不可轻视的成绩。当然,在当时中国经济发展思路的探索中,除了从乡村出发、主张复兴农村的观点外,也有主张加大工业建设,试图"以工立国"的思想。还有学者认为当时的中国在列强压迫下,城市工业

---

① "四行"为中央银行、中国银行、交通银行及中国农民银行,"二局"为中央信托局、邮政储金汇业局。
② 王露璐:《乡土伦理——一种跨学科视野中的"地方性道德知识"探究》,北京:人民出版社2008年版,第70页。

很难发展,所以提出了在乡村创办工业企业、推动经济发展的第三条道路。张培刚则基于其农业经济调查研究工作所了解的实际情况,认为农村工业发展也不能摆脱帝国主义的经济压迫,农村工业的建立同样艰难,主张中国要通过实现"工业化"来发展经济。"工业化一语,含义甚广,我们要做到工业化,不但要建设工业化的都市,同时也要建设工业化的农村。"[①]"'工业化'(Industrialization)可以被定义为一系列基要的'生产函数'(Production Function)连续发生变化的过程。这种变化可能最先发生于某一个生产单位的生产函数,然后再以一种支配的形态形成一种社会的生产函数而遍及于整个社会。"[②]

全国抗战爆发后,国民政府初步确立战时经济体制,把沿海工业迁向内地,这些内迁的企业成为战时经济发展的动力,促进了西部经济发展,有力地支持了抗战。同时,国民政府军事委员会增设农产、工矿、贸易三个调整委员会,对全国经济进行战时调整。其后,国民党实施统制经济措施,生产以供应抗战为首要任务,经济以军事为中心。战时经济政策的实行,对于集中财力、物力抗战发挥了积极作用,也使官僚资本大为膨胀。这一时期,陕甘宁边区及抗日民主根据地领导开展了减租减息和大生产运动,以应对出现的经济困难局面,这为抗日战争的最后胜利提供了一定的物质保障。抗日战争时期,中国教育事业克服各种困难,取得了一定发展,初等教育的入学人数、教职员数有所增加,中等教育学校、学生、教职员数都获较大增长。国民政府还实施战时高校内迁政策,实行贷款和公费制度及教师学术研究补助制度,高等教育得以保持并发展。这一时期,在自然科学、人文社会科学的学术研究中都取得了较为可观的成果,优秀人才在各学科充分涌现,对于弘扬民族精神、夺取抗战胜利发挥了积极作用。

国民党发起全面内战后,军事上不断挫败,政治上陷入危机,经济状况也不断恶化。这一时期,以"四大家族"为首的官僚资本急速增长,但是这些资本名为国有,实乃私有,这就使得民族资本主义经济遭到破坏,工商业生产日趋凋敝萎缩。国统区农村经济因国民党无法解决土地问题、农民生产

① 《第三条路走得通吗》,载《独立评论》1935 年第 138 期。
② 张培刚:《农业与工业化》,武汉:武汉大学出版社 2013 年版,第 107—108 页。

積极性低下而急剧衰退。国民党发动内战，产生了庞大的军费开支，为了解决经费问题，只得滥发纸币，又带来了恶性通货膨胀，最终导致经济崩溃。

中国共产党领导的人民解放战争胜利后，中国人民政治协商会议召开，会议通过了共同纲领，对新民主主义国家的政权制度、经济政策、文化教育政策、军事外交政策等都做了具体的规定。中国新民主主义革命的胜利，结束了帝国主义的压迫奴役，结束了封建主义、官僚资本主义的统治，实现了民族的独立和人民的解放，从根本上改变了中国社会的发展方向，中国踏上了民族复兴的伟大历史征程。

第二节 民国经济发展的基本状况

中华民国时期，我国社会最显著的特点就是战争、革命、变革等。在这样一种社会环境下，经济的持续发展必然成为很困难的事情。民国时期经济发展的总体状况表现为封建经济日趋衰落，在华帝国主义经济由强大慢慢变弱，民族资本主义经济在曲折中有所发展，新民主主义经济的范围由小变大，实力也由弱变强。所以，民国经济发展一方面表现为多种因素制约下的缓慢上升，另一方面表现为多种经济形态的并存和斗争。

一、多种因素制约下的缓慢上升

1912 年到 1949 年，中国经济的发展不是显著上升的状态。"在 1949 年以前的年代，看不到经济总增长量趋于持续'起飞'的形势，也没有可能因经济的增长而带来个人福祉利益的提高；充其量来说，绝大多数的中国人仅是勉强维持生存而已。"[1]这一时期的经济增长是缓慢的。"虽然在 19 世纪后期，中国已开始出现小型现代工业和运输部门，也是以比较快的速度增长；但在 1949 年以前，其影响还是比较小的。有关的生产要素，如土地、劳动力

---

① ［美］费正清编：《剑桥中华民国史》（上卷），杨品泉等译，北京：中国社会科学出版社 1994 年版，第 31 页。

和资本的供应,都基本上没有变化。"①

辛亥革命的爆发、中华民国的建立,为民族的发展进步探索了道路,开启了民国三十七年经济发展的新起点。辛亥革命对国内的封建势力和国外的帝国主义侵略势力都给予了沉重打击,这为民族资本主义的发展奠定了坚实的基础。"特别是以孙中山为总统的南京临时政府,颁布了一系列符合资产阶级民主政治原则、有利于资本主义发展的政策法令,如'慎重农事',保护华侨,鼓励华侨在国内投资,保护人民私有财产,解放'贱民'等等法令。"②由于辛亥革命对人们思想的影响,即便是在北洋军阀统治时期,这些对整个经济发展极为有益的法令也没有被取消。

民国初期保护实业的政策法令激发了民族资产阶级发展实业的热情,也催生了"振兴实业"社会思潮的产生,中国的民族资本主义获得了较好的发展机会。民国初年的经济政策主要包含六个方面:"保护工商,扶持幼稚的民族工商业""吸收外资、鼓励私人和华侨投资""提倡国货、参加国际博览会""'慎重农事'、鼓励垦荒""统一度量衡和铸币权,裁撤部分税厘,以利贸易""疏通金融、维持实业"。③ 在这些政策的推动下,机器工业、棉纺织工业、火柴业、卷烟业、采矿业等民族工业都有较快发展。以机器工业为例,民国成立前,上海共有 65 家民族机器工业。"中华民国建立后,由于民族资本主义的迅速发展,对各种机器的需求迅速增加,这就刺激了民国机器工业的发展。仅 1912 年一年中,上海新创设的民族机器工厂即达 15 家,次年创设 11 家,到 1914 年又有 17 家开业,大大超过了晚清时期。"④总体上看,民国初年的中、小企业数量在增加,企业发展也由沿海向内地延伸。这一时期,与民族资本主义的发展相比较,农村的农民遭受军阀统治者、帝国主义及城市商业资本的多重压迫和掠夺,经济负担极其严重,农村经济濒临破产。与自然经济相伴而生的农村手工业也因为帝国主义在华企业以及民族资本主义工商业的影响而继续衰落。

---

① [美]费正清编:《剑桥中华民国史》(上卷),杨品泉等译,北京:中国社会科学出版社 1994 年版,第 31 页。
② 史全生主编:《中华民国经济史》,南京:江苏人民出版社 1989 年版,第 46 页。
③ 同上书,第 67—76 页。
④ 上海市工商行政管理局等:《上海民族机器工业》,北京:中华书局 1979 年版,第 197 页。转引自史全生主编:《中华民国经济史》,南京:江苏人民出版社 1989 年版,第 78—79 页。

1914 年到 1918 年,西方资本主义国家因为重新瓜分世界而发起了第一次世界大战。除了英国,法国、德国等欧洲资本主义国家在战争中无暇顾及中国,对中国的经济侵略也暂时停止。在此期间,虽然日美利用机会加紧侵华步伐,但因为欧洲各国对华侵略的放松,中国民族资本主义还是获得了一个难得的发展机遇。棉纺织业、面粉业等轻工业发展最快,采矿业、钢铁和机器制造业、水泥制造业等重工业的发展也很快。以面粉业为例,第一次世界大战爆发前全国面粉厂仅有 40 余家。"至 1921 年发展到 123 家,资本总额约 4000 万元,其中民族资本经营的 105 家。全国面粉工厂在各个时期增设的数量是:1915 至 1918 年共 40 家,1919 至 1922 年共 52 家。1915 至 1922 年间共开设面粉厂 92 家,较战前增加了一倍多。"[①]这一时期,农村经济和手工业也获得不同程度的发展。在第一次世界大战期间,农牧垦殖公司和农场获得较大发展。江苏的垦殖业发展非常快。"1912 年实存垦殖公司 27 家,1914 年降为 24 家,1915 年上升到 28 家,1916 年 33 家,1917 年 34 家,1919 年 41 家,1921 年 46 家。"[②]第一次世界大战期间,中国的自然经济继续解体。因为日美等国的侵略、民族资本主义发展在工业原料上对农产品的需求及国外商品的供应不足等因素推动,中国农产品商品化程度得以提高。棉花、烟草、大豆、花生、桐油等经济作物都获得较快发展。这一时期的绝大多数手工业行业都获得了程度不同的发展。棉织业、丝织业、陶瓷业、玻璃业、榨油业、针织业等行业发展势头较好。以陶瓷业为例,宜兴、景德镇、潮州等地发展很好。"宜兴有陶业公司两家,在各乡间设窑 40 余处,拥有男女工人 5500 余人。所产各种器皿除内销赣、浙、皖、鲁等省外,还远销南洋各国及日本等地,每年产值在 60 万元以上。景德镇有瓷窑约 150 座,其中民窑从业者约一千六七百户,职工约一万四五千人,每年产值约 400 万元。潮州土磁产地在枫溪和高陂,年产值约 150 万元。所产瓷器行销新加坡、暹罗、安南等地。"[③]所以,这个阶段因帝国主义国家忙于战事,却成为中华民国经济发展的重要时期。

---

① 李湖:《中国经济史丛稿》,转引自史全生主编:《中华民国经济史》,南京:江苏人民出版社 1989 年版,第 111—112 页。
② 史全生主编:《中华民国经济史》,南京:江苏人民出版社 1989 年版,第 126 页。
③ 同上书,第 139 页。

第一次世界大战结束后,欧洲资本主义国家卷土重来,加强对中国的侵略,民族资本主义工业也遭受重创。英国在经济稍微恢复后,便立即继续侵略中国,在中国新建各种工矿企业。瑞典火柴向中国倾销,德国染料挤进中国市场,法国总结教训、投资新项目,日资企业侵入中国棉纺织业、面粉业以及煤铁矿业。"从1917年到1921年,美国就有5家银行在中国成立——美孚银行(1917年)、运通银行(1919年)、友华银行(1919年)、中华懋业银行(1920年)和大通银行(1921年),它们都是美国向华输出资本的执行机构,控制中国的财政和经济命脉。"① 不少华资企业经营困难,被外资企业兼并和接管,民族资本呈现两极分化的情况,"在民族资本的停滞时期,不仅外资银行、公司等大肆兼并华资企业,一些本国的金融团体和大型华资企业集团,也利用债务关系或其他因素接管和兼并其他华资企业"。② 这一时期,广州国民政府在军政、民政和财政上采取了多项措施,为经济发展提供保障。国民政府筹资举办士敏土水泥厂、黄埔商港等重大工程,广东省积极扶持本地特色产业的发展,都对经济发展作出了重大贡献。这一时期的农村,资本主义的发展也是极为缓慢的,具有农业资本主义特点的富农经济获得了一定发展,但这种发展是不均衡的,更多的农民破产成为贫雇农。而外国资本对于农村地区的渗透和剥削,军阀统治对农村经济的破坏,都使得中国农村经济日渐衰落。"总之,中国农业资本主义经营的发展是缓慢而曲折的。帝国主义的侵略造成了中国农村的落后,束缚了中国农业资本主义的自由发展,农村封建剥削关系的存在,则阻碍了地主经济向资本主义经济的转化,同时还经常促使富农经营形式向封建剥削方面退化。"③ 战后帝国主义卷土重来,对中国手工业生产的打击也很严重。"欧战结束后,手工业生产趋向衰落,出口也随之减少,除地毯出口量仍增加外,其他手工业产品的出口量都下降,1927年与1919年比较,绸缎下降5％,茧绸下降35％,夏布下降3.3％,绳下降7.4％,熟皮下降40％,瓷器下降27.3％,烛下降38.5％,其他如植物油、酒、药酒、席、金银器、草帽辫等都下降了32—70％不等。土布1927年较

① 史全生主编:《中华民国经济史》,南京:江苏人民出版社1989年版,第149页。
② 同上书,第161页。
③ 同上书,第186页。

1920年下降61％。"[1]

1927年南京国民政府成立后的一段时期,中国经济的发展面临更大困难。首先,帝国主义国家对中国的掠夺不断加剧。1929年资本主义世界的经济危机给资本主义国家重重一击,为了转移国内矛盾,资本主义国家对中国加大商品输出和资本输出。一定意义上,中国的经济仍被帝国主义国家操纵。虽然1928年南京国民政府和一些资本主义国家签订了新的关税条约,中国的海关税率权实际上还是由外国人操纵。而煤矿业、钢铁工业、石油工业、电力等重工业也被帝国主义国家操控。中国的轻工业、交通运输业、金融业等都被资本主义国家控制。其次,官僚资本主义对民族资本主义经济的压制。南京国民政府成立后,先后召开全国经济会议、财政会议,通过推动税制改革、争取"关税自主"、统一盐税、裁撤厘金和实行统税政策等举措来整理财政,增加了税收,也为官僚资本主义的形成奠定了基础。特别是"关税自主"政策的实施,具有重要的历史意义。一是在一定程度上保护了国内市场,促进了民族工商业和国民经济的发展。二是使中国的对外贸易发生了很大变化,缩小了对外贸易逆差,改变了进口货物的结构,鼓励了中国的出口贸易。三是关税收入大大增加,为南京政府改革税制提供了物质基础。[2] 国民党政府还设立了中央银行,改组了中国银行、交通银行及中国农民银行,并组建中央信托局、邮政储金汇业局,这"四行二局"的建立,使国家官僚资本基本上实现了金融垄断。国家官僚资本主义在国民党专制统治下得以形成,通过政治行为掠夺财富,在帝国主义支持下,实现了商业资本与银行资本的融合,首先对金融业进行垄断,然后逐步对国民经济进行全面垄断。"从1927—1937年,国家官僚资本投资建立了许多具有独占性质的专业公司和其他垄断组织,通过政治和经济的手段,加强了对国民经济各部门的控制。特别在工商业领域,国家官僚资本的统制力量不断加强,使民族资本主义企业遭到严重打击。"[3]民族工商业在南京国民政府成立初期因为提倡和保护国货、奖励私人企业等扶持措施的推动有过短期的发展,但因为世界资本主义经济危机中帝国主义国家的商品倾销,官僚资本主义的垄断

---

[1] 史全生主编:《中华民国经济史》,南京:江苏人民出版社1989年版,第200页。

[2] 参见石柏林《凄风苦雨中的民国经济》,郑州:河南人民出版社1993年版,第56—60页。

[3] 史全生主编:《中华民国经济史》,南京:江苏人民出版社1989年版,第265页。

影响以及国民党政府的搜刮剥削,民族资本主义经济日渐萧条、衰落。这一时期,全国新建工厂数量不断减少、工厂规模也不断萎缩。民族工业的危机还表现在原有工厂的大量改组和歇业。棉纺织业、缫丝业、面粉业开工率日渐下降,橡胶业、火柴业、卷烟业等都在萎缩。水泥、造纸、制糖等行业的停工减产现象也较为普遍。直至1935年10月,国民党政府发行法币,物价得以回升,生产开始复苏,民族资本主义又有了发展的新机遇,但是官僚资本主义依旧不断加强对民族工商业的控制,民族工商业的发展依然艰难。"帝国主义的加紧侵略,官僚资本主义对国民经济的控制,使民族工商业走上了艰难的发展历程。虽然由于资本主义本身的发展规律,中国民族资本主义在1927至1937年间有了一定程度的发展,但是,发展是艰难曲折而又断断续续的。大体上说来,1927年—1930年是发展时期;1931年—1935年是萧条时期;1935年以后是复苏和新发展时期。"[1]1935年国民党推行的法币政策对于经济的恢复发挥了一定作用,物价回升也刺激了经济的复苏。"物价的上涨刺激了生产,中国国民生产的毛值从1935年的237亿元(1931年是353亿元),增加到1936年的258亿元,增长9.3%,其中农产值增加6.1%,工商业增加21.3%。"[2]南京国民政府成立后,因为战争军费开支的需要,不断加强对农民的掠夺,农业经济进一步破产。虽然国民党采取一些农业改良措施,对局部地区的农业发展有一点效果,但是对于破产的农村经济没有太大作用。资本主义世界经济大危机发生后,资本主义国家为转移危机向中国倾销农产品,造成中国农村经济的进一步破产。中国的手工业在第一次世界大战期间曾有过短暂的恢复发展,战后便再衰落。1929年—1933年的世界经济危机则对中国的手工业再次打击。出口外国的手工产品因为资本主义国家的贸易壁垒销量下降。农民破产,农村商品市场变得萧条,手工产品销售面临困难。20世纪30年代中国农村经济的衰败表现为:"首先是农村中出租地主的增多和经营地主的减少。其次,新式农垦企业也在没落。第三,天灾人祸,使得农民大批离乡背井,出外谋生,农村劳动力急剧减少。第四,由于农村金融枯竭,农民普遍缺乏耕畜、农具、肥料和种子,无力维持

---

① 史全生主编:《中华民国经济史》,南京:江苏人民出版社1989年版,第265—266页。
② [美]阿瑟·恩·杨格:《中国财政经济状况,1927—1937年》,第244页,转引自史全生主编:《中华民国经济史》,南京:江苏人民出版社1989年版,第265—266页。

生产。第五,劳动力的大量流失与生产工具的匮乏,直接导致了荒地的大量增加及农业生产量的下降。"①可见,这一时期的中国手工业总体上走向进一步破产。

1937 年 7 月 7 日,七七事变爆发,中国进入了全面抗战时期。国民党政府为了应对战事,调整了经济组织机构,设立实业部、全国经济委员会、建设委员会、军事委员会第三部(主管重工业动员)、军事委员会第四部(主管工业、农业、贸易动员)等机构,并制定颁行一批新的经济法规、法令,建立起战时经济体制。日本发动全面侵华战争后,国民党推动了工厂西迁工作。工厂迁移首先是上海的民族工业企业内迁,因为国民党支持力度不够大、支援态度不很积极等因素的影响,至上海沦陷时,1186 家民营工厂仅有 146 家得以迁走。② 此后,国民党政府对工厂内迁工作才有较为积极的态度和行动,全国规模的工厂西迁工作得以推动。此项工作中,民族资本家牺牲个人利益,共赴国难,展现了以国家利益为重的高尚品质。这些工厂迁入内地后,较快地恢复了生产,改变了中国工业分布不合理的状况,对战时大后方的经济社会发展做出了较大贡献。1938 年初,国民党制定战时工业发展方针,开始推动后方的经济发展。国民党政府颁行奖励工业发展的法规,在资金、原材料购买、技术人员招聘等方面扶持民营厂矿,民营工矿业获得了较好的发展机会。但是,这种发展仍然是有限的。国民党政府的重点是官僚资本为主的重工业建设。总体上看,这一时期的国统区经济还是迅速发展的,工矿企业的数量和规模在增加,工业产品产量也快速增加,工业技术水平得以提升。在农业生产上,国统区的粮食基本实现自给。交通运输上,铁路建设、公路建设、水运事业及航空事业都有极大发展。但这一时期,官僚资本的极速膨胀还是阻碍了民族资本主义的发展。特别是国民党通货膨胀政策的实施,再加上国民党的捐税政策、经济统制政策以及能源和技术人员的缺乏,更是造成了民族工商业的危机。1942 年以后,工厂开工数逐渐减少,工业产品的产量锐减,民族工业普遍衰落。抗战中后期的农村经济也逐渐衰败。"抗战初期,虽然国民党政府采取了一系列提高农业生产力的措施,但农村

---

① 参见史全生主编《中华民国经济史》,南京:江苏人民出版社 1989 年版,第 287—290 页。
② 参见林继庸《民营厂矿内迁纪略》,转引自史全生主编:《中华民国经济史》,南京:江苏人民出版社 1989 年版,第 423 页。

的封建剥削关系仍然存在。土地集中,高利贷猖獗,租税苛重,加上战争与自然灾害,阻碍了国统区农业生产力的进一步发展。到抗战中后期,国民党政府又加重了对农村的压榨,更加深了国统区农村经济的危机。"①

第二次世界大战中,美国获取了巨大的经济利益。战后,美国工业发展速度继续提升。为了解决商品市场的问题,美国加紧对中国的掠夺,通过与国民党签订不平等条约,排斥其他在华势力,企图独占中国市场。一旦获得了各种特权,美国便向中国市场进行商品倾销,以解决其"过剩"的商品。抗战以后,美国得以独占中国的商品市场,不仅如此,还独占了中国的投资市场。抗战后,官僚资本的膨胀是空前的状态,对在华的工矿业、金融业、商业、农业等日伪财产的接收,通过通货膨胀政策对民族财富的掠夺,都使得官僚资本迅速膨胀,并垄断全国的经济命脉。在美国商品疯狂倾销、官僚资本空前膨胀的背景下,中国的民族资本主义工商业在国际国内市场都遭遇重大打击,加上国内官僚资本主义的各种打击排挤导致工厂倒闭,工业生产大幅度降低,民族工商业纷纷破产。这一时期,国民党政府对农民横征暴敛,再加上自然灾害的发生,农村经济继续衰败。这一切又注定了国统区经济要走向崩溃,新民主主义革命终将获得胜利。

对中华民国时期经济发展状况的分析,不能忽视中国共产党领导下的革命根据地新民主主义经济的产生与发展。中国共产党在领导土地革命的过程中逐渐形成了"依靠贫雇农,联合中农,限制富农,消灭地主"等较为成熟的土地革命斗争政策。而革命根据地的工商业政策也是经历了摸索并逐渐走向成熟的过程。1927 年,中国共产党在"左"倾盲动主义指导下,在革命根据地推行了"左"倾的工商业政策,把中小商人当成革命的对象。中共六大改变了错误认识,纠正了消灭私营工商业的错误观念。1929 年红四军从井冈山向赣南、闽西进军过程中明确提出要保护商人贸易。此后,在王明的"左"倾领导下,中国共产党再次推行"左"倾的工商业政策。直至遵义会议后,"左"倾的工商业政策才真正得以纠正。与此同时,革命根据地逐步完善财政金融组织机构,也形成了新民主主义的财政制度和金融制度。抗日战争时期,中国共产党对土地政策进行调整,实施了"减租减息"的土地政策,

① 史全生主编:《中华民国经济史》,南京:江苏人民出版社 1989 年版,第 490 页。

并开展了大生产运动,根据地经济获得发展。抗战胜利后,在解放区,中国共产党领导人民逐步废除封建土地制度,没收帝国主义和官僚资本主义经济,恢复和发展工商业。

中华民国时期的中国经济发展是极为艰难的。封建制经济逐步走向衰落,民族资本主义经济在外国资本主义和本国官僚资本主义的双重压迫下艰难前行最终却走向破产境地。国民党政府统治者通过损害农民利益为自己的统治服务,农村经济日渐衰落,最终也走向破产。总体上看,中华民国经济发展缓慢的主要原因有四:其一,帝国主义的侵略。两次世界大战之后,资本主义国家都看重对中国这个东方国家的财富掠夺机会,在商品输出、资本输出中都获得诸多利益。其二,常年战争的影响。从军阀混战、抗日战争再到国民党发起内战,中国长期处于战乱之中,国家不能为经济建设提供安定的环境,经济的持续发展也就无从谈起。其三,经济发展的规律未受重视。国民党政府在经济发展中注重财政金融是需要的,但忽略了各部门的综合平衡。"如果只是孤立地去求得财政收支的平衡与货币金融的稳定,而不是通过努力发展生产和增加社会物资总供应的途径去解决,那么财政预算和货币的增发就成了无源之水、无本之木,财源总有一天必将枯竭,货币总有一天必将成为废纸。"[1]其四,官僚垄断资本的膨胀及对民资资本的压制。民国期间,官僚垄断资本不断强大,但是对民族资本主义的发展总是持打压的态度。

二、三种经济形态的并存和斗争

中华民国时期,封建制经济、资本主义经济、新民主主义经济这三种主要的社会经济形态在斗争中并存。

近代中国社会存在着较为复杂的经济结构形态,其原因在于生产力发展的多层级状况、各区域经济发展的不平衡状况及从传统社会向现代社会的转型等。半殖民地半封建的社会性质决定了中国社会的封建制经济在民国时期没有完全消灭,依然在一定范围内存在着并发挥作用。在中国的广

---

[1] 石柏林:《凄风苦雨中的民国经济》,郑州:河南人民出版社 1993 年版,第 442 页。

大农村地区,地主剥削农民的封建制生产关系依然占据优势。资本主义列强入侵中国,把中国拉进世界资本主义经济体系之中。在资本主义国家的商品倾销中,中国自给自足的自然经济遭受破坏,中国城乡商品经济产生并发展。当然,资本主义列强不会让中国发展为独立的资本主义国家,所以对中国民族资本主义经济发展进行打压,民族资本主义经济始终未能成为社会主要经济形式,而外国资本及官僚资本却居于支配地位。中国共产党领导人民在对中国革命新探索的过程中走出了一条农村包围城市、武装夺取政权的道路,在农村革命根据地建设中也在探索新民主主义经济的建设举措,新民主主义经济的存在与发展也具有客观必然性。中国共产党在革命中还确立了"没收封建地主阶级的土地归农民所有,没收官僚资产阶级的垄断资本归新民主主义的国家所有,保护民族工商业"的新民主主义经济纲领。也正是在这一纲领指引下,革命根据地的经济建设逐步发展并取得一定成绩。而当官僚资本主义经济随着国民党政府政权的灭亡而垮台时,封建制经济及资本主义经济也被新民主主义经济所取代。

"中国近代的农业生产资料主要是土地,而中国近代的土地制度仍然是封建土地制度的延续。这种封建土地制度既奠定了封建生产关系的基础,也构成近代半殖民地半封建生产关系的要素。"[1]封建主义所有制在近代社会也在发生变化,土地自由买卖的发展趋势明显。民国时期,各地军阀都用武力兼并土地。城居地主、经营地主开始出现,他们利用土地剥削获得的货币去经营资本主义工商业。城市中的封建主义所有制的分化要更快一些,地主土地所有制在农村地区仍然居于统治地位,大多数地主还是依靠地租剥削生活。但是封建所有制在国家经济中的地位却日趋下降。"在封建生产关系下生产出来的产品,在工农业总产值中所占的比重越来越小。封建经济逐渐丧失了在国民经济中起主导作用的地位,变成帝国主义和国家垄断资本主义剥削农民的基础。封建主义所有制是一种走向没落的、严重阻碍生产力发展的所有制。"[2]中华民国时期,为封建地主服务的封建主义所有制成为落后生产力的代表,也就决定了它要为新的生产力所取代。所以,外

---

① 史全生主编:《中华民国经济史》,南京:江苏人民出版社 1989 年版,第 31 页。
② 杜应娟主编:《近现代中国社会简明教程》,广州:暨南大学出版社 2013 年版,第 54 页。

国资本主义和本国官僚资本主义只是把封建所有制当作谋取利益的工具。而城市商品经济的发展，又使得封建所有制逐渐要被民族资本主义所替代。在广大农村地区，中国共产党领导人民进行土地革命，就是要让农民分田地，在苏区的农村革命根据地，土地革命斗争的政策在不断完善，土改运动也在火热进行，这就是对封建土地所有制的根本否定。在抗日根据地新民主主义经济建设中，基于抗战需要考虑，中国共产党及时调整了土地政策，减轻农民受剥削的程度，也兼顾地主的利益，保证了抗日统一战线各阶层的团结，为抗日战争的胜利奠定了物质基础。

　　中华民国时期的资本主义经济包含了国外资本及国内资本。国内资本又包含官僚垄断资本主义和民族资本主义。外国资本主义进入中国的目的就是掠夺财富。从这一时期来看，外国列强一旦闲下来，就会把目光转向中国，并采取实际行动。所以，外国资本为了达成这一目标，设法通过不平等条约，控制中国的经济命脉，并且不择手段地占领中国的商品市场和投资市场。外国资本主义在中国的发展与强大，本身就是对中国封建制经济的极大破坏。中国的资产阶级是在外国资本主义入侵的影响下产生的。官僚买办资本家利用政治特权，在挤压民族资本和剥削劳动人民的过程中发展。中国的民族资本家则是在外国资本主义的打压和本国官僚资本主义的排挤下缓慢发展。民族资本主义工商业发展的特殊境地使民族资产阶级对外国资本主义和本国封建主义表现出既斗争又妥协的特点。民族资本主义为了自身的发展要抵抗外来资本的侵略，要反对封建经济所有制，要反对官僚资本的垄断，代表了近代中国的新的生产关系。但民族资本主义终究要维护资产阶级的利益，要剥削劳动人民的利益，在这一点上，又与外国资本、官僚资本主义有着利益的一致性。而不论是国外资本还是国内资本，在对待新生的新民主主义经济的态度上也是一样地反对，甚至要扼杀这一新经济。外国列强及国民党统治者都不允许也不希望维护人民群众利益的新民主主义经济发展与壮大。当资本主义国家忙于战事之时，民族资本主义有过良好的发展机遇。在辛亥革命的影响下，北洋军阀政府对民族资本主义工商业的发展进行了一定的扶植，颁布了一批有利于民族工商业发展的法规和政策。南京国民政府成立后，也实施了一些推动民族工商业的政策和措施，再加上这一时期国内交通、通信、金融业的完善与发展，民族资本主义经济实现了一定的发展。遗憾的是,这些法律法规及政策因为没能得到有效执行而使其作用大打折扣。"中国民族资本难以顺利充分发展还与近代落后的乡村发生危机有关。乡村一直处于落后破产危机之中,从根本上制约着商品市场的扩大,也构成社会稳定的威胁,难以为中国民族资本的发展提供坚实的基础。"①"历史反复证明了:中国现代工业要真正迅速地发展,首先而且最迫切需要解决的,乃是推翻帝国主义封建主义与官僚资本主义的反动统治,实现民族的独立和国家的统一,建立自由、民主的新的社会政治经济制度。"②

新民主主义经济的产生、发展伴随着中国革命的进程具有历史必然性。半殖民地半封建经济崩溃瓦解之时便是新民主主义经济胜利之时。1947 年的《中国土地法大纲》明确提出废除封建土地制度,废除地主土地所有制,实行"耕者有其田"的土地制度。在中国共产党领导下,解放区按照中央"提倡和保护私人资本主义"的指示,努力推动工商业的恢复和发展。新民主主义经济的胜利,具有重要的历史意义,表现为:一是稳定了国内市场,巩固了社会经济秩序;二是解放了生产力,发展了社会经济;三是提升了人民群众的生活水平;四是巩固了中国的红色政权。至 1949 年 6 月止,全国已获解放的21508 万农业人口、5907 万公顷耕地面积,有 12463 万人口、3919 万公顷土地参加了土地改革运动,其中没收了地主土地重新分配的有 2469 万公顷,占参加土改土地的 68%。土改以后,全国农民的人均土地已提高到 0.31 公顷。③ 随着新民主主义革命的胜利,新的人民政府没收帝国主义在华企业以及官僚资本,使其成为国家财产。帝国主义和官僚资本主义经济成为新民主主义国家的经济基础,保证了国有经济在国民经济中的主导地位。"1949年,国有企业各部门的生产已分别占全国生铁产量的 92%,钢产量的 97%,原煤产量的 68%,棉纱产量的 58%,掌握了全国的铁路和现代交通运输事业,控制了全国的银行和国内外贸易。这对稳定物价,安定全国人民的经济

---

① 张福记:《近代中国社会演化与革命:新民主主义革命发生发展的历史根据研究》,北京:人民出版社 2002年版,第 126—127 页。

② 同上书,第 127 页。

③ 参见董志凯:《解放战争时期的土地改革》,转引自史全生主编:《中华民国经济史》,南京:江苏人民出版社 1989 年版,第 591—592 页。

生活,起到了巨大的积极作用。"①

　　总之,中华民国时期,封建制经济、资本主义经济、新民主主义经济三种经济形态在特殊的历史背景下并存发展。"从经济成分构成上看,民族资本主义经济在整个国民经济中所占的比重,由辛亥革命时期的 2%,到 1949 年全国解放时增长到 20%;而代表时代没落的封建经济,由辛亥革命时的90%,到 1937 年下降到 70%左右;外国在华经济势力,在中国经济成分中的产值比重,1911 年占 80%,1949 年则减少到不足 20%。"②

第三节　民国思想文化的变革与发展

　　民国时期存在着三种性质不同的思想文化,即帝国主义文化、半封建文化和新民主主义文化。同时,这一时期思想家群体和思想流派众多,思想文化论争此起彼伏,各个阶级、阶层和各种政治势力及集团对思想文化的运用也更加自觉。所以,民国时期各种社会思潮相互激荡,颇有"百家争鸣、百花齐放"的发展态势。

一、走向开放的基本态势

　　中华民国时期,思想文化的发展虽不及春秋战国时期百家争鸣的学术繁荣局面对后世所产生影响那样长久而深远,却也是中国历史上思想文化发展极富特色的一个时期。这一时期的思想文化发展在文化现代化的道路上表现出走向开放的基本态势。这种开放,表现为文化要从封闭中走出来,以包容的心态对待西方的思想文化。

　　鸦片战争以后,"师夷长技以制夷""中学为体,西学为用"等思想观念的提出,中国先进的知识分子们已经在寻求救国救民的主张中展现了对西方

---

① 史全生主编:《中华民国经济史》,南京:江苏人民出版社 1989 年版,第 610 页。
② 张福记:《近代中国社会演化与革命:新民主主义革命发生发展的历史根据研究》,北京:人民出版社 2002 年版,第 78 页。

文化的认知和重视。西学的传播迫使封闭的封建思想文化向开放的现代思想文化转变。帝国主义文化、半封建文化和新民主主义文化三种文化在民国时期文化发展过程中并存并斗争。帝国主义文化为西方列强侵略中国服务,内涵了奴化思想。半封建文化反对新文化,提倡不合乎文化现代化发展的封建旧思想和旧观念。新民主主义文化符合了当时先进文化发展的要求,是无产阶级领导的人民大众的反帝反封建的文化,表现出民族性、科学性、民主性等特点。新民主主义文化出现后,思想文化的斗争主要是新民主主义文化与帝国主义、封建主义思想文化的斗争。

社会思想文化的发展变化是社会经济、政治发展变化的反映。思想文化的变革在社会生活中往往又能发挥引领作用。孙中山在其领导的革命运动中注重批判封建思想文化,推动资产阶级思想文化的传播,为革命创造舆论条件。"报刊、书籍、文艺、学校等各种文化事业,既是传播民主革命思想的手段、阵地,也是近代新文化发展的表现。救亡、革命需要思想文化来为它服务,同时又促进思想文化的发展,二者相辅相成,不仅形式是如此,内容也是如此。"[1]革命派在思想文化上的宣传主要包括反对封建思想文化、倡导民族主义精神及传播西方政治学说等。辛亥革命推翻清朝统治后,实施资产阶级共和国建设方案,在文化上废除尊孔读经活动,主张宣传资产阶级的自由、平等思想。当然,新的思想文化发展也不是一帆风顺的。"在历史上,每当一种新制度的建立,总是要伴随着新旧势力之间的反复较量。而在思想文化领域里,代表没落势力的旧文化,不可能因一场政治风暴而消逝,一旦政治压力放松时就要对新思想文化进行反扑。"[2]袁世凯窃取了辛亥革命的成果,资产阶级革命政权失去后,尊孔复古的逆流则被掀起。

民国时期思想文化的变革的一个亮点表现为新文化运动的发起。1915年9月,陈独秀在上海创办《青年杂志》(后更名为《新青年》),标志着新文化运动的兴起。1917年北京大学校长蔡元培聘陈独秀担任北大文科学长。《新青年》迁至北京,李大钊、鲁迅、胡适等成为主要撰稿人。新文化运动高举"民主"与"科学"两面旗帜,反击尊孔复古的逆流。在这场运动中旧道德、

---

① 龚书铎:《社会变革与文化趋向——中国近代文化研究》,北京:北京师范大学出版社2005年版,第24页。
② 同上书,第28页。

旧文学、文言文遭到批判反对,新道德、新文学、白话文被提倡,"民主"与"科学"的思想启发人们反思。孔教被集中批判,封建礼教的罪恶被无情揭露。新文化运动所关注的焦点是孔教,对其批判主要集中在三个方面:其一,以进化论的观点论证孔教思想不适用于现代生活;其二,揭露孔教思想与民主、平等思想背道而驰;其三,以个人独立人格集中批判封建纲常名教。① 新文化运动是反封建的思想解放运动,这股思想解放的潮流冲决了束缚人们思想的闸门。提倡民主、反对封建专制,提倡科学、反对迷信盲从的主张是切中时弊的,所以能够获得人们的广泛赞同。新文化运动是一批先进的知识分子为了挽救民族危机在思想文化领域里进行的探索,虽然在对待中国传统文化和西方文化上还存在一些偏颇,但斗争的方向值得肯定。新文化运动成为五四运动的思想先导,为马克思主义在中国传播创造了条件。

　　民国时期思想文化的发展还表现在思想流派多、思想家群体多,各种思想文化观点得以表达。这一时期,包括新青年派、现代评论派、新月派、独立评论派、学衡派等在内的思想流派有二三十个。不同思想家群体通过创办自己的刊物,如《新青年》《现代评论》《新月》《独立评论》《学衡》等,表达其学术观点。民国时期思想文化发展的主要原因有两个方面:其一,清末政府派出留学及自费留学的学生陆续回国,接受了先进知识的人群在壮大,这些新式知识分子对于中国的出路提出了各种观点和主张;其二,思想表达的空间相对自由。尽管北洋政府及国民党政府都实行文化专制主义政策,但是思想家们还是有一定的自由活动空间的。而且这一时期的报刊业相对发达,社会舆论相对自由。各种思想流派可以发表自己的主张并进行斗争。②

　　民国时期,西学东渐发展到新阶段。1840 年鸦片战争到中日甲午战争期间,西学的传入主要是宗教及自然科学的介绍。甲午战争到辛亥革命期间,自然科学继续传播,社会科学也开始增多。"进入民国,特别是到了五四新文化运动期间,西学传播的内容进一步丰富。如果说 1894 年前传播的主要是西学中的'艺学',亦即自然科学,1895 年后是'政艺兼学',而以'政学'亦即社会科学为主。那么,自五四新文化运动时期开始,几乎所有的西学门

① 参见龚书铎《社会变革与文化趋向——中国近代文化研究》,北京:北京师范大学出版社 2005 年版,第29 页。
② 参见郑大华《民国思想史论》,北京:社会科学文献出版社 2006 年版,第 2—3 页。

类,如政治、经济、军事、法律、哲学、宗教、心理学、地理学、史学、文学、美学、语言、文字、艺术、科技、医学、教育,以及各种各样的思潮、学说、观念都先后传入中国。"①

民国时期,马克思主义学说在中国的传播也是西学东渐的一个重要组成部分。1917 年俄国十月革命以后,一批中国先进的知识分子开始把目光转向社会主义思想观念。十月革命以实践证实经济文化相对落后的国家可以用社会主义思想指引本国革命走向胜利,率先建立社会主义国家。五四运动前后,中国的思想界也就出现了一批赞成社会主义思想并积极传播这一思想的知识分子。马克思列宁主义的广泛传播也为中国共产党的诞生奠定了思想基础,并成为指导中国革命的重要思想。

民国时期西学东渐的主要途径有三:翻译、著书介绍、西方学者讲学。翻译西方图书是西学东渐的重要途径,民国时期的翻译主体是归国留学生。这一时期的翻译水平比此前传教士的翻译转述要强,他们熟悉中西方语言文字,且在外学习期间对西方文化有所研究。所以,民国期间,大量西方的经典著作被翻译成中文。著书介绍西方学说也是西学东渐的重要途径,如胡适等人对实用主义哲学的介绍、张铭鼎等人对康德哲学的介绍、李大钊等人对马克思主义的介绍,等等。② 民国时期,杜威、罗素等著名哲学家曾应邀来到中国讲学,国内媒体纷纷报道这些学者讲演活动的观点和主张,一些思想在国内学术界产生了较大影响。

二、古今中外思想文化的碰撞和融合

近代中国文化的发展有其自身的特点。由于欧洲文化在资本主义产生和发展的基础上逐步发展,中国文化的近代化没有经历内生发展的过程,而是在外力推动下发展起来。"中国文化没有在自己的社会内在发展中走向近代化,而是在西方文化的冲击下引起了变化,是在西方文化和中国传统文化矛盾冲突的过程中,又互相会通融合,形成了资产阶级新文化。"③

---

① 郑大华:《民国思想史论》,北京:社会科学文献出版社 2006 年版,第 20—21 页。
② 参见同上书,第 27—29 页。
③ 龚书铎:《社会变革与文化趋向——中国近代文化研究》,北京:北京师范大学出版社 2005 年版,第 36 页。

西方文化传入后与中国传统文化发生碰撞是不可避免的。中国传统儒学思想强调"君为臣纲，父为子纲，夫为妻纲"，西方伦理文化则强调人与人的平等；中国传统文化强调集体利益至高无上，个体绝对服从集体，西方文化则强调个人利益为重，追求个人幸福；中国传统道德文化与社会政治关系紧密，西方文化与宗教关系密切。"中国传统伦理思想以德性主义人性论为主流，道德成为人的目的。西方伦理思想则以感性主义或理性主义人性论为理论前提，道德是人达到目的的手段而非目的本身。"①所以，传统文化与西方文化分属于不同的发展形态、模式和系统，而当两种文化相遇碰撞，一种文化又不能完全击败另一种文化时，就要出现文化的并存、融合以及变革转化的状况。

在中国资产阶级革命思潮中，先进分子们既对中国传统伦理道德进行了重新评价，又在宣传西方伦理道德的同时进行反思。较之维新派，革命派思想家对封建纲常的批判更为坚决。他们抨击君权思想，否定封建君主专制制度，批判维护封建统治的纲常伦理思想。但是，他们的批判并非直接、全面地抛弃传统道德，而是对传统伦理道德进行改造和创新，从而酝酿新的伦理。在对旧道德的批判中，他们也注重以近代西方伦理思想作为武器，直接运用天赋人权、自由、平等、博爱等思想批判封建道德规范。由此，在学习借鉴近代西方伦理道德和对中国传统伦理道德进行改造创新的基础上形成了兼采中西的公民道德理念。

> 余之谋中国革命，其所持主义，有因袭吾国固有之思想者，有规抚欧洲之学说事迹者，有吾所独见而创获者。②

从孙中山的这段话中，我们可以看出他继承了中国传统文化并对其进行改革，吸收借鉴了近代西方文化学说的精华。因此，他的思想既没有全盘否定中国传统文化，也没有忽视西方文化的某些弊端，而是实现了中西思想文化的会通融合。

当然，民国时期古今中外思想文化的碰撞和融合的过程中产生的资产阶级新文化，并非在全国范围内普遍存在。"在半殖民地半封建的中国社

---

① 章海山：《中西伦理思想比较研究初探》，载《学术研究》1993 年第 2 期。
②《孙中山全集》第 7 卷，北京：中华书局 1985 年版，第 60 页。

会,经济、政治的发展很不平衡,影响了文化的发展也很不平衡,在沿江沿海的城市,出现了中西文化的混合存在,在广大内地村镇却仍然固守传统文化。"①知识分子对西方资本主义思想文化的接受也经历了一个过程。民权、平等等思想观念在中国的传播冲击了封建纲常伦理思想的权威地位。"尽管封建纲常伦理观念还浓厚地存在着,但资产阶级的民权、平等思想却越来越产生广泛而深刻的影响。哲学、法学、政治理论、教育、史学、文艺、习俗等等,逐渐地以民权、平等为指导思想,并为宣传这种思想服务。文化内在结构的这一质的变化,是近代文化不同于古代文化的一个根本点。"②

马克思主义在中国的广泛传播使其成为中国新民主主义革命的指导思想。马克思主义虽然作为西学的组成部分,但它在中国的发展与西方思想文化、封建文化不同,实现了普遍真理与中国革命的具体实践的结合。在这一过程中,马克思主义中国化的成果得以产生。马克思主义者主张正确对待各种文化,对中国传统文化及西方文化都要批判继承,坚持"取其精华,去其糟粕"的态度。中西文化的融合是在文化论争中实现的。五四运动至新中国诞生前,是否接受马克思主义成为文化论争的一个主要问题。马克思主义在中国传播的过程中受到两种文化思潮的反对。文化保守主义思潮继续鼓吹儒家学说,宣扬封建纲常名教;西化思潮则主张全盘西化,鼓吹西方文化强于中国文化。两种文化思潮都反对马克思主义,反对新民主主义文化。"对待中西文化产生不同的观点和态度,是中西文化交流过程中矛盾冲突和交融的反映。随着中西文化交流的发展,随着人们的不断探索、反思和论争,一些人摆脱那种非此即彼的绝对化片面化的偏向,提倡中西文化的会通融合。"③

在继承传统文化、吸收西方外来文化的问题上,人们要从社会发展的现实需要出发,以推动社会进步为立足点。民国时期,在中西文化碰撞和融合的过程中,不同阶段的进步群体也都坚持了这一点。孙中山提出的民族、民权、民生的三民主义思想,从反对帝国主义、封建主义的社会需要出发对西方文化和传统文化的有益思想都有所吸收。中国共产党提出坚持马克思主

---

① 龚书铎:《社会变革与文化趋向——中国近代文化研究》,北京:北京师范大学出版社 2005 年版,第 39 页。
② 同上书,第 51 页。
③ 同上书,第 95 页。

义的指导地位,也注意把马克思主义与中国的革命实践、民族文化传统有机结合,最终引领中国革命走向胜利。"对于传统文化的继承和外来文化的吸收,对于中西文化的会通融合,是一个长期的不断的反复认识的过程,不可能是一次性完成,也不可能寄希望于一两次大规模的文化运动的批判、清理就能奏效。"①民国时期的古今中外思想文化的交流与融合的历史也是如此,但是总的趋势是前进与发展的。

三、几场著名的思想文化论争

如前所述,中华民国时期,文化的发展在中西文化的冲撞与融合中进行,而诸多的思想文化论争则推动了文化现代化的进程。

(一)问题与主义之争

新文化运动在后期发展中分化出了两个方向,一是李大钊等人继承科学与民主的精神,开始接受社会主义思想,在马克思主义的基础上进行思想改造;二是胡适等人坚守西方文化的价值取向,坚持资产阶级道路。

李大钊是在中国大地上举起马克思主义旗帜的第一人。在《法俄革命之比较观》《庶民的胜利》《布尔什维主义的胜利》《我的马克思主义观》等文章中,李大钊表达了对资本主义文明、社会主义革命、马克思主义学说的理解,为马克思主义在中国的传播奠定了基础。而马克思主义的广泛传播,引起了西方文化派知识分子的不快甚至反感,1918 年 7 月 20 日,胡适在《每周评论》上发表《多研究些问题,少谈些主义》一文,文章表达了他反对马克思主义的思想,特别反对社会革命理论,主张改良主义。他认为谈那些"主义"是很容易的事情,重要的是去改良社会,解决具体问题。这对当时的革命潮流产生了较大的消极影响。李大钊在《每周评论》上发表《再论问题与主义》,提出"主义"与"问题"二者不可分离,研究"主义"可以为解决"问题"提供合适的世界观与方法论。他还指出社会革命是根本上解决问题的办法,

---

① 龚书铎:《社会变革与文化趋向——中国近代文化研究》,北京:北京师范大学出版社 2005 年版,第 97 页。

对于解决中国的社会危机具有重要意义。后来,胡适发表《三论问题与主义》《四论问题与主义》。1920 年底,陈独秀发表《主义与努力》,批评不谈"主义"的思想。1924 年,瞿秋白发表《实验主义与革命哲学》,从哲学视角批判改良主义。

"问题"与"主义"之争展示了新文化运动阵营的分化情况。马克思主义者与西方文化派的斗争不断推进。"中国早期马克思主义者以自己敏锐的洞察力和一往无前的批判精神,取得了对西化派资产阶级知识分子论战的胜利,向人们显示了科学社会主义的无限生命力。"①

(二) 东西方文化论争

1920 年,梁启超《欧游心影录》一书发布。1921 年梁漱溟《东西文化及其哲学》讲演稿出版。他们在书中以第一次世界大战中的问题揭露了西方资本主义文明的缺点和弊端,并结合一战后资本主义国家的惨淡景象,主张东方文化优越于西方文化,并提出要用中国文化拯救西方。梁启超认为从第一次世界大战看出西方文明已经破产,中国文化的作用应该发挥。梁漱溟在《东西文化及其哲学》一书中提出要把世界引到至善至美的孔子路上来。他认为意欲所向的不同带来了人生路向的不同,最终导致了文化发展的不同。"西方文化是以意欲向前要求为其根本精神的,他们所走是第一路向;中国文化是以意欲自为、调和、持中为其根本精神的,中国人是走第二路向;印度文化是以意欲反身向后为其根本精神的,印度人是走第三路向。"②第一路向就是奋斗的态度,第二路向表现为随遇而安,第三路向则是主动放弃。梁漱溟说人类文化要进行变革,也就是要由第一路向转向第二路向。他还指出西方文化在第一路向上走到了尽头,要转向第二路向,也就意味着孔家文化将要复兴。东方文化派中的学衡派在《东西文化及其哲学》出版后,也发表文章主张东方文明优越于西方文明,支持梁漱溟的观点,反对新文化运动。东方文化派中的甲寅派代表也发文抨击新文化运动,鼓吹封建

① 黄兴涛主编:《中国文化通史·民国卷》,北京:北京师范大学出版社 2009 年版,第 69 页。
② 同上书,第 73 页。

旧文化。

以胡适为代表的西方文化派则批判了东方文化派的观点。1923年4月,胡适发表《读梁漱溟先生的〈东西文化及其哲学〉》一文,认为梁漱溟的观点是主观化的文化哲学,所谓的文化三路向说仅是笼统性的表述且不正确,"指出梁著关于'西方化的根本精神是意欲向前要求;中国化的根本精神是意欲自为调和持中;印度化的根本精神是意欲反身向后要求'的文化公式是'闭眼说的笼统话'。事实上,印度人也是奋斗的,说印度人胆小不敢奋斗以求生活,实在是闭眼瞎说"①。"调和持中""随遇而安"根本不能概括哪一国的文化特征。"他进一步指出,梁著关于'西洋生活是直觉运用理智'、'中国生活是理智运用直觉'、'印度生活是直觉运用限量'的第二串公式'更是荒谬不通了'。一切知识都需要现量、理智、直觉三种工具,只有成分轻重的不同。人脑的构造,无论在东在西,绝不能因不同种而有这样的大差异。"②1926年6月,胡适发表《我们对于西洋近代文明的态度》,再次批判东方文化派,"他指出,凡一种文明都包括物质的、精神的两种因子,没有一种文明单是物质的,也没有一种文明单是精神的。他认为,西洋文明不仅在物质方面胜过东洋,而且在精神方面也远非东洋旧文明所能梦见。"③在这里,胡适全面肯定了西方文化。常乃德、张东荪、吴稚晖等人也对《东西文化及其哲学》进行深刻批判。常乃德认为所谓的东西文化之区别实际是古今文化差别,主张吸收西方近代文化思想。张东荪认为梁著只是分析哲学而非文化,有些内容也不合事实。吴稚晖认为梁著有些观点看似整齐,实际问题百出。

应当看到,东方文化派有复古主义的倾向,西方文化派反对复古主义的思想是值得肯定的。但西方文化派在反对复古主义的同时对资本主义文明过分美化,马克思主义者对此进行了批判。瞿秋白用历史唯物主义的观点分析文化的差异,批判了梁漱溟对中国、西方、印度三种文化的区别,认为文化的差异是一种时间上的差异,是由生产力发展速度不同所决定的。在东方文化的实质这一问题上,"瞿秋白指出,东方文化派'所心爱的东方文化'无非是三种元素:一是宗法社会之'自然经济';二是'畸形的封建制度之政

---

① 黄兴涛主编:《中国文化通史·民国卷》,北京:北京师范大学出版社2009年版,第74页。
② 同上书,第74—75页。
③ 同上书,第75页。

治形式';三是'殖民地式的国际地位'。这种旧文化'早已处于崩坏状态之中'"。①马克思主义者对东方文化派的批判中对于文化的认识也还不完全成熟,但精神可贵。

（三）科学与玄学之争

1920年,梁启超在其《欧游心影录》中学着西方人谈起"科学破产"问题。1923年2月14日,张君劢到清华大学演讲《人生观》,主张科学不能解决人生观问题。张君劢在演讲中认为物质现象有因果规律可循,可以通过科学解释。人生观因自由意志支配而变化,表现出主观的、直觉的特点,没有规律可循,科学无法解释人生观。所以,人生观的解释要求之于玄学,也即心性之学。"张君劢以复兴儒学尤其是宋明心性之学为己任,是现代新儒家的重要代表人物之一。另一方面,又吸取了西方柏格森的直觉主义与倭铿的精神生活论。张君劢将西方生命派哲学与中国传统心学拼凑在一起,形成了'中外合璧式的玄学'。"②"他主张'自由意志',提倡思想与个性解放,表明其人生观作为一种资产阶级人生哲学具有反封建的一面;同时他又贬低科学,否认社会历史领域的客观性、规律性,表明资产阶级人生哲学不可能正确地解释人生观问题,只能以神秘主义作为依归。"③梁启超在《人生观与科学》一文中,则表现了折中主义的态度,认为人生问题大部分可以用科学方法来解决,但情感方面的问题则是超科学的。

1923年4月,丁文江在《努力周报》发表《科学与玄学》,称张君劢是该打的"玄学鬼",主张支配人生观的是科学而不是玄学。他认为人生观离不开知识,人生观的统一离不开科学方法。"他所谓以科学解决人生观问题,主要是指将科学的方法、实证主义的方法、伦理学的方法运用于人生观。"④他还主张以科学作为教育和修养的工具,反对夸大宋明心学的功能。张君劢发表《再论人生观与科学并答丁在君》一文,丁文江也再发表《玄学与科

---

① 黄兴涛主编:《中国文化通史·民国卷》,北京:北京师范大学出版社2009年版,第76页。
②③④ 同上书,第79页。

学——答张君劢》一文。这个期间,还有一些人参加了辩论。"1923 年 12 月,上海亚东图书馆将科学派、玄学派双方论战文章 25 万言汇集成《科学与人生观》一书。陈独秀在为该书作序时,对科学派、玄学派都进行了批评,指出唯物史观才能解决人生观问题。"①陈独秀认为人生观是由客观的物质原因所支配的,经济基础决定了思想文化,不同的人生观是因为不同的物质环境造成的。陈独秀对张君劢所列的九项人生观客观的因果关系进行分析,证明人生观不是自由意志支配主观的表现。胡适、张君劢、梁启超又批评了陈独秀的序言。陈独秀再发表《答适之》《答张君劢及梁任公》。瞿秋白也发表《自由世界与必然世界》《实验主义与革命哲学》批判科学派、玄学派的观点。瞿秋白主张社会历史领域和自然一样有规律可循,生产力状况决定经济关系,经济关系决定政治制度,政治制度影响群众动机。他认为情感、义务等意识变化在于中国经济的变迁。"前一阶段科学派与玄学派双方的争论是资产阶级哲学营垒内部不同唯心论的争论,而由陈序引发的争论具有新的性质,已转变为无产阶级的唯物史观与资产阶级的各种唯心论的争论。从文化视角看,菲薄科学或推崇科学,提倡宋明心学或反对玄学,反映了对西方文化、传统文化的不同态度。"②科学与玄学的论战,参与人数之多,发表观点之多,让我们领略了各种思想之间的碰撞。当时的中国因为科学发展带来的灾难问题还不多见,更多问题是缺乏科学知识导致的落后和愚昧。科学派坚守了新文化运动所唤醒的"科学"观念,是可以肯定的。玄学派分析了科学与哲学的区别也值得肯定,但也存在很多问题。"唯物史观派批判了形形色色的唯心论、二元论和不可知论,扩大了唯物史观在思想界的影响,较为科学地说明了人生观产生的原因,为人们树立正确的人生观提供了思想武器。"③

① 黄兴涛主编:《中国文化通史·民国卷》,北京:北京师范大学出版社 2009 年版,第 77 页。
② 同上书,第 78 页。
③ 同上书,第 83 页。

第二章
民国经济伦理思想的转型

中国传统社会在其两千年的历史中,"几乎与世界其他大文化完全隔绝,而近乎一种平衡、稳固及'不变的状态'"①。1840 年的鸦片战争打破了中国传统社会的封闭与稳定。科学、技术、文化的侵入及其所产生的工业化、都市化进程,使中国社会走进了从"传统"到"现代"的"转型期"。从一定意义上说,"社会转型也就是人们结成社会关系方式的转型和权力体系的转型。但结成什么样的社会关系和权力体系,并非任意的,而是与生产力的发展水平相关联的"②。在近代以来中国历史发展的进程中,从 1840 年鸦片战争到 1949 年中华人民共和国成立,是从农业文明向工业文明转型的时期。民国时期伦理道德变迁的主要内容有对近代伦理道德变迁的承续、奴化道德的推行、共产主义道德的传播等,与此相对应,民国时期的经济伦理思想也呈现出新旧杂陈、革故鼎新、中外混合的转型特征。

第一节 传统儒家经济伦理观的动摇

中国传统经济伦理思想以儒家经济伦理思想为基础,同时吸收了墨家、法家、道家等相关思想,形成了指导社会生产和经济活动、规范和评价人们经济思想和伦理思想的体系。其中,儒家经济伦理思想根植于中国传统的农业生产方式,以血缘关系为基础,契合了中国社会的经济结构和社会结构,成为中国传统经济伦理思想的主流。然而,伴随着民国时期的经济、社会、文化变革,传统儒家经济伦理观也受到冲击,其主导地位出现了一定程度的动摇。

一、商品化进程的加速和生产、生活方式的改变

18 至 19 世纪的中国历史发展中出现了以往没有的两大因素:一是"人

---

① 金耀基:《从传统到现代》,广州:广州文化出版社 1989 年版,第 49 页。
② 王南湜:《社会哲学:现代实践哲学视野中的社会生活》,昆明:云南人民出版社 2001 年版,第 227 页。

口增长到了真正空前的水平",二是西方资本主义的野蛮式进入带来了"比中国先前游牧民族入侵者更带有根本性的挑战","仅仅这两个因素,就意味着变化会超越循环模式"。[①] 清朝时期,外国资本主义的侵入已经导致商品化开始渗入中国经济。毛泽东曾指出:

> 外国资本主义对于中国的社会经济起了很大的分解作用,一方面,破坏了中国自给自足的自然经济的基础,破坏了城市的手工业和农民的家庭手工业;又一方面,则促进了中国城乡商品经济的发展。[②]

18 世纪中期开始,中国进入人口快速增长时期。1750 年,中国人口只有 2 亿—2.5 亿,而 1850 年达到了 4.1 亿—4.5 亿。[③] 人口的快速增长直接导致人口与土地资源的矛盾日益凸显。[④] 明代江南地区的人均耕地约为 5.6 亩,清代雍正年间江浙两地的人均耕地分别下降到 5.2 亩和 3.3 亩,乾隆时又降至 2.9 亩。[⑤] 同时,伴随着西方资本主义的入侵和大量不平等条约的签订,国外廉价商品在中国市场大量倾销并迅速占领市场,既排挤了中国工业品和手工产品,也冲击了传统的农业生产模式。例如,19 世纪 60 年代以后,"中国农民开始发现这种外国货物(棉布)比他自己的(土布)便宜得多,在某种程度内,洋布低廉的售价抵补了洋布不耐用的缺点。贸易的普遍恢复和扩张,(洋布)价格的低廉,和(中国)国内情况的改善,使得中国农民能够购买这些货物(洋布),其结果,就是贸易的增加。"[⑥]"洋布"市场的扩大无疑使农村家庭式的手工棉纺织业受到严重冲击,也导致中国传统乡村耕织结合的生产模式受到破坏。

当然,这一时期商品化及与之相关的城市化在中国不同区域并不均衡。

---

① [美]费正清、费维恺编:《剑桥中华民国史》(下卷),刘敬坤等译,北京:中国社会科学出版社 1994 年版,第 8 页。

②《毛泽东选集》第 2 卷,北京:人民出版社 1991 年版,第 626 页。

③ Dwight H. Perkins, *Agricultural Development in China*, *1368—1968*. Chicago: Aldine, 1969, pp. 207 - 214.

④ 黄宗智在《华北的小农经济与社会变迁》一书附录中给出的河北、山东人口原始数据(1393—1953 年)和河北、山东耕地面积原始数据(1393—1957 年),可以较为清晰地显出十八世纪以来人口对耕地的压力递增的事实。参见[美]黄宗智《华北的小农经济与社会变迁》,北京:中华书局 2000 年版,第 330—337 页。

⑤ 参见段本洛、单强《近代江南农村》,南京:江苏人民出版社 1994 年版,第 57—58 页。

⑥《一八七一年英国驻华领事商务报告书,汉口》,载李文治编《中国近代农业史资料》第 1 辑,北京:生活·读书·新知三联书店 1957 年版,第 494 页。

"人口密度与城市的发展,以在长江下游为最高。"①民国时期,中国经济问题在其实质上与晚清时期并无根本性的不同,只是城市和乡村经济的商品化进程进一步加速。一方面,传统农业越来越不足供应大量城市劳力需要的农产品及城市工业发展的原料;另一方面,这一时期中国经济受到外来资本主义的侵略和冲击,扩大的国际贸易在一些地区促进了农业的商业化,也加强了乡村经济和社会的分化。黄宗智曾引用数据说明,河北和山东西北部的小农经济,"在二十世纪的三四十年中经历的商品化程度,至少相当于过去三个世纪"。② 在他看来,"世界经济并没有使小农经济崩溃,只是促使小农经济沿着原先变化的道路更向前推进",但是,"经历了高度的商品化,中国农业之被纳入世界经济,也就加速了小农经济的变化",而这正是 20 世纪30 年代"经营式和家庭式农业的背景"。③

正是在这种商品化进程中,中国社会的生产、生活方式及与之相对应的经济关系和利益关系发生了改变,并由此带来了经济伦理观念上的变化。这种变化不仅发生在工商业出现萌芽并获得一定发展的东部沿海城市,并且,也直接影响到了作为中国社会基础的传统村庄。"在 1900—1938 年间,住在超过 10 万人的城市里的城镇人口年增长率约 2%,而中、小城市增长率更快一些。在 20 世纪 30 年代至 40 年代,除了作为省会的一些城市,在1895 年至 20 世纪第二个 10 年末期,中心城市在其开始扩张阶段,增长速度超过了任何别的时期。"④尤其值得注意的是,人口的继续增加和人地矛盾的进一步突出,自然灾害带来的恶劣生存条件,沉重赋税的压迫及由战争所引发的动荡,使 20 世纪 30 年代以后农民离土离乡的人数急剧增加。资料显示,这一时期,江苏、安徽、山东、直隶、浙江等沿海 5 省 10 个地区的农民离村率为 4.61%,中部地区为 3.85%,北部地区则为 5.49%。⑤ 离开土地的农民,无论进城务工或从商,都开始了与现代生产和生活方式的接触。也正是

---

① [美]费正清、费维恺编:《剑桥中华民国史》(下卷),刘敬坤等译,北京:中国社会科学出版社 1994 年版,第14 页。

② [美]黄宗智:《华北的小农经济与社会变迁》,北京:中华书局 2000 年版,第 124 页。

③ 同上书,第 141 页。

④ [美]费正清、费维恺编:《剑桥中华民国史》(下卷),刘敬坤等译,北京:中国社会科学出版社 1994 年版,第286 页。

⑤ 参见王仲鸣编译《中国农民问题与农民运动》,上海:上海平凡书局 1929 年版,第 185—187 页。

在这种与现代的接触中,农民的经济价值观、生活态度及行为方式发生了一些变化。

应当看到,村庄是中国传统乡土社会的基本单位。传统乡土社会的生活是一种带有明显地域限制特征的地方性生活,村落之间往来疏少甚至彼此隔绝,正所谓"鸡犬之声相闻,老死不相往来"。而在村落内部,世代定居的生活和交往方式却使得人们在熟悉的环境和人群中成长,人与人之间建立起了"从时间里、多方面、经常的接触中所发生的亲密的感觉"。① 因而,村落社区成为一个"面对面的社群"(face to face group),一个没有陌生人的社会。而这种依附土地、缺乏变迁的农耕生产方式,以及长期定居、缺乏流动的生活模式,必然会产生以血缘关系为纽带的家族社会并组成以地缘关系为纽带的社区共同体。由此,乡土性或乡土本色是自给自足、男耕女织、相对封闭的生产方式和生活方式的产物,进而制约人们日常生产和生活中的行为方式和思维方式。然而,伴随着大量市场化因素的进入,传统村庄的"熟人社会"特征有所式微,生产关系也"从一种在相识的人之间、面对面的长期性关系,改变为脱离人身的、短期性市场关系"。② 例如,有学者根据"满铁"资料分析得出结论,认为20世纪20年代以后,苏南地区农民的市场行为进一步增加,农产品的商品化及收入来源的多样化,使农家的现金收入达总收入的一半,农民生活必需品已在很大程度上依赖市场供给。③ 黄宗智在其研究中也提出了这一时期长江三角洲农民主要的三种市场行为:一是"剥削推动的商品化",即农民以现金或实物向通常不在村庄的地主缴租;二是"生存推动的商品化",即为了支付生产和维持生活的直接开支(如偿还债务、捐税等);三是"谋利推动的商品化",即为牟利而出售满足租税、生产费用和消费需求之后的剩余农产品。他认为,上述三种市场行为中,由"谋利推动的商品化"所占的比例较低,农民更多的是由于"剥削推动的商品化"和"生存推动的商品化"而介入市场。在这两种情况下,农民介入市场的行为并不是一种真正意义上赢利性的市场行为,也不能被完全视为追求最大利润的理

---

① 费孝通:《乡土中国　生育制度》,北京:北京大学出版社1998年版,第10页。
② [美]黄宗智:《华北的小农经济与社会变迁》,北京:中华书局2000年版,第212页。
③ 参见曹幸穗《旧中国苏南农家经济研究》,北京:中央编译出版社1996年版,第221页。

性活动,而只是一种谋求生存的理性行为。①

总体上看,民国时期,中国经济是从传统的自给自足的自然经济占主导地位向商品经济转型的过程之中。人口的迅速增长,剩余劳动力的增加,西方资本主义的进入,在推进商品化进程的同时,也开始动摇了中国传统社会恋土重农、重本轻末、安土重迁等经济价值观念。

二、传统家庭(族)伦理关系的变化

中国传统家庭伦理关系根植于自给自足的小农经济基础之上。在传统的农业社会,经济生活和家庭生活是统一的。对传统意义上的农民而言,职业和家庭生活是不可分割的整体,一个人的家庭成员同时也是其"职业伙伴"。这也使家庭(族)道德教化和养成成为中国传统社会道德传承的重要方式。中国传统家庭伦理基于封闭的自然地理环境、男耕女织的小农经济、家国同构的社会政治背景、群体本位的价值导向等社会历史条件而产生,以父子人伦为主轴,以孝为核心,强调家庭本位,强化父慈、子孝、夫义、妇顺、兄友、弟恭等道德范畴,对传统社会的秩序维系发挥了重要作用。民国时期,伴随着经济社会关系的变化及一系列新兴事物的出现,传统家庭(族)伦理关系也呈现出一系列新的变化。

第一,父系权威的削弱。中国传统社会中的家庭结构是以男性为主轴的,一般而言,"父亲"在家庭中拥有绝对的权威。这种父系权威的家庭结构对家庭关系和生育观念都产生了直接的影响。父子关系成为家庭的决定性关系,一个家庭只有有了儿子才能世代相传。在"父为子纲"这一中国封建社会基本伦理纲常的强大意识形态支撑下,传统孝道也超越家庭伦理规范而被提升到政治伦理的高度。

民国时期,伴随着传统自然经济条件下家庭生产方式出现的变化,传统孝道的基础发生了动摇。越来越多的子女通过外出做工而获得独立的经济来源,摆脱了对家长的经济依赖。劳动力开始向城市流动。"城市生活和工厂做工打破了旧的家庭纽带。当儿女们开始自己挣工资吃饭、女性成员在经济上获得独立时,家庭就不再是一个控制着个人生活的自我封闭型的社

---

① 参见[美]黄宗智:《长江三角洲小农家庭与乡村发展》,北京:中华书局 2000 年出版,第 105—108 页。

会经济单位。在城市劳动力市场上,不受私人关系左右、普遍适用的工作能力标准也替代了家庭地位和亲缘关系。在拥挤的贫民窟和剥削劳动力的工厂中,新的价值观开始占据主导地位,而工厂中真正的无产阶级工人则缓慢增长。"①旧式的大家庭逐渐分裂为小家庭,传统家庭的经济功能发生变化,由此,也动摇了父系权威的经济基础,传统的孝道受到批判并走向式微,新型的父子关系开始出现,家庭关系开始趋于民主化、平等化。具体体现在:一是出现了家庭财产支配观念的变化。在一些知识分子的家庭观念中,"子女父母终须脱离关系,故必须自己早行储蓄,以裕后此之岁月"②。这一时期的法律也适应了这些观念的变化,承认成年子女的财产权。民国大理院先后通过判例发展了 16 岁以上成年子女的财产权。民国四年(1915 年)统字 228 号解释允许成年之子就个人所有私财自由处分。大理院民国 5 年(1916 年)上字 833 号判决确认,卑幼于人担保字句为有效。这些都反映出这一时期亲子关系的平等化趋势。二是婚姻决定权的变化。传统的包办婚姻和择偶由父母决定的观念开始遭到思想家们的抨击,民国法律规定成年子女订婚、结婚有最终决定效力。不过,现实生活中真正能够做到摆脱封建家长制控制的仍是少数城市青年知识分子,在广大农村,传统孝道仍然有其强大的影响力,亲子关系的民主平等趋向并没有产生实质性的影响。③

第二,女性地位的提升。陈忠实在其代表作《白鹿原》中叙述了这样的情节:小说主人公白嘉轩一连五房妻子先后早逝,面对他的心灰意懒,母亲劈头喝道,"女人不过是糊窗子的纸,破了烂了揭掉了再糊一层新的。死了五个我准备给你再娶五个。家产花光了值得,比没儿没女断了香火给旁人占去心甘。"④这一情节十分生动地描述了中国传统社会广泛存在的宗祧意识。由此,"男尊女卑"成为中国封建家庭道德的重要组成部分,"一夫多妻、夫尊妻卑"成为家庭伦理关系的基本样态。

民国时期,西方思潮不断涌入中国,在近代知识分子对封建礼教的批判和对新型婚姻家庭道德的倡导下,越来越多的女性开始反观与男性的关系

① [美]费正清:《中国:传统与变迁》,张沛等译,北京:世界知识出版社 2001 年版,第 511—512 页。
② 高思廷:《理想家庭》,载《妇女杂志》1923 年第 8 号。
③ 参见李培超、李彬等《中华民族道德生活史近代卷》,上海:东方出版中心 2015 年版,第 232—243 页。
④ 陈忠实:《白鹿原》,北京:人民文学出版社 2000 年版,第 13—14 页。

及自身的家庭、社会地位问题。1924年1月,《中国国民党第一次全国代表大会宣言》中明确提出:"于法律上、经济上、教育上、社会上确认男女平等之原则,助进女权之发展。"①这是中国近代史上第一次用文字形式出现的男女平等的正式宣言。1926年1月,中国国民党第二次全国代表大会通过了《妇女运动决议案》,规定要组织领导妇女参加国民革命运动,强调妇女自身解放,还在男女平等上提出了一些法律和行政方面的具体原则。② 同时,自20世纪20年代开始,媒体和社会公益组织也以文艺演出、办报办刊、社团讲演等形式开展了大量婚姻自由、女性独立方面的宣传,从而使男女平等越来越成为两性伦理关系方面的共识。

尤其值得注意的是,工商业的兴起和发展开始吸引越来越多的女性劳动力,社会为女性提供了越来越多的职业岗位。"现在当教师这件事,已变成女子最普遍的职业。除此之外,从事商业的也有,如京、津、沪、粤以及诸大都会,往往有令女子营业的商店。女子在职业上,算已得了解放,只要有可做的事,便可被人延用,不致因'性别'不同而见外于男子了"③。同时,这一时期女性职业角色的变化也带来了女性职业教育的发展。"据中华教育改进社调查……1922—1923年,全国甲种职业学校共有学生20360人,其中女生1452人,占7.13%。全国各类女子职业学校在5年内已经达到76所。"④可以说,女性职业的变化对传统的家庭结构和亲属关系产生了重要影响。其原因在于,在传统的耕织结合的生产方式中,家庭成员往往需要通过相互依赖和合作才能完成生产活动,"在地里工作的男人靠他们的女人送饭,饲养蚕所需的桑叶由男人从远处运来"⑤。 因此,尽管女性的劳动构成家庭经济来源,但她们仍无法区分个人收入和家庭收入,在家庭中的经济地位仍然是依附于她的父亲或丈夫的。但是,这些女性进入工厂工作后有了较高而又稳定的经济收入,并且,这种劳动基本脱离了与其他家庭成员的合作关系,工资也是由工厂直接付给劳动者本人。在这种情况下,她和家庭中的

① 《中国国民党第一次全国代表大会宣言》,载《浙江周刊》1924年第1期。
② 参见《妇女运动决议案》,载《政治周报》1926年第6、7期合刊。
③ 陈东原:《中国妇女生活史》,北京:商务印书馆2015年版,第299页。
④ 乔素玲:《教育与女性——近代中国女子教育与知识女性觉醒1840—1921》,天津:天津古籍出版社2005年版,第42页。
⑤ 费孝通:《江村经济——中国农民的生活》,北京:商务印书馆2001年版,第198页。

其他成员都会自然地将务工所得看作个人劳动的结果。易而言之,妇女在经济上有了一定的独立性,这种经济上的独立性会带来家庭亲属关系的双重变化。一方面,妇女拥有一定个人收入有利于提高其家庭地位,能够减少因经济问题引发的家庭琐碎争吵;另一方面,这种经济上的独立性也会降低妇女对丈夫和家庭的依赖感,提高其自身的独立人格意识,这也在一定程度上导致婚姻关系可能的松散。关于这一问题,费孝通曾在《江村经济》中举过一个生动的例子,以说明女性在进厂务工后家庭地位发生的变化。他提到,"一个在村中工厂工作的女工因为下雨时丈夫忘记给她送伞,竟会公开责骂她的丈夫。""根据传统的观念,丈夫是不侍候妻子的,至少在大庭广众之下,他不能这样做。另外,丈夫不能毫无抗议或反击,便接受妻子的责备。"①在费孝通看来,这件小事表现出这一时期夫妻之间关系的变化。

第三,宗族血缘关系的弱化。毛泽东曾在《湖南农民运动考察报告》中指出:

> 中国的男子,普遍要受三种有系统的权力的支配,即:(一)由一国、一省、一县以至一乡的国家系统(政权);(二)由宗祠、支祠以至家长的家族系统(族权);(三)由阎罗天子、城隍庙王以至土地菩萨的阴间系统以及由玉皇上帝以至各种神怪的神仙系统——总称之为鬼神系统(神权)。至于女子,除受上述三种权力的支配以外,还受男子的支配(夫权)。这四种权力——政权、族权、神权、夫权,代表了全部封建宗法的思想和制度,是束缚中国人民特别是农民的四条极大的绳索。②

可见,在毛泽东看来,"家族系统"在中国社会结构中具有同"国家系统"和"鬼神系统"同等重要的地位。孙中山也认识到宗族势力对中国社会的强大及其影响,指出:"中国人最崇拜的是家族主义和宗族主义,……没有国族主义。……中国人对于家族和宗族的团结力非常强大,往往因为保护宗族起见,宁肯牺牲身家性命。"③在中国传统社会,宗族势力的影响力渗透到了社会生活的各个方面,成为维系社会秩序的重要手段。然而,民国时期,西方资本主义的进入,商品市场的扩大,动摇了宗族血缘关系赖以生长的基础。而这一时期

① 费孝通:《江村经济——中国农民的生活》,北京:商务印书馆2001年版,第198页。
②《毛泽东选集》第1卷,北京:人民出版社1991年版,第31页。
③ 孙中山:《三民主义》,北京:九州出版社2012年版,第3—4页。

不断发生的社会革命和政治革命,也以新的理想和新的意识形态冲撞古老中国的社会结构。① 由此,中国社会的宗族血缘关系出现了一定程度的弱化。

不过,民国时期不同地域商品化程度和外国资本主义影响程度的不同,也导致不同地区宗族关系弱化程度有着较大的差别。例如,在苏南这一地区,伴随着 20 世纪 20 年代以后农业商品化的发展,这一地区宗族血缘关系的削弱较之其他地区更为明显。例如,民国十年(1921 年)的周庄就已经出现了反对厚葬祖先造成侵占土地的呼声。白衣撰文明确表示:"我并不是反对葬埋祖先,是反对建筑坟墓。因为'孝子不忍其亲之曝露,故敛而藏之'是该应的;但是不能因为葬埋祖先,就遗害社会。"②尽管这一呼声尚不能代表当时社会的普遍观念,但它的出现,也在一定程度上体现出苏南地区这一时期宗族意识的衰退。

三、重农轻商意识的改变

无论是在中国传统思想史或是在中国传统社会的经济生活中,农业始终有着至高无上乃至近乎神圣的地位,关乎天下存亡兴衰,以致"社稷"一词后来成为国家的代名词。韩非把"本"解释为农,而且把它等同于粮食生产,认为只有农业劳动才是生产劳动。在他看来,只有农业才是应当重视和发展的"本业"。法家的这种重本抑末论被儒家吸收和改造后成为儒家经济伦理思想的重要内容,并在以儒家思想为主导的中国传统封建社会中成为主流。在这一思想的影响下,土,被中国农民作为谋生的根基而获得依恋、崇敬乃至顶礼膜拜;③农,作为一种社会尊重的行业,④在中国传统社会中得到至上的道德评价。

---

① 参见王沪宁《当代中国村落家族文化》,上海:上海人民出版社 1991 年版,第 49 页。

② 白衣:《民食与坟墓》,载《蚬江声》(第四号)1921 年 11 月 1 日。

③ "土地神"是中国农民心目中最亲切的神。早在汉代,中国农民就有了祭祀土地神的风习。宋代以后,土地神成为村落社会的普遍信仰。在汉族聚居的地区,几乎找不到没有土地庙的村落。庙里的偶像,衣冠简朴,成双成对,以致家室齐全、老幼满堂。这种塑形,象征着农民执着地将家庭扎根于乡土的心态。参见程歗《晚清乡土意识》,北京:中国人民大学出版社 1990 年版,第 45 页。

④ 冯友兰先生认为,在中国的传统社会里,可以把民众按行业分为士、农、工、商四等,士通常是来自地主阶级,农就是从事农业生产的农民,这两种行业受到社会的尊重,任何人出身于"耕读世家",往往引以为傲。参见冯友兰《中国哲学简史》,北京:生活·读书·新知三联书店 2013 年版,第 24 页。

应当看到,儒家经济伦理思想中的重本抑末观,对于维护自然经济、压抑商品经济发展起到了重要的作用。然而,伴随着明清时期资本主义的萌芽和西方资本主义的入侵,这种"重本轻末"的观念发生了变化。这不仅表现在一些近代启蒙思想家开始认识到商业对于国计民生的重要性,也体现在整个社会商业化倾向的加重。而至民国时期,资产阶级革命派、实业界人士和激进民主主义者尽管在具体的政治主张和经济政策上有所差异,但在"重商"问题上却形成了基本一致的观念,即认为发展商业是中国独立发展以实现民富国强之目标的重要途径。

商品经济的发展要求人们摆脱土地的束缚而自由从事工商业活动,要求人们树立为交换、为价值而生产的经济价值观。然而,传统的儒家经济伦理内涵的重农轻商、重本抑末却是内在地维护自然经济而排斥和阻滞商品经济发展的。"例如,它主张人们应该安分守位而不要犯分越礼去谋财取利;它引导人们走仕途经济的道路和采取作官食禄、衣租食税的剥削方式而排斥别的"发财"方式和致富道路;它坚持地主土地所有制并把"天下为公"作为其崇高理想而抑制私有权的自发发展;它注重人伦道德而轻视物质财利;它劝勉人们男耕女织自给自足而反对人们弃本逐末以工商赢利;它强调安土重迁、安分守己而压抑人的自由进取精神和社会劳动力的自由流动;它崇尚家庭、国家等社会群体和谐而抑制个人和个体间的利益竞争;它重视既得财富的等差或平均分配而忽视甚至压抑生产效率的提高。这一系列经济伦理思想观念都是和商品经济观念根本冲突和互相排斥的,因而有力地排斥和阻碍着商品经济和近代工业的兴起和发展。"[①]换言之,按照传统的儒家经济伦理,中国人尤其是知识分子应当是耻于言利、羞于谈商的。然而,随着民国时期资本主义商业经济的发展,这种观念不断遭到批判、质疑和修正,人们追逐利益的正当性和合法性越来越获得承认和支持。

值得注意的是,民国时期对传统儒家经济伦理重农轻商观念的批判不仅获得了资产阶级启蒙学者们的思想和理论支持,更在实践层面获得了经济政策、实业发展和民众认同等多方面的支持。孙中山将"振兴实业"作为实践其民生思想的重要途径。他认为,近代中国积贫积弱、民生困苦的原因

---

① 张鸿翼:《儒家经济伦理及其时代命运》,北京:北京大学出版社 2010 年版,第 237—238 页。

之一就是实业不发达,生产技术落后。因此,他倡导资产阶级革命,并明确提出"统一之后,要解决民生问题,一定要发达资本,振兴实业"①。1919 年,孙中山完成了其作为《建国方略》之二的《实业计划》,提出了包括发展交通、商港、水利、工业、矿业、农业等方面的六大计划和十项建设,其核心在于解构封建自然经济,实现经济发展的工业化转向,从而以机器大工业的发展来实现国家的工业近代化,以工业发展推动关系国计民生的重要产业之发展,进而达到富国强民、改善民生的目的。南京国民政府成立后,以发展国家资本为重点,形成了近代中国特有的大官僚资本与国家资本相共存的局面。而在法律和政策层面,工商活动和私人经济利益得到明确的支持和保障。1912 年 8 月公布的《参议院议员选举法》和《众议院议员选举法》,明确规定选举人资格为"年纳直接税二元以上或有不动产五百元以上"②,使"四民平等"有了现实的法律基础。民国时期,一些著名工商界人士进入政府机构担任要职,例如,张謇出任南京临时政府实业部总长。这种"实业救国""工商立国"的政策,也使传统的"士农工商"的职业排序发生了动摇,甚至一些地区开始出现了"四民向商"的现象。而在农业商业化程度较高的苏南地区,一些乡镇出现了以棉织工场、丝织工场、针织工场为主要形式的工场手工业;一些地主开始迁居城镇并兼营商业;一些罢官绅士在家乡虽未兴办近代工商业,但也经营土地,成为经营地主。人们不再羞于谈利、耻于谈商,相反,弃农经商者比比皆是。

第二节　现代经济伦理观的萌芽与生成

辛亥革命推翻了封建帝制,为资产阶级伦理思想的发展创造了有利的社会条件。民国时期,以三纲五常为核心的封建道德受到打击,资产阶级的新道德和新观念日渐传播并被认同和接受。加之外国资本主义的侵入和各种西方思潮的影响,现代经济伦理观逐渐萌芽和生成。

---

① 孙中山:《三民主义》,北京:九州出版社 2012 年版,第 196 页。
② 参见章伯锋、李宗一主编《北洋军阀》第 1 卷,武汉:武汉出版社 1990 年版,第 692 页。

一、对封建道德和礼教的批判

早在清朝末期,以康有为、梁启超为代表的资产阶级维新派在主张政治、经济变革的同时,也对"三纲"为核心的封建道德进行了抨击。而至五四新文化运动时期,这场道德革命达到了新的高潮,产生了极大的社会影响。毛泽东同志曾经指出,"反对旧道德提倡新道德,反对旧文学提倡新文学"[①],是五四新文化运动的"两大旗帜"。这一总结反映出五四新文化运动在中国近代伦理思想上的重要地位。陈独秀、李大钊、鲁迅等新文化运动的主要领导者,对封建主义旧道德和孔教进行了猛烈抨击。

陈独秀最早展开了对封建道德的批判。他列举了当时中国社会道德堕落的各种表现,认为正是道德堕落导致国家衰败。而道德堕落的根源在于封建伦理纲常,因此,只有进行道德革命,才能提高全民道德水准。正是在这一意义上,他提出"伦理的觉悟,为吾人最后觉悟之最后觉悟"[②]。他强调,"儒者三纲之说"[③]是中国两千多年封建社会"一切道德政治之大原"[④],然而,"君为臣纲,则民于君为附属品,而无独立自主之人格矣;父为子纲,则子于父为附属品,而无独立自主之人格矣;夫为妻纲,则妻于夫为附属品,而无独立自主之人格矣。率天下之男女,为臣,为子,为妻,而不见有一独立自主之人者,三纲之说为之也。"[⑤] 由此,他认为,三纲派生出的"忠、孝、节","皆非推己及人之主人道德,而为以己属人之奴隶道德也。"[⑥]这种封建旧道德丑恶虚伪,"中国的礼教(祭祀教孝、男女防闲,是礼教的大精神)、纲常、风俗、政治、法律,都是从这三样道德演绎出来的;中国人的虚伪(丧礼最甚)、利己、缺乏公共心、平等观,就是这三样旧道德助长成功的。"[⑦]他将中国的衰落归结于儒家伦理传统的影响,认为家庭义务束缚了个人,对商业的轻视则使经济停滞乃至崩溃。

新文化运动的倡导者们对孔子和孔教也进行了猛烈的批判。陈独秀认

---

①《毛泽东选集》第2卷,北京:人民出版社1991年版,第700页。
②《陈独秀著作选》第1卷,上海:上海人民出版社1993年版,第179页。
③④⑤⑥ 同上书,第172页。
⑦《陈独秀著作选》第2卷,上海:上海人民出版社1993年版,第47页。

为,三纲是孔教的核心教义,其维护的正是封建等级制度。因此,只有反孔才能实现平等自由。在他看来,"孔教与帝制,有不可离散之因缘。"①"提倡孔教必掊共和","信仰共和必排孔教","孔教与共和乃绝对两不相容之物,存其一必废其一"②。李大钊认为,孔学为中心的儒家学说适应了中国二千余年来未曾变动的农业经济组织,在经济上有其基础。基于这种认识,他指出,现在这种基础已经发生了变化,"西洋动的文明打进来了! 西洋的工业经济来压迫东洋的农业经济了! 孔门伦理的基础就根本动摇了! 因为西洋文明是建立在工商经济上的构造,具有一种动的精神,常求以人为克制自然,时时进步,时时创造"③。换言之,随着中国经济制度的变动,孔门学说就会从根本上动摇了。李大钊还提出,孔门的伦理道德在君臣关系方面,"只用一个'忠'字,使臣的一方完全牺牲于君";在父子关系方面,"只用一个'孝'字,使子的一方完全牺牲于父";在夫妻关系方面,"只用几个'顺'、'从'、'贞节'的名辞,使妻的一方完全牺牲于夫,女子的一方完全牺牲于男子"④。因此,他呼吁人们勇敢地与封建社会的"三纲五常"作彻底的斗争。鲁迅在其著名的作品《狂人日记》中,更是借助"狂人"之口愤怒地谴责和剖析了传统礼教的"吃人"本质。"我翻开历史一查,这历史没有年代,歪歪斜斜的每叶上都写着'仁义道德'几个字。我横竖睡不着,仔细看了半夜,才从字缝里看出字来,满本都写着两个字是'吃人'!"⑤他揭露了封建道德的虚伪性,认为封建道德只不过是统治者为维护自己的利益借以进行宣传教化的手段和工具。

吴虞对儒家礼教尤其是封建孝道展开了集中批判。他认为,"制礼者偏重尊贵长上,藉礼以为驯扰制御卑贱幼下之深意"⑥,但是,这样的礼却是"大悖于人道"的,依循这样的礼教,"不知道德之本,各私其私"⑦。在他看来,儒家礼教并不是有效的"经世之术"。他特别指出,与封建社会的其他道德一样,孝只是维护封建专制和不平等的手段,并不是什么真正的美德。"他们

① 《陈独秀著作选》第 1 卷,上海:上海人民出版社 1993 年版,第 217 页。
② 同上书,第 336 页。
③④《李大钊全集》第 3 卷,北京:人民出版社 2006 年版,第 145 页。
⑤ 《鲁迅全集》第 1 卷,北京:人民文学出版社 1981 年版,第 425 页。
⑥ 田苗苗整理:《吴虞集》,北京:中华书局 2013 年版,第 34 页。
⑦ 同上书,第 30 页。

教孝,所以教忠,也就是教一般人恭恭顺顺的听他们一干在上的人愚弄,不要犯上作乱,把中国弄成一个'制造顺民的大工厂'。孝字的大作用,便是如此!"①因此,吴虞认为,儒家礼教禁锢了人们的思想和行动,给中国社会带来了严重的消极影响。只有打破这"禁锢人之思想"的儒家礼教,才能推翻旧统治,造就新国民。

正是在思想界对封建道德猛烈批判的影响之下,民国时期的民间日常道德生活中也出现了革除陋俗、破除迷信的新气象。国民党统治时期,缠足、吸食鸦片、赌博、繁杂的婚礼丧礼等陋俗都在革除之列。1933 年 7 月 19 日广西省政府《广西省改良风俗规定》中明确规定:"死者入殓,除衣衾各物外,不得附用各种珍玩果品","丧家不准雇用僧尼道巫以作法事","祭品以香烛、蔬果为主……最多均不得过银五元","丧家停柩在堂,以速葬为主,不得过五日"。② 1936 年,四川省政府《婚丧仪仗暂时办法》规定:"婚丧不得沿用含有封建色彩或迷信性质之仪仗,违者由地方主管机关分别予以销毁或没收之处分。"③辛亥革命后乃至整个民国时期,革除旧俗取得了重要成效。这种旧俗的革除主要集中在城市,但也在一定程度上影响到农村。例如,李景汉 1928 年—1932 年期间对河北定县的调查显示,定县成立了各种革除旧俗的组织,如"天足会""改良风俗会"等,在当地婚丧嫁娶及日常礼俗革新起到了很好的作用。20 世纪二三十年代,迷信活动的地盘日趋萎缩,人们的迷信心理也相对淡漠。在民国地方志中,常可见到"僧道祈禳之风渐息","偶像之拜,形家之言,巫蛊之祸,日见消灭","禳灾祈福、祠祀鬼神渐废"之类的记载。民国时期许多寺庙被毁或改作他用,并没有激起信仰者的义愤,也没有出现群众性的护庙运动,这不能不视做民间传统迷信心理式微的表征。凡带有宗教迷信、盲目信仰性质的旧节令习俗,在民国各地逐渐式微或被废除。④

正如前文述及,儒家经济伦理思想根植于中国传统的农业生产方式,以

---

① 田苗苗整理:《吴虞集》,北京:中华书局 2013 年版,第 13 页。

② 《平乐县志》,1940 年铅印本。转引自万建中、周耀明:《汉族风俗史》第 5 卷,上海:学林出版社 2004 年版,第 304—305 页。

③ 《巴县志》,1939 年刻本。转引自万建中、周耀明:《汉族风俗史》第 5 卷,上海:学林出版社 2004 年版,第 305 页。

④ 参见张锡勤、柴文华主编《中国伦理道德变迁史稿》(下卷),北京:人民出版社 2008 年版,第 253—255 页。

血缘关系为基础,契合了中国社会的经济结构和社会结构,成为中国传统经济伦理思想的主流。诚然,儒家经济伦理对维护中国传统社会的稳定和秩序并推动经济社会发展具有一定的意义,然而,我们也应看到,封建统治者及其思想家们也在不断强化儒家道德的永恒性,试图以"道德不变论"维护自身的统治和利益,这也导致儒家经济伦理内在的安土重迁、小富即安、惧怕变革等特征,禁锢了中国现代经济的生长。因此,新文化运动对封建道德和礼教的抨击,不仅从理论上批判了道德不变论并宣告旧道德、旧礼教终将归于消灭,其更加重要的意义在于,通过对道德不变论的批判,为道德革命和现代经济伦理的萌芽和生成提供了强大的理论根基。

二、"个人本位主义"新道德的倡导

近代以来,资产阶级思想家们在批判封建道德的同时,也试图建立起资产阶级的新道德。他们清醒地认识到,中国传统伦理道德以天道本体为价值本原,强调以整体利益为价值标准,由此,个人利益被完全置于"天道""整体"之下。这种对个体及其利益的忽视,与资本主义发展尤其是商品经济、市场经济的个人利益导向要求显然是背道而驰的。因此,从维新派开始的近代思想家试图通过对封建道德的批判,从而突破这一观念的束缚。"五四"时期,新文化运动的倡导者们在猛烈批判"旧道德"的同时,也极力宣传和倡导"新道德"。而他们倡导的新道德的核心,便是以承认和尊重个人独立自主人格的"个人本位主义"道德。在他们看来,西方文化以个人为价值本位,强调个体独立和个性解放,并由此奠定了西方自由、平等、民主、博爱的核心价值,进而成为其经济、政治和社会文明的伦理根基。与之相反,中国传统伦理思想建立在家国同构基础上的忠孝伦理、强调家庭和群体本位而抹杀个体和个性的整体观以及重义轻利、以义制利的道义价值,导致国民丧失自我意识和独立人格,成为阻碍中国社会进步的伦理根源。因此,新文化运动的倡导者们主张以西方的"个人本位主义"新道德代替中国传统的"家族本位主义"旧道德。

陈独秀认为:

西洋民族，自古迄今，彻头彻尾，个人主义之民族也。……举一切伦理，道德，政治，法律，社会之所向往，国家之所祈求，拥护个人之自由权利与幸福而已。思想言论之自由，谋个性之发展也。法律之前，个人平等也。个人之自由权利，载诸宪章，国法不得而剥夺之，所谓人权是也。人权者，成人以往，自非奴隶，悉享此权，无有差别。此纯粹个人主义之大精神也。①

在他看来，这种"个人本位主义"的伦理强调以个人利益为本因，"以实利为本位"，从而使人们"重视个人自身之利益，而绝无血统家族之观念"②。而这个对个人利益的追求顺应了人的"求乐避苦""自利自爱"本性，因为"人之生也，求幸福而避痛苦，乃当然之天则"③。正因为顺应了人之本性，这种"个人本位主义"道德也带来了西方社会的商业发达。陈独秀进一步指出，西方国家，"商业往返，对法信用者多，对人信用者寡；些微授受，恒依法立据。浅见者每讥其俗薄而不惮烦也。父子昆季之间，称贷责偿，锱铢必较，违之者不惜诉诸法律；亲戚交游，更无以感情违法损利之事"④。他对这种"以法制为本位，以实利为本位"⑤的观念极为认同，认为"以法治实利为重者，未尝无刻薄寡恩之嫌；然其结果，社会各人，不相依赖，人自为战，以独立之生计，成独立之人格，各守分际，不相侵渔。以小人始，以君子终；社会经济，亦因此厘然有叙"⑥。因此，陈独秀认为，只有以"个人本位主义"取代"家族本位主义"，方能造就一个稳定、有序、繁荣的社会。

这一时期，一些思想家还提出了与个人本位主义相近的"自利主义""为我主义""利己主义"等。他们认为，"为我"二字是"天经地义"、无可讳言的，"天下无论何人，未有不以爱己为目的者"⑦，"利己主义，为人类生活唯一之基础"⑧，"自爱自利，为人类行为之唯一原因"⑨，"故自利主义者，至坚确不易

① 《陈独秀著作选》第 1 卷，上海：上海人民出版社 1993 年版，第 166 页。
② 同上书，第 168 页。
③ 同上书，第 186 页。
④⑤ 同上书，第 167 页。
⑥ 同上书，第 168—169 页。
⑦ 同上书，第 300 页。
⑧⑨ 李亦氏：《人生唯一之目的》，载《青年杂志》1915 年第 2 期。

动摇之主义也。"①和这种个人本位主义、"为我主义""利己主义"相联系,他们也宣传"求乐免苦"的人性论和人生观。"人类自含生受性而有感觉,因感觉而辨苦乐,因苦乐而争趋避。……故人生第一天职即在求避苦趋乐之方。"②

值得注意的是,新文化运动的倡导者们在主张"自利主义""乐利主义""为我主义"的同时,也明确表达了对极端利己主义的反对。他们认为,人类是一种"群居之动物",因此,单个的人无法脱离社会群体而孤独地存在,人们在互助、合作中才能实现自身的利益。因此,他们在强调"个人利益为本"的同时,也提出在"利己"的同时必须"利他""利群"。正如高一涵所提出的:"欲使一己之利益,着着落实,非特不害他人之利益,且以之赞助他人之利益。"③因此,他们主张"利己",但也主张"以尊重一己之心,推而施诸人人"④,即所谓"推己及人"。具体来说,这种"推己及人"是"欲尊重一己之自由,亦必尊重他人之自由"⑤,既"追求个人自身之快乐",又"不可不兼顾公众之快乐"。陈独秀将这种"利己"与"利他"相结合的个人本位主义视为对西方资产阶级道德的改造,指出:

> 我们希望道德革新,正是因为中国和西洋的旧道德观念都不彻底,不但不彻底,而且有助长人类本能上不道德的黑暗方面的部分。……我们主张的新道德,正是要彻底发达人类本能上光明方面,彻底消灭本能上黑暗方面,来救济全社会悲惨不安的状态,旧道德是我们不能满足的了。⑥

正是基于此种观念,民国时期以陈独秀为代表的新文化运动的倡导者主张的道德革新,既不仅仅在于要批判和解构中国封建社会的旧道德,也不是对西方资本主义道德的简单移植。他们试图通过将"互相、同情、利他"等道德价值与利己主义相结合,从而使他们倡导的个人本位主义成为对极端利己主义进行改造基础上的"合理的利己主义"。

应当看到,近代思想家尤其是新文化运动的倡导者们对"个人本位主

---

①《陈独秀著作选》第 1 卷,上海:上海人民出版社 1993 年版,第 301 页。

② 高一涵:《乐利主义与人生》,载《新青年》1916 年第 1 期。

③ 高一涵:《共和国家与青年之自觉(二)》,载《青年杂志》1915 年第 2 期。

④⑤ 高一涵:《共和国家与青年之自觉(一)》,载《青年杂志》1915 年第 1 期。

⑥《陈独秀著作选》第 2 卷,上海:上海人民出版社 1993 年版,第 47 页。

义"新道德的宣传不仅具有"反对旧道德、提倡新道德"的伦理意义和清除封建旧思想、灌输资产阶级民主主义新思想的政治意义,其更为基础性的意义在于,通过对儒家道德和礼教的批判以及对"个人本位主义"道德的倡导,动摇了传统儒家经济伦理观的基础,为追求个人利益、个性解放提供了伦理根基。由此,长期以来被传统儒家经济伦理束缚的经济动力被释放,求利求富、重商言利日渐成为社会经济价值观的主流,这又为民国时期工商业的发展提供了极有价值的精神动力。

三、西方功利主义价值观的影响

鸦片战争以后,近代西学开始在中国传播,而中国对于西学的态度也在这一过程中经历了从排斥到被动接受再到主动学习和宣传的过程,而学习的内容也从最初的自然科学逐渐扩展到制度、政治层面以及伦理思想等方面。严复、梁启超等维新派思想家翻译了一批西学著作,使18世纪启蒙时期以卢梭为代表的民主主义政治伦理观、18到19世纪英国功利主义伦理观、19世纪社会进化论伦理思想等传入中国。其中,梁启超对边沁功利主义学说的介绍,在中国近代思想界、实业界和民众中产生了重要影响。

西方功利主义价值观的核心精神即所谓"利益(幸福)最大化"的理性原则。该原则内含两个基本方面:一方面是基于经济理性——即对经济行为的成本投入与效益收入之价值比率的精确算计和推理——建立起来的"价值最大化"之价值评价标准或效果论判断标准;另一方面是将此经济理性由个体行为领域扩展到集体行为领域,进而将之确立为一种具有社会经济体制规范和价值约束力的社会伦理原则,即所谓"最大多数人的最大幸福"原则。在功利主义看来,所有道德行为的正当性就在于实现目的善的最大化。

进一步而言,"何种目的为善? 对于这一问题,历史上形形色色的功利主义提出了不同的说法。古典的快乐主义(又称幸福主义的功利主义)认为,快乐或幸福是目的;多元价值的功利主义认为,目的包括快乐、知识、美等等;偏好或欲望满足的功利主义视偏好或欲望为目的;福利功利主义将客观的人的切身利益看作目的;等等。按照功利主义的解释模式,凡是可以最大化这些善的目的的行为,都是在道德上好的行为或正当的行为。"①

　　功利主义价值观在客观上适应了西方资本主义国家 18 世纪以后大工业发展和资本扩张的急速进程。马克思在《资本论》中揭示了"物→商品→货币→资本"的演变,他指出,简单商品生产表现为"为买而卖"的"W—G—W",是以货币为媒介的交换,资本运动则表现为完全不同的"为卖而买"的"G—W—G",其目的是获得货币的增值即 ΔG。因此,"资本及其自行增殖,表现为生产的起点和终点,表现为生产的动机和目的"②。作为资本的货币的自行增值具有一种循环往复永无止境的趋势,这便是资本运动的内在逻辑。功利主义内涵的"利益最大化"原则内在地契合了资本逻辑循环往复无限扩张的特征,正因为如此,功利主义不仅在其产生地英国迅速传播,也直接影响到 19 世纪美国乃至 20 世纪的整个世界,成为西方近代以来对经济生活影响最为深远的流派。

　　清末民初,以梁启超为代表的资产阶级改良思想家们对功利主义学说的介绍,在中国近代思想界、实业界和民众中产生了重要影响。梁启超专门撰写《乐利主义泰斗边沁之学说》一文,介绍边沁的功利主义思想,并在其中也论述了自己的观点。受边沁功利主义思想的影响,梁启超也认为,人有"避苦求乐"的欲望,这是人之本性。与其让人们放纵自己的利乐,不如深刻认识和揭示利益的本质,以及它对于人的存在和发展的意义而利导之,从而使人们在满足自己利益的过程中避免因不分小乐、小利而致大苦、大害,使人们获得的快乐有利于人的发展和完善,进而促进社会的发展与完善。梁启超大胆提出了"利己"的合理性,认为积极追求自己的利益,丝毫不让与他人,不仅是对自己负责,增进自己的幸福,更是对社会、对民族、对国家的责任。同时,梁启超又反对极端利己主义,强调利己与利群的统一,认为只有通过把个人利益和国家利益相统一,才能真正实现个人利益和个人幸福。在他看来,真正的快乐是超越感官快乐之上的精神的充实与德性的完善,也只有这样的快乐才是恒久持续的。③

　　梁启超认为,"最大多数人之最大幸福原则"把个体与群体结合起来,在

---

① 王露璐等:《经济伦理学》,北京:人民出版社 2014 年版,第 112 页。

②《马克思恩格斯文集》第 7 卷,北京:人民出版社 2009 年版,第 278 页。

③ 参见梁启超《乐利主义泰斗边沁之学说》,载《新民丛报》1902 年汇编。

合理利己主义思想中渗入了利他主义因素，使社会公道与个人主义相整合，是近百年来最具影响力的思想。功利主义价值观的传入和介绍，否定了中国传统伦理观中忽视个体生存享受和发展的价值和意义，对于反对儒家道德专制主义和禁欲主义具有极其重大的历史意义。[①] 正是这种"利益最大化"原则打破了长期以来在中国封建社会占统治地位的"重农轻商""重义轻利"等传统价值观的束缚，对现代经济伦理的生成产生了极其深远的影响。其核心原则的两个方面，即经济理性基础上的"价值最大化"和"最大多数人的最大幸福"，逐渐渗透于中国社会的生产、交换、分配、消费等经济活动及人们的日常生活和交往之中，并直接影响个人、组织及其区域的行为选择和发展路径。

① 参见陈文《近代社会变革中的伦理探索——从戊戌到五四》，北京：中央编译出版社 2011 年版，第 85 页。

第三章
民国经济伦理思想的区域差异性

民国时期的经济伦理思想表现出显著的区域差异性。在现代经济伦理观生长环境上，沿海地区的商品经济得到发展，西方功利主义思想的影响也在加强；而内陆地区的商品经济发展极其缓慢，经济发展受现代经济伦理观的辐射和影响也十分微弱。在经济道德状况和经济伦理关系上，国民党在其统治区大力提倡传统道德并开展了"新生活运动"，试图强化传统经济道德观念；而在中国共产党领导的红色政权区域，新型的"革命道德"得以生成，与之相适应的新型经济伦理关系也得以建立。

第一节　现代经济伦理观生长的差异性

辛亥革命最终推翻了清王朝的政治统治，建立了中华民国，推进了中国的现代化进程。这一时期的中国开始探索资本主义发展的道路，把振兴实业作为发展目标，并采取措施促进工商业的发展，推动了民族资本主义经济的快速发展。第一次世界大战期间，资本主义国家对中国的商品输出和资本输出减少，中国民族资本主义获得了一个发展的重要机会，民族资本商业集团开始出现，民族资本主义经济进入新的发展阶段。在现代经济发展的过程中，经济伦理思想也得以发展。但总体上而言，民国时期的经济伦理思想展现了鲜明的区域差异。民国时期的经济发展在沿海地区和内陆地区有着不同的表现。沿海地区商品经济发展较为迅速，而内陆地区的商品经济发展则相对缓慢。经济发展状况的不同也决定了经济伦理观生长水平的不同。

一、沿海地区——商品经济的发展和西方功利主义思想影响的加强

民国时期，中国的沿海地区因为对外贸易较为发达，西方的伦理思想也随之传入并影响这些地区民众的道德观念。

鸦片战争以后，近代中国被卷入世界资本主义经济体系之中，中国自给

自足的自然经济遭到破坏。城乡商品经济的发展,也推动了资本主义生产关系的出现。商品经济是以交换为目的的经济形态,商品经济的发展在沿海地区表现得尤为突出。第一次鸦片战争失败后,清政府的闭关锁国政策被打破。1842 年的中英《南京条约》把广州、厦门、福州、宁波、上海作为通商口岸开放。此后的不平等条约又增加了十多个沿海的通商口岸。第二次鸦片战争中,1858 年清政府被迫与英国、法国、俄国、美国分别签订了《天津条约》,牛庄(后来改为营口)、登州(后来改为烟台)、台湾(后来改为台南)、淡水、潮州(后来改为汕头)、琼州、汉口、九江、南京、镇江等 10 个口岸被开放。1860 年清政府被迫与英国、法国、俄国分别签订《北京条约》,天津成为通商口岸。外国资本主义在这些通商口岸里享有各种特权,并陆续控制了各口岸的金融、工商事业,更有甚者,设立租界,进行殖民统治。在外国资本的影响下,口岸地区的贸易显得较为活跃。1895 年,清政府被迫与日本签订不平等条约——《马关条约》,帝国主义列强获得了在中国自由开办工厂和银行、修建铁路、开采矿山的权利。这使外国资本大量涌向中国,外资工厂、银行不断增加,这些工厂以其极大的规模、雄厚的资金、先进的技术,冲击中国的封建自然经济。资本主义国家对中国的经济侵略使封建自然经济开始解体,也使中国的商品经济获得一定程度的发展。资本主义国家的商品输出和资本输出则主导了近代中国商品经济的发展。"主要由外国治理,但主要是中国人居住的条约口岸,是文化共生现象的产物,也是西方扩张势力与中国在沿海成长力的结合点。1842 年以后,这个结合点是混杂的中国新兴商业城市,是由水道运输发展起来的商业中心。"①在这些口岸城市,中外合营企业得以发展。口岸贸易的发展也使沿海地区能先接触西方的新技术、新知识,思想文化观念也率先发生变化。

辛亥革命对中国的经济发展也产生了积极的推动作用,为市场经济的发展奠定了基础。"从其在经济领域中的表现来看,例如推动近代中国经济法律法规建立并形成体系,推动机器制造业迅速成长,推动铁路轮船为首的近代交通运输工具和电讯邮政等的发展以及以银行、保险、交易所等新式金融结算体系的建立等方面看,辛亥革命奠定了近代中国市场经济的基础和

---

① [美]费正清编:《剑桥中华民国史》(上卷),杨品泉等译,北京:中国社会科学出版社 1994 年版,第 22 页。

框架,并使之初步成型。"①南京临时政府对发展工商业的鼓励措施促进了民族资本主义的发展。此后的北洋政府通过立法保护民族资本主义经济的发展。在保护实业的各种政策法令的背景下,民族资产阶级发展实业的热情被调动。辛亥革命使人们的爱国热情大大提升,民众开始重视国货,抵制外国商品,为民族资本主义的发展创造了有利条件。在"振兴实业"思潮及"产业革命"热的影响下,民族资产阶级开始组建各种实业团体,动员人们实行"产业革命"。"在民国建立后的头三年中,年均设厂的资本额则超过 2000 万元。民初的工商业筹集资本也容易多了。1895 年张謇筹办大生纱厂时,即因为'集股不易'而导致了董事会的破裂,致使张謇遇到极大困难。1907 年上海的第一家毛纺织厂建立时,本拟筹资 50 万两银,但实收资本数仅 26 万两,另两家官督商办毛纺织厂也是依赖官款垫借才勉强开车,反映了当时工商企业招股的重重困难。而在民国元年,民族资本家陆伯鸿在上海南市创办电车公司时,'一日之间,集股多数,公司遂成立'"。② 可见,这一时期,商品经济在中国有了较好的发展势头。

第一次世界大战期间,中国民族资本主义获得了一个发展的黄金时期。在欧洲资本主义国家忙于战事、无暇东顾之时,中国的民族工商业获得较快发展。这一期间,外国输入中国的商品减少,这为民族工业发展提供了难得的机会。"中国资本主义在初步发展的 1895 至 1913 年间,开设的资本在 1 万元以上的工矿企业共 549 家,资本总额 12029.7 万元。平均每年增设 28.9 家,新投资本 633.1 万元。而 1914 年至 1919 年的 6 年间,中国资本新设厂矿共 379 家,资本总额 8580 万元。平均每年增设厂矿企业 63 家,新投资本 1430 万元。不论每年平均的设厂数,还是新投资本数,后 6 年比初步发展的 19 年间都增长了一倍多。"③中国新式商业、商业集团、商业街在广州、上海、青岛、天津等沿海地区出现,这都表明沿海地区民族资本主义经济有了较高的发展水平。

---

① 朱荫贵:《辛亥革命与近代中国市场经济的发展》,载《学术月刊》2012 年第 7 期。

② 上海社会科学院历史研究所:《辛亥革命在上海史料选辑》,上海:上海人民出版社 1966 年版,第 979 页。转引自史全生主编:《中华民国经济史》,南京:江苏人民出版社 1989 年版,第 78 页。

③ 吴承明:《中国资本主义与国内市场》,北京:中国社会科学出版社 1985 年版,第 124 页。转引自史全生主编:《中华民国经济史》,南京:江苏人民出版社 1989 年版,第 109 页。

　　社会经济结构及经济发展状况是经济伦理思想观念产生的前提和基础。中国传统经济伦理思想以儒家经济伦理为核心，适应自给自足的封建经济发展的需要，体现封建经济的价值取向。中国"传统经济类型"具有三个重要特征：一是在自然经济基础上产生的"重农轻商"的经济结构。二是基于宗法等级制度产生的具有家族主义特点的经营模式。三是君主统治的社会结构条件下产生的无法律保障的民间私有产权。① 所以，产生于中国传统社会的经济伦理思想在生产上强调"生财有道"；交换上注重"交往有信"；分配上主张"礼以定分""贫富均平"；消费上强调"黜奢崇俭"。

　　然而，与中国封建经济相适应的传统经济伦理思想在近代中国商品经济快速发展的背景下已显得不合时宜，传统经济伦理思想观念的更新显得极为迫切。近代中国经济伦理思想的形成与发展不仅仅是对传统经济伦理思想的批判，还受到了西方功利主义思想的影响。

　　功利主义是与德性论、义务论并列的伦理思想。它对当代人类思想产生的重大影响表现有三：一是功利主义的观点较为简单且符合人的理性，合乎道德的行为或制度能促进"最大多数人的最大幸福"。二是通过"最大多数人的最大幸福"概念的解释，奠定了各门社会科学的伦理基础。三是功利主义的论证建立在经验主义认识论基础之上，比那些诉诸人的天启理性的观点而言，更加合理。②

　　这种以"最大多数人的最大幸福"为基本信条的功利主义伦理思想进入中国后，在经济领域必然要颠覆传统的经济伦理思想。梁启超、严复等人对功利主义的推崇也展现了中国民族资本主义发展的迫切要求。他们的推介也让一些人重新审视中国经济发展的道德理念。与商品经济发展相适应的现代经济伦理观则呼之欲出。沿海地区经济社会的巨变使人们的思想观念也发生大的变化。西方功利主义伦理思想在沿海地区对传统经济伦理思想的冲击更为明显。例如，自19世纪90年代起，苏南地区开始涌现出一批近代资本主义企业，主要集中在缫丝业、棉纺织业、粮食加工业和其他一些轻工业部门。尽管从地区分布来看，早期苏南民族工业的发展主要集中在城

---

① 参见朱贻庭《中国传统经济伦理及其现代变革论纲》，载《伦理学研究》2003年第1期。
② 参见[英]约翰·穆勒《功利主义》，徐大建译，上海：上海世纪出版集团2008年版，译者序第4—5页。

市地区,在当时广大的农村,几乎很少有近代资本主义工业的踪迹。① 然而,城市地区民族工业的兴起与发展,对苏南乡村仍产生了一定的辐射作用。一些乡镇出现了以棉织工场、丝织工场、针织工场为主要形式的工场手工业;一些地主开始迁居城镇并兼营商业;一些罢官绅士在家乡虽未兴办近代工商业,但也经营土地,成为经营地主。如无锡的严紫卿,曾官至山西按察使,1871年卸任还乡,购置田地,置农具买耕牛种田30亩,并诣古槜李购桑3000株,排种于宅前之南湾,为一方开蚕桑风气之先。② 可以说,在"重商言利"思想的影响下,长期受士农工商排位影响的乡村社会传统职业观念发生变化,人们不再羞于谈利、耻于谈商,相反,弃农经商者比比皆是。"市侩贩夫争奔走,熙熙而来攘攘往。一日贸易数万金,市侩谁不利熏心。但教炙手即可热,街头巷口共追寻。茶棚酒肆纷纷话,纷纷尽是买与卖。小贾收买交大贾,大贾载入申江界。申江鬼国正通商,繁华富丽压苏杭。番舶来银百万计,中国商人皆若狂。今年买经更陆续,农人纺经十之六。遂使家家置纺车,无复有心种菽粟。"③这首诗形象地描绘了沿海地区商品经济的发展和西方功利主义思想影响下现代经济伦理观的大力生长。④

二、内陆地区——现代经济伦理观的微弱辐射和影响

民国初年民族资本主义发展还有一个特点便是民族工商业从沿海扩展到内地,从大城市发展到附近城镇。但是,这种扩展仅是在部分行业和局部地区得以实现,没有从根本上改变民族工商业发展的布局。"如民族火柴业在四川、河南等内地省份得到迅速的发展。民族面粉业也不再像过去那样

---

① 事实上,苏南地区的民族资本家也曾试图把资本投往县城、乡镇以获取较高利润,或避开帝国主义资本的挤压,或避开同行的竞争,并可利用乡村的廉价劳力,如1905年朱幼鸿在常熟创办裕泰纱厂,1906年蒋汝坊在太仓设立济泰纱厂,1908年施子美等在江阴开办利用纱厂,就是这样的一些最初尝试。但结果往往不太理想,他们的生产成本并不比无锡的纱厂低,甚至还往往高于无锡的纱厂。从另一个方面来说,纱厂一般是规模较大、设备较全的,其他一些资金较小,不能自建动力设备的工业在乡村集镇中就更加没有生存条件。参见段本洛主编《苏南近代社会经济史》,中国商业出版社1997年版,第261页。
② (清)严金清:《严廉访遗稿》,"年谱"。
③ (清)温丰:《南浔丝市行》。
④ 参见王露璐《乡土伦理——一种跨学科视野中的"地方性道德知识"探究》,北京:人民出版社2008年版,第127—128页。

集中于上海等沿海通商口岸城市,东北面粉工业的发展速度开始超过上海,形成面粉工业的另一个中心。缫丝业也开始由江、浙、闽、粤等地向内地发展。同时,上海周围的杭嘉湖地区和苏锡常地区的民族工业也得到迅速发展。这种变化,为第一次世界大战期间民族资本主义发展的高涨奠定了基础。"[1]

总体上看,相较之沿海地区商品经济较快的发展速度和思想观念的激变状况,中国内陆地区的发展与变化则要缓慢得多,现代经济伦理观对内陆地区的辐射和影响也十分微弱。内陆地区的经济社会发展与沿海地区的急剧变革形成鲜明对比。沿海城市的迅速发展表现在城镇人口的快速增加、城市规模的迅速扩大、工业产值比重的迅速提升等方面。与因近代中外经济交往加强和商品经济的快速发展而兴起的沿海城市不同,内陆城市多因政治、军事的需要而设立并发展。进入近代以后,内陆城市也出现了少量的近代工业,但对城市的封建性特征产生的影响较小。内陆的工商业发展情况及基础设施建设情况与沿海城市相比都有巨大差距。内陆地区没有沿海地区的地理优势、自然资源优势、交通运输优势,也少了实业家、商人等特殊人才资源,所以难以获得沿海城市的那般繁荣。近代中国军阀混战不断加之外敌入侵,社会动荡不安,内陆地区的工商业发展也受到极大阻碍。

内陆地区的农村商品经济则更不发达。"近代中国农村商品经济的产生和发展是由于外国资本帝国主义的商品倾销和对原料的掠夺所致,因此,各地耕织分离的程度和商品生产的发展程度直接由洋货的进入程度和对原料的掠夺程度而决定。"[2]内陆农村地区远离通商口岸和铁路,耕织结合的小农经济受破坏的程度较低,这样的条件制约了商品经济的发展。总体上看,近代中国农村商品经济在资本主义商品输入、农村耕织分离,自然经济逐步解体的基础上兴起,但未能获得充分发展的条件。"中国近代工商业不仅无力带动农村商品经济的发展,使农业和非农产业之间建立起一种比较协调的商品关系,相反,更进一步加剧了农业和非农产业之间的矛盾、城市与农村之间的矛盾,根本不可能促进农村家庭手工业的独立发展,促进农村产业

---

① 史全生主编:《中华民国经济史》,南京:江苏人民出版社 1989 年版,第 85 页。

② 侯银辉:《论近代中国农村的商品经济及其不发达的原因》,载《求索》1994 年第 4 期。

结构的升级优化。"①封建社会传统的"重农抑商"政策的深刻影响,不平等条约中的外国关税特权使中国农产品输出逐年减少,加上一些地方官员的保守、教育方式的落后、战争带来的混乱秩序,内陆地区农村商品经济的发展必然滞后。

民国时期,广大农民因为帝国主义的侵略、封建主义的剥削以及反动统治者的压迫,生活极其艰难。中国的农村经济因为常年战争、自然灾害以及世界资本主义经济危机的冲击,在一步步衰退。南京国民政府也曾在 1927 至 1936 年推动开展全国性的农业合作运动,企图恢复农村经济。在这一场农业合作运动中合作社发展速度较快、合作组织普及地域较广、合作类型较多。② 合作运动在当时也产生了一些积极影响,主要表现在三个方面:一是信用合作社能为农村发展提供一定数量的信贷资金,缓解农村的金融危机。二是合作社在一定程度上可以便利农业生产的发展。三是农村建设可以发挥合作社的作用。③ 但是农业合作运动的作用也非常有限。一是入社人数不多。1934 年 6 月,全国入社比例仅为千分之零点八,1936 年比例仅为千分之三点七左右。二是农贷资金比例不高。农民借款的 90% 还是来自地主富农和商人。三是合作运动的大权操纵在富商大贾手中,运动的方向被扭曲。④ 并且,因为很多政策直到 30 年代中期才开始真正实施,而此时又因抗日战争的影响,农村落后面貌未能得到有效改善。"同时,当时中国农村中出现的某些资本主义经济现象,如垦区内新式农场的设置、手工行业中手工作坊的扩大等等,也可以看作是其复苏农村经济政策的一种附产物。"⑤中国农村资本主义经济在 19 世纪末 20 世纪初开始出现。20 世纪 20 年代后农村自然经济解体速度加快、农产品商品化程度提高,还有南京政府一些经济政策的推动,中国农业资本主义经济成分在这一时期有所增长。富农经济、经营地主农牧垦殖公司代表了当时农业资本主义的发展状况。"中国近代农业资本主义经济,总的看来是比较微弱。1931 年以前,富农经济、经营地

①　侯银辉:《论近代中国农村的商品经济及其不发达的原因》,载《求索》1994 年第 4 期。
②　参见石柏林《凄风苦雨中的民国经济》,郑州:河南人民出版社 1993 年版,第 176—179 页。
③　参见同上书,第 182—186 页。
④　参见同上书,第 186—189 页。
⑤　同上书,第 164 页。

主、农牧垦殖公司一般呈上升发展趋势;1931年以后有所衰减,但到1935年以后又出现回升趋势。中国农业资本主义经济的发展曲线与私人资本工业经济的发展曲线基本相一致。出现曲线的原因,也是受世界经济危机的影响,而且中国农产品受西方剩余农产品倾销的打击更大。此外,农业与工业比较,它还要受自然条件的制约,1931—1934年的水旱等自然灾害,也是影响中国农业资本主义经济发展的一个重要因素。"[1]

所以,从总体上看,在中国的绝大部分内陆地区,不论城市还是乡村,商品经济的发展、资本主义生产关系的发展都是较为缓慢的。中国传统经济伦理观念仍然发挥着重要作用,现代经济伦理观的传播和影响力度很小。与沿海地区的发展状况相比,内陆地区的经济发展和思想观念的变革都相对滞后。

第二节 经济道德状况和经济伦理关系的差异性

民国时期经济伦理思想的区域差异性还表现在国民党统治区与中国共产党红色政权区域经济道德状况和经济伦理关系的区别。国民党在国统区大力提倡礼、义、廉、耻的传统道德,开展了"新生活运动",在恢复传统经济道德上也有一些举措。而在红色政权区域,中国共产党推动"革命道德"形成,一种新型经济伦理关系也得以产生。

一、国民党统治区——对传统经济道德的提倡和"新生活运动"的开展

1934年2月19日,国民党在南昌发起了"新生活运动"。这一"运动"提出要改变国民在衣、食、住、行中的不良习惯,在日常生活中提倡礼、义、廉、耻等传统道德,从而恢复固有道德和民族精神,最终复兴民族。在南昌,国

---

[1] 石柏林:《凄风苦雨中的民国经济》,郑州:河南人民出版社1993年版,第194—195页。

民党召开市民大会、提灯大会、讲演会，通过宣传、指导、纠察等工作推动新生活运动的开展。此后，南京、上海、江苏、河北、湖北、福建、安徽、河南、浙江、湖南、山东、山西、陕西、甘肃、察哈尔、绥远、宁夏、青海、四川、贵州、云南、西康等地迅速发起此项"运动"。① 同年 7 月，新生活运动促进总会在南昌成立，蒋介石任总会会长。在抗战时期，新生活运动结合工作实际需要，开展了节约献金、战地服务、伤兵慰问、空袭救济、抢救难童、医疗救助等工作，对抗战的胜利发挥了一定的积极作用，作出了一定的贡献。

新生活运动的开展首先要求民众能理解"新生活"及"运动"的含义。《新生活运动纲要》提出"生活"就是人生一切活动的总和，包含为了生存保障、生计发展及生命繁衍而进行的各种活动。关于"新生活"，《新生活运动纲要》认为"为欲繁衍生命，保障生存，发展生计而表现之一切行为，因时代与环境之递嬗变迁，而呈现不同之形式，演化不同之方法。时不可留，环境亦随之而异，惟能'苟日新，日日新，又日新'者，始得畅遂其生"②。所以，生活适合时代与环境的发展要求时，要补偏救弊，改变旧有生活趋向，此即为"新"的生活。③ 可见，新生活的"新"就要表现为民众生活要实现与旧有生活趋向决裂的目标。而之所以通过社会运动的形式推动"新"生活，发起者认为"人民生活之满足，固有赖于政治之教，养，卫各种制度之尽善推行；但政治上各种制度之推行，与社会风俗习惯之关系，至为密切"④。与社会制度相适应的社会风气对于制度的推行具有积极意义，"水流湿，火就燥，社会运动之效用，正所以为之湿为之燥而已。故任何国家于革故鼎新之际，恒以'转移风气'为先。盖其力较政教为尤大，其用较政教为尤广，而其需要亦较政教为尤急也"⑤。所以，"运动"也即转变社会风气的工作，发起者希望通过社会运动的形式由浅入深、由近及远，最终推动社会生活发生变化。

新生活运动是在特定的社会历史条件下发起的，这一运动的发生有着较为复杂的经济、政治和思想文化背景。20 世纪 30 年代，国民党政

① 参见《新生活运动》，南京：国民政府行政院新闻局印行 1947 年版，第 2 页。
②③ 蒋介石：《新生活运动纲要》，转引自萧继宗主编：《新生活运动史料》（革命文献第 68 辑），台北："中央文物供应社"1975 年版，第 2 页。
④⑤ 同上书，第 3 页。

权在经济建设上未能取得大的成绩，所以，试图以道德"运动"的成绩去弥补经济建设上的不足。大革命失败后，中国共产党领导人民进行了艰苦卓绝的土地革命战争，从早期的城市武装起义，到创建农村革命根据地，探索了一条适合中国国情的农村包围城市、武装夺取政权的革命道路。国民党政府对革命根据地的发展与壮大十分恐慌，发动了"围剿"行动。与此同时，国民党为了巩固统治，提振精神，发动了新生活运动。此外，20世纪30年代的中国在推进"人的现代化"的进程中，也急需加强社会道德建设。

新生活运动的基本内容是提倡礼义廉耻的规律生活，也就是要把礼、义、廉、耻贯彻于日常生活的衣、食、住、行之中。基于这些内容的考虑，新生活运动发起时设立了多方面的目标。在伦理目标上，包含了国家层面上要用民族固有道德来实现救国的目标，社会层面上以传统道德解决国民生活道德失范的问题，个人层面上以生活的"革命"塑造"新"人。

"运动"历时十五年，成为中华民国时期的一个重要事件。而对礼义廉耻的尊崇、对传统道德的提倡则成为这一"运动"的首要特征。"新生活运动"的发起者基于政权维持的考量，对礼、义、廉、耻等传统道德的作用大加宣传，主张"礼、义、廉、耻"与"孝、悌、忠、信"及"忠孝、仁爱、信义、和平"或"智、信、仁、勇、严"在意义上是互相包涵、互相关联、贯通一致的。"运动"表达的思想也就是要通过礼、义、廉、耻等传统道德的训练去实现救国建国的目标。"明礼义、知廉耻、负责任、守纪律"成为国民党对各界人士的重要要求，礼义廉耻成为"新生活运动"的道德准则。

1934年4月2日，蒋介石出席南昌行营扩大总理纪念周，作《礼义廉耻的精义》演讲，较为全面地阐述了礼义廉耻的基本含义，意在统一内涵，解决各界对礼义廉耻理解不尽相同的问题，以便民众能够更好地理解和接受。他说一个人能够真正做到"孝悌忠信"，也将能完全实践'礼义廉耻'，一个人能真正实践"礼义廉耻"，就能够做到"忠孝、仁爱、信义、和平"。"所以我们现在规定'礼、义、廉、耻'为新生活运动的准则，并不是说丢开其他的德目不要，也没有分别取舍的意思在内。其真正意义，乃是特别选定这简单明确的四个字，拿来统摄我们民族固有的一切美德，使全国国民易于记忆，易于实行，使得个（应为各——笔者注）个人都能'重礼、尚义、明廉、知耻'，从而发扬民族道德,以树立精神的国防,奠定国家千万年的精神基础!"①蒋还以"信、智、仁、勇"为参照,解释了"礼义廉耻"的含义。

礼,"规规矩矩的态度"。蒋介石认为,"礼"与"信"相通,内在包含了诚实、准确、信义等意思。从个人修身方面看,守礼的人,也是诚实之人。"古人真心诚意,首先要做检察身心的工夫,所谓居敬存诚,实际只是一件事。而居敬的工夫,始于个人生活以及动止仪容,不论群居独处,必使一切皆合于礼,礼主于敬,由敬而至于诚,然后方见得金石为开的至诚。"②从人与人之间的关系看,礼仪、礼节、礼法都须有诚实、准确、严肃的要求。所以,"礼"是共守的规范、信义的基础。"礼"就是规规矩矩的态度。

义,"正正当当的行为"。蒋介石认为,"义"与"仁"相通,"仁"即博爱。仁者人也,仁要合乎人道,否则即为麻木不仁。"如果抱着'博爱'的主义,存着为人的心思,再表现于我们一切行为,施之于诸般事物,为他人,为社会,为国家造福,这就是所谓'救人之仁','救国之仁'和'救世之仁',亦即'礼、义、廉、耻'的'义'。"③互助的行为为义,互助的动机为仁。仁与义是一致的,存之于心的是"仁",施之于事的为"义"。所以,"义"就是正正当当的行为。

廉,"清清白白的辨别"。蒋介石认为,"廉"就是"信、智、仁、勇"的智。廉,最早是堂之侧边的意思,引申为棱角、明察等意思,也就有了棱角分明、界限清晰等意思。只有知识丰富的人,才能在是非、公私、邪正上有深刻的认识。"所以'廉'之意义,实在通于'智',不智的人不能廉,不廉的人其实就是不智。因为凡是真正聪明,具有大智大慧的人,一定能够将是非善恶、公私义利界限分得清,将最后的荣辱得失看得明,因此能做到'公正廉明','临财不苟',得失取予,一切都合乎理,就是能够'廉'。"④所以,"廉"就是清清白白的辨别。

耻,"切切实实的觉悟"。蒋介石认为,"耻"就是勇,有"耻"的人则有刻苦奋斗的勇气,才能敢于牺牲,不怕死亡。"'勇'就是'不怕死',知耻的人一

---

①② 蒋介石:《礼义廉耻的精义》,转引自张其昀主编:《先总统蒋公全集》第一册,台北:台湾中国文化大学出版部1984年版,第838页。
③④ 同上书,第839页。

定不怕死,怕死的人都是因为不知耻。你看现在一般怕死的人,屈身降敌的人,和做种种卖国勾当的人,推其所以苟且偷活,天良丧尽的原因,还不是由于不知耻!反之,只要稍有羞耻之心,那便是懦夫也有立志,弱女也能抵暴,无形中的勇气,就平白地生出来。这种由耻生勇的力量,往往可以胜过任何顽强的敌人,成就非常伟大的事业!因为人类若能觉悟到耻辱不能再忍时,自然觉得生死都不足计较,而勇气自然百倍了。"①"耻"就是切切实实的觉悟,一般国民明耻就是要牢记国耻,带着勇气为国牺牲。

在中国历史上,管子最早从整体上提出了"礼义廉耻"问题,他把"礼义廉耻"作为"国之四维",并强调"四维不张,国乃灭亡"。"可以看出,管子提出'四维',主要是出于政治上的考虑,用'礼义廉耻'四项准绳来约束人们的言行,从而最终实现'尊王攘夷,一匡天下'的政治目标。诸多伦理道德规范中,蒋介石之所以特别看重'礼义廉耻'四维,并将其确定为新生活运动的中心准则,就在于这四条具有直接服务于国民党专制集权统治的实用性。"②虽然蒋介石接受了管子的思想,把礼义廉耻作为治理国家的根本道德准则,并对礼义廉耻进行了解释。但他对礼义廉耻的释义与传统伦理思想中礼义廉耻的意义还不是完全相同的,有一定的联系,也有一定的区别。其一,从一定意义上讲,蒋对礼义廉耻的阐述旨在服务于国民党的独裁统治。关于"礼",相比于传统伦理思想中的道德规范、礼节仪式,蒋所说的"规规矩矩的态度",更强调老百姓要安于现状,不犯上作乱,接受统治。关于"义",在蒋介石看来,遵守其统治秩序的行为,才能算是"正正当当的行为",才是合乎"义"的行为。③ 其二,蒋拔高了礼义廉耻的作用。他把礼义廉耻视为中华民族精神固有德性的体现,不仅不可缺少,还是救国建国的根本所在。所以,他在国家建设中试图用精神的力量去替代物质的力量。其三,蒋强调把礼义廉耻的道德精神贯彻于日常生活之中。他发起新生活运动,就是要让礼义廉耻在民众基本生活中得以实践。他希望通过改变人们的衣食住行等生

---

① 蒋介石:《礼义廉耻的精义》,转引自张其昀主编《先总统蒋公全集》第一册,台北:台湾中国文化大学出版部 1984 年版,第 839 页。
② 关志钢:《新生活运动研究》,深圳:海天出版社 1999 年版,第 96 页。
③ 参见温波《重建合法性——南昌市新生活运动研究(1934—1935)》,北京:学苑出版社 2006 年版,第 43 页。

活习惯,用民族固有的道德习惯革新人们的社会生活。

总之,国民党政府认为"礼义廉耻"是民族道德之体,"信仁智勇"为民族道德之用,能实践"礼义廉耻"的人,也一定能达到"信仁智勇"。"要救中国目前反复虚伪、浮夸凌乱的风气,惟有齐之于礼,使民能崇信;要救中国目前浇薄残忍、冷酷自私的风气,惟有示之于义,使民能兴仁;要救中国目前贪婪放浪、义利不分的恶习,惟有砥之以廉,使民能有辨别真正是非的智慧;要救中国目前怯懦苟且,堕落消沉的恶习,惟有励之以耻,使民能有感激效命,牺牲奋斗的勇气。"①所以把礼义廉耻确定为新生活运动的中心准则,可以发挥传统道德耳熟能详的优势,可以直面社会不良风气,也利于通过改变社会风气,恢复民族固有道德。

新生活运动对于民众实践"礼义廉耻"提出了具体要求。1934 年 5 月 15 日,蒋介石修订发表的《新生活运动纲要》,指出新生活运动就是提倡"礼义廉耻"的规律生活,"礼义廉耻"是待人、处事、持躬、接物的中心规律。关于"礼义廉耻",针对有人认为知识技能比这些德行重要,蒋介石认为这是错误的看法。"人因求行为之完善,而后有智识技能之需要,否则,智识技能不过为济奸作恶之具。'礼义廉耻'者,乃是社会为团体为国家惟一之规律;反乎'礼义廉耻'之行为,其智识技能适足以损人,结果亦不能有利于己,败群害国而已。故'礼义廉耻'不独可以救国,且所以立国。"②"礼"即为理,自然界的"礼"是定律;社会的"礼"是规律;国家的"礼"是纪律;人的行为要以定律、规律、纪律为准绳,则为守规矩,合乎"礼"的行为。"义"也即宜,即人的正当行为,合于自然定律、社会规律、国家纪律的行为是正当行为,否则不是合乎"义"的行为。"廉"也即明,也即能辨别是非,清晰礼义。合"礼""义"要求的为"是",要去追求;不合"礼""义"要求的为"非",则要抛弃,这就是清清白白的辨别。③"耻"也即知耻,心存羞恶之感。一个人的行为,如果不合"礼""义"及"廉"的要求,自己能认识到这是可耻的行为,就是羞;对于不合"礼"

---

① 蒋介石:《礼义廉耻的精义》,转引自张其昀主编:《先总统蒋公全集》第一册,台北:台湾中国文化大学出版部 1984 年版,第 839—840 页。

② 蒋介石:《新生活运动纲要》,转引自萧继宗主编《新生活运动史料》(革命文献第 68 辑),台北:"中央文物供应社"1975 年版,第 5 页。

③ 参见同上书,第 6—7 页。

"义"与"廉"要求的行为,而感觉是可耻的,则为恶;对于羞恶问题,需要注重切实,也就是切切实实的觉悟。① 综上,"耻"是行为的动机,"廉"是行为的向导,"义"是行为的履践,"礼"是行为的表现。礼义廉耻四者也是相互联系的,"发于耻,明于廉,行于义,而形之于礼,相需相成,缺一不可。否则,礼无义则奸,礼无廉则侈,礼无耻则诐,此奸,侈,诐,皆似礼而非礼者也"。② 《新生活运动纲要》附录了蒋介石起草的《新生活须知》,在这个文件里,他运用排比词语对礼义廉耻做了解释。关于"礼",要做到"守法循理,戒慎将事,和气肃容,善与人处,孝亲敬长,克敦伦纪"。关于"义",要实现"厚人薄己,不争权利,急公忘私,弗辞劳瘁,扶善除恶,以彰公理"。关于"廉",要达到"严慎取予,操守有节,辨别是非,力排谬说,崇尚节约,以惜物力"。关于"耻",要表现为"不屑卑污,尊重自处,不甘暴弃,力求进步,不图苟存,宁死御侮"。③

《新生活须知》还对衣食住行的道德要求给予了进一步明确的规定,一是在食上,要注意定时饮食、餐具要干净、食物要清洁、饮酒要适量、饮嚼无声响、残渣不乱放、注意礼让、讲究卫生、杜绝鸦片、不抽纸烟等。二是在衣上,要注意合身朴素、选用国货、勤于洗涤、室内脱帽、常晒被褥、拔鞋跟、扣纽扣、穿戴正等。三是在住上,要求刷牙洗脸、修剪指甲、经常理发、经常沐浴、房屋建材选用国内产品、家庭墙壁要干净、多开窗透气、勤于劳作、垃圾勤处理、厨房厕所勤清扫、做好捕鼠灭蝇、通沟清道、种痘防疫等工作。四是在行上,要求举止要稳重、步伐要整齐、乘车乘船须有序且要照顾妇孺老弱、走路靠左、昂首挺胸、不可对人喷嚏、不可随地吐痰、不可任意便溺、公共场所各项活动应该遵守纪律和秩序等。④ 应该说《新生活须知》在衣食住行上的规定简单易懂,民众容易理解并能够遵循这些道德要求。

《新生活运动纲要》在"新生活运动之方法"条款中规定了运动之事项由南昌促进会决定分发,首先从"规矩"与"清洁"两项运动开始。新生活运动

---

① 参见蒋介石《新生活运动纲要》,转引自萧继宗主编《新生活运动史料》(革命文献第 68 辑),台北:"中央文物供应社"1975 年版,第 7 页。
② 同上书,第 7 页。
③ 参见新生活运动促进总会《新生活运动辑要》,南京:新生活运动促进总会 1936 年版,第 15 页。
④ 参见同上书,第 15—17 页。

的第一期工作的中心任务即是"清洁""规矩"运动,这两项运动对民众道德习惯的养成发挥了积极作用。

新生活运动首先开展"清洁""规矩"运动,主要是基于国民在衣食住行等基本生活上的混乱状况而考虑的,要通过"清洁""规矩"运动,转风易俗,促进民众明礼知耻,并改变其日常生活的不良习惯。开展"清洁"运动的目标在于使民众改变过去不注重清洁卫生的状况,培养国民的清洁卫生意识,提升国民健康程度。开展"规矩"运动则是要把礼义廉耻贯彻到日常生活之中,最终实现生活合理化的目标。

"规矩"运动主要是在礼貌仪容、行为态度及社会秩序等方面努力改变言语粗暴、服装怪异、秩序混乱等现状,推动实现重礼仪、守规律、整齐划一的目标。① "规矩"运动的规范要求先从公务人员、军人、学校师生、公共场所人员及一般市民开始再推及他人,先从省会开始再推及至县、镇、乡村。这个纲要初稿还对公务人员、学生、军人、市民必须遵守的最低限度要求给予规定,要求注重"服装整齐""珍惜时间""习礼仪""守规矩",在举止行为及待人接物上,都要注重庄重、诚实,进出公共场所要按先后顺序并要注意肃静,注重礼貌语言,衣服鞋帽要穿戴整齐,礼让老幼妇女,戒绝嫖赌吸烟与酗酒等。② "规矩"上的要求非常具体,应该做的、不应该做的都用通俗易懂的语言表述列出,五十三条规矩涵盖日常生活各个方面。"衣服要整齐、纽扣要扣好、帽子要戴正、鞋子要穿好、吃饭要规矩、座位要端正、饭屑不乱抛、碗筷要摆好、喝嚼勿出声、房屋要整理、墙壁勿涂污、居家要清静、行坐要正直、眼要向前正视、约会要守时刻、等人家说完了再说、邻人失火要去帮救、人有丧事勿嬉笑、别人打架要劝解、见人跌倒要扶救、开会看戏要静肃、不要开口骂人动手打人、凡是要讲道理不要吵闹、坐车坐船不要高声谈笑、饭馆茶店不要大声喊叫、说话态度要和气、走路要靠左边去、走路不要争先、走路不要吃烟、走路不吃东西、走路不要大喊、走路时误碰别人说声'对不起'、车站买票要一个一个顺着走、上下码头上下车船一个一个顺着走、公共场所出出进进一个一个顺着走、早晨相见要说'你早'、相别之时要说'再见'、不要去嫖赌、

① 参见新生活运动促进总会编《民国二十三年新生活运动总报告》,转引自沈云龙主编《近代中国史料丛刊》(第三编第53辑),新北:台湾文海出版社1989年版,第107页。
② 参见同上书,第107—108页。

不吃鸦片烟、拾到东西交还原人、爱惜公物利用废物、升降国旗要敬礼、唱党国歌要起立、见了长辈要敬礼、对于妇孺要礼让、上下车船要帮助妇孺老弱、要孝顺父母友爱兄弟姐妹、集会场所要脱帽、进了房屋不戴帽、对朋友要讲义气、做买卖必须公平、无谓应酬要减少、婚丧喜庆要节俭。"①这些规矩,可谓简单明了,简便易行。

"清洁"运动主要规定了个人家庭和公共场所"清洁"的问题,目的在于去除污秽,减少疾病,推动善良习俗的形成及健康生活的养成。②主要表现在四个方面:一是在个人方面,规定了衣服要整洁、食物要洁净、勤洗身脸及衣服、勤理发勤剪指甲等。二是在家庭方面,提倡孩童清洁、衣服居住的清洁、厨房及饮食用具的清洁等。三是在社会方面,要求注重公园、车站、码头、饭店、理发室、浴室等公共娱乐场所的清洁等。四是在公共卫生方面,要提倡清扫马路沟渠、灭蝇灭蚊、规范垃圾倾倒,以及做好传染病预防、饮水来源的清洁等工作。③《新生活运动须知(初稿)》在衣食住行等方面对"清洁"方面规定了四十条,具体为:

> 早起早睡、脸要洗干净、手要洗干净、要漱口要洗头、要吸新鲜空气、头发要梳理、指甲要常剪、常常要洗澡、衣服要干净、衣服破绽要补好、被褥要常晒常洗、小孩要干净、不要吃零食、物不洁不食、水不沸不喝、不酗酒、不吸烟、房屋要常常打扫、沟渠要常常疏通、窗户要多开、桌椅要干净、厨房要干净、碗筷要干净、厕所要干净、苍蝇要扑灭、蚊子要扑灭、老鼠要扑灭、不要到处吐痰、不要随地小便、垃圾要倒在垃圾桶、字纸不丢马路上、果皮不要随地乱抛、晒衣服不挂在街上、广告不乱贴、要种痘防疫、车站码头要清洁、公园戏院要清洁、饭馆旅馆茶店要干净、洗澡堂理发馆要清洁、家家天天要打扫门口的街道。④

"新生活运动"的经常性重要工作除了"清洁""规矩"运动之外,还有春季种植运动、夏季卫生运动、秋季节约运动、冬季救济运动等季节工作。秋

---

① 参见新生活运动促进总会编《民国二十三年新生活运动总报告》,转引自沈云龙主编《近代中国史料丛刊》(第三编第53辑),新北:台湾文海出版社1989年版,第110—111页。

② 参见同上书,第108页。

③ 参见同上书,第107—109页。

④ 参见《新生活运动言论章则辑要》,郑州:河南省政府民政厅编印1935年版,第46—51页。

季节约运动中体现了诸多经济伦理思想。"以前国人习惯,大多骄奢浪费,该会有鉴及此,订定节约运动办法,令饬各地新运会,会同当地党政军各机关法团学校,积极推行节约运动,以挽奢风。其范围计分惜时运动、节用办法、爱物运动、乐业运动四种。"①惜时运动提倡早起早睡、严守工作及约会时间、禁止参与类似赌博的娱乐活动。节约运动则要求费用宜俭省、馈赠不奢华、宴客要俭洁、提倡储蓄及保险。爱物运动主要包括提倡国货、爱惜公物、利用废物等。乐业运动则包含四个方面,一是提高民众的职业兴趣,推动有业者乐业,帮助无业者得业。二是鼓励民众闲暇时加入劳动服务团,积极参与修路、造林、筑堤等公共服务。三是提倡发展农村副业,利用农隙,增加财富。四是利用节存之金钱,单独或联合戚友,从事于生产事业。②节约运动、爱物运动的内容与传统经济伦理思想中的提倡节俭、反对奢华等要求基本一致。乐业运动的相关要求也符合了中国传统经济伦理思想中重视生产的伦理要求。

在"新生活运动"的第二期中心任务"三化"运动中,遵守礼、义、廉、耻等传统道德的要求得到深化。"三化"运动也即国民生活的艺术化、生产化、军事化运动。《新生活运动纲要》完整提出了生活的"三化"目标,即提倡礼、义、廉、耻,反对粗野卑陋的行为,实现国民生活之艺术化;提倡礼、义、廉、耻,反对争盗窃乞的行为,实现国民生活之生产化;提倡礼、义、廉、耻,反对乱邪昏懦的行为,实现国民生活之军事化。并要通过生活艺术化,使国民生活变得高尚;通过生活生产化,使国民生活变得富足;通过生活军事化,使国民生活更加巩固。"三化"运动中国民生活的生产化运动深刻体现了经济道德的特征,在生活生产化方面,要推动节约、储蓄,实现资源的增益;注重惜时、操作,实现质量的提升,最终恢复俭朴、节约、惜时、勤劳等民族传统美德。③生活的生产化不是要求全国同胞去做农工或经商,更强调以能节约、能刻苦、能自食其力的面貌,改变以前怠惰、豪奢、游荡的习性。这也反映了"新生活运动"推动者想在民众道德生活的变化中强调传统生产伦理观念的要求。

①②《新生活运动》,南京:国民政府行政院新闻局印行1947年版,第12—13页。
③参见《新生活运动手册》,南京:新生活运动促进总会印1935年版,第98页。

　　总体上看，新生活运动是失败的。一是新生活运动无果而终，不了了之；二是新生活运动未能从根本上实现民众社会生活的普遍变革；三是在新生活运动推行中，"形式化"问题较为严重。但是，客观地看，这一"运动"在一定意义上对于当时的社会道德建设发挥过积极作用。"新生活运动"对于礼、义、廉、耻这些传统道德规范的倡导以及所采取的各种推行措施，对于公民道德素质的提升还是起到一定的促进作用的。而在这一背景下，传统经济道德观念在一定程度上得以强化。"运动"发起者在《新生活运动三周年纪念训词》中说：

　　　　在过去三年中，我常到各省市去视察，觉得在大处对于规矩清洁两项，确有显著的成效。至于改良农村，提倡国货，注重卫生，推行俭约，亦有相当成绩，此又有去夏所试办的大学生暑期农村服务团，以及各地大中学生自动的组织暑期平民学校，虽然事属创举，但是有六十六个大学生，代表南京，上海、杭州、苏州的各大学利用暑假机会，参加农村普遍的义务工作，改进农民生活，唤起农民对于国家和民族的观念，同时学生也得到很多服务社会的经验，和熟悉农民实际的生活，确是一举两得的工作，这是很可告慰的！[1]

　　新生活运动发起后，蒋介石本人也对"运动"给予较大关注，抱有极大期望，但是运动的实际效果很多时候不能令其满意，所以在新生活运动周年纪念的训词中，他常表达出对于运动成绩的不满。从新生活运动自身的局限性看，失败也是必然的。从历史唯物主义观点看，伦理道德作为社会意识形态，其发展要受一定的物质生产方式制约。也就是说，新生活运动作为一场道德建设运动，必须要考虑其物质条件。但是新生活运动忽视了伦理精神动员背后的物质基础，这也决定了这一运动终将走向失败。新生活运动成效不显著还与"运动"的道德理论准备不足有关，这种不足表现为一些概念之间的关系难以厘清、运动主要事项与礼义廉耻的关系不紧密、对待运动的理论共识不够强等，这些局限性也导致运动的号召力、吸引力存在各种问题。道德建设工作中，榜样的示范和引领作用非常重要。但是遗憾的是，新

---

① 萧继宗：《新生活运动史料》（革命文献第 68 辑），台北："中央文物供应社"1975 年版，第 55—56 页。

生活运动中执行人员的道德行为示范性表现明显不足。此外，忽略社会制度的基础而仅谈恢复民族固有道德，仅在民众日常生活方式上寻求一些变革，不进行社会制度的根本变革，不进行经济的变革、政治的变革，道德变革最终结果也只能收效甚微。

蒋介石还在《国民经济建设运动之意义及其实施》等相关著述中表达出一定的经济伦理思想。他认为中国经济的危机在于经济的衰败，所以在新生活运动之后要进行国民经济建设运动来推动国民经济的发展。关于国民经济建设运动与新生活运动之关系，他提出：

> 国民经济建设运动与新生活运动二者，实互为表里，故必须相辅而行，盖新生活运动为民族的，为修身的，着重于道德与精神方面为主，实为国民经济建设运动之体，而国民经济建设运动为民生的，为生产的，着重于行动与物质方面为主，实亦为新生活运动之用，新生活运动所以奠立民族之精神的基础，而国民经济建设运动则所以充实民族之物质的基础，故二者实缺一不可者也。①

国民经济建设运动的目标为尽人力、辟地利、均供求、畅流通，以实现国民经济健康发展。具体则要通过增加生产总量，满足生活需要；增加就业机会，解决失业问题；增加产品输出，实现贸易平衡；保障投资安全，鼓励生产活动。运动的实施项目则主要包括振兴农业、鼓励垦牧、开发矿产、提倡征工、促进工业、调节消费、流畅货运、调整金融等。② 经济建设中所追求的人尽其才、地尽其利、供需平衡，鼓励民众参加义务劳动，提倡消费者自己生产、不能生产者要节约消费，鼓励民间储蓄等措施都具有一定的特点，也渗透了一定的传统经济伦理思想。

1939—1945 年，蒋经国主政赣南，为实现"人人有工做；人人有饭吃；人人有衣穿；人人有屋住；人人有书读"的新社会，清剿土匪、严禁烟赌、严查娼妓、统购统销生活必需品、发展经济文化事业，实施了"赣南新政"。他还强调家庭教育，编写《新赣南家训》，并发表于 1942 年 8 月 13 日的《正气日报》上，具体内容为：

---

① 蒋介石：《国民经济建设运动之意义及其实施》，载《中央日报》1935 年 10 月 10 日。
② 同上书，第 38—42 页。

东方发白，大家起床，洗脸刷牙，打扫厅房。天天运动，身体健康，内外清洁，整齐大方。时间宝贵，工作紧张，休息睡觉，反省思量，吃饭吃粥，种田艰难不忘；穿衣穿鞋，要以辛苦着想。事事宜先准备，免得临时慌张。春天栽树木，夏日造谷仓，秋收多贮藏，冬季种杂粮，夏衣春天做，冬衣秋季量，天晴修房屋，天雨补衣裳，户户养鸡鸭，家家畜牛羊。处处要节约，无事当做有事防；时时要储蓄，有钱应作无钱想。青菜豆腐最营养，山珍海味坏肚肠；服装器具用国货，经济耐用顶适当。父母教子女，兄长告弟妹，勿贪钱财勿说谎，戒烟戒赌莫游荡。生活要刻苦，婚丧莫铺张；待人要诚恳，做事要有常；态度宜从容，举止要端方；友爱兄弟，孝敬爷娘，妯娌和睦，一家安详。不听闲话，自己有主张；不管闲事，埋头干一场。祸从口出，休要说短论长；病从口入，卫生不可不讲。做过善事，不记心上；受人恩惠，永久不忘。遇困难，不彷徨；处顺境、不夸张。做好事，莫宣扬；做坏事，莫隐藏。人家急难相援助，人家成功要赞扬。口角诉讼，两败俱伤；大家规劝，互相帮忙。引诱亲友做坏事，欺人欺己昧天良。甘心卖国当汉奸，辱祖辱宗害亲房。不论农工商学兵，都做堂堂好儿郎。政府机关去服务，多求进步图自强，牺牲个人利益为国家，放弃一时安乐为民族。男女老少受军训，全体动员拿刀枪。人人都是中国兵，个个都去打东洋。国难已当头，战事正紧张；日本鬼子不消灭，中华儿女无福享。有钱快出钱，有力快出力，壮丁去当兵，老人看家乡，妇女耕田地，儿童上学堂。大家一条心，拥护蒋总裁。赶走日本鬼，共贺大胜利，建立新中华，万岁万岁万万岁！[①]

《新赣南家训》中日常生活的要求、四季耕作的要求、人际交往的要求、抗战救国的要求都包含了讲求礼义廉耻、勤勉耕作、诚信交往、自强不息等伦理思想。家训中的提倡节育、倡导储蓄、反对浪费等主张也反映了崇俭反奢的传统经济伦理思想。

总体上看，在当时国民党宣扬和恢复传统道德的历史背景下，中国传统经济伦理观念也被强调并在生活实践中得以遵循。

---

① 蒋经国：《新赣南家训》，载《正气日报》1942 年 8 月 13 日。

二、红色政权区域——"革命道德"的生成和新型经济伦理关系的建立

中国革命道德是中国共产党领导人民进行新民主主义革命、社会主义革命、社会主义建设和改革中形成的优秀道德规范。中国革命道德是马克思主义道德观与中国革命、建设和改革事业相结合的产物,是对中国优秀道德传统的继承和弘扬。民国时期,"新型革命道德"是在中国共产党领导的红色政权区域逐步形成的。新道德的"新"在于这一道德与封建主义道德、资本主义道德都有本质的区别。这种新型道德的产生与马克思主义理论的传播是紧密相关的。19 世纪末 20 世纪初,马克思主义与改良主义、自由主义、无政府主义、空想社会主义等种种西方社会思潮交汇在一起,开始进入中国的思想界。这一时期,一些中国的改良主义者、资产阶级民主主义者、无政府主义者、社会民主主义者在其著作中对马克思主义思想进行了初步的介绍,其中,对马克思、恩格斯的道德思想也有所涉及。总体上看,十月革命之前中国思想界对马克思主义学说的介绍是不成熟的,而对马克思、恩格斯道德思想的介绍更是零星的、片段的、简略的。并且,由于时代和阶级的局限,在介绍和评述中也存在一些偏差甚至错误。但是,这一时期对马克思主义经典作家道德思想的引入和初步介绍,为中国学术界带来了新的思想曙光,也成为其后对经典作家道德思想进行深入、系统研究的理论前奏。

早期中国共产党人都认为对国民道德观的改造是对国民性进行改造的重要内容,他们以各种方式宣传民主与科学,反对专制和迷信。同时,他们将革命启蒙作为当时思想道德建设的形式,启发人民群众在反帝反封建的过程中不断提升道德素质。创立文化书社、创办刊物报纸、建立工人夜校、普及文化知识、宣传革命道理,是当时共产主义小组的主要做法。此外,早期中国共产党还在领导工人运动的实际斗争中启发工人的阶级觉悟,"劳工神圣""从前是牛马,现在要做人"的口号和斗争实践,极大地促进了广大工人阶级权利意识的觉醒和成长,也为中国革命道德的生成与发展提供了良好的思想基础和群众基础。

中国共产党在领导中国人民进行新民主主义革命的过程中,把马克思

主义与中国革命实际相结合,推动马克思主义伦理思想中国化,弘扬中华民族优秀道德传统,在生产关系的变革中促进新道德的生成与发展,从而形成了以实现社会主义和共产主义的崇高理想为最终目的,以全心全意为人民服务为核心,以集体主义为基本原则的中国革命道德。

中国革命道德是道德实践和道德理论高度统一的新型道德。从本质上说,"革命道德是物质生活、经济生活和阶级关系在革命斗争实践中的自觉和积极的反映。"[1]在1927年—1949年间,中国共产党在其先后建立的苏区、抗日根据地和解放区开展了新民主主义的经济改革和民主政治建设,这种生产方式、经济关系和政治制度的变革,极大地推进了新道德的产生和发展。1931年11月,中华苏维埃共和国临时中央政府成立并通过了《中华苏维埃共和国宪法》,制定了一系列新的经济政策和法律、条例,为新民主主义道德的产生提供了良好的经济和政治条件。例如,《选举法》在制度上赋予公民选举权与被选举权,大大提升了人民的民主精神;土地革命以"耕者有其田"的土地政策推翻了封建伦理制度的经济基础,为平等、互助、合作等新型道德规范和伦理关系提供了生长点。抗日战争时期的大生产运动,增强了官兵和百姓的劳动观念和自立精神,更产生了"自己动手,丰衣足食"的南泥湾精神,至今仍有深远影响。同时,中国共产党在学校实施马克思主义列宁主义和军事教育,在社会广泛开展扫盲、反对封建迷信、破除封建礼教等运动,为新民主主义道德的产生打下了良好的文化基础。此外,通过灵活多样的形式开展革命人生观教育,使广大群众尤其是青年的思想发生了极大的变化。总之,中国革命道德中包含了丰富的新型的经济道德思想,也对红色政权区域的经济社会建设发挥了积极的作用。

中国革命道德的核心内容包含五个方面:

第一,强调坚持社会主义、共产主义的理想信念。革命事业中党的思想道德建设的首要任务是让党员树立坚定的革命信念,树立起为社会主义、共产主义事业奋斗终生的理想信念。"人民大众的根本利益,最可靠的保障是要实现社会主义并最终实现共产主义。只有人民当家做主的社会制度,只有最终消灭阶级、剥削和压迫,实现世界大同的社会制度,才是人民的真正

---

[1] 罗国杰:《中国革命道德》,北京:中国人民大学出版社2012年版,第3页。

理想乐园。社会主义和共产主义既是指导中国现代革命思想道德实践的根本动力,又是中国革命思想道德实践所追求的最终理想目标。"①中国革命中中国共产党领导的革命力量面对强大的敌人和巨大的困难,不断发展壮大,最终战胜敌人,就是因为我们坚定了社会主义、共产主义的理想信念。革命中,诸多革命烈士投身革命、不怕牺牲,也是因为他们有社会主义、共产主义的理想信念。为实现社会主义和共产主义理想而奋斗的精神品质是中国革命道德的灵魂。

第二,强调树立全心全意为人民服务的宗旨意识。全心全意为人民服务是中国革命道德的宗旨和核心。1939 年,毛泽东同志就提出以是否"为人民服务"作为区别革命道德和一切剥削阶级道德的根本分界线。正是因为确立了"全心全意为人民服务"的宗旨,从根本上解决了"为什么人的问题",才能培养"毫不利己、专门利人"的精神,才能使广大党员和群众不断提升道德境界。1944 年,毛泽东发表《为人民服务》,要求革命者要彻底地为人民的利益工作。"全心全意为人民服务"是贯穿中国革命道德始终的一根红线,对中国革命道德的发展产生了极为重大的作用。

第三,强调坚守集体主义原则。"中国共产党的思想道德建设以集体主义为原则的内在根据,正是这样从中国革命、建设、改革的人民大众的性质当中,从中国共产党为人民服务的根本宗旨当中,逻辑地引申出来的。"②"全心全意为人民服务"的宗旨和核心,决定了中国革命道德以集体主义为基本原则。"为人民服务"必然要求把人民的利益放在首位,这就必然要求以集体主义原则实现个人、集体和国家三者利益的统一。集体主义原则的内涵包含了集体利益要高于个人利益,并要保障个人利益,尊重个性发展。从根本上说,革命者的个人利益和集体利益是一致的,因为他们正是为了人民的利益而从事革命活动,他们的个人利益融于人民利益和革命利益之中。但是,也应看到,两者之间在一定情况下也会出现矛盾。而在两者发生矛盾时,就必须遵循集体主义的原则,"集体主义的调解原则是集体利益高于个人利益。集体主义原则的灵魂,就在于是以集体利益作为集体利益与个人

① 韦冬主编:《中国共产党思想道德建设史》,济南:山东人民出版社 2015 年版,第 3 页。
② 同上书,第 18 页。

利益相统一的基础。归根到底,只有保全了集体利益才能最有效地保护个人利益。"①中国共产党领导人民革命的目的就是要为革命利益而奋斗。革命中把革命利益、人民利益放在首位,激发了革命者的奉献精神,加强了革命队伍的凝聚力。当然,坚定集体主义不是说全然不顾或者抹杀个人的正当利益,相反,集体主义本身就包含着对个人正当利益的保障。集体主义原则是重视革命功利主义的原则,强调应当保障人民得到真实的利益,强调把人民群众的眼前利益与长远利益结合起来。"集体主义原则强调集体利益高于个人利益,绝不意味着轻视甚至抹煞个人的正当利益,恰恰相反,集体主义原则高扬集体利益,本身就包含着高扬个人正当利益的含义,因为集体利益不过是无产阶级及人民大众的个人利益最集中、最根本的体现。"②

第四,强调发扬奋斗精神。中国共产党领导的中国革命、建设和改革事业,工作的艰辛、任务的繁重,世所罕见。这就决定了中国共产党及人民军队、人民群众要有百折不挠、艰苦奋斗的革命奋斗精神。中国共产党领导人民革命要实现人民群众的翻身解放、当家做主,这都离不开奋斗精神的支持。"中国共产党所面对的,是一个一穷二白的中国。但中国共产党人以大无畏的英雄气概,看到了一穷二白状况的另一面,正如毛泽东同志指出的,一张白纸,没有负担,好写最新最美的文字,好画最新最美的图画。一穷二白成为激励中国共产党人带领人民大众彻底改造旧中国的一种强大的精神动力。"③改变一穷二白的面貌就得依靠我们自己民族的力量,就得发扬奋斗精神。革命的奋斗精神,也表现为革命的英雄主义。

第五,强调遵守各种革命道德规范。在全心全意为人民服务的宗旨、核心和集体主义的原则基础上,中国共产党还在不同历史阶段倡导并形成了无私奉献、团结友爱、艰苦奋斗、谦虚诚实、勤俭节约等一系列革命道德规范。"一切革命队伍的人都要互相关心,互相爱护,互相帮助。"④"中国的革命是伟大的,但革命以后的路程更长,工作更伟大,更艰苦。这一点现在就必须向党内讲明白,务必使同志们继续地保持谦虚、谨慎、不骄、不躁的作

---

① 罗国杰:《中国革命道德》,北京:中国人民大学出版社 2012 年版,第 56 页。
② 韦冬主编:《中国共产党思想道德建设史》,济南:山东人民出版社 2015 年版,第 21 页。
③ 同上书,第 29 页。
④《毛泽东选集》第 3 卷,北京:人民出版社 1991 年版,第 1005 页。

风,务必使同志们继续地保持艰苦奋斗的作风。"①这些革命道德规范所体现的新型经济伦理观念,改变了人们的经济道德生活状况,也推动了新型经济伦理关系的建立。

第六,强调加强个人道德修养。中国新民主主义革命中,中国共产党非常注重党员道德修养问题。党也认为个人道德修养状况能影响中国革命兴衰成败。刘少奇在《论共产党员的修养》一书中,系统论述了共产党员为什么要加强修养、如何加强修养的问题。他指出:

> 革命者要改造和提高自己,必须参加革命的实践,绝不能离开革命的实践;同时,也离不开自己在实践中的主观努力,离不开在实践中的自我修养和学习。如果没有这后一方面,革命者要求得自己的进步,仍然是不可能的。②

共产党员要在多方面加强修养,"要有马克思列宁主义理论的修养,要有运用马克思列宁主义的立场、观点和方法去研究和处理各种问题的修养;要有无产阶级的革命战略、战术的修养;要有无产阶级的思想意识和道德品质的修养;要有坚持党内团结、进行批评和自我批评、遵守纪律的修养;要有艰苦奋斗的工作作风的修养;要有善于联系群众的修养,以及各种科学知识的修养等"③。在修养的方法上则应该把马克思列宁主义的普遍真理与具体的革命实践相结合。共产党员在革命实践中,如果能够一心考虑党和人民群众的利益,不断提高自己的觉悟,最终就能不断提升自己的道德品质,只有这样,"可能有很好的共产主义的道德……可能有最大的革命勇敢……可能最好地学习到马克思列宁主义的理论和方法……可能最诚恳、坦白和愉快;可能有最高尚的自尊心、自爱心"④。

中国共产党在民主革命中积极促成"革命道德"的生成和发展,尤其特别注重人民军队的道德建设。在土地革命、抗日战争、解放战争时期,分别围绕军队创建、爱国救亡、建立新中国等主题开展道德建设,取得了一定成

---

① 《毛泽东选集》第 4 卷,北京:人民出版社 1991 年版,第 1438—1439 页。

② 《刘少奇选集》(上卷),北京:人民出版社 1981 年版,第 99 页。

③ 同上书,第 109 页。

④ 同上书,第 131—133 页。

绩。中国工农红军在革命中高度重视政治工作,积极探索新道德,形成了"忠诚于党"的道德原则、"三大纪律八项注意"为主要内容的道德规范,使红军道德与剥削阶级军队旧道德划清了界限。抗日战争中,人民军队勇担道德重任,形成了服务于抗战的道德精神,也即"勇于为民族危亡献身的爱国主义精神,全心全意为人民服务的张思德精神,英勇善战的革命英雄主义精神,军队共赴国难的团结精神,自力更生、艰苦奋斗的南泥湾精神"[1]。在解放战争时期,人民解放军通过开展"诉苦、三查"的整军运动激发官兵的阶级觉悟;通过政治、经济、军事三大民主激发官兵的主体性精神;开展批评与自我批评相结合的群众性自我教育运动,进行了卓有成效的道德教育,促成了人民军队道德的新发展,形成了"团结互爱的互助精神""敢于斗争、敢于胜利的革命英雄主义""高度自觉的纪律观念""高尚的革命人道主义"等精神。[2] 人民军队的道德建设情况体现了党在各个革命时期的道德建设的目标和要求,道德建设的成果不仅表现在军队官兵道德的提升上,也表现在对民众道德的积极影响上。在土地革命、抗日战争、解放战争时期,各地父母送子参军、妻子送郎上战场的事例层出不穷。以川陕根据地为例,自 1927 至 1935 年,有 110 万群众参加革命运动。而在三年解放战争中,更有数以万计的农民踊跃支前,对保证解放战争的胜利起到了巨大作用。在解放区,人们走出家庭,走向社会,处处发扬爱国主义精神、集体主义精神,"一切为了中国"、"一切为了革命"成了群众共同的声音。

中国共产党带领中国人民在长期艰苦卓绝的革命斗争中,形成了井冈山精神、长征精神、延安精神、西柏坡精神、红岩精神等革命精神,这些精神在伟大的革命实践中产生,蕴含了坚定的共产主义理想信念和艰苦奋斗、乐于奉献等道德品质,也体现着新型经济伦理关系的形成。

井冈山精神形成于中国共产党领导建立井冈山革命根据地时期。井冈山根据地创建后,中国共产党大力发展党组织,开展土地革命,找到了中国民主革命的正确道路。井冈山精神的内涵也即"实事求是、敢闯新路,矢志不移、百折不挠,艰苦奋斗、勇于奉献"。井冈山精神集中体现了中国共产党

---

① 参见顾智明《中国人民解放军道德建设史》,北京:解放军出版社 2013 年版,第 187—193 页。

② 同上书,第 234—276 页。

和人民军队的性质和宗旨,展现了中国共产党人崇高的思想境界,对中国革命的胜利产生了广泛而深远的影响,也是中国共产党团结带领中国人民夺取革命、建设和改革伟大事业胜利的强大精神力量。井冈山精神形成过程中,中国共产党注重正确引导民众并激发军民斗争意志,加强多方面的工作。其一,对边界党、团员和群众进行马克思主义思想道德教育,锻造坚定不渝的理想信念。其二,提出"工农武装割据"的思想,闯出一条中国革命的新路。其三,密切联系群众,依靠群众,培养为群众谋利益的思想道德观念。其四,初步形成实事求是的思想路线。其五,培养军民自力更生、艰苦奋斗的精神。① "井冈山精神不但在当年是井冈山军民克敌制胜的强大精神支柱,而且激励着一代又一代革命者前赴后继,成为长征精神、延安精神、大庆精神、雷锋精神等革命精神的活水源头。"②井冈山精神中的"艰苦奋斗、勇于奉献"精神就是新型经济伦理思想的要求。

中国共产党在领导红军完成二万五千里长征的过程中形成了伟大的长征精神。1934年10月,红军开始长征,两夺金沙江,四渡赤水河,强渡大渡河,飞夺泸定桥,爬雪山,过草地,穿越荒无人烟的地区,最终到达陕北革命根据地。"长征精神,就是把全国人民和中华民族的根本利益看得高于一切,坚定革命的理想和信念,坚信正义事业必然胜利的精神;就是为了救国救民,不怕任何艰难险阻,不惜付出一切牺牲的精神;就是坚持独立自主、实事求是,一切从实际出发的精神;就是顾全大局、严守纪律、紧密团结的精神;就是紧紧依靠人民群众,同人民群众生死相依、患难与共、艰苦奋斗的精神。"③红军长征,展现了革命英雄主义的壮举,弘扬了集体主义精神,实践了共产主义理想信念。透过长征精神,我们能够感受到中国共产党人及人民军队的"一不怕苦,二不怕死"的崇高品质,长征精神包涵了信念坚定、英勇顽强、紧密团结、不断创新等道德品质。

延安曾经是中国共产党的指挥中枢,毛泽东等老一辈革命家在这里生活战斗了十三年,在领导中国人民抗日战争和解放战争的过程中培育了延安精神。延安精神包含了全心全意为人民服务的精神、解放思想实事求是

---

① 参见韦冬主编:《中国共产党思想道德建设史》,济南:山东人民出版社2015年版,第134—140页。
② 夏伟东:《中国共产党思想道德建设史略》,济南:山东人民出版社2006年版,第73页。
③ 胡锦涛:《在纪念红军长征胜利70周年大会上的讲话》,北京:人民出版社2006年版,第5页。

的精神、自力更生艰苦奋斗的创业精神、坚定正确的政治方向不动摇的精神。延安精神是中国共产党优良作风的集中体现,是中国共产党人崇高品质的集中体现,是党和人民的宝贵的精神财富。南泥湾精神是延安精神的重要组成部分。1941年3月,八路军三五九旅在党中央的号召下,到南泥湾开展了大生产运动。官兵们辛勤劳作,把荒无人烟的南泥湾变成了"陕北的好江南","到处是庄稼,遍地是牛羊"。大生产运动中所体现的"自力更生、艰苦奋斗""勇于创新"的精神是新型经济伦理思想的鲜明体现。

1948年5月,中共中央、中国人民解放军总部移驻西柏坡,在西柏坡建立了解放全中国前的最后一个农村指挥所,在此指挥了震惊中外的辽沈、淮海、平津三大战役,并召开了具有深远历史意义的七届二中全会。西柏坡精神在这一时期形成。西柏坡精神支撑了中国共产党完成打破旧世界、探索建设新世界的历史使命。西柏坡精神包含了谦虚谨慎、艰苦奋斗的精神;敢于斗争、敢于胜利的精神;依靠群众、团结统一的精神。西柏坡精神是中国共产党长期积累的革命精神的升华与集中体现。毛泽东同志提出的"两个务必"是西柏坡精神的主题,至今还鞭策着中国共产党人继续努力,继续推进社会主义经济建设。

新中国成立时,全国大部分地区获得了解放。西南地区,国民党反动派在苟延残喘之时,疯狂残害革命群众。重庆白公馆、渣滓洞等地,200多名革命人士牺牲。"革命即将成功,面对生与死的选择,面对血与火的考验,红岩烈士们甘于舍弃自己的生命,也不向敌人屈膝投降、苟且偷生。他们坚定不移的共产主义信念,'愿以我血献厚土,换得神州永太平'的奉献精神,'毒刑拷打是太小的考验,竹签子是竹做的,共产党员的意志是钢铁''失败膏黄土,成功济苍生'的大无畏精神和'为了免除下一代的苦难,我们愿——愿把这牢底坐穿'的自我牺牲精神塑造了可歌可泣、惊天动地的'红岩精神'。"[1]

井冈山精神、长征精神、延安精神、西柏坡精神和红岩精神都是在中国共产党领导的新民主主义革命的伟大实践中产生的道德精神,这些道德精神在各个时期鼓舞教育了中国共产党和中国人民为实现民族独立、国家富强、人民幸福而不懈奋斗。这些精神是中华民族宝贵的精神财富,在新的历

---

① 韦冬主编:《中国共产党思想道德建设史》,济南:山东人民出版社2015年版,第305页。

史时期,仍然是中国特色社会主义建设事业强大而持久的精神动力。

可见,在中国共产党领导的红色政权区域,在新民主主义革命及新民主主义经济发展的过程中,先进的道德观念及思想文化得以产生、发展。适合新民主主义革命的需要,调节新型经济伦理关系的经济道德也必然顺势而生。

总体上来看,民国时期经济伦理思想的区域差异性是民国经济伦理思想的主要特征。也正是现代经济伦理观生长的差异以及经济道德状况和经济伦理关系的差异这一客观基础使这一时期的生产伦理、交换伦理、分配伦理和消费伦理在传统与现代中共生与融合。

第四章
传统与现代的冲突与共生：
民国经济伦理思想的主要特征

总体上看,民国经济伦理思想呈现出传统意识受到一定挤压、现代理念不断生长的基本特征,二者既有矛盾与冲突的一面,又有共生与融合的一面。具体而言,这一特征在生产、交换、分配、消费四个方面都有所体现,从而形成了民国时期传统与现代冲突与共生的生产伦理、交换伦理、分配伦理和消费伦理。

第一节　生产伦理的特征

马克思认为,凡是能生产物质产品或使用价值的劳动都是生产劳动。生产是经济活动的起点,在不同的生产方式和生活方式下,生产必然形成其不同的目的与价值。马克思曾在《德意志意识形态》中指出:"人们为了能够'创造历史',必须能够生活。但是为了生活,首先就需要吃喝住穿以及其他一些东西。因此第一个历史活动就是生产满足这些需要的资料。"[1]正因为如此,在人类早期的思想中,物质生产(尤其是农牧生产)往往要比交易行为具有更高价值。伴随着资本主义市场经济的建立和发展,财富的获取越来越成为生产的目的。民国时期是中国社会从农业社会向工业社会转型的最初阶段,因此,这一时期的生产伦理也呈现出恋土重农、安土重迁、勤勉耐劳的传统生产伦理观与重商兴业、理性务实、敬业自律的现代生产伦理观的交织共生状态。

一、恋土重农、安土重迁、勤勉耐劳的传统生产伦理观[2]

美国人类学家雷德弗尔德提出,赋予土地一种情感和神秘的价值是全世界农民所特有的态度。[3] 这是关于传统农民的一个经典描述。孟德拉斯进一步指出,对于传统农民来说,土地是"一种独特的、无与伦比的财产",它

---

① 《马克思恩格斯文集》第 1 卷,北京:人民出版社 2009 年版,第 531 页。
② 参见王露璐《乡土伦理——一种跨学科视野中的"地方性道德知识"探究》,北京:人民出版社 2008 年版,第 44—49 页。
③ Robert Redfield. *Peasant Society and Culture*,Chicago:Chicago University Press,1956,p. 112.

所具有的"崇高的价值"是"整个技术的、经济的、社会的、法律的和政治的系统"所赋予的。① 从技术上来说,每一块土地都是独特的,要想耕种一块土地,首先必须对它有深刻的了解,包括可耕土层的结构和厚度,以及岩石、湿度、光照、地形,等等。这种知识是农业劳动者的基本技能。传统农民更相信自己通过长期劳动形成的这种知识,而不是技术专家所提供的数据。从经济上来说,"传统的农业经济使土地成为重要的资本和惟一可靠的财富",并且,"土地的占有是社会等级制的基础和声望的标记"。"在昔日的法律和经济体系中,经营者只有拥有自己的土地才能确保自己的经营的持续,也就是确保自己的永远的生存"。因此,对农民来说,拥有土地所有权是在经济、社会和政治上完全独立的必要条件。"耕种别人土地的人,总是以这种或那种方式成为土地所有者的债务人,甚至仆人。"②

传统的农民在土地上世代相继,这也进一步增强了他对土地的依恋和情感。在这种对土地的依恋情结基础上,传统农民产生了将利用土地进行耕作活动视为"正当"或"正业"的经济价值观。对传统农民来说,"金钱不是一种可靠的价值。真正具有价值的只有土地,因此要想富起来必须种好田,而不是进行侥幸的投机,投机似乎会迅速带来收益,但没有前途"③。孟德拉斯在《农民的终结》中引用法国历史中上下比利牛斯地区引进杂交玉米的案例,揭示了一个"根本的和全面的冲突":冲突的一方是传统的农民理想,即耕作是为了养活自己和确保经营与家庭的延续;冲突的另一方是生产者的利益,即寻求尽可能大量地生产价格最好的产品。在传统的法国农民看来,"人们喂畜禽"的玉米比"制作面包的谷物"小麦更值钱,是"令人愤慨和违背道德准则的"。因此,这种美国玉米"被视为道德堕落的危险,而建议种植这种玉米的技术员会被视为引诱人的恶魔"。孟德拉斯认为这种杂交玉米"引导人们进入的那个系统所带来的必然结果"是:"传统耕作系统全面解体,被单一耕作所取代,农民失去了独立和经济保障,变为投机家:冒险和道德沦丧。"④

---

① [法]孟德拉斯:《农民的终结》,李培林译,北京:社会科学文献出版社2005年版,第55页。
② 同上书,第54—55页。
③ 同上书,第133页。
④ 同上书,第132—134页。

如果说,恋土重农是全世界传统农民的共同特征,那么,这一特征在中国传统农耕社会和中国传统农民身上,体现得更为突出和富有代表性。甚至可以说,中国传统农业文明正是一种"农为邦本"的文明。农业自古在中国人经济生活中有着至高无上乃至近乎神圣的地位,关乎天下存亡兴衰,以致"社稷"一词后来成为国家的代名词。在中国古代传说中,被尊称为神农氏的中华民族祖先炎帝,"身自耕,妻亲织"①,大禹则是"身执耒臿以为民先"②,这在一定程度上说明,"古先圣王之所以导其民者,先务于农"③是一种较为普遍的现象。在中国古代思想史上,不同流派尽管在许多问题上存在观点的差异甚至对立,但是,在"重农"这一问题上,他们却有着基本的共识。孟子从农业角度论及仁政,"夫仁政,必自经界始。经界不正,井地不钧,谷禄不平"④,因此他主张实行井田之制以"制民之产"。墨子也指出:"凡五谷者,民之所仰也,君之所以为养也"。⑤ 法家思想家更为明确地提出了"重本(农)抑末(商)"的主张。管子认为:"粟者,王之本事也,人主之大务。"⑥韩非不但把"本"解释为农,而且把它等同于粮食生产,认为只有农业劳动才是生产劳动,指出:"磐石千里,不可谓富,象人百万,不可谓强。石非不大,数非不众也,而不可谓富强者,磐不生粟,象人不可使距敌也。"⑦也就是说,在韩非看来,只有能够"生粟"的行业才是应当重视和发展的"本业"。法家的这种重本抑末论被儒家吸收和改造后成为儒家经济伦理思想的重要内容,并在以儒家思想为主导的中国传统封建社会中成为主流。在这一思想的影响下,土地被农民视为谋生的根基而被依恋崇敬乃至顶礼膜拜,农业则在中国传统社会中得到至上的道德评价。这种认识世代相沿,使中国传统农民执着地认为只有通过面朝黄土的农耕活动取得的财富才是正当和可靠的,而对其他离土离乡的谋生与致富手段给予道义上的否定和行为上的拒斥。

还应看到,在中国漫长的封建社会中,历代统治者通过户籍制度、均田

①《淮南子·齐俗训》。
②《韩非子·五蠹》。
③《吕氏春秋·上农》。
④《孟子·滕文公上》。
⑤《墨子·七患》。
⑥《管子·治国》。
⑦《韩非子·显学》。

限田、法定诸子平分田产等政策,以鼓励乃至强制的手段将农民局限于土地,使其心甘情愿地从事农业生产。① 这些政策的实行,进一步强化了农民重本轻末、安土重迁的行为特征。甚至于,当这种以土地为根基的农业生产活动无法给自己带来勉强维持的生活,甚至使自己饥饿贫困时,农民依然不改初衷。美籍华人学者许烺光在谈及中国的农业经济时曾指出:

> 几个世纪以来,中国一直处于人口过剩,耕地奇缺,农业艰难之中,不计其数的中国人营养不良,甚至饿死。但是,这些事实不仅不能激发出开拓甚或商业上的进取精神,反而诱使那些居住在乡村的人们更加强烈地依恋于他们土生土长的地方,而无视这样一来就意味着那已经很低的生活标准会变得更低的事实。②

中国传统乡村社会恋土重农的经济价值观,必然使"勤劳"成为生产活动中的基本道德规范。传统的农业耕作活动以农民的体力劳动为基础,因此,勤劳的四季耕耘,是获得产出和增加剩余产品的最基本(甚至惟一)途径,也是农民生存和提高生活水平的基本前提。正是这种"劳"与"得"或"劳"与"食"之间的直接对应关系,使得"劳而有得"、"劳而有食"成为传统农民对生产劳动与需求满足之间关系的朴素认识。江南嘉善的一首民歌十分生动地反映了这种认识:

> 白饭好吃田难种,白面好吃粉难磨;
>
> 三餐不是容易来,哪个懒汉不挨饿。

基于这种认识,农民萌发了通过"日出而作、日落而息"的终日辛劳来改善生活的愿望,在此基础上,产生对劳动的兴趣乃至热爱,并本能地对不劳而获和好逸恶劳者产生厌恶。勤劳被农民视为应当具备的基本素质。"在农民看来,最高的价值是劳动",并且,"如果他劳动得多,他就能博得自尊和

---

① 在这些手段中最为常用也最为有效的是户籍制度,它保证了统治者能够方便地获得赋税徭役和维持乡村的地方秩序。从秦汉时期开始,中国的乡村就推行了"乡亭里什伍"制,唐宋以后实行县政权管辖下的保甲制、乡里制和里甲制,每一基层组织都有专人管理户口,这种户口管理体制也在相当程度上限制了乡民的迁徙。参见周晓虹《传统与变迁——江浙农民的社会心理及其近代以来的嬗变》,北京:生活·读书·新知三联书店1998年版,第46页。

② [美]许烺光:《美国人与中国人:两种生活方式的比较》,彭凯平、刘文静等译,北京:华夏出版社1989年版,第285页。

别人的尊重"。①

对于中国传统农民勤勉耐劳的基本品质,历代思想家和统治者都给予了充分的道德肯定。孟子强调"不违农时,谷不可胜食也"②,荀子提出"春耕夏耘,秋收冬藏,四者不失时,故五谷不绝,而百姓有余食也"③,将人们一年四季的辛勤劳作视为个人和整个社会"有余食"的基本前提。墨子不仅明确指出,人与动物的差别在于"赖其力者生,不赖其力者不生"④,而且更为充分地揭示了传统乡村社会的耕作行为所蕴含的道德要求。他指出:"今也农夫之所以夙出暮入,强乎耕稼树艺,多聚菽粟而不敢怠倦者,何也?曰彼以为强必富,不强必贫;强必饱,不强必饥,故不敢怠倦。"⑤管子将勤劳视为财富之源,认为"不务天时,则财不生;不务地利,则仓廪不盈"⑥。应当看到,一方面,这些思想是通过一种"自下而上"的方式,对以日常经验状态存在于中国传统乡村社会的恋土重农和勤勉耐劳伦理观的理论提炼;另一方面,它们又通过"自上而下"的方式,借助于统治者的政治权威力量不断固化和强化传统农民的道德观,使得农民勤勉耐劳的道德品质进一步升华为一种自强不息的精神力量,并成为支撑整个中华农耕文明的灵魂。

二、富国利民、理性务实、敬业自律的现代生产伦理观

现代经济伦理学思想的先驱是 20 世纪德国思想家马克斯·韦伯(Max Weber),他在其代表作《新教伦理与资本主义精神》一书中,深入探讨了宗教伦理的社会经济功能,明确提出了"经济伦理"的概念,充分肯定了伦理力量在经济发展中的巨大作用,为经济伦理学的形成奠定了基础。

韦伯论证了以禁欲主义观念为核心的新教伦理与西方资本主义兴起之间存在的一种"选择性的亲缘关系"(elective affinity),认为新教的入世禁欲主义观念产生了一种合理化的经济伦理即"资本主义精神",在这种"精神气

---

① [法]孟德拉斯:《农民的终结》,李培林译,北京:社会科学文献出版社 2005 年版,第 73—74 页。
② 《孟子·梁惠王上》。
③ 《荀子·王制》。
④ 《墨子·非乐上》。
⑤ 《墨子·非命下》。
⑥ 《管子·牧民》。

质"（ethos）的约束下形成一种理性的经济行动,这种理性的经济行动最终促进了理性资本主义的兴起和发展。同时,为了从更为广阔和普遍的意义上把握"理性化"在世界诸文化中扮演的角色,韦伯还对世界主要民族的精神文化气质与社会经济发展的内在关系进行了分析和比较。在韦伯看来,新教伦理代表着一种"支配现世的理性主义",儒教伦理则代表着一种"适应现世的理性主义"。也正是这种在儒教伦理支配下人的"精神气质",成为近代以后中国资本主义发展的最大障碍。

应当看到,韦伯对经济发展的伦理动因及不同宗教伦理的比较研究,为我们考察民国时期经济发展的转型提供了极有价值的理论资源。韦伯对儒教伦理的研究是有其历史局限性的,尤其是在研究资料选取的时间跨度上较为狭窄,使其在对有两千多年历史跨度的儒家伦理及其内在变化的理解上存在一定的片面性。值得注意的是,近代以来薛福成、王韬、陈炽等工商界人士强调工商业在整个社会经济发展中的重要地位,已经为改变社会经济价值观、提升工商业的社会伦理地位打下了良好的基础。民国时期,富民利国、理性务实、敬业自律的现代生产伦理观日渐传播,并在城市和东部发达地区获得了更高的认同和践行。

首先,民国时期内忧外患的经济形势和政治时局,促使实业救国成为中国民族资产阶级兴办企业的伦理动因,富国利民的经济伦理染上了浓厚的民族性色彩。在近代中国工业化浪潮中,涌现出了"南张北周"两大工业巨头,他们是民族资本家阵营中有代表性的显赫人物。张謇创办了以大生纱厂为核心的众多的近代实业,周学熙则拥有以启新洋灰公司为基点的周氏企业集团。张謇认为"富民强国之本实在于工"①,并立足于富国利民的道德提出了著名的棉铁主义。他在诠释棉铁主义时说,"为捍卫图存之计,若推广植棉地、纺织厂是;又惟有开发极大之富源,以驰逐于世界之市场,若开放铁矿、扩张制铁厂是",②并指出"通州之设纱厂,为通州民生计,亦即为中国利源计……利之不保,我民日贫,国于何赖"③。这些论述都反映出张謇创办

---

① 《张謇全集》第 1 卷,南京:江苏古籍出版社 1994 年版,第 37 页。
② 同上书,第 274 页。
③ 《张謇全集》第 3 卷,南京:江苏古籍出版社 1994 年版,第 17 页。

实业"愤中国利权之外溢,思以绵力自保其方隅"①的伦理动因。与张謇相似,周学熙创办实业的动因在于,"窃谓今日商战时代,惟实业足以救国,亦惟实业足以利民"②。对于英商经办开采煤矿,"公建议收回。时英商挟外交势力以凌我,公据理力争,既不得直,遂于开平矿区旁马家沟等处,另创滦州煤矿公司,自行采掘,以相钳制"。他还曾向袁世凯建议,"每年节国库之所余,兴办工业,先办民生工业,再办军事工业,预定十年计划,以雪日本二十一条之耻"。③④ 他还主张以国家社会主义兴办与发展实业,"采国家社会主义,锐意实业,大开利源"⑤。他认为,"富国之基在此,强国之基亦在此"⑥。也正是出于强国富国的伦理动因,民族资本家积极参与了收回利权、抵制美货日货等运动。"一·二八"事变后,反帝浪潮遍及十里洋场,素以经销舶来品著称的永安公司百货大亨郭琳爽不仅售卖国货,还"尽量扩充国货范围,力求提高国货地位","以期鼓励国货事业"⑦。在抗战期间,他还从资金和技术上扶植一批民族资本的中小厂家,使这些厂家死而复生。一代船王卢作孚为振兴航运事业创办的"民生"公司,其公司名称是从孙中山的三民主义中取其一。在经营中,为维护国权,卢作孚对外国轮运公司作过许多不屈的斗争。上海药业巨星黄楚九认为,抵制洋货仅仅靠"禁"是不够的,还要生产相应的国货与之抗衡。他瞄准当时市场上十分普及的日本"仁丹",制造了"龙虎人丹",以"中国人请服中国仁丹"为旗帜,向日本产品发动了猛烈攻势。此外,富国利民的经济伦理也成为当时各种实业团体的行动总纲领。工业建设会称:"政治革命,丕焕新猷,自必首重民生,为更始之要义;尤必首重工业,为经国之宏图。"⑧中华实业团简章则提出:"实业一门,在国计民生上既占最优之位置,即有倾倒一国一洲一世之能力。泰西各国,若英、美、法、德,与东海日本小邦,莫不跂强于实业振兴之计,史鉴昭然,事实可

---

① 《张謇全集》第 3 卷,南京:江苏古籍出版社 1994 年版,第 774 页。
② 周叔媜:《周止庵先生别传》,天津:天津印字馆 1925 年版,第 162 页。
③ 同上书,第 205 页。
④ 同上书,第 206 页。
⑤ 同上书,第 80 页。
⑥ 贾士毅编:《民国财政史》(上册),上海:上海商务印书馆 1934 年版,第 168 页。
⑦ 赵云声主编:《中国大资本家传》第 8 卷,吉林:时代文艺出版社 1994 年版,第 49 页。
⑧ 汪敬虞:《中国近代工业史资料》第 2 辑(下册),北京:科学出版社 1957 年版,第 861—862 页。

考。……若银行,若蓄植,若纺织,若屯垦,若掘矿,若航业,若铁道,均为厚利民生,舒展国本,救亡图强之良剂。"[1]各实业团体行动纲领上创办实业的动因惊人相似,也表明富国利民、实业救国的经济伦理成为整个民族资产阶级的共识。[2]

其次,伴随着工商业的发展和西方功利主义的进入和传播,经济理性基础上的"利益最大化"日渐渗透于经济活动和日常生活中,理性务实成为影响生产目标和手段的经济伦理导向。这一导向不仅直接体现在工商企业的经营活动中,甚至在受到工商业辐射的部分乡村,也产生了一定程度的影响。例如,自 20 世纪 20 年代以后,伴随着土地所有权分散化的趋势,苏南农村普遍出现了田面权与田底权相分离的现象,也就是说,同一土地有田面业主和田底业主两个所有权人,这一现象被称为"一田二主"。形成这种特殊的乡村地权关系的原因是复杂的,但其中一个十分重要的原因,是苏南地区工商业迅速发展对乡村大地主投资方向所产生的直接影响。曹幸穗整理的"满铁"调查数据,清楚地呈现出对抗战以前苏南农村各种投资利润率的比较。[3]

抗战前苏南农村各类投资利润率比较表

A:土地投资利润率(以中等地计算)

地名	地价 (元/亩)	平均地租 (元/亩)	赋税 (元/亩)	纯地租 (元/亩)	地租与地价 之百分比
无锡荣巷镇	70.0	5.0	1.1	3.9	5.6%
嘉定石岗门镇	80.0	7.0	1.2	5.8	7.3%
松江华阳桥镇	60.0	9.0	1.0	8.0	13.3%
常熟虞山镇	50.0	6.0	1.07	4.93	9.9%
平均	65.0	6.75	1.09	5.66	8.7%

---

[1] 汪敬虞:《中国近代工业史资料》第 2 辑(下册),北京:科学出版社 1957 年版,第 862 页。

[2] 参见陈钧《传统经济伦理在近代的回归与转型——论民族资产阶级的经济伦理观》,载《江汉论坛》1998 年第 12 期。

[3] 参见曹幸穗《旧中国苏南农家经济研究》,北京:中央编译出版社 1996 年版,第 47 页。

B:工业投资利润率(以战前常熟县各类工厂为例)

工厂类别	工厂数	资本总额（千元）	年产值（千元）	成本（千元）		纯利润（千元）	投资利润率（％）
				原材料	工资		
棉纺	1	100	532	454.33	54.37	23.30	23.3％
棉织	23	96	504	328.61	122.77	52.62	54.8％
碾米	23	102	183	160.67	15.63	6.70	6.6％
印刷	8	16	120	80.84	27.72	11.88	74.3％
机修	2	2	10	7.35	1.86	0.79	39.5％
合计	—	316	1349	1031.36	222.35	95.29	30.2％

从上述数据可以看出，购买土地的利润率远远低于其他工业投资项目，这表明，在当时苏南的社会经济背景下，投资土地已并非最佳的生财之道。正是这一原因，导致大地主和富商们放弃对土地的投资而转向其他利润率更高的新兴工商业。可以说，这种投资方向的转移，体现了大地主、大商人为代表的最富有阶级作为"理性经济人"对更高投资回报的追求。[①] 黄宗智在对长江三角洲的研究中，也曾经以薛家埭农民陆关通为例，阐述其行为"恰似一个追求最大利润的企业家"：陆关通"出租 4 亩地，并雇12 工帮助他家自种 3 块田（共 8 亩）。……秋后 11—12 月间他收获 12石，卖出其中 4 石以纳租和作新年开支，留 4 石自用，其余 4 石在开春后4 个月内卖出，每次 1 石。1 月份他 1 石米卖得 28 元，2 月份、3 月份为33.6 元，4 月份达 36 元。以 1939 年的年成，这是薛家埭等村农民卖粮所得的最高价"。[②] 从中，我们也不难看出，这一时期的苏南农民也日渐形成了追求"利益最大化"的现代经济理性意识，并且，这种经济理性意识已经开始支配他们的生产活动。

最后，工商业的发展带来了更多劳动者从传统农民向现代工人的职业角色变化，从而使敬业自律的现代职业道德成为生产伦理的重要组成部分。在传统的农业生产中，"作息时间表受需要完成的劳动的支配，根据劳动的

---

① 参见王露璐《乡土伦理——一种跨学科视野中的"地方性道德知识"探究》，北京：人民出版社 2008年版，第 130—132 页。

② ［美］黄宗智：《长江三角洲小农家庭与乡村发展》，北京：中华书局 2000 年版，第 107 页。

进程、天气的情况甚至可能是劳动者的疲劳状况,作息表始终是可以变动的。当农业劳动者是经营主时,他就是时间的主人:他自己确定他的作息表和劳动节奏。"①农业生产的季节性特征及对日照时间的依赖,使得农民日出而作,日落而息,这一传统世代沿袭。传统农业生产的上述特征,使"时间在农村和城市里并不具有同样的价值"②,也在一定程度上造成了农民懒散、不守时、缺乏纪律性等性格缺陷。"要农民在劳动细节上遵守纪律会使他们感到困难和厌恶"③,"40 岁以上的小耕作者看起来与劳动的一切合理化几乎是格格不入的:他宁愿一天多工作两个小时,也不愿用纪律来约束自己和从一天要从事的不同活动中节省几分钟"。④

与之相反,企业生产活动有着严格的劳动时间安排。一般而言,企业(尤其是制造行业的企业)在生产和经营活动中会根据自身的特点制定相应的"生产作息时间表",规定生产的开始时间、结束时间并形成相应的约束和奖惩机制。企业员工必须严格按照规定时间上班、下班、用餐和工间休息等,违反时间规定的旷工、迟到、早退行为会受到相应的惩处。民国时期,城市工商业的兴起和发展开始吸引越来越多的农村劳动力,造成农村人口的大量外流。南京国民政府行政院农村复兴委员会 1933 年的调查表明,从1928 年到 1933 年,江苏农民的离村率有所提高,"许多贫农,甚至中农底壮丁,都不得不出外另谋生活,这离村底情形在江苏已是很严重了"⑤。这些进入城市工厂的农民不仅通过企业的工作获得了经济收入,也在从传统农民转变为职业工人的职业角色转换中产生了与市场经济相契合而难以在农耕活动中生成的敬业自律的新型职业道德,并在此基础上,不断生成和强化效率意识、时间意识、信用意识、契约意识、责任意识等现代生产伦理观念。

① [法]孟德拉斯:《农民的终结》,李培林译,北京:社会科学文献出版社 2005 年版,第 67 页。
② 同上书,第 58 页。
③④ 同上书,第 73 页。
⑤ 参见行政院农村复兴委员会《江苏省农村调查》,北京:商务印书馆 1934 年版,第 16 页。

第二节 交换伦理的特征

交换是经济活动的重要环节。经济主体在交换活动中形成的一定的关系，并由此产生相应的道德观念、品质和规范，这就是交换伦理的基本内容。人类社会不同历史阶段和不同社会经济制度条件下，交换伦理既有其共同之处，也必然有其自身的独特性。民国时期处于从传统"熟人社会"向"半熟人社会"和"陌生人社会"转型的阶段，人际交往关系出现了相应的变化，交换伦理也呈现出基于熟人社会的特殊信任与互助互惠的传统交换伦理观和基于陌生人社会的普遍信任与契约规则的现代交换伦理观共生融合的态势。

一、基于熟人社会的特殊信任与互助互惠的传统交换伦理观

中国传统乡村社会是一个"生于斯、死于斯"的社会，其人际关系体现出一种特色，"每个孩子都是在人家眼中看着长大的，在孩子眼里周围的人也是从小就看惯的"，因而，"这是一个'熟悉'的社会，没有陌生人的社会"[1]。人们相互间的信任正是基于这种彼此的熟悉，由此，熟人社会的内部有着较高的信任度。"'我们大家是熟人，打个招呼就是了，还用得着多说么？'——这类的话已经成了我们现代社会的阻碍。现代社会是陌生人组成的社会，各人不知道各人的底细，所以得讲个明白；还要怕口说无凭，画个押，签个字。这样才发生法律。在乡土社会中法律是无从发生的。'这不是见外了么？'乡土社会是从熟悉得到信任。这信任并非没有根据的，其实最可靠也没有了，因为这是规矩。"[2]也就是说，乡土社会的信用是一种人格信任，它不是来自法律或契约的规定，而是"发生于对一种行为的规矩熟悉到不加思索

---

[1] 费孝通：《乡土中国 生育制度》，北京：北京大学出版社 1998 年版，第 9 页。
[2] 同上书，第 10 页。

时的可靠性"①。

韦伯在关于儒教与清教的比较研究中曾指出:"中国人彼此间典型的不信任已为所有观察者所证实,同清教诸派中对信徒的诚实品质的依赖成为鲜明的对照。"②他认为,"在中国,一切信任,一切商业关系的基石明显地建立在亲戚关系或亲戚式的纯粹个人关系上面",而新教伦理与禁欲教派的伟大业绩是"将商业信任建立在每一个个人的伦理品质的基础上,这种品质已经在客观的职业工作中经受了考验。"③由此,韦伯以"特殊信任"和"普遍信任"来区分中国人和西方人的信任,他认为,中国人的信任建立在血亲关系基础之上,是一种局限于家族和亲属范围之内难以普遍化的特殊信任(particularistic trust),西方人(尤其是新教徒)的信任建立在共同信仰基础之上,是一种能够超越血缘氏族纽带束缚的普遍信任(universalistic trust)。在他看来,基于血亲关系的特殊信任无法转化为普遍信任,正因为如此,中国人对于血缘家族之外的"外人"是普遍地不信任。

在《儒教与道教》一书中,韦伯指出,中国社会之所以未能成功发展出现代资本主义,主要根源在于中国缺乏像新教那样的文化精神。在他看来,中国人不讲社会诚信是中国文化特别是儒家伦理文化的劣根性之一,也是中国文化阻碍理性资本主义形成和发展的重要原因。具体而言,韦伯在该书中认为,中国人的不信任有其经济、政治和文化等方面的根源,主要体现在以下三个方面:④

其一,农耕经济的家族制妨碍中国人的普遍信任。在传统农业社会,家庭既是生活单位也是最基本的生产单位。而相同血亲关系的家庭又以父亲为主轴联合和演化成家族。从某种意义上说,家族是中国广大农村最稳固的自治管理单位和最强大的地方势力,甚至连正式的皇权势力在基层都无法与之抗衡。家族拥有的财产权是其成员生存的根本保障;家族拥有的族内立法权,对其成员产生强大的威慑力。因此,家族的每一成员都会对家族产生强大的依赖感,而家族也因此对其成员形成强大的凝聚力和约束力。

① 费孝通:《乡土中国 生育制度》,北京:北京大学出版社 1998 年版,第 10 页。
② [德]马克斯·韦伯:《儒教与道教》,王容芬译,北京:商务印书馆 1995 年版,第 284 页。
③ 同上书,第 289 页。
④ 参见吴建华《质疑韦伯的中国社会信任观》,载《中州学刊》2006 年第 1 期。

正是家族制在中国农业社会的地位和作用,使得作为社会关系重要组成部分的信任关系也必然受这一根本条件的制约。因此,中国人的信任总是建立在血亲关系基础之上,局限于家族和亲属的范围之内。

其二,家产官僚制破坏了中国社会的诚信风气。韦伯认为,自秦以后,中国就不存在真正的封建制,取而代之的是以俸禄为基础的家产官僚制。作为国家政治制度,家产官僚制是家族制的延伸和扩大,或者说家国同构。皇帝是"家长",官吏是皇帝派遣到各地实行管理和征收赋税的"家臣",整个国家都是皇帝的"家产"。因此,君王可将自己的家计需要作为徭赋摊派给各地,而以发放俸禄作为给官员的报酬。但是,君王的俸禄是有限的,地方官吏的行政费用和个人俸禄大多从当地征收的赋税收入中开支。从这一意义上说,官吏经常将自己辖区的赋税看作是自己的俸禄或私人收入。对下而言,他们巧立名目多收租税;对上而言,他们想方设法尽量瞒报。由此,食俸禄者转变成为敛财者。可以说,家产官僚制在把一切财富集中于皇帝家族的同时,也成为基层官吏积蓄资产的最佳机会。所以,家产官僚制是行政腐败的源头,破坏了整个社会的诚信风气。

其三,传统家族伦理文化强化了中国社会的特殊信任。在中国传统社会,儒家文化是居于主导地位的文化,国家政治和社会网络主要依靠儒家学说编织而成,它是维系和巩固血亲家族组织的精神力量,这也进一步强化了中国人的特殊信任。首先,儒家文化是一种孝道文化。在家国同构的传统社会,社会关系主要围绕家庭关系展开,孝是其中最根本的道德义务,也是儒家文化的核心价值。借助孝道和祖先崇拜,家族组织将其成员牢牢限制在家庭和血缘组织的狭小圈子里。以祖先崇拜为基础的孝道对中国人的生活方式有强大的影响力。从一定意义上说,它是一种把家族成员束缚在家族组织之中的精神纽带,是把家族成员整合在家族周围的黏合剂。在以孝道为核心的儒家伦理文化引领下,中国人习惯于在家庭家族中建立信任并发展合作伙伴。其次,儒家文化是一种世俗文化。韦伯认为,儒家文化的根本旨意是适应现世,期待此世的长寿、健康、财富和死后的声名不朽。同时,儒家文化把个人的自我完善作为追求的目标,以成为君子或圣人作为最高理想。因此,中国人往往缺乏对一种超验和神圣力量的敬仰,他们不企求任何救赎,不会产生虔诚的宗教义务。儒家的世俗伦理使得中国人的所有共同体行为都被系于人,这就使得中国人难以打破人际信任的局限建立起普遍信任。相反,西方人特别是新教徒,以其对超世的、彼岸的上帝负有宗教义务的理念,把所有的人都视为上帝的子民,把与人共处的关系和行为都当作一种超越有机生命关系的手段和表现。在这种宗教伦理的指导下,新教徒能够冲破血缘氏族纽带的束缚,在共同信仰基础上建立普遍信任。最后,儒家文化是一种礼仪文化。中国人非常重视礼节,很多礼节上的束缚,陪伴中国人的一生:从胎儿阶段一直到死的祭祀,各种烦琐的礼仪对每一个身处其中的中国人有着牢不可破的束缚。可以说,也正是中国礼仪文化的特质使中国人的诚信基本是出于一种面子的需要而从外部加以培植,不是从内心深处生根发育而成。因此,在韦伯看来,儒教的君子只注重温文尔雅的举态,只致力于外表的"镇定"而不信任他人,如同他认为别人不会信任他一样。可以说,中国人彼此之间存在着典型的猜疑和互不信任,这与新教徒之间可以普遍被外人分享的信任与诚实形成强烈的对比。

从韦伯的论述中可以看出,他认为中国社会的信任是建立在血缘关系基础上的,无法扩展到血缘关系之外的群体之中。这一判断的理论前提是,中国社会是一个"血亲关系本位"的社会。不可否认,血缘关系确实是中国传统乡村社会人际关系的中心,人们也正是围绕这一中心建立起与他人的社会联系。但是,我们更应看到,中国传统乡村社会的人际关系同时也是一种以"己"为中心、逐渐向外推移的"差序格局"。在这种格局中,"家"并不是一个界限分明的团体,"'自家人'可以包罗任何要拉入自己的圈子,表示亲热的人物。自家人的范围是因时因地可伸缩的,大到数不清,真是天下可成一家"①。也就是说,在中国乡村社会,"血亲"与"非血亲""自家人"与"外人"之间并没有不可逾越的明确界限。人们既可以在血缘关系的基础上产生对"自家人"的信任,也可以在地缘关系或其他由血缘关系泛化后所形成的各种拟亲关系的基础上,在长期的密切交往过程中,对"非血亲"或"外人"产生熟悉和信任。

正是这种建立在熟悉基础上并成为"规矩"的信任,使得互助成为中国传统乡村社会人与人经济交往中的基本道德准则。通过相互协助解决困难

---

① 费孝通:《乡土中国 生育制度》,北京:北京大学出版社1998年版,第26页。

或问题,是传统乡村社会日常生产和生活中经常发生的现象。马林诺夫斯基曾以互惠原则解释地方的交换体系,认为一切权利和义务都要被"安排在互惠服务的对称锁链之中"①。斯科特也指出,互惠是人际交往中的核心道德准则。在东南亚的乡村经济中,这种互惠原则在大量的活动中都发挥着作用。② 马林诺夫斯基还以新几内亚东部的南马辛区域(Southern Massim)特有的"库拉"③交换制度为例,探讨了这一制度所包含的经济、感情与社会责任因素。马林诺夫斯基的阐述为理解传统乡村社会中的互助现象和互助关系提供了基本的思路。事实上,在中国传统乡村社会中,人们的互助行为得以产生,也正是基于经济利益、人际情感和道德责任这三个基本动因。

中国传统社会的互助关系主要出现在家事、救急、建房、投资等领域,互助的资源可以分为四类,即:借贷、礼品、劳力、"门路"和信息。借贷行为大多用于救急、建房、娶妻、投资等方面;礼品一般给予操办红白喜事的人或用于"还人情";劳力一般在农忙、工程、救急、家事等项目中付出。王铭铭通过对闽南塘东村与美法村的个案研究发现,尽管两村的村民生活在完全不同的地方,但是,他们对资源的获得和付出均采用一种"辩证"的态度。一方面,对他人(家户)提供资源被认为是为未来获得资源的前提条件;另一方面,获得他人(家户)的资源被视为是创下了未来对他人(家户)付出资源的责任。资源的提供不仅是责任的付现,还是个人保持其"社会性"和控制未来的方法。同样,获得资源不仅是社会成员"自然"享有的权利,还是可能导致"欠债"的行为。这种"辩证"的理念往往被村民以"帮""报答"和"人情"来表达。"帮"是一种给予他人(家户)帮助的行为,"报答"则是指他人对自己的付出和帮助的回报行为。一般而言,"帮"被认为会适时获得"报答",同样,受益、受助于他人也会导致自己对他人负有"报答"的责任。"帮"与"报

---

① 参见[英]马林诺夫斯基《原始社会的犯罪与习俗》,原江译,昆明:云南人民出版社 2002 年版,第 29 页。

② 例如,爪哇的互助合作形式"gotong-rojong"是有组织互惠的著名事例,互助活动通过邻里会餐的仪式得到加强,这是农家生活的关键事件。在泰国乡村,互惠被看作是支持家庭内部和家庭之间的社会行为的道德基本原则。在菲律宾,个人联盟这种模式的阐释主要是参考以惭愧之情和义务感作为动力的互惠。参见[美]詹姆斯·C.斯科特《农民的道义经济学:东南亚的反叛与生存》,程立显、刘建等译,南京:译林出版社 2001 年版,第 216 页。

③ "库拉"是项圈(necklaces)与臂镯(armshells)相交换的仪式,是新几内亚马辛地区的众多岛屿上的不同语言、不同族群的人们相互联系的社会—经济体系。参见高丙中《民族志的科学范式的奠定及其反思》,载《思想战线》2005 年第 1 期。

答"的逻辑被"人情"这一概念所涵盖。而这种"人情",正是乡村社会得到普遍遵从的"为人的哲学",它一方面赋予人们"帮他人"的道德义务,另一方面赋予个人要求获得"回报"的权利。当村民谴责他人"没人情"时,意即此人在与他人的交往关系中没有遵循他应当遵循的伦理道德准则。这个伦理道德准则含有一定的经济逻辑,"帮助"和"人情"是自然地可以被需求、供给、消费、拥有、退还、交换、积累的。因此,"帮"和"人情"不仅指"为人之道"中的"利他"层面,还包含同一道理中的"利己"层面,它们背后的制约性条件就是"报"。也就是说,乡村社会的互助观念是一种社会规范,它不仅具有伦理道德的逻辑,而且还具有交换的理念。但是,与一般的商品交换不同,以人情观念为基础的互助资源的交换,并不是一种"一手交钱、一手交货"的现货交易,它不要求立刻兑现,因而在回报的时间上呈现滞后性。①

中国传统社会的互助关系是建立在信任基础上的,而信任度的高低又与双方的熟悉程度有着密切关联。因此,互助关系的建立与互助行为的发生,常常取决于行为主体双方的亲疏程度。王铭铭通过在塘东村和美法村的调查,论证了"社会关系圈子"(circles of social relations)在互助中的角色。在塘东村,"堂亲"(主要指五代以内的族亲)在互助总量中占第一位;"亲戚"(由通婚关系引起的关系网)占第二位;"朋友"占第三位。在美法村,"亲戚"在互助总量中占第一位;"堂亲"占第二位;"朋友"占第三位。总体上看,"堂亲"和"亲戚"的互助,占总量的80%。一位塘东村青年说,他的姑母虽穷,但一旦他需要钱,她也会"挤出"口袋里的钱。② 简言之,中国传统社会的信任是在熟悉的基础上建立的,因之,这种信任也仅仅限于"熟人"的圈子。同时,信任的程度与熟悉的程度有着密切的关联,呈现出十分显见的"差序"特征,即,在血缘和地缘上越靠近"己"这个中心,就越熟悉,因而也就越容易产生信任并形成合作关系;相反,当在血缘与地缘上与"己"这个中心渐行渐远时,信任度也随之降低,及至进入"陌生人的世界",信任基本无法建立。易而言之,在熟人社会的人际交往中发挥作用的,是"特殊主义"而非"普遍主

---

① 参见王铭铭《村落视野中的文化与权力——闽台三村五论》,北京:生活·读书·新知三联书店1997年版,第172—175页。
② 同上书,第175—182页。

义"原则。①

二、基于陌生人社会的普遍信任与契约规则的现代交换伦理观

在韦伯关于"普遍信任"和"特殊信任"的区分中,普遍信任是一种超亲情人伦关系的、无等级差别的平等承诺和相互期待。其价值基础是一种开放性的或无限制的社会伦理公正,它是普遍而开放的交易秩序所不可或缺的社会伦理条件。有学者提出,迄今为止,人类经济交易秩序先后经历了三次主要的秩序或模式转型,或者说先后形成了三种不同类型的交易范式:传统的交易秩序、计划的交易秩序和市场导向的交易秩序。三种不同类型交易秩序的主要差别,除了它们所依据的社会基本结构或制度迥然有别,最根本的是其所赖以建立的信任基础不同。传统的交易秩序是一种建立在特殊信任(或个别主义信任)基础上的合作秩序,囿于亲情人伦或"熟人关系",使其天然带有极大的局限性,其不可普遍化特性最终也限制了传统的交易范围及其扩展,导致普遍交易的不可能。计划的交易秩序缺少社会契约机制的保障而导致建立在某种政治权威主义和政治精英主义基础上的"信任惯性"必然消解。相比之下,只有市场导向的交易秩序才有可能凭借社会契约化——市场本身被视为一种契约化的经济制度或秩序——的公正秩序得以建立。②

西方社会此种"普遍信任"建立的基础是西方诚信文化传统。一是韦伯所提及的宗教文化提供的信仰基础,二是可以溯及古希腊并在近代得到充分张扬的契约伦理。所谓契约伦理,就是契约活动中所表现出来的伦理性质和契约执行所需要的伦理基础。尽管在前市场经济中,契约作为经济活动中一种有效的经济手段已得到较为广泛的使用,但只有市场经济才能把它发展到真正完备的形式。从本质上说,市场经济是一种合理的秩序和有效率的活动,其中必然存在着某种"合意"或"共同意志"。市场经济的合理

---

① 参见王露璐《乡土伦理——一种跨学科视野中的"地方性道德知识"探究》,北京:人民出版社2008年版,第49—55页。

② 参见万俊人《道德之维——现代经济伦理导论》,广州:广东人民出版社2000年版,第198—200页。

性和契约的合理性成为它们能够结合在一起的最为深刻的基础。① 契约伦理作为伦理规范的制度化形式,在市场经济运作中起着一种保证作用。换言之,契约伦理是市场经济运作过程的伦理基础,它保证交易活动中合作行为的生成和完成。

现代契约伦理不仅是市场经济活动中交易行为得以产生和完成的伦理基础,同时,它也蕴含和倡导一种诚实守信的基本伦理诉求,对形成良好的人际信任关系具有显见的现实价值。从一定意义上说,现代社会人与人之间的信任是建立在制度和契约的基础上,是一种对具有普遍主义倾向的制度和规范的信任。换言之,现代社会的人际信任以正式的规则和"隐形的制度"(康芒斯语)为载体,主要表现为制度信任,而影响制度信任的主要因素则是制度的完备性和合理性。② 市场经济作为一种以市场为导向的资源配置方式,使生产要素和劳动产品在整个社会内合理流动和分配,因而打破了自然经济条件下生产与交换的自发性与地域性,使不同地区的人们在经济依赖性的基础上实现相互的联系与合作。从一定意义上说,人们愈是借助于市场经济这种有效的资源配置方式来追求效率,就愈是要相互依赖,甚至可以说,只有满足他人和社会的利益才能实现自身的利益。于是,人们通过商品交换这种特有的社会交往形式,建立起了日益复杂的主体间关系,这就为人们在生产和交换中形成市场规则并有效地遵守规则奠定了必要的基础。易而言之,市场经济条件下的交易和交往活动要通过契约这个中介实现。人们越是想在生产和交换中获得自己的最大利益,就越是要履行与交易各方签订的契约,遵循一系列的契约原则,如尊重对方、努力沟通、诚实守信、履行诺言等。违背了这些原则,经济主体就会丧失其信誉,并逐渐成为他人避免合作和交流的对象,那么这个主体就失去了续存的可能性。可以说,在市场经济交往的时代,契约伦理首先在人们交往的核心领域即经济交往中产生作用,并由此逐渐渗透到其他人际和社会交往层面。由此,契约精神成为市场经济活动中商品交换和人际交往中的核心精神。③

① 参见晏辉《契约伦理及其实现》,载《道德与文明》2002 年第 6 期。
② 参见王小锡主编《社会主义核心价值观研究丛书·诚信篇》,南京:江苏人民出版社 2014 年版,第 102—106 页。
③ 参见王露璐、朱亮《契约伦理:历史源流与现实价值》,载《江苏大学学报》(社会科学版)2009 年第 6 期。

　　民国时期，工商业的发展带来的人口流动和职业转换使公共生活领域空前扩大，人们的交往范围不断扩大，交往对象愈加复杂，这对传统熟人社会及其信任互助关系产生了冲击。加之对传统儒家伦理思想的批判和西方现代经济伦理观的传播，传统交换伦理的经济、政治和文化基础都出现了一定的动摇，相反，基于陌生人社会的规则意识和契约伦理开始获得更多的社会认同，如何构建商业诚信，也成为社会关注的问题。天津商会成立时便强调讲信义以维商俗，对西方商人讲信用颇为赞成，并认为中国商人虽自知信义为贵，但考其交接，则欺诈者多，信义者寡，由此强调"今立商会，信义其要务矣"，指出"商业以信用为主，欲坚信用，必讲人格。"①不仅商业团体强调诚信，当时的社会进步人士也十分关注诚信。陈独秀指出：人而无信，不独为道德之羞，亦且为经济之累。政府无信，则纸币不行，内债难得，其最大之恶果，为人民信托之国家银行，金融大权，操诸外人之手。人民无信，则非独资无由创业。当此工商发达时代，非资本集合，必不适于营业竞争。而吾国人之视集资创业也，不啻为骗钱之别名。"是故民信不立，国之金融，决无起死回生之望。"②《晨报副刊》认为，交易既是经济也是道德行为，反对徒以国籍定信用，这是极大的错误。③还有论者提出，商人道德主要有四：诚实不欺、治事宜勤、持躬宜俭、温和恭敬。不难看出，诚实被置于首位，体现出这一时期对诚信的重视。④

第三节　分配伦理的特征

　　分配是社会再生产的重要环节。如果将分配视为一定时期内国民收入或产品的分配，与此相对应，狭义的分配伦理意指人们对产品和收入进行分配的价值理念和道德规范。如果将分配视为经济活动中与生产具有同等重

---

① 参见天津市档案馆等编《天津商会档案汇编》(1903—1911)(上)，天津：天津人民出版社1989年版，第39—40、268页。
② 陈独秀：《独秀文存》，合肥：安徽人民出版社1987年版，第66页。
③ 老圃：《信用与国籍》，载《申报》1921年7月9日。
④ 参见赵炎才《致用与重构的二重变奏——清末民初伦理道德近代嬗变研究》，北京：光明日报出版社2009年版，第138—139页。

要性的维度,那么,广义的分配伦理则涉及宏观层面的基本社会设施分配、中观层面的经济组织的分配和微观层面的个人行为,其中既包括描述伦理层面的研究,也包括规范伦理方面的探讨。无论是从狭义上理解的人们对产品和收入进行分配的价值理念和道德规范,还是从广义上理解的涉及宏观、中观和微观层面的分配伦理,都至少包括了分配目标的价值取向、分配制度的伦理原则和分配过程的道德调节。

马克思主义将分配问题置于整个社会生产和生活中加以考量,为我们提供了经济伦理视角中正确认识分配问题的基本立场和方法。首先,分配是社会再生产中的一个环节,不能脱离社会生产力和生产关系孤立地谈论分配问题。相反,生产力的发展和生产关系的调整,是实现分配公平的基本前提。其次,分配不是一个纯粹的经济问题,分配目标、分配方式、分配标准以及相应的社会评价,都体现出社会文明的发展和人际关系的和谐程度。最后,对分配问题的正确认识必须基于唯物史观的立场,而不能脱离具体的历史条件和社会关系抽象地谈论分配理念和评价分配制度。[1] 民国时期特定的经济社会条件和社会关系,决定了这一时期的分配伦理的基本特征,即基于群体本位和等级秩序的传统分配伦理观与基于个体本位和平等关系的现代分配伦理观并存,二者既有共生与整合的一面,也有冲突与紧张的一面。

一、基于群体本位和等级秩序的传统分配伦理观

中国传统分配伦理的产生、形成和发展有其特殊的社会经济、政治基础和伦理文化背景。中国自古以农立国,家庭为单位的小农经济是整个社会经济结构的基础,建立在宗法等级制基础上的"家国同构"式的社会结构使家庭(家族)成为维系、调整社会经济关系和指导、规范社会经济活动的基本单位。由于社会经济政治的影响,中国传统文化形成了以社会群体作为价值主体的社会本位的价值系统。传统分配伦理正是在这种群体本位和等级秩序的基础之上形成的。

---

① 参见王露璐等《经济伦理学》,北京:人民出版社 2014 年版,第 251—252 页。

在中国封建社会漫长的历史进程中，小农经济不但是中国农村经济的主体，而且是整个社会经济的基础。从宏观上看，中国的小农经济是封建经济的一种特殊形态，是地主土地私有制、专制的中央集权、落后的技术条件三者紧密结合的有机统一体。从微观上看，无论是农民家庭的小块土地私有制，还是地主制下的租佃制，家庭都是最基本的生产单位和经济单位。由于小农经济是一种自然经济，它最基本的特点在于小农业与家庭手工业的密切结合，因此它必然是一个自给自足的和闭关自守的整体。

家国同构是中国传统社会的重要特征，是中国古代特定历史条件下的产物。中国传统的社会结构是以血缘为纽带、政治与伦理高度统一的集权社会。中国社会政治中君主专制与宗法制互为表里，不仅将君统与宗统相结合，而且利用宗法社会伦理，将孝亲推及至忠君，使君权与父权彼此沟通，为巩固一姓之天下服务。尽管在中国长期的农耕社会中，统治者领悟到"民为水、君为舟"的道理，并逐渐产生了一些民本思想。但是，应当看到，民本思想中的"民"，是指以家庭、国家、民族、社会为单位的群体，而不是指独立个体的人；个体的人不具有独立的自我意识，个人利益和行为不能独立于群体的利益和行为之外。群体的认同压倒了个性的发展，个体从属、依赖于群体。这种群体本位伦理以集群为中心，认为个人只是群体的组成部分，群体的和谐才是目的，个人只是为实现群体的目标而服务的。群体利益至上的价值观意味着为了群体的大义，个人必须压抑甚至放弃自己的私利。在以血缘为纽带的宗法社会中，这种伦理义务得到了不断强化，形成了中国人讲依附靠山、讲人情关系的传统。①

孔子是儒家经济伦理思想的理论奠基者。他在总结宗法制度基本特征的基础上确立了儒家家族主义经济伦理思想的理论基础。在他看来，在这种宗法制的家族经济形态下，人们的社会经济地位的差异主要源于宗法贵族占有土地和劳动力的多少以及由此造成的经济状况之差别，最终都是由他们在宗法血缘关系中的尊卑贵贱、长幼亲疏之宗法等差所决定的，因此，凡是宗法血缘关系中的每个人，上至天子下至自由民，他们对于财富的占有虽有贫富之等差，但或多或少、或贫或富都是既受其名位身份的限定又同时

---

① 参见王露璐等《经济伦理学》，北京：人民出版社 2014 年版，第 61—65 页。

得到其名分制度之保障。即使那些卑贱的"族众"，他们起码的衣食生活资料也应该有所保障，否则他们便无法生存和从事生产。孔子论证了建立和维持等级制经济制度的必要性和合理性，认为"贵贱不愆，所谓度也"。反之，"贵贱无序，何以为国?"①因此，人有贫富贵贱之别是必然的，建立与这种等级制相适应的财富占有和分配制度亦是必须的、合理的。其相应的分配伦理内涵在于：一是强调人们处于某种名分等级之上，就应享受与其相适应的经济生活和物质待遇，因此，只要不超过其名分之设定，人们追求和谋得财富就具有道德合理性；二是强调人的财富占有以及对财富的追求必须受其名位身份等级之限定，因此，那种违礼背义地谋取富贵利达的经济行为便是不道德的。②

由此出发，儒家以"礼"作为实现社会各等级分层之间利益均衡和社会关系协调的手段，并从重名分而抑僭越原则中产生重均平而抑分化的分配伦理原则。这里的"均"并非要消除贫富之等差，而是要适当兼顾贫富各等的利益，避免打破社会均衡和导致动乱不安。并且，由于中国长期的封建社会中生产力发展缓慢，在这种情况下，两极分化不仅不会有利于生产力的发展，而且只能使财富日益集中在地主阶级手中，农民失去土地后除了作佃农或乞丐外别无出路，以致社会生产力受到极大破坏。同时，等级制的经济稳定要求把社会各等级分层的财产占有等差限定在一定的范围之内，也就是要求社会各阶级、各阶层在财富的占有和分配上保持一定的比例关系。显然，社会财富的日趋集中和由此引起的贫富分化，势必使社会各阶级、各等级分层之间的这种利益均衡受到破坏，从而破坏这一等级制经济结构赖以稳定存在的条件，并最终导致社会经济制度的崩溃和社会危机。因此，为了避免危机，历代一时中总是不乏有人提出均田、均赋、均力役，他们所依据的理论不外是儒家"均无贫""安无倾"等"政均则民无怨"的重均平抑分化的道德原则，这些措施在一定时期和一定程度上对当时社会的财富集中和贫富分化趋势起到了一定的遏制作用。③

---

① 《左传·昭公二十九年》。

② 参见张鸿翼《儒家经济伦理及其时代命运》，北京：北京大学出版社 2010 年版，第 49—50 页。

③ 参见张鸿翼《儒家经济伦理及其时代命运》，北京：北京大学出版社 2010 年版，第 96—98 页。

二、基于个体本位和平等关系的现代分配伦理观

尽管从历史影响看,群体本位的价值导向强化了人们的群体认同感,其所注重的等级秩序在维系稳定、化解冲突、达成和谐方面具有一定的作用。然而,群体本位过度发达,导致个体的能动性、创造性难以发挥,难以形成现代工商业所要求的自由平等的社会氛围。在经济学的视角中,收入分配理论与收入来源理论密切相关。无论是劳动价值论还是生产要素论,都是与现代市场经济的自由竞争原理相对应的分配原则,即:使每个参与市场经济活动的行为主体在开放的市场机会和条件下,各尽所能,各显其能,各得其所。在政治哲学意义上,这一原则体现了当代自由主义的基本立场。正如诺齐克所指出的:"各尽其所自行选择,各按其被选择取其所得。"这一原则的前半部分强调自由竞争和自由发挥各自的选择能力,这是资格或权利的获取过程,获取的多寡完全取决于每个人参与市场的"资本"、能力、机遇和努力;后半部分则强调市场分配,即市场本身对每个参与者的选择与回报,它的基本依据是每个参与者在市场行为过程中所获得的资格或权利,其分配结果完全由市场决定。①

民国时期,传统的封建道德受到打击,资产阶级的新道德和新观念日渐传播并获得认同。尤其值得注意的是,新文化运动的倡导者们在猛烈批判旧道德的同时,也极力宣传和倡导以承认和尊重个人独立自主人格的"个人本位主义"新道德。他们认为,西方文化以个人为价值本位,强调个体独立和个性解放,并由此形成自由、平等、民主、博爱的核心价值,进而成为其经济、政治和社会文明的伦理根基。因此,他们主张以西方的"个人本位主义"新道德代替中国传统的"家族本位主义"的旧道德。由此,长期以来被传统儒家经济伦理束缚的经济冲动力被释放,求利求富、重商言利的经济价值观为民国时期工商业的发展提供了精神动力。也正是在这一背景下,基于个体本位和平等关系的现代分配伦理观也日渐生成。

清末民初时人在分配上明确提出了均财之道。1894—1898 年间,在南

---

① 参见万俊人《道德之维——现代经济伦理导论》,广州:广东人民出版社 2000 年版,第 159 页。

京一带传教的加拿大传教士马林(W. E. Macklin)曾译介了美国经济学家亨利·乔治(Herry George)的《进步与贫困》一书的部分内容。马林认为中国"当今之患,不在不足而在不均",并提出"均财"以使"公私两便,即上下皆优矣"。① 受此影响,结合传统均平思想,康有为在《大同书》中设计的"公政府"实行统一计划安排,以消除生产中的无政府状态,使人人各得其所。在康有为的思想中,均平是其主导意识。与之相比,资产阶级革命派更强调"平均地权之方法,乃实行之第一步"②。至于社会革命亦旨在欲使经济趋于平等。孙中山认为,地主夺去所得粮食之大半,这是很不公平的。"富者愈富,贫者愈贫,阶级愈趋愈远,平民生计遂尽为资本家所夺矣。"③他主张只有将土地归为共有、资本归为公有,才能使四万万人一切平等,国民这权利义务,无有贵贱之差,贫富之别,轻重厚薄,无有不均。由此,在分配伦理中,公平、平均、平等逐渐趋向主流。在社会上,《申报》中也出现了"贫富之冲突与调和"④、"求公与平"⑤等论说。这说明追求协调与公平成为舆论中的一个重要论题。《晨报副刊》也强调"有效率的生产,至公道的分配,本着同胞之旨以均分人生的任务,人人以公众的幸福为目的复以相互的服务为责任"⑥。关于财富的社会主义分配方式的有关论述更多。他们认为,社会主义之目的即求平社会之不平,均社会之不均,以增进人群之幸福。《东方杂志》认为:"近代社会主义底一切理论都根据于一种普遍的概念,以为人类全是平等的;因为他们相信人类全是平等,所以他们以为一切的人对于享受财富应该有平等的份儿。"⑦《晨报副刊》指出:社会主义派别所倡常说,"以救大多数人为职志,以求全社会利益为目的;这也明明是与道德观念相合。"⑧这些言论尽管存在着一些不够严谨完善之处,未能全面阐释社会主义的内涵,但他们强调社会主义合乎道德,崇尚平等,并视之为一种分配模式,仍然表现出他

---

① [英]马林:《富民策》(有序),白下玉书李氏译,载《万国公报》1898年第114期。
② 冯自由:《革命逸史》第2集,北京:中华书局1981年版,第132页。
③《孙中山文集》,北京:团结出版社1997年版,第331页。
④ 无用:《贫富之冲突与调和》,载《申报》1922年2月6日。
⑤ 无用:《求公与平》,载《申报》1922年2月18日。
⑥ 华德:《工业主义的伦理六讲》,载《晨报副刊》1925年4月2日。
⑦ 潘公展:《近代社会主义及其批评》,载《东方杂志》1921年第6期。
⑧ 力恒:《经济生活与道德》,载《晨报副刊》1923年7月6日。

们思想的进步性。[①]

民国时期工商业的发展,使原有的小农家庭生产方式和分配方式受到冲击,市场化的生产、交换和分配方式,也使原有基于家庭(家族)关系的传统分配伦理观出现了变化。传统乡村耕织结合的生产方式使得家庭成员需要通过相互依赖和合作才能完成生产活动,"在地里工作的男人靠他们的女人送饭,饲养蚕所需的桑叶由男人从远处运来"[②]。因此,这种依靠相互合作获得的家庭收入也是共有的,家庭成员无法将其劳动所得完全视为自己的个人收入。然而,伴随着工厂和职业工人的增加,家庭成员进入工厂的工作脱离了与其他家庭成员的合作关系,其工资由工厂直接付给本人。因此很容易将务工所得看作自己个人劳动的结果,"这是收入者本人和家长,都会感觉到的"[③]。在这种情况下,基于个人劳动和平等关系的现代分配伦理观也更容易获得认同。

还应看到,这一时期,中国共产党在其先后建立的苏区、抗日根据地和解放区开展了新民主主义的经济改革和民主政治建设,推进了区域内以全心全意为人民服务为宗旨、以集体主义为核心的新道德的建立。尤其值得一提的是,土地革命以"耕者有其田"的土地政策推翻了封建伦理制度的经济基础,为平等、互助、合作等新型经济道德规范和分配伦理关系提供了生长点。

第四节　消费伦理的特征

消费有广义与狭义两个层面的理解。广义消费意指人们为满足生产和生活需要而消耗物质产品与劳动服务的具有社会性质的过程和行为,涵盖了生产和生活两大领域。狭义消费意指生活消费,是人们耗费生活资料满足自己消费需要的行为和享用服务的过程。我们通常所说的消费主要是指狭义上的消费。消费始终与人类生产和生活密切相关。尽管在中国传统伦

---

① 参见赵炎才《致用与重构的二重变奏——清末民初伦理道德近代嬗变研究》,北京:光明日报出版社 2009 年版,第 137—138 页。

②③ 费孝通:《江村经济——中国农民的生活》,北京:商务印书馆 2001 年版,第 198 页。

理文化对消费的道德评价、规范等有着不同的标准,但是,"崇俭黜奢"始终是中国传统消费观的主流。民国时期,中国社会处于由封闭经济向开放经济、自然经济向市场经济转变的过渡时期,这一转型特征也决定了这一时期的消费伦理呈现出从节制欲望、崇尚节俭、遵从习俗的传统消费伦理观向合理节欲、俭奢有度、反对迷信的现代消费伦理观转变的特征,二者交织共存,体现出共生与紧张并存的基本态势。

一、节制欲望、崇尚节俭、遵从习俗的传统消费伦理观

尽管中国传统伦理思想中并没有关于消费伦理的系统阐述,但在历代思想家的论述和道德生活实践中,我们不难看到,节制欲望、崇尚节俭、遵从习俗,是中国传统消费伦理观的主流。

儒家主张"克俭持家"、"用财有制,节之以礼"的消费观。孔子的消费伦理思想是与儒家礼教一致的,崇俭黜奢是儒家消费伦理思想的重要内容,更是孔子的一贯主张。孔子的节俭思想有两大特点:一是节用以礼、贵贱有等;二是克俭去奢,安贫乐道。孔子把"礼"放在物质享受的之上,凸显了礼教的重要性。孟子的消费观是围绕其舍生取义、去利怀义的思想而展开的。在崇俭问题上,孟子更注重个人的道德修养,因而"养心莫善于寡欲"构成了孟子消费伦理思想最鲜明的特色。在他看来,德性是个人立身的根本,欲之多则少德。以老子为代表的道家思想是中国传统消费伦理观中崇俭派的代表。道家经典《老子》,短短五千字却蕴含着丰富的消费伦理思想。建立在"道法自然哲学"基础上的《老子》,其消费伦理思想的核心是"见素抱朴"、"少私寡欲"、"返璞归真"。他从"小国寡民"的思想出发,认为"罪莫大于可欲,祸莫大于不知足","我无欲而民朴",指出为人处世须有"三宝":"一曰慈,二曰俭,三曰不敢为天下先。"其中把"俭"作为必不可少的一"宝"。节俭也是墨家消费伦理思想的核心要义。以"兼爱"和"尚利"、"贵义"的义利统一的功利主义价值观为基础,墨子消费伦理的核心理念是"节用兴利"、"俭节则昌,淫佚则亡"。佛教也特别倡导节俭。佛家十戒之一强调,不坐高大广床,不听视歌舞,日常生活更是要求"俭于享受,能甘淡泊"。节俭消费观还渗透在中国人日常生活中,成为人们自觉遵守的道德规范和准则。《朱子

治家格言》中说："一粥一饭，当思来之不易；半丝半缕，恒念物力维艰。"可以说，提倡节俭，反对奢靡的传统和美德，来自古人对节俭致富、奢靡败家亡国的历史经验的总结。①

儒家的消费思想是从"理欲之辩"展开的。正如张岱年先生所说，先秦儒家即孔、孟、荀三子都是主张"节欲说"的，其后，宋明道学进一步提出"存理去欲说"②。尽管早期儒家并不否认人皆有欲的合理性，但他们更强调用等级制度和道德规范节制人们的生理欲望和消费需求，使人们的日常消费及支出用度严守"礼"之限定。儒家还看到，人的消费欲望本身具有求好、求多、求高的趋向，由此必然造成嗜欲无限滋长，因此，他们认为必须从制度上和道德上对人们的这种"不知足"的消费欲求给予必要的节制。正是从这一思想出发，儒家确立了以等级制消费观为核心的崇俭思想。在儒家看来，消费上循礼即为"俭"，而越礼则为"奢"。因此，对于君主帝王而言，只要不超越礼之限定，一定的荣华宝贵不仅不失为"俭"，而且是维持尊荣之必须。但这并不意味着君王可以穷奢极欲、荒淫无度，相反，儒家更强调君王嗜欲有节、用财有制，切不可超越礼之限定去追求非分的奢侈享乐。在儒家看来，君主能否守礼制、节嗜欲和尚克俭，直接关系到国家社稷之盛衰存亡。而对于一般庶民百姓和士大夫阶层，儒家用财有制，克俭持家，"身贵而愈恭，家富而愈俭"③，"无以淫佚弃业，无以贫贱自轻，无以所好害身，无以嗜欲妨生，无以奢侈为名，无以贵富骄盈"④。并且告诫人们"祸生于欲得，福生于自禁"⑤，只有在消费上节嗜欲、俭饮食、安分守礼，才能过上家给人足的宁静生活，相反，犯分越礼纵欲奢便会招来杀身之祸。⑥

进入近代社会以后，传统的"崇俭"消费伦理观依然有其深刻的影响并得到了一些学者支持。地主阶级顽固派坚持认为"崇俭"才能国富民强。"他们把近代出现的银贵钱贱等现象归结于人们对'利'的追求，'民皆不知本计，而惟图安逸以获利，则生物之人因以日减，伤财之物转以日增。这些

---

① 参见王露璐等《经济伦理学》，北京：人民出版社 2014 年版，第 279—280 页。
② 参见张岱年《中国哲学大纲》，北京：中国社会科学出版社 1994 年版，第 445 页。
③《荀子·儒效》。
④《说苑·谈丛》。
⑤《说苑·谈丛》。
⑥ 参见张鸿翼《儒家经济伦理及其时代命运》，北京：北京大学出版社 2010 年版，第 116—118 页。

原因导致财富的骤减。他们还将罪魁祸首归之于商贾,'其害之最甚者,尤莫如商贾多而仕宦众。商贾者假他人所生之物而簸弄之,以诱致人财者也',再加上'仕宦者哀生物之人之财,而攫夺之以自裕己财者也,取之易则去之亦易',更导致了对财富的浪费。"①

民国初期,崇俭依然成为时代共识,如认为俭德为立身之本,进之即为立国之本。俭则用财无不足之患,而生计有日裕之机。人民能以俭德为本,则革除奢靡之俗,行储蓄之行,先培国民经济之元气。陈诜指出:"吾国民崇尚节俭,屏黜奢华,此又其一种善良之特质。"它为数千年来倡导引续优良善美之国性,以灌输涵养于全国人之脑筋,维系国家于不敝。② 他还引用西方思想加以论证:"昔孟德斯鸠论共和国民之道德,三致意于俭,非故作老生常谈也,诚以共和国之精神在平等,有不可以示奢者。"③

这一时期,民众的日常生活仍然是以节俭为主流的。费孝通曾描述 20世纪 30 年代开弦弓村的生活图景:

> 浪费要用惩罚来防止。孩子们饮食穿衣挑肥拣瘦就会挨骂或挨打。在饭桌上孩子不应拒绝长辈夹到他碗里的食物。母亲如果允许孩子任意挑食,人们就会批评她溺爱孩子。即使是富裕的家长也不让孩子穿着好的、价格昂贵的衣服,因为这样做会使孩子娇生惯养,造成麻烦。
>
> 节俭是受到鼓励的。人们认为随意扔掉未用尽的任何东西会触犯天老爷,他的代表是灶神。例如,不许浪费米粒。甚至米饭已变质发酸时,全家人还要尽量把饭吃完。衣物可由数代人穿用,直到穿坏为止。穿坏的衣服不扔掉,用来做鞋底、换糖果或陶瓷器皿。④

他还指出,在这一地区农民消费中的节俭思想一到婚丧礼仪的场合就"烟消云散了","人们认为婚丧礼仪中的开支并不是个人的消费,而是履行社会义务。孝子必须为父母提供最好的棺材和坟墓……父母应尽力为儿女的婚礼准备最好的彩礼与嫁妆,在可能的条件下,摆设最丰盛的宴席"⑤。从

---

① 参见陈国庆、杨玛丽《中国近代消费伦理思想及其当代价值》,载《理论导刊》2011 年第 3 期。

② 陈诜:《论国魂丧失之可吊》,载《庸言》1913 年第 24 期。

③ 老圃:《说俭》,载《申报》1921 年 3 月 29 日。

④ 费孝通:《江村经济——中国农民的生活》,北京:商务印书馆 2001 年版,第 111—112 页。

⑤ 费孝通:《江村经济——中国农民的生活》,北京:商务印书馆 2001 年版,第 112 页。

中,我们不难看出,节制欲望、崇尚节俭、遵从习俗,无论是在理论还是实践层面,都仍然在民国时期的消费伦理思想中占据重要的地位。

二、合理节欲、奢俭有度、反对迷信的现代消费伦理观

"黜奢崇俭"的中国传统消费伦理尽管能够使民众养成勤劳节俭的美德,对节约资源、积累财富亦能起到一定积极作用。然而,这种消费伦理观也容易产生对消费的遏制,在本质上与近代资本主义的经济伦理是不相容的,也在一定程度上成为中国传统社会向近代社会转型的桎梏。

魏源最早对古代尚俭观念提出修正,他认为:

> 俭,美德也;禁奢崇俭,美政也;然可以励上,不可以律下;可以训贫,不可以规富。[1]

他认为,"禁奢崇俭"对于贫民和君主是适用的,但对于居下位的富民则不适用。相反,富民越是尚奢,贫民、生产者才有营生可干。换言之,富民尚奢能为贫民提供就业机会,推动生产发展,是合乎道德的。其后,谭嗣同、康有为、梁启超等人更为全面地提出了"尚奢"的消费伦理观,认为普遍崇俭造成人民愚陋、人道退化,容易产生不思进取的懒惰习性,不利于生产发展、经济繁荣。这些思想的不断传播,加之资本主义工商业的发展以及西风东渐带来的"洋货"充斥市场,使得当时中国社会的奢华之风一度明显抬头。因此,20世纪初期,一些知识分子又开始倡导节俭,认为提倡节俭、反对奢侈不仅可以减少对外贸易逆差,积累发展实业的资金,而且也有利于遏制官场腐败。[2] 可以说,民国初期,整个社会在奢俭问题上并没有形成完全统一的观念,但是,在资本主义工商业发展和西方思潮影响下,这一时期对节欲、节俭的倡导已不能同传统消费伦理观中的"崇俭"画上等号。人们在消费上并没有绝对化的奢俭,而是主张奢与俭根据实际情形而定。

1934年2月19日,蒋介石在南昌发起"新生活运动",旨在通过改变国民不合时代要求的生活习惯,恢复固有道德和民族精神,最终实现复兴民族

---

[1]《默觚下·治篇十四》,《魏源集》(上),北京:中华书局1976年版,第73页。
[2] 参见张锡勤、柴文华主编《中国伦理道德变迁史稿》(下卷),北京:人民出版社2008年版,第202—206页。

之目标。尽管"新生活运动"最终走向失败,实际效果未能达到预期目标,但也在一定程度上提升了公民道德素质,使一定区域内民众道德生活发生了变化。尤其值得注意的是,这一"运动"从国民的衣、食、住、行等日常生活小事入手,寻求道德建设的有效路径,也对民众消费伦理观产生了一定的影响。《新生活运动纲要》对民众在衣食住行上如何实行礼义廉耻提出了具体的要求。"食衣住行之遂行条件有二:一为物质的资料,一为精神的表现,物质的资料即食物,衣服,房屋,道路舟车等是也。精神的表现,即饮食,服御,居住,行走等是也。"[1]关于"行"字,蒋介石说有广义和狭义之分,狭义的行即行走,而广义的行是一切行动,新生活运动的"食衣住行"及"力行哲学"中的"行"都是兼含广义和狭义的意思。而关于礼义廉耻与衣食住行的关系,蒋介石认为"食衣住行之遂行,可分为资料之获得,品质之选择,与方式之运用的三个方面"[2]。在资料获得上,要注意"廉",各种资料要通过自己的劳动获取,要以正当名分取得。"若争夺依赖,固所不可,即施让赠予,亦所不屑。"[3]在品质选择上,应遵守"义"的规则,也即要因时、因地、因人、因位制宜。因人制宜,也即对待老者和少年要有区别,要考虑其年轻特征及生活状况。因时制宜,也即饮食起居应结合气候状况进行调节。因地制宜,因为土壤气候的不同、山水环境的相异,生活习惯应该考虑具体的环境状况。因位制宜,也即对于领导执法、御敌的人有体质的要求,并要不卑不亢、毋泰毋啬。[4] 在方式运用上,则要合乎"礼",符合自然定律、社会规律、国家纪律。概括起来,国民生活如何才能变得高尚? 要通过生活的艺术化。国民生活如何才能变得富足? 要通过生活的生产化。国民生活如何去巩固? 要通过生活的军事化。艺术化、生产化、军事化能够实现,则是生活的合理化。"合理化所赖以实现之规律,曰'礼义廉耻'。'礼义廉耻'所赖以实现之事项,曰'食衣住行'。使我全体国民以'礼义廉耻'为规律,实现之于'食衣住行'之中,则生活之内容充足,条件具备,是谓生活革命之完成。而我中华民族复兴之基

---

[1] 蒋介石:《新生活运动纲要》,转引自萧继宗主编《新生活运动史料》(革命文献第 68 辑),台北:"中央文物供应社"1975 年版,第 7 页。

[2][3] 同上书,第 8 页。

[4] 参见同上书,第 8—9 页。

础,亦即奠定于此。"①

"新生活运动"对改善习俗和社会公德起到了一定的作用。针对当时国人奢侈铺张、炫耀示阔的陋习,提出了婚、丧、寿、宴、送礼等方面的改革措施。一是关于婚礼的改革。出于节约工作的考虑,新生活运动促进总会提倡新人举办"集团结婚","按婚礼所以表示男女双方之结合,而告于亲族知交及示诸社会人士之承认而已。原毋须过事铺张,浪费金钱。故该会有'集团结婚'之倡"。② 十多年时间里,"集团结婚"在城市形成良好风气。除了集团结婚,在婚礼习俗上的规定有:婚礼之喜柬先期发送,但不得滥发;改喜筵为茶点,以养成节约风气;废除不必要之仪仗;婚礼时间以二小时左右为准,不得过长;贺客应准时到贺,不得迟至婚礼以后;新郎新娘宜服普通礼服,且须以国产质料制之。二是关于丧礼的改革。"丧礼以哀戚为主。凡哀悼死者,吊唁生者,应各视其关系而定。——与生者相识,则唁慰之。与死者相识,则哀悼之。——既曰唁曰悼,更无心于食。故孔子食于有丧者之侧未尝饱也。岂有临棺前一哭之时,而大吃其酒食之理?"③为了摈弃恶习,新运总会做出了相关规定:往吊之时间,宜在上午,须以丧家通知之时间为准;丧家不设酒食(办事人员得待以便餐);讣告不得滥发,以亲旧知交为限;讣告不得列叙前清官衔及无谓之象赞;如有宗教关系,须诵经齐奠者,时日不得过长;举殡时应废除不必要之仪仗。④ 三是关于寿礼改革。要求有:凡子弟为长上称寿者在所不禁,惟至少应以五十为始,不及五十岁者不得称寿;寿筵价格不宜过昂;可设仆席,不得发给车饭费;不得征妓侑酒;寿筵时间以二小时为限;祝寿者不得过午后始往祝;祝寿者以鞠躬为礼,不得沿用跪拜;寿帖不得滥发,以亲友知交为限;除家庭成员追祭外,绝对废止做冥寿。四是关于宴会的改革。"宴会之礼乃古人祭祀分胙不取独享,故必与亲友共之,而使子弟明长幼之序,习进退之节,故实有其古义存焉。一般人常灭其本意,稍有故即请客。且无故亦请客,豪侈相尚,以为常事。长幼之序,进退礼节,一切不讲。纷然而集,闲谈笑谑,食毕哄然而散。礼之一字,荡然无存。耗

---

① 蒋介石:《新生活运动纲要》,转引自萧继宗主编《新生活运动史料》(革命文献第 68 辑),台北:"中央文物供应社"1975 年版,第 13 页。

②③《新生活运动》,南京:国民政府行政院新闻局印行 1947 年版,第 16 页。

④ 参见同上书,第 16—17 页。

时伤财,莫此为甚。该会为正虚浮之风,对宴会之改革也甚注意,并酌为限制之。"①规定为:无故不得举办宴会;宴会之肴菜不得过昂;宴会时间以二小时为限;被邀之客,必准时莅止,否则不候;仆从不发车饭费;不得征妓侑酒;一切设施应从简朴。五是关于送礼的改革。送礼重在情而不在物,坚持"受者不伤廉,送者不伤惠"原则。具体要求为:凡婚、丧、寿等事之送礼,以烛券、礼券、物品三种为限;凡送烛券、礼券及货品者,应以节约为主;所送物品,以国货而实用者为限;凡素不相识者虽有请柬,亦不得送礼。此外,新运总会还规定了要"纠正过去萎靡、散漫、颓唐、废弛之风习——如衣冠要整齐朴质。不得歪帽拖鞋,不吸烟酗酒,不随地涕唾。培养国民良好的习惯,造成社会新的风气——我们不仅纠正过去一切颓唐、败坏的习惯便止息,更进的还培养国民的良好习惯,造成社会的新风气。以期登高自卑,行远自迩。藉臻国家于富强之境。其最显著者如提倡守时,提倡早起,奖励节约储蓄……"②各类习俗的改革,对于改变民众的消费伦理观念和行为发挥了积极作用。

还应看到,中国共产党在苏区、抗日根据地和解放区开展新民主主义的经济改革和民主政治建设,并形成了包括井冈山精神、长征精神、延安精神、西柏坡精神等在内的中国革命道德。其中,艰苦奋斗、勤俭节约、反对浪费始终是中国革命道德的重要内容。井冈山时期,"红米饭、南瓜汤,秋茄子,味好香,餐餐吃得精打光。干稻草,软又黄,金丝被儿盖身上,不怕北风和大雪,暖暖和和入梦乡"。这是红军生活的真实写照,也是勤俭节约的革命消费道德观的生动显现。新中国成立前夕,毛泽东同志更是在西柏坡提出"全党务必继续地保持谦虚、谨慎、不骄、不躁的作风,务必继续地保持艰苦奋斗的作风"。这里的艰苦奋斗,"就是提倡在生产上要合理配置经济资源,做到厉行节约,反对浪费,降低生产成本,提高经济效益"。对个人来说,"就是要做到生活艰苦朴素、勤俭持家,力戒奢侈,钱财物取之有道,用之有度,珍惜劳动创造的物质财富"。③

---

① 《新生活运动》,南京:国民政府行政院新闻局印行 1947 年版,第 17 页。

② 同上书,第 18—19 页。

③ 韦冬主编:《中国共产党思想道德建设史》(上),济南:山东人民出版社 2015 年版,第 298 页。

第五章
民国三大伦理思潮及其经济伦理思想

1840 年鸦片战争后,随着帝国主义的入侵,中国逐步沦为半殖民地半封建社会。自然经济在这一社会背景下逐渐解体,建立在这一经济基础之上的封建宗法制度以及道德观念遭受着巨大冲击。固有的封建道德与伦理秩序在工业文明与商品经济的冲击下岌岌可危。面对深重的民族危机与伦理危机,各种伦理思潮在 20 世纪初的中国风起云涌。在理论层面上,出现了西化派、现代新儒家和马克思主义三大伦理思潮。在本章中,我们将对三大伦理思潮产生和发展中具有代表性的经济伦理思想进行系统的梳理。

第一节　自由主义西化派经济伦理思想

民国时期,随着反帝反封建斗争的深入,封建主义道德观念进一步削弱,西方科学、民主、自由、平等的道德观念逐渐渗透并影响着国家政治、经济发展方向与人们的日常生活。尽管辛亥革命并未完全推翻封建主义的经济制度,这一时期的经济形态仍然是以封建与半封建生产关系为核心的,但西方先进的科学技术与自由平等的理念给建立在封建专制基础之上的经济思想带来巨大冲击,合理利己主义、实用主义等思想成为这一时期具有影响的经济伦理思想。以胡适、张东荪等人为代表的自由主义西化派知识分子的经济伦理思想也成为这一时期的另一股重要力量,对经济发展、社会变革以及道德转变起到了一定的推动作用。

一、自由主义西化派经济伦理思想概述

以胡适、张东荪为代表的自由主义西化派特别推崇西方民主、自由、平等的发展理念,并对自己民族的落后进行了深刻反思。"最后又最重要的教训,是我们应该深刻的反省我们为什么这样的不中用? 为什么只是这样做劲风里的枯叶,利斧下的朽木,做人刀俎上的鱼肉? 是不是因为这个国家上上下下整个的没有现代化,整个的没有走上科学工业的路? 是不是因为在这个现代世界里我们还不肯低头做小学生的苦学,所以不能抵抗一个受过

现代科学工业文化的洗礼的民族?"①这种对民族困境的反思与诘责使人们意识到东西方文明强大的落差。在这种强大落差的现实下,自由主义西化派主张中国应该学习西方先进的科学技术,发展科学工业,缩短与西方先进国家的差距,建立一个符合现代世界潮流发展的现代化国家。自由主义西化派知识分子在主张学习西方文明的同时,也有学者看到了西方文明对于中国现实境况并不完全相适应,对完全采取西洋式道路提出异议。张东荪在看到胡适对东西方文明进行比较、大力推崇西洋文明之后也发表了自己的看法。他指出:

> 我现在所欲讨论的乃是我们采取西洋文明是否绝无问题。所以我这区区一短篇并不是批评胡适之,乃是补足他,换言之,即于他的那篇文章后一下转语。……在十余年以前,我早就主张中国应当彻底采用西洋文明,不过后来我实地察看中国社会情形,知道纯粹走西洋这条路不是绝无问题。换言之,即是不如设想的那样简单。②

总体上看,自由主义西化派的经济伦理思想体现在以下三个方面:

第一,批判以儒家"重义轻利"思想为主导的中国传统经济价值观。

中国传统道德在经济方面的价值追求一向以儒家"重义轻利"的思想为主导,自由主义西化派知识分子认为这种价值倾向过分夸大了道德在社会经济生活中的作用,使经济发展缺乏竞争、进取和效率,在很大程度上阻碍了经济发展的速度。因此,对于传统的经济价值取向,自由主义西化派抱持批判的态度。具体而言,以胡适为例,在《司马迁替商人辩护》一文中,他对中国传统经济思想的批判表露无遗:

> 中国的正统派经济思想一面主张均田均产,一面主张重农抑商。……均田均产的思想是由于渴想一种"调均"的社会。……重农抑商的主张起于一种错误的价值论,认商人为不劳而获的不生利阶级,不但不生利,还得靠剥削农人为谋利之道。……他们又不能了解货币的性质,故有一种最幼稚的货币理论,以为货币越不方便,越好;越方便,

---

① 欧阳哲生编:《胡适文集》第 11 卷,北京:北京大学出版社 1998 年版,第 310—311 页。
② 左玉河编:《中国近代思想家文库·张东荪卷》,北京:中国人民大学出版社 2015 年版,第 232 页。

越不好。故他们以为五谷是交易有无的基本,而金钱是有害无利的。①

可见,胡适并不认同延续了两千多年的儒家正统经济思想,对重农抑商、均田均产的传统经济思想抱持批判态度。他进一步指出:

> 这种种政策和他们背后的经济思想,都只是不承认那自然产生的私产制度的新社会,而要想用法律政治来矫正这个自然变迁,来压制商人,来"使民务农"。②

在他看来,替商人辩护的司马迁对商人阶级的态度在那封建社会重农抑商的时代里是一种卓越的认识,"承认营利致富是智能的报酬,不是倘来之物。这是很替资本制度辩护的理论,在中国史上最是不可多得的"③。

第二,提倡合理利己主义的价值取向。

与儒家传统"重义轻利"的经济思想相比,自由主义西化派崇尚西方合理的利己主义价值倾向。胡适指出:

> 我们深信,精神的文明必须建筑在物质的基础之上。提高人类物质上的享受,增加人类物质上的便利与安逸,这都是朝着解放人类的能力的方向走,使人们不至于把精力心思全抛在仅仅生存之上,使他们可以有余力去满足他们的精神上的要求。东方的哲人曾说:衣食足而后知荣辱,仓廪实而后知礼节。这不是什么舶来的"经济史观",这是平恕的常识。人世的大悲剧是无数的人们终身做血汗的生活,而不能得着最低限度的人生幸福,不能避免冻与饿。④

可见,在自由主义西化派看来,适度的追求物质利益是必要的,是人类在从物质文明迈向精神文明的过程中不可跨越的阶段。

作为激进的西化派学者,对中国传统文化、习俗以及道德价值理念的批判也是胡适重要的理论源流与支撑,而这种批判建立在对中国传统文化、习俗以及伦理思想熟悉并深入认识的基础之上。在胡适看来,中国传统文化中"无为"思想以及"安贫乐道"的价值导向是一种懒惰的表现,并不符合物

---

① 欧阳哲生编:《胡适文集》第5卷,北京:北京大学出版社1998年版,第463—464页。
② 同上书,第464页。
③ 同上书,第467页。
④ 同上书,第4—5页。

质文明和精神文明发展的要求。他指出"中国古来思想之最不适合于现代的环境的，就是崇尚自然。这种思想，历经老、庄、儒、释、道等之提倡，已经根深蒂固，成为中国人的传统思想。"[1]他认为这种根深蒂固的传统思想已经不合于现代社会的发展，在他看来，"人世的更大悲剧是人类的先知先觉者眼看无数人们的冻饿，不能设法增进他们的幸福，却把'乐天'、'安命'、'知足'、'安贫'种种催眠药给他们吃，叫他们自己欺骗自己，安慰自己"[2]。对此，他专门将东西方文化作了相关比较。他指出：

> 东方的懒惰圣人说，"吾生也有涯，而知也无涯，以有涯逐无涯，殆已"。所以他们要人静坐澄心，不思不虑，而物来顺应。这是自欺欺人的诳语，这是人类的夸大狂。真理是深藏在事物之中的；你不去寻求探讨，他决不会露面。科学的文明教人训练我们的官能智慧，一点一滴地去寻求真理，一丝一毫不放过，一铢一两地积起来。这是求真理的唯一法门。[3]

在此基础上，他更提倡西洋文明在发展物质文明方面"利用厚生"的基本精神，承认适度物质享受的重要性。

> 西洋近代文明的特色便是充分承认这个物质的享受的重要。西洋近代文明，依我的鄙见看来，是建筑在三个基本观念之上：第一，人生的目的是求幸福。第二，所以贫穷是一桩罪恶。第三，所以衰病是一桩罪恶。借用一句东方古话，这就是一种"利用厚生"的文明。因为贫穷是一桩罪恶，所以要开发富源，奖励生产，改良制造，扩张商业。因为衰病是一种罪恶，所以要研究医药，提倡卫生，讲求体育，防止传染的疾病，改善人种的遗传。因为人生的目的是求幸福，所以要经营安适的起居，便利的交通，洁净的城市，优美的艺术，安全的社会，清明的政治。纵观西洋近代的一切工艺，科学，法制，固然其中也不少杀人的利器与侵略掠夺的制度，我们终不能不承认那利用厚生的基本精神。[4]

---

[1] 欧阳哲生编：《胡适文集》第11卷，北京：北京大学出版社1998年版，第198页。
[2] 欧阳哲生编：《胡适文集》第4卷，北京：北京大学出版社1998年版，第5页。
[3] 同上书，第6页。
[4] 同上书，第5页。

可见，自由主义西化派正是在对中国传统文化继承与批判的基础之上大力提倡西洋文明，提倡一种合理的利己主义价值取向。尽管这种批判过于贬低了中国传统文化，也带有明显的个人偏好与理论缺陷，但他们主张发展经济、承认物质的重要性以及追求人生幸福都有着一定的合理性，合理利己主义的价值取向与经济主张也在一定程度上对衰败的国家经济起到了促进作用。

第三，倡导实用主义哲学思想。

20世纪初，西方流行的实用主义思想传入中国。1906年，张东荪和蓝公武等人创办的《教育》杂志开始介绍和发表一些具有实用主义观点的文章，他们提出中国当时最关键的是要解决好人们的生计问题。这时的实用主义与自由主义、功利主义、社会主义等形形色色的思潮一起并立在中国思想界，形成了风起云涌之势。在这场思潮的激荡中，实用主义脱颖而出，迅速成为当时最有影响力的哲学思潮之一，究其原因，与当时中国社会的发展状况和人民的精神需求有着直接的关系。正如瞿秋白在《实验主义与革命哲学》一文中所说：

> 中国五四运动前后，有实验主义出现，实在不是偶然的。中国宗法社会因受国际资本主义的侵蚀而动摇，要求一种新的宇宙观新的人生观，才能适应中国所处的新环境，——实验主义的哲学，刚刚能用他的积极方面来满足这种需要。[1]

首先，以非功利为特点的儒学成为批判的重点，人们转而信奉具有功利主义倾向的实用主义。辛亥革命的失败使中国与近代资本主义制度擦肩而过，也使得实用主义未能成为当时社会的主流意识形态。尽管如此，实用主义打开了人们的视听之窗，掀起了一股反传统的浪潮。然而，当时的统治者却倒行逆施，进行了一系列的复辟行动，激起了当时有资产阶级民主思想的知识分子的强烈不满，开始了对旧文化、旧传统、旧道德甚至封建制度赖以生存的儒家文化猛烈地批判。"打倒孔家店""重新估定一切价值"，矛头直指以儒学为中心的封建制度、传统伦理道德，儒学所宣扬的非功利主义也遭

---

[1] 瞿秋白：《实验主义与革命哲学》，载《新青年》1924年第3期。

到了摒弃。从明清之际顾炎武提出"经世致用"的思想，到洋务运动提倡"师夷长技以制夷"、"中学为体，西学为用"等救国主张，都体现出功利主义的倾向。甲午海战之后，有志之士纷纷寻求国家振兴、民族自强、人民幸福的道路，实用主义思想正是在这样的社会背景下开始在中国传播的。

其次，实用主义思想与中国传统哲学思想有相通之处。一直以来，传统西方哲学注重"思辨"精神，以"解释世界"为己任，建立了严密的逻辑体系，而中国哲学则更注重实践，强调"知行合一"，重视理论付诸实践的实际效果。实用主义哲学又名为"行动哲学""实践哲学"，可见其非常重视"行动"和"实践"。在这一层面上，实用主义思想与中国传统哲学有着不谋而合的共通之处，即重实践、轻思辨，认为真理就是应该具有实用性和实践性的。并且，在道德评价依据方面，实用主义主张动机与效果的统一，这也与中国传统哲学"知行合一"的思想相契合。因此，这种与中国传统文化有着相通相似之处的实用主义思想更容易被当时的国人所接受并广泛传播。

最后，实用主义思想主张科学、民主、自由，这些都让国人心向往之。从达尔文创立生物进化论开始，哲学界也兴起了一场大变革，由注重思辨到注重证据，这就要求哲学从方法论上进行革新，一切以经验事实为依据，运用假设，注重行动、经验、效果等，此为实用主义的思想精髓，其理论基础基于进化论，认为一切事物都是运动的、变化发展的。同时，实用主义要求实行民主政治，保障个人自由，发展科学，实现民族振兴，这些主张与要求冲破封建束缚，主张科学、民主、自由的新兴民族资产阶级利益诉求相一致。正如胡适所强调的：

> 欧战至今，二十年中，国外有形的压迫稍稍松懈了一点（虽然无形的经济的压迫只有加重而无轻松），我们的虚骄与夸大狂又都回来了，那二十年前刚萌芽的一点自责与愿学的虚心都消灭了。不先整顿自己的国家，而妄想用空言打倒一切强敌；不先学一点自立的本领，而狂妄的藐视一切先进国家的文化与武备；不肯拼命去谋自身的现代化，而妄想在这个冷酷的现代世界里争一个自由平等的地位；这都是亡国的征象。①

---

① 欧阳哲生编：《胡适文集》第 11 卷，北京：北京大学出版社 1998 年版，第 311—312 页。

简言之,新兴的民族资产阶级想要建立起一种全新的民主共和政体以实现自身的经济利益和道德诉求,就需要引入倡导民主、共和的西方哲学来改造人们的思想。实用主义思想与中国传统文化有相符之处,并且在方法论层面突出实践的重要性,正好契合他们提倡个性解放和实现人的价值的伦理诉求,也能够在实践层面推广他们反对愚昧与专制、提倡民主与科学的理念。

二、胡适的经济伦理思想

胡适(1891—1962),原名嗣糜,字适之,安徽绩溪人,曾任北京大学校长、台湾"中央研究院"院长、中华民国驻美大使等职。胡适因提倡文学改良而成为新文化运动的领袖之一,虽与陈独秀政见不合,但与其同为五四运动的核心人物,对中国近代史产生了较为深远的影响。胡适在新文化运动以及中国近现代政治、经济史上起了重要作用。从胡适的学术生涯和政治生涯来看,他深谙哲学、政治、文学、教育学、考据学等领域,并在这些领域取得公认的学术地位。相对这些领域而言,他在经济领域的政见或主张虽不显见,但他以"实用主义"为基础的社会改良思想中也蕴含着丰富的经济伦理思想。同时,他主张"自由经济"以及"实业打倒贫困"的经济理念在一定程度上促进了经济发展与社会进步。

中国近现代史上,以胡适为代表的自由主义知识分子大多接受了新自由主义思想。"认真说来,我是主张'那比较平和比较牺牲小些'的方法的。我以为简单说来,近世的历史指出两个不同的方法:一是苏俄今日的方法,由无产阶级专政,不容有产阶级的存在。一是避免'阶级斗争'的方法,采用三百年来'社会化(Socializing)'的倾向,逐渐扩充享受自由享受幸福的社会。这方法,我想叫他做'新自由主义(New Liberalism)'或'自由的社会主义(Liberal Socialism)'。"[①]新自由主义者在政治上认同英美的民主政治,但经济上却对计划经济有所体认和期待。通过对胡适文稿的研读不难发现,在经济方面,胡适很少谈论经济自由主义,却对"干涉主义"有所体认,并对

---

① 欧阳哲生编:《胡适文集》第 4 卷,北京:北京大学出版社 1998 年版,第 47 页。

社会主义的趋向显露了最初的向往。他指出：

> 十九世纪以来，个人主义的趋势的流弊渐渐暴白于世了，资本主义之下的苦痛也渐渐明了了。远识的人知道自由竞争的经济制度不能达到真正"自由，平等，博爱"的目的。向资本家手里要求公道的待遇，等于"与虎谋皮"。救济的方法只有两条大路：一是国家利用其权力，实行裁制资本家，保障被压迫的阶级；一是被压迫的阶级团结起来，直接抵抗资本阶级的压迫与掠夺。于是各种社会主义的理论与运动不断地发生。[①]

在各种社会主义运动不断发生的情况下，他看到了社会主义制度下的经济也可以跟资本主义制度下的经济一样，存在着伟大生产力的潜力。"苏俄的政治家……在这几年的经验里，已经知道生产（Production & productivity）的问题是一个组织问题。资本主义的组织发达到了很高的程度，所以有极伟大的生产力。社会主义的组织没有完备，所以赶不上资本主义的国家生产力。……我们不能单靠我们的成见就武断社会主义制度之下不能有伟大的生产力。"[②]他甚至明确指出当时人们对要求废除私有财产的社会主义存有偏见。"其实这个世界上的大悲剧还只是感情与成见的权威。最大的一个成见就是：'私有财产废止之后，人类努力进步的动机就没有了。'"[③]

随着社会主义运动在世界范围内的不断发生，他对资本主义与社会主义的概念也进行了一些基本分析。以"资本主义"概念为例，他认为"这些名词所包括的制度和事实，有利有弊，有历史的原因，有民族的特性，而我们一概不问，只想画几道符，念几句咒，贴在他们身上，遂算完了事。例如：'资本主义'，有十七八世纪的资本主义，有十九世纪上半的资本主义，有十九世纪下半的资本主义，有廿世纪的资本主义，有社会主义思想未发生以前的资本主义，有社会主义思想已发生影响以后的资本主义。即如 Henry Ford 的资本主义，已不是马克思所指摘的资本主义了。资本主义的性质早已变了，而

---

① 欧阳哲生编：《胡适文集》第 4 卷，北京：北京大学出版社 1998 年版，第 11 页。
② 同上书，第 47 页。
③ 同上书，第 46 页。

我们还用这一个老名词,来包括无数新制度,这便是拢统。"①对于这种概念的"笼统"性,他进一步指出其危险性和盲目性。

"资本主义"有种种的意义,在资本集中的方面说,是一种生产方法;从私有财产的方面说,是一种分配方法。从生产的方面说,资本集中而未尝不可以同时所有权分散在无数人,生产力增加而未必减少工人,增加工作时间,更未必增加物价。故凡种种劳工保障法,如八时工作,如最低工资保障,皆是资本主义的国家里的现行制度。从分配的方面说,私有财产的国家里,未尝没有级进的所得税,级进的遗产税,未尝不根本推翻"财产权神圣"的观念。故在资本主义国家之中,所得税有超过百分之五十的,遗产税有超过百分之五十五的。故我们不可用一个抽象名词来抹杀一切复杂的情形,须知共产集权的国家之中也往往采用资本集中的方法,而资本主义之下也往往有社会主义的分配原则存在也。②

可以看出,胡适对社会主义的经济形式是认同并有所向往的。因而,他也在一段时期内极力推崇这种带有社会主义形式的计划经济形态。"十八世纪的新宗教信条是自由,平等,博爱。十九世纪中叶以后的新宗教信条是社会主义。这是西洋近代的精神文明,这是东方民族不曾有过的精神文明。"③

尽管胡适在经济上曾经对社会主义计划经济有所期待,但必须明确的是,他对于社会主义的向往与同情仅仅局限于经济领域。在政治上,他则明确表示反感社会主义制度。因为在他看来,社会主义与政治独裁是紧密相连的。"下面引一句列宁的话:'革命是最独裁的东西。'实在,要彻底的改革社会制度,彻底的改革社会经济,没有别的方法,只有独裁——所谓'一朝权在手,便把令来行'——才可以做到。……如要社会主义成功,非得独裁不可,非用极端独裁、极端专制不可,结果一定要走上如海耶克所说的'奴役之

---

① 欧阳哲生编:《胡适文集》第11卷,北京:北京大学出版社1998年版,第162页。
② 同上书,第164页。
③ 欧阳哲生编:《胡适文集》第4卷,北京:北京大学出版社1998年版,第10页。

路'。"①正是基于对暴力革命和独裁政治的反感,胡适渐渐远离了社会主义的道路。对此,他特别提出了公开忏悔来表明自己对于社会主义的态度。"《胡适文存》第三集的开头载有一篇文章,题目是《我们对于西洋近代文明的态度》。那篇文章是我在民国十五年的一篇讲演录……现在我引述一句。在民国十五年六月的讲词中,我说:'十八世纪的新宗教信条是自由、平等、博爱。十九世纪中叶以后的新宗教信条是社会主义。'当时讲了许多话申述这个主张。现在想起,应该有个公开忏悔。"②他在忏悔中明确表示对社会主义潮流的追随是一种错误。"我今天对诸位忏悔的,是我在那时与许多知识分子所同犯的错误;在当时,一班知识分子总以为社会主义这个潮流当然是将来的一个趋势。我自己现在引述自己的证据来作忏悔。"③随着政治上的偏向,胡适在经济方面的态度也渐渐由对社会主义形态的计划经济有所向往转向反对。尽管这种反对事实上只是对社会主义形式的反对,事实上,他仍然倡导一种带有干预性质的"社会化的经济制度。""我特别用'社会化的经济制度'一个名词,因为我要避掉'社会主义'一类的名词。'社会化的经济制度'就是要顾到社会大多数人民的利益的经济制度,最近几十年的世界历史有一个很明显的方向,就是无论在社会主义的国家,或在资本主义的国家,财产权已经不是私人的一种神圣不可侵犯的人权了,社会大多数人的利益是一切经济制度的基本条件。"④

纵观胡适在经济方面对社会主义的经济形态的态度转变,可以看出,他的经济思想的转变也带有鲜明的实用主义色彩。他所推崇的"新自由主义"经历了由推崇计划经济向资本主义自由经济的转向,以及为适应中国国情所作出的相应调适,而这种转向与调适的理论框架与思路都是以实用主义为思想导向的。在杜威的实用主义哲学引导下,胡适经济思想中另一个重要体现便是极具功利主义色彩的"让最大多数人幸福"的伦理诉求。所谓功利原则,"就是根据任何行为对于利益攸关者的幸福看起来必将产生的增减倾向而决定赞成与否的原则;或者用结果相同的话来说,就是根据任何行为

---

① 欧阳哲生编:《胡适文集》第12卷,北京:北京大学出版社1998年版,第834—835页。
② 同上书,第833—834页。
③ 同上书,第834页。
④ 同上书,第670—671页。

对于这种幸福是促进或阻碍而决定赞成与否的原则"①。功利原则亦即"最大幸福原则"。胡适认为,"二三百年间,物质上的享受逐渐增加,人类的同情心也逐渐扩大。……自己要争自由,同时便想到别人的自由,所以不但自由须以不侵犯他人的自由为界限,并且还进一步要求绝大多数人的自由。自己要享受幸福,同时便想到人的幸福,所以乐利主义(Utilitarianism)的哲学家便提出'最大多数的最大幸福'的标准来做人类社会的目的。这都是'社会化'的趋势。"②可见,在经济领域的价值追求上,胡适是以功利主义为导向的。

无论是早期对社会主义计划经济的认同,还是后来转向对自由资本主义的青睐,从内容上看,胡适提出的"最大多数人的最大幸福"包括两个方面。一方面他提倡追求和创造物质文明层面的幸福,并且指出东方文明看似"精神",但实质无力改变物质环境,"我认为尽可能充分利用人类的聪明才智来寻求真理,来制服天行以供人用,来改变物质环境,以及改革社会制度和政治制度以谋人类最大幸福,这样的文明,才是真正的'精神'文明。"③另一方面,他主张追求精神文明层面的幸福:

> 我在 1926 年发表了《我们对于西洋近代文明的态度》一文。……在这篇文章中我的立场是中国必须充分接受现代文明,特别是科学、技术与民主。我试图表明容忍象缠足那样的野蛮风俗达千年之久而没有抗议的文明,很少有什么精神性。我也指出科学与民主的宗教二者均蕴育着高度的精神潜力,并且力求满足人类的理想要求。甚至单纯的技术进步也是精神的,它可以解除人类的痛苦,大大增强人类的力量,解放人类的精神和能力,去享受文明所创造的价值和成果。④

可见,他对精神性的追求是不同于程朱理学所宣扬"存天理、灭人欲"那种违反人性的精神追求,而是在满足人的生理和生活需要基础之上的精神追求。因此,他对西洋文明的态度更直接地反映了他在经济思想方面的功

---

① [英]杰里米·边沁:《论道德与立法的原则》,程立显、宇文利译,西安:陕西人民出版社 2009 年版,第 3 页。
② 欧阳哲生编:《胡适文集》第 4 卷,北京:北京大学出版社 1998 年版,第 10 页。
③④ 欧阳哲生编:《胡适文集》第 11 卷,北京:北京大学出版社 1998 年版,第 172 页。

利主义倾向。"我们现在可综合评判西洋近代的文明了。这一系的文明建筑在'求人生幸福'的基础之上,确然替人类增进了不少的物质上的享受;然而他也确然很能满足人类的精神上的要求。他在理智的方面,用精密的方法,继续不断地寻求真理,探索自然界无穷的秘密。他在宗教道德的方面,推翻了迷信的宗教,建立合理的信仰;打倒了神权,建立人化的宗教;抛弃了那不可知的天堂净土,努力建设'人的乐国'、'人世的天堂';丢开了那自称的个人灵魂的超拔,尽量用人的新想像力和新智力去推行那充分社会化了的新宗教与新道德,努力谋人类最大多数的最大幸福。"①

概言之,胡适的经济思想摒弃了中国传统儒家思想中"重义轻利"的价值取向,提倡以追求最大多数人的最大幸福为目的,他从对社会主义经济形态的认同转向对自由资本主义经济的青睐,其目的也在于追求最大多数人的最大幸福,在此意义上,胡适的经济伦理思想是以功利主义为价值导向的。在具体的实践措施方面,实业强国是其经济思想的重要伦理动因。正如他所指出的,人生的目的是求幸福,所以贫穷是一桩罪恶。正因为贫穷是一桩罪恶,不符合以幸福为目的的生活,所以要开发富源,奖励生产,改良制造,扩张商业,简言之,即以实业来救国。"一个现代国家不是一堆昏庸老朽的头脑造得成的,也不是口号标语喊得出来的。我们必须学人家怎样用铁轨,汽车,电线,飞机,无线电,把血脉贯通,把肢体变活,把国家统一起来。我们必须学人家怎样用教育来打倒愚昧,用实业来打倒贫穷,用机械来征服自然,抬高人的能力与幸福。我们必须学人家怎样用种种防弊的制度来经营商业,办理工业,整理国家政治。"②由此可见,实业强国也是胡适经济伦理思想的重要内容之一。在实业强国的具体措施方面,胡适的经济伦理思想中有几点值得提出:

第一,提倡发展科学与工业。在实业救国的伦理驱动下,胡适主张要学习西方发展科学与工业的经济模式。在分析中国贫穷落后的社会状况时,他深刻反思到"最后又最重要的教训,是我们应该深刻的反省我们为什么这样的不中用?为什么只是这样做劲风里的枯叶,利斧下的朽木,做人刀俎上

的鱼肉？是不是因为这个国家上上下下整个的没有现代化，整个的没有走上科学工业的路？是不是因为在这个现代世界里我们还不肯低头做小学生的苦学，所以不能抵抗一个受过现代科学工业文化的洗礼的民族？"①相对于现代西方的强盛与繁荣，他也指出"在欧洲曾经和我们一样，欧洲过去的光荣，我们都具备着，但是欧洲毕竟是成功，这种原因，我认为我们是比他少了两样东西，就是少了一个大的和附带一个小的，大的是科学，小的是工业。"②胡适看到，正因为科学和工业的落后，造成了国家的危难和民族的贫困。因此，为了达到实业强国、实现"最大多数人的最大幸福"这一远大目标，他提倡大力发展科学与工业。特别是针对战争过后，国民还沉浸在战胜的喜悦中，对科学和工业生产的落后仍未有清醒认识的现实情况，他指出"在胜利的初期，国家的地位忽然抬高了，从一个垂亡的国家一跳就成了世界上第四强国了！大家在那狂喜的心境里，更不肯去想想坐稳那世界第四把交椅是多大困难的事业。天下那有科学落后，工业生产落后，政治经济社会组织事事落后的国家可以坐享世界第四强国的福分！"③可见，无论是从中国落后挨打的原因分析，还是西方社会繁荣强大的发展历程经验来看，发展科学和工业都迫在眉睫。

对于科学与工业具体该如何发展，他亦给出具体的分析和参考模式。他指出，"中国之所以未能在这个现代化世界中实现自我调整，主要是因为她的领袖们未能对现代文明采取唯一可行的态度，即一心一意接受的态度。近几十年来，中国之所以不再谈论抵制西方文明，只是因为中国的保守主义已在选择性的现代化的理论伪装下找到庇护所。她在采用西方文明某些方面如电报、电话、铁路和轮船、军事改组、政治变革以及新的经济制度……所取得的微小的进步，大多是外国特权享有者或担心民族灭亡和崩溃的中国人所强加的。"④可见，胡适并不满足于对西方现代化理论的伪装式保守接纳，而是主张完全接受和效仿西方文明中的成功经验，即一心一意接受的态度。在研读过《黄金的美国》后，他更是明确又具体地提出中国可以参考美

---

① 欧阳哲生编：《胡适文集》第 11 卷，北京：北京大学出版社 1998 年版，第 310—311 页。
② 欧阳哲生编：《胡适文集》第 12 卷，北京：北京大学出版社 1998 年版，第 108 页。
③ 欧阳哲生编：《胡适文集》第 11 卷，北京：北京大学出版社 1998 年版，第 802 页。
④ 同上书，第 169 页。

国的相关经验,例如资产所有权之散在人民,崇拜科学方法,肯花钱提倡科学研究,尊重科学的训练;工业组织上的勇于试验;进步的工会的新态度与新政策等方面。① 除了参考西方国家的成功模式,胡适还强调科学教育对发展实业的重要性和迫切性:

> 我们试睁开眼看看:这遍地的乩坛道院,这遍地的仙方鬼照相,这样不发达的交通,这样不发达的实业,——我们那里配排斥科学? 至于"人生观",我们只有做官发财的人生观,只有靠天吃饭的人生观,只有求神问卜的人生观,只有《安士全书》的人生观,只有《太上感应篇》的人生观,——中国人的人生观还不曾和科学行见面礼呢! 我们当这个时候,正苦科学的提倡不够,正苦科学的教育不发达,正苦科学的势力还不能扫除那迷漫全国的乌烟瘴气,——不料还有名流学者出来高唱"欧洲科学破产"的喊声,出来把欧洲文化破产的罪名归到科学身上,出来菲薄科学,历数科学家的人生观的罪状,不要科学在人生观上发生影响!②

由此看出,他认为科学与实业之间关系密切,应当充分重视科学教育,以教育推动科学,以科学促进实业发展,从而实现国家富强与人民幸福的目标。

第二,公开政府财政收支的程序正义诉求。在胡适的从政生涯中,虽然没有经历过直接与经济工作相关的行政职务,但他在《大家起来监督财政》一文中明确表达了公开政府财政收支的程序正义诉求。他指出"与其向政府讨账,不如向政府算账! 我们在《我们的政治主张》里,对于财政问题,只主张两点:(一)彻底的会计公开;(二)根据国家的收入,统筹国家的支出。"③可见,在政府财政问题方面,他有着明确的公开、公平、公正的经济伦理价值取向。在他看来,"这种公布是不可少的。政府现在想用一纸'依法惩办'的命令来禁止索薪的举动,那是自欺欺人的政策。即使你能禁索薪团的包围,你还不能禁各机关的罢工,更不能禁军队的闹饷。只有开诚布公地

---

① 参见欧阳哲生编《胡适文集》第11卷,北京:北京大学出版社1998年版,第177—178页。
② 欧阳哲生编:《胡适文集》第3卷,北京:北京大学出版社1998年版,第154页。
③ 欧阳哲生编:《胡适文集》第11卷,北京:北京大学出版社1998年版,第67页。

把财政的状况宣布出来，大家也许还可原谅政府一点。"①对于政府为何要隐藏财政收支，他也一针见血地道出其中原因。"况且政府为什么总不肯公布财政的实况呢？岂不是因为军费太多，怕人不平吗？其实当此变态的时代，军费之多自是大家意中之事，又何必瞒人呢？况且政府越秘密，大家越猜疑。所以越不能心平。所以倒不如一切公开的好。"②因此，他极力主张公开政府财政。在他看来，国民如果不知道国家财政的真实状况，政府虽然有救济计划，也不能得民众的赞助；如果政府要求机关人员回到民国元年一律支薪六十元的办法，政府机关人员也会要求查明政府账目；如果政府此时大借外债，民众也该知道借债用途。如果不公开、公布财政收支，后续的财政计划都难以进行下去。

第三，从速解决政治纠纷，限制军费与军备。民国时期，政局动荡，经济发展举步维艰。胡适清楚地意识到这种混乱的政治局面给经济发展带来严重的阻碍，特别是直奉两系军阀混战给全国的政治、经济发展带来严重困难和隐患，因此，他主张从速解决政治纠纷，消除直奉战祸，以获取经济发展的稳定社会环境。他提出"假如各省都像山西那样忠顺（山西省每年解中央二百余万元），中央的财政问题早已解决大半了。现在中央的势力不能放一个湖北省长或山东省长，还有人希望用财政会议来解决财政问题，岂不是做梦吗？即如盐税一项，别说那四川的一千万元，东三省近在咫尺，现在也扣留盐税了。这岂是一个财政会议就能解决的吗？所以我主张第一步是政治纠纷的解决。"③除此之外，他还提出在经济落后、政府财务负担极其繁重的情况下，应当限制军队的军费与军备扩充，以减轻国民政府和人民负担。他认为"农村的救济有两条大路，一条是积极的救济，一条是消极的救济；前者是兴利，后者是除弊除害。在现时的状态之下，积极救济决不如消极救济的功效之大。兴一利则受惠者有限，而除一弊则受惠者无穷。这是我要贡献给政府的一个原则。"④在这里，他将削减军队装备与军费开支作为一种消极的救济，一方面他认识到在当时状态下兴利式的积极救济并不具备良好的现实条件，另一方面，他一向反对流血牺牲较多的战争状态，因此主张裁军减

---

①② 欧阳哲生编：《胡适文集》第 11 卷，北京：北京大学出版社 1998 年版，第 87 页。

③ 同上书，第 86 页。

④ 同上书，第 328 页。

负作为一种有效的救济手段。对此,他在《新年的好梦》中专门指出,"我们梦想今年的'编遣会议'不单是一个巨头会议,应该有经济专家,农垦专家,工商代表,财政专家,参预裁兵的计划。现在每月一千八百万的军费若不减去一大半,我们休想做太平的梦。"①尽管要求裁军、削减军队装备与费用开支是一项消极救济策略,但在国家财政极度贫乏的特殊时期,这一策略一方面能够缓解中央财政困难,另一方面也能为实业救国争取更多的资金投入,从而取得实业的发展,进而能够解决人民生活困难问题,提高人民生活水平。

尽管胡适的实业强国思想在战乱动荡的民国时期并没有转化为现实,但作为民族资产阶级知识分子的代表,他的经济思想反映了民族资产阶级迫切要求发展民族工业和振兴民族实业的愿望,也体现了这一阶层的开拓精神和爱国主义情怀。与同时期实业救国思潮中的其他仁人志士相比,胡适特别重视科学和教育在经济发展中的作用,这一方面丰富了近代民族资产阶级的政治思想和经济学说,另一方面也大大改变人们对于科学和教育的保守观念,在一定程度上推动了早期现代化的进程。

由是观之,胡适经济伦理思想内含于其新自由主义思想的转向与调适中,带有追求"最大多数人的最大幸福"的功利主义色彩,并在实业强国的伦理驱动下提出了诸多具体的经济建议及方案。这些建议和方案对贫穷积弱的中国社会而言,无疑是具有指导性的实践策略,也是其实用主义哲学在经济领域的一种具体体现。而其经济伦理思想的价值所在正如他所呼吁和期待的那样,"让我们建立起我们的技术与工业的文明作为我们民族新生活的最低限度的基础吧。让我们表达如下的希望吧!如果我们有什么真正具有中国特色的东西的话,那么这些东西将会在科学与工业进步所产生的健康、富裕和闲暇的新的乐土上开花结果。"②也正是在以胡适为代表的一批先进知识分子的呼吁和努力下,中国传统的伦理道德体系开始逐步解体,特别是在经济领域,传统的重义轻利、重农抑商的义利观受到冲击,一种开明自营、利己利他的符合现代经济发展要求的伦理观念在社会变革中孕育和发芽。

---

① 欧阳哲生编:《胡适文集》第 11 卷,北京:北京大学出版社 1998 年版,第 141 页。
② 同上书,第 174 页。

　　然而,胡适的经济伦理思想在理论上并没有引起广泛关注,在实践上也没有被广泛推行。究其原因,在理论层面,胡适的经济伦理思想建立在实用主义哲学的理论基础之上,因而,实用主义哲学思想本身的缺陷也成为胡适经济伦理思想不能够真正实现的内在先天因素。在实用主义的理论框架里,经验论是其理论基础。"经验就是生活。生活就是应付四周围的环境。"①胡适也以此作为他的实用主义哲学的基础,主张哲学的现实效用是应付人们遇到的问题,解决生活中的实际困难。"依照这种理论,思想并不是一种消极性的活动,不是从一些没有问题的绝对真理去作推论,而是一个有效的工具与方法,用以解决疑难,用以克服我们日常生活中所遇到的一切困难的。……最后,用种种方法,证明或证实那一种假定能够圆满地解决或应付原先激起我们思想的那个疑难问题或疑难的情境。这就是杜威的思想论。"②对此,他强调要采取科学的方法和精神来解决人生的问题,这种科学方法与精神即为"大胆地假设,小心地求证"。事实上,这种实用主义的理论目标与终点都局限于被动解决问题的消极应对,既不具备充分的理论活力来克服所面临的困难,也不能提出积极方案来改变当时饱受诟病的社会政治经济制度。

　　在实践层面,他认为"我们的真正敌人是贫穷,是疾病,是愚昧,是贪污,是扰乱。这五大恶魔是我们革命的真正对象,而他们都不是用暴力的革命所能打倒的。打倒这五大敌人的真革命只有一条路,就是认清了我们的敌人,认清了我们的问题,集合全国的人才智力,充分采用世界的科学知识与方法,一步一步的作自觉的改革,在自觉的指导之下一点一滴的收不断的改革之全功。不断的改革收功之日,即是我们的目的地达到之时。"③贫穷、疾病、愚昧以及贪污固然是社会的毒瘤,是社会衰败的表现,胡适并没有看到这贫穷、疾病、愚昧以及贪污背后真正的原因,即长期以来压在中国人民头上的帝国主义与封建主义两座大山。正是封建主义的残留与帝国主义的侵略造成了这种贫穷、疾病、愚昧和贪污的衰败局面,要真正解决这些问题,必须扳倒这两座压在人民头上的大山,必须进行彻底的反帝反封建斗争,而围

① 欧阳哲生编:《胡适文集》第 12 卷,北京:北京大学出版社 1998 年版,第 373 页。

② 同上书,第 430 页。

③ 欧阳哲生编:《胡适文集》第 5 卷,北京:北京大学出版社 1998 年版,第 361—362 页。

限于实用主义视界的胡适却认为"这个根本态度和方法,不是懒惰的自然演进,也不是盲目的暴力革命,也不是盲目的口号标语式的革命,只是用自觉的努力作不断的改革"①。显然,这种温和的改良主张忽略了真实存在的阶级矛盾,已被历史证明是一种错误的认识和见解。他所谓"多谈些问题,少谈些主义"看上去是注重实效的方法论,事实上是对半殖民地半封建社会制度的一种怀柔倾向,也是胡适作为民族资产阶级具有的阶级软弱性的具体体现。

因此,在一定意义上可以说,胡适成也"实用主义",败也"实用主义"。他成功地将"实用主义"理论引进中国并推广,给近代中国哲学注入了新的学派和视角;但同时也因为"实用主义"哲学思想的囿限,他在政治和经济制度的态度上不可避免地陷入了温和改良主义的漩涡。但是,正如有学者指出的,"自 19 世纪中叶以来,科学主义与人本主义两大思潮的对峙,构成了现代西方哲学的基本格局,而在二者对峙的背后,则蕴含着科学与价值的某种分裂,这种分裂同样以曲折的方式制约着中国近代哲学。从这一理论背景来看,胡适克服真与善、科学与价值、认知与评价对立的尝试,虽然采取了徘徊于两极的形式,但它所体现的历史趋向及其本身所留下的思维教训却依然有其不可低估的意义。"②就经济伦理思想而言,胡适所向往的"社会化的经济制度",所追求的最大多数人的最大幸福的生活目标,以及其实业强国的伦理思想,在内容上是重具体的,在程序上是主渐进的,在方式上是重实证、反教条的,在一定意义上,这种思想既不冠冕堂皇,又不玄不可及,在当时社会背景下是具有启蒙性的,在今天的时代和社会环境下,也仍然具有非常强大的活力和能量。

三、张东荪的经济伦理思想

张东荪(1886—1973),浙江杭县人,原名万田,字东荪,辛亥革命前后曾用"圣心"作笔名发表文章,是 20 世纪 30 年代中国著名的哲学家之一。1905

---

① 欧阳哲生编:《胡适文集》第 5 卷,北京:北京大学出版社 1998 年版,第 362 页。
② 杨国荣:《徘徊于真善之间——论胡适对实用主义探索—评价理论的修正》,载《中国社会科学》1989 年第 4 期。

年,张东荪被官派日本留学,就读东京帝国大学哲学系,这一留学经历为其成为中国近现代史上比较有影响力的哲学家奠定了良好的学术基础。在他的学术生涯和政治生涯中,著有《科学与哲学》《认识论》《道德哲学》《思想与社会》《理性与民主》等。虽然经济领域不是张东荪学术研究的主要方向,但作为一个关心社会发展和国家命运的哲学家,他对这一时期较为复杂的经济现象与经济问题有着天然的哲学敏感性。作为一名中华民国临时政府的机要官员,他亦经常谈论经济问题,并且随着社会发展和自身阅历的增长,他的具体经济观点也经历了一些历史性的转变。他在《经济平等与废除剥削》《增产与革命》《政治上的自由主义与文化上的自由主义》等文章中表达出反对剥削与主张经济平等、主张计划经济与文化自由、推崇发展生产与社会主义的思想,具有一定的经济伦理意蕴,在民国时期自由主义西化派知识分子的经济伦理思想中也具有重要的代表意义。

从辛亥革命到"五四"前夕,张东荪积极参与政治,在此期间发表了大量的政论文章,对当时的总统制与内阁制、国会性质、预算制度以及地方自治制度等都提出了自己的意见与主张。他坚决反对袁世凯复辟帝制,反对封建专制剥削。对袁世凯复辟帝制的活动,他发表《复辟论之评判》《名实与帝制》等政论公开批判袁世凯倒行逆施的行为,特别是当袁世凯授意美国顾问古德诺发表《共和与君主论》,鼓吹"中国如用君主制,较共和制为宜"时,张东荪立即发表《对于古博士国体论之质疑》,进行坚决且深刻的批驳。[①] 对于封建专制制度的批评,他在《论现今国民道德堕落之原因及其救治法》一文中就有多处表达。在他看来:

> 道德之堕落,靡不基于生计困难;生计困难,实由于政治不良。即以财政一端而言,滥造铜元,其害固已尽人知之矣。近者铜元停铸,然币制不统一,诸弊纷生,奸商又从中获利,小民更不复聊生。其他如厘捐,遍地皆是,阻止交通,剥削小民。……于是使民贫苦而无以为生,为盗为娼,苟全性命,则无所惜矣。[②]

由此看出,张东荪认为道德堕落的原因在于政府财政政策之弊端,苛捐

---

① 参见左玉河编《中国近代思想家文库·张东荪卷》,北京:中国人民大学出版社 2015 年版,导言第 3 页。
② 同上书,第 4—5 页。

杂税以及各种财政剥削手段加诸百姓,造成民不聊生的苦难现实,从而使道德堕落。对此,他提出救治的措施也应当从造成这些局面的根本原因着手。"综观以上诸因,则今日道德堕落之由来,可以知矣。而其救治之法,亦不外从其根本原因著手。……自强之道,端在政治。是以政治不善,则外族之侵略,生计困穷,教育不良,于是道德乃因之堕落。"①在他看来,封建与专制是增加生产的最大障碍,因此,他提出,"落后的国家要增加生产,首先还是打破封建,推倒专制"②。

在反对封建专制的基础上,张东荪还提倡经济上的自由平等,并且,他所提倡的经济平等与传统意义上的平均主义有着重要的区分。他明确指出,"一班落后国家的问题并不是如孔子所说,不患寡而患不均,实在同时亦患寡。……倘以为不患寡,不患贫,而只求平,求均,必定使其社会改革站不住。"③可见,张东荪所提倡的经济平等是生产总量增加、物质基础丰富基础上的一种公道,而不是脱离生产、脱离物质基础的一种空谈上的平等。在这一问题上,他是赞同马克思主义的说法的,"本来就不主张空想的经济平等。马氏以为工资有高有低反而正是平等"④。

张东荪还进一步提出废除剥削与经济平等的关系。在他看来,"废除剥削在表面上好像是属于消极方面的,而其实在本质上就等于经济平等。所谓经济平等,亦就是废除剥削"⑤。对此,他进一步指出社会变革的根本原因也主要在于旧的社会制度有失公道,造成了一些不平等的情况,这就使一部分人要求改变这种不平等的局面,从而出现一种不得不变的社会革命或改革局势。"我们应得知道一个社会到了不能不变的时候,实由于在客观上有一不得不的情势,非由于人们主观的愿望。……这个不得不的情势如何造成,虽由来非一日,但其中哪些地方出毛病最厉害,便是哪些地方先要求改变。……最出毛病的地方就是最失去公道的部分;尚未出大毛病的地方如果加以翻身,必致反而有亏于公道。"⑥在此基础上,张东荪认识到,"社会主

---

① 左玉河编:《中国近代思想家文库·张东荪卷》,北京:中国人民大学出版社2015年版,第7页。
②③ 同上书,第559页。
④ 同上书,第559—560页。
⑤ 同上书,第559页。
⑥ 同上书,第561—562页。

义真正所企求的是废除剥削,这是基于公道,因为公道与生产二个概念根本上是相合的。惟由于社会有公道,则生产方可增加。倘使在公道尚未实现以前即提出平等,恐不免要有陷入空想的社会主义之危险。"①不难看出,张东荪从反对封建专制剥削、主张经济自由平等的角度,赞成中国走社会主义的发展道路。并且,他清楚认识到废除剥削、达到经济平等是一件难度非常大的事,并不能一蹴而就。"老实说,废除剥削是一件极难极难的事。除了苏联,任何施行社会主义的国家都没有完全做到。所以即就废除剥削亦未必能一跃而跻,又何况经济平等呢?"②

由是观之,张东荪一方面认识到废除剥削、实现经济平等的必要性,另一方面也认识到这一过程的困难性。同时,他指出,"对于专制封建的病症,要医治莫妙于用个人主义这一剂药。我名此为个人主义的文化。就是养成个人的自尊心,个人的责任感,对于任何权威,无论在思想上或在实力上,不能无故低头,而充分保有精神上的自由,这亦就是普通所谓自由主义。…必须吃下这剂药去,方会把整个的民族从专制封建中拉了出来。"③可以看出,他将解除封建专制的良药寄希望于自由,一种个人主义的文化自由,这也是他作为自由主义西化派知识分子的主要思想特征。

在面对中国半殖民地半封建的社会状况时,张东荪提出以自由立国的思想。他认为:

> 自由(即思想自由)是一个国家能得治安与平和的基本条件。因为没有自由,势必各诉诸武力,斗争即起。故有自由始有平和,始有治,否则平和不保,必酿乱。自由是一个文化得以发扬的基本条件。因为没有自由即不复有创造的思想,即有之亦不得批评与纠正。须知文化的进展惟在各种异说相磨荡中。倘思想定于一尊,则文化必即停滞了。自由是国民道德养成的基本条件,没有自由必使民德堕落。因为一个民族必须其中的各个分子都有健全的独立精神,倘使把一国的人民教养成好像奴隶一样,只知跟随,不知辨别,不敢批评,则这个民族必定会

---

① 左玉河编:《中国近代思想家文库·张东荪卷》,北京:中国人民大学出版社 2015 年版,第 562 页。
② 同上书,第 559 页。
③ 同上书,第 560—561 页。

衰颓下去。所以自由乃是立国的根本。①

可以看出,张东荪非常推崇自由,他将自由放到立国之本的重要地位。同时,他也明确指出,他所推崇的自由是思想与文化的自由,而不是经济上的自由;在经济方面,他却主张一种计划经济的形态。

具体而言,在张东荪看来,文化自由对推进西方民主社会的进程产生了重要的历史作用。"原来自由主义是欧洲十八世纪几个学者所提倡的一些原理原则。这些原理原则用之于文化,用之于政治,遂形成现在的西方民主国家。这种自由主义之要点在于建立个人价值,成为个人主义的文化,个人主义在于养成个人的责任心与自尊心,在原则上绝对与平等无冲突。须知从封建社会把个人解放出来,却非用这种个人主义不可。所以十八世纪的自由主义建立个人主义的社会,从历史上看,乃是一种空前的功劳。其价值真可谓与日月同光"②。而对中国而言,在传统的中国文化氛围中,文化自由的缺失让中国人的民主观念也因此缺失。尽管经过辛亥革命的浪潮,并且在近代以来西方文化传入中国的进程中,民主观念也并未真正深入中国人的心中,原因在于中国人并不真正了解思想上的自由,也没有将其当作立国之本。他指出:

> 中国人根本上即不了解思想自由是立国的根本,其故是由于中国的传统文化上没有这个问题。并不是说中国人不主张思想自由,乃只是说中国根本上就没有思想自由与否的问题。……中国自最近四十余年来输入自由平等的学说,辛亥又经过革命,按理则民主的观念应该深入人心,而实际上却等于春风过马耳。不但一班人民绝无民主观念,即在政治上作宪政运动与民权提倡的人们,亦未必真正明白民主是何物。……他们总是把民主自由当作一种制度,不能看透到背后,发见其为一种文化。③

虽然张东荪极力推崇自由,但他清楚地认识到,在经济方面,个人主义与自由主义所起的作用并不像它们在文化领域那样积极。相反,自由主义

---

① 左玉河编:《中国近代思想家文库·张东荪卷》,北京:中国人民大学出版社 2015 年版,第 438 页。
② 同上书,第 544 页。
③ 同上书,第 442 页。

的经济加剧了贫富分化,使社会矛盾日益加剧。他指出,"所不幸的只在于后来由经济方面发生了漏洞。个人主义与自由主义盛行时,在经济方面当然是放任。须知放任政策在资本主义的初期是确有功劳,因为能够助长生产,使资本主义得以形成。而初期的资本主义又确能增加财富,不会引起人们的反对。不料就因为这个放任经济的缘故,遂致资本主义长成了,资本主义愈长愈大,其弊乃见。对内愈见贫富不均,对外愈趋于侵略。政治离不了经济,经济或反为政治的主干。于是政治的自由主义就为放任的经济之故,演至今天,已百孔千疮了。"①可见,在张东荪看来,尽管自由主义在资本主义初期对社会财富的增进起到了一定作用,但随着资本主义社会的财富累积,贫富不均的差距也随之扩大,同时,资本对外扩张的欲望和要求也日益加剧。因此,他对资本主义这种放任的自由主义经济形态持反对态度,转而认为应该采取一定形式的计划经济形态。他指出:"中国今后必须采用计划经济,恐怕已为大家所公认,因为只有这样方能大量增产。"②

同时,他也看到,推行计划经济与他所推崇的平等与自由会有矛盾冲突的地方。"为了生产既须用计划经济,须知在经济方面要有计划,则势必连带到其他方面,如政治方面、教育方面等等。所以,就因为经济的计划性,必须把全社会亦成为有计划性的。我们为便利起见,可称之为计划的社会。在这样的计划社会中,试问自由有无限制? 平等是否损害?"③尽管在主张计划经济的同时他考虑到自由、平等这两大重要问题,但"须知问题只在产业不发达的民族必须把生产加入于自由平等之中"④,而当时的中国是一个贫穷落后、产业极不发达的国家,须以计划经济增进生产,因此他仍然大力推行计划经济,并对当自由、平等与计划有冲突时,如何处理它们之间的冲突做了进一步的限定。"计划是以增加生产,使全体人民生活标准提高为目的的,则凡自由之足以妨害生产的提高,凡平等之足以使生产降低,则都应该在限制之列。"⑤

上述可见,张东荪一方面极力推崇文化自由,一方面又提倡计划经济,对如何处理这种表面看似矛盾的相互关系,他也作了具体阐述。

---

① 左玉河编:《中国近代思想家文库·张东荪卷》,北京:中国人民大学出版社 2015 年版,第 544 页。
②③ 同上书,第 546 页。
④⑤ 同上书,第 547 页。

须知在计划社会中政治经济等是没有绝对自由了,但我们还不能不要绝对的自由。这个绝对的自由应该在文化与思想方面。如果社会因具有计划性而有些呆板,则我们尚留一个绝对活泼的田地在其旁边。老实说,社会的计划性只是为了生产,总是有时间性的,一个计划完成以后必须增改。所以社会的一时固定乃是一种不得已的事,亦并无绝对的可怕;但却必须在固定中留有一个变化的活力可以发生的余地,这就是文化方面的绝对自由。我主张在这一方面使中国养成良好的自由传统,充分培养个人主义的良好方面,⋯⋯本来在西方亦是自由主义的根底本在于文化。文化上没有自由主义,在政治上决无法建立自由主义。中国今后在文化上依然要抱着这个自由精神的大统。文化上的自由存在一天,即是种子未断,将来总可发芽。所以使这二者(即计划的社会与文化的自由)相配合,便不患将来没有更进步的制度出现。①

在张东荪看来,计划社会中的计划只是为了生产和增产,是有着一定时间维度的,一个计划完成之后必须有所变动和改进,因而并没有绝对的计划,但是必须有绝对的自由,这就是文化自由。并且,他认为文化自由是政治自由的基础,文化自由可以成为人类维持发展的精神动力。

张东荪非常重视对国情的考察和分析,并以此为出发点提出中国社会改造的相关问题。他认为当时中国的社会经济状况与西方资本主义工商业社会还有很大距离,因此他强调对于经济落后的中国,应该把发展社会生产力,提高人民生活水平放在优先地位,并在推崇发展生产、消除贫困的同时,兼顾消除"不均",从而主张走一种社会主义形态的发展道路。

对于发展生产,他首先阐释了增产的概念与意义。"除了废去若干剥削关系,只是把贫人生活提高,并不是均贫富,须知均贫富只是再分配,有时再分配一下,不久仍会变为不平,而生活水准的提高却在生产总量的增加。所以使一个社会,大家的生活,每一个人都有一些提高,则必须全国生产总量有相当的增加。我名此为增产。"②在他看来,增产与均贫富有着本质的区别。均贫富只是再分配机制下的暂时均衡状态,而增产是让全国生产总量增加,并

① 左玉河编:《中国近代思想家文库·张东荪卷》,北京:中国人民大学出版社 2015 年版,第 547—548 页。
② 同上书,第 570 页。

在此基础上让全国人民生活水平都有一定的提高。"质言之,即以增产而求平均,并非仅以再分配而求平均。其间区别甚大,因为均贫富既非增加生产总量,并且同时对于增加生产的努力进行上反是一个妨碍,故必须力避此种过激而有害的举动。"①可见,张东荪非常重视增产,从而大力推崇发展生产。

张东荪不仅从概念上阐述了增产的意义,他还深刻地指出了增产与革命之间的关系。革命通常由于经济不平等而引起,但革命的最终目的不仅仅是为了获取经济上平等的权利,而是要使社会增产。只有能够增产、促进生产发展的革命才是进步的革命,也才能使革命最终获得成功。因此,在他看来,发展生产是当时中国最根本、最需要解决的问题。"凡是一个革命固然无不是由经济不平等作为推动力,倘使是一个经济比较平等的社会,决不会演为革命。但革命以后却必须走上增产之路,使所有的人们家给户足,人人生活舒服些,这样乃可使改革后的新状态(即新的生活秩序)得以站住;否则终必是昙花一现而已。这乃是历史给我们的一个抽象原则。"②在他看来,社会的发展变化是与物质水平息息相关的,人类自身的发展和社会的发展都离不开物质的进步与增加。人的物质欲望以及对生活水准的要求促进着社会的变革,甚至推动着革命的爆发,并且在革命之后建立新的社会秩序时,也必须以增加生产、促进人民生活水平提高为动力,才能使新的社会秩序得以长久维系下去。对此,他进一步指出,"人类有一个统贯全历史的路线,就是不断的把生活提高。尤其是生产落后的民族,这样的要求更为迫切,乃超过其他一切要求(如自由、平等、公正等等)以上。其他一切的要求(如自由与平等)乃完全由这个要求的达到的程度来决定其分量与高度。如果不相配合,则自由与平等完全变为虚浮的,……自由平等是理想,而理想之能否实现及实现的程度如何,却靠着这个物质福利作骨干,以决定之。"③可以看出,虽然张东荪一向主张自由、平等的价值理念,但仍然清醒地认识到自由与平等必须建立在生产发展、物质条件进步的基础之上,只有在生产发展、物质福利增进的基础之上,自由与平等才能有其体现的空间与价值,也才真正有意义,否则便会成为一种空谈和束之高阁的理想状态。因此,与

①② 左玉河编:《中国近代思想家文库·张东荪卷》,北京:中国人民大学出版社2015年版,第570页。
③ 同上书,第571页。

发展生产相比,自由与平等仍然处于次要的地位。"自由平等决不可有亏于生产。如果自由的分量足以使生产受恶影响,那便应将自由作合理的相当限制。平等更是必须如此。"①

综上所述,在经济领域,张东荪将增产放在特别重要的位置,对此他指出,"中国今后必须采用计划经济,恐怕已为大家所公认,因为只有这样方能大量增产。"②对于计划经济,他也清楚看到计划经济会对自由、平等等方面造成一定的困难,因此他强调为了增产必须采取进步的计划经济,将计划经济与社会主义相结合,这样才能使革命成果得以维持长久,才能真正实现增产。"人人恐怕都知道再用个人自由主义以从事于开发必是不行的。今后惟有施行计划经济,但要立计划必先统治。这显然是必须走上二十世纪的路子。换言之,即必须采取社会主义,但须知文化上的东西往往互相牵连。既采取社会主义于经济方面,则于政治方面不能不顾到国际。同时在国内又影响到人民之自由权。"③由此可见,就经济方面而言,张东荪主张走社会主义的道路。

事实上,早在 20 世纪 20 年代,张东荪就开始关注社会主义的理论和相关问题,并将社会主义的理论形态做了相关阐释和介绍。1919 年,他在《第三种文明》一文中指出,"第三种文明是社会主义与世界主义的文明"④。在这一时期,张东荪意识到他所说的第三种文明,亦即社会主义与世界主义的文明正在世界范围内崛起,但在当时,他并不认为中国具备了走社会主义道路的资格。他认为:

> 我们有一个最苦痛的地方,就是中国今天的现象,是十七世纪、十八世纪、十九世纪、二十世纪的人聚于一堂。虽则欧美先进国也是复杂的,他们的思想也有差池,但是新的究竟居多数,且相差也不甚远。我们则不然,一则开化的很少,二则距离得太远。大多数的人,仍逗留在第一种文明与第二种文明之交。不但没有第三种文明的资格,并且也没有第二种文明的陶养。这个真是痛苦了。⑤

---

① 左玉河编:《中国近代思想家文库·张东荪卷》,北京:中国人民大学出版社 2015 年版,第 558 页。
② 同上书,第 546 页。
③ 张东荪:《思想与社会》,沈阳:辽宁教育出版社 1998 年版,第 235 页。
④ 左玉河编:《中国近代思想家文库·张东荪卷》,北京:中国人民大学出版社 2015 年版,第 127 页。
⑤ 同上书,第 128 页。

可见,在张东荪眼里,当时的中国并不具备走社会主义道路的良好条件,但他对于中华民族的前景仍然抱持乐观的态度,提出在社会建设方面要从第三种文明去下培养工夫。

继《第三种文明》之后,张东荪又专门撰文《我们为什么要讲社会主义》继续对社会主义进行深度分析。他指出,"我们主张社会主义既不像工行的社会主义(Guild Socialism,前译为自话的社会主义,似不甚妥)建立一个全国的工行(National Guild);又不像多数的社会主义(Bolshevism)组织一个无产者专制政治(Proletarian Dictatorship);更不像无治的社会主义(Anarchism)废去一切机关;复不像国家的社会主义(State Socialism)把所有生产收归国有。乃是浑朴的趋向,却是唯一的趋向。"①可见,张东荪所主张的社会主义并不是马克思主义意义上的社会主义。尽管他说"社会主义到了马克思便得到科学的基础,这个议论我是承认的"②,但在他看来,基尔特社会主义的形态更加适合中国。正如他在《一个中间性的政治路线》中所描述的那样,"这个中间性的政制在实际上就是调和他们两者。亦就是:在政治方面比较上多采取英美式的自由主义与民主主义,同时在经济方面比较上多采取苏联式的计划经济与社会主义。从消极方面来说,即采取民主主义而不要资本主义,同时采取社会主义而不要无产专政的革命。我们要自由而不要放任,要合作而不要斗争,不要放任故不要资本家垄断,不要斗争故不要阶级斗争。"③不难看出,他所提倡的"社会主义"与马克思主义的社会主义有着巨大的差异,他明确反对资本主义的经济垄断,也反对阶级斗争与无产阶级专政。这种温和的"社会主义"主张最终与马克思主义的科学社会主义背道而驰,当陈独秀、李大钊等人为建立中国共产党积极奔走呼吁时,张东荪却退出了中国共产党的筹备工作。

从本质上看,张东荪所主张的"社会主义"是效仿西方国家,特别是英国行会制度的一种社会改良思想,他幻想在资本主义与社会主义之间寻找一条能够调和两者的中间路线,他反对资本主义的大资产阶级垄断,却不同意无产阶级的阶级斗争;他反对封建剥削,主张经济平等、自由,却又推崇计划

① 左玉河编:《中国近代思想家文库·张东荪卷》,北京:中国人民大学出版社 2015 年版,第 140 页。
② 同上书,第 136 页。
③ 同上书,第 488 页。

经济。这些看似矛盾、复杂的思想背后透露出张东荪对于当时社会状态的认知既有正确的部分，也有局限的部分。最大的局限在于，他并未认识到在国民党专制独裁统治下，否定阶级斗争、不触动任何阶级利益就不能从根本上改变广大人民被压迫、被剥削的社会状况，因而并不能够改变中国半殖民地半封建社会的基本国情。但是，尽管基尔特社会主义的形态是一种温和的改良政策思想，在当时的社会状况中，对于社会主义方向的认同与肯定已是一种较为先进的思想，他对于社会主义的阐释与传播也对社会主义在中国的发展起到了积极的宣传和推广作用。同时，他反对封建剥削、主张经济平等；主张文化自由、推行计划经济；推崇发展生产，主张社会主义道路，这些思想和理论在今天看来都仍然具有重要的经济伦理内涵，他对于理想社会形态的探索与追求也值得肯定与尊敬。

第二节 早期现代新儒家的经济伦理思想

20世纪20年代初期，在中国传统文化遭受激烈批判与反对，西方文化大肆侵入中国之际，梁漱溟、熊十力、张君劢等现代新儒家伦理思潮开创者从世界文化发展的角度重新阐发并肯定儒家伦理文化的理论价值，试图重建儒家伦理传统。早期现代新儒家的代表人物志在弘扬中国传统文化，合理吸收西方近代文化精神，通过转化传统儒家伦理思想，创建新文化，推动中国的现代化进程，其伦理思想中也内含了一定的经济伦理思想。本节选取熊十力、张君劢、冯友兰、贺麟等早期现代新儒家代表人物，梳理和阐释其经济伦理思想。而作为现代新儒家伦理思想奠基和最重要的代表人物，梁漱溟的经济伦理思想十分丰富，本书将在第七章系统论述。

一、熊十力的经济伦理思想

熊十力（1885—1968），原名继智，字子真，号逸翁，晚年号漆园老人，湖北黄冈人。青年时代积极投身反清革命，武昌起义后曾任都督府参议，后参加"护法运动"。35 岁后专心于学问研究。曾在南京支那内学院师从欧阳竟无先生研习佛学,后受蔡元培聘任从教于北京大学。抗战期间,先后在马一浮主办的复性书院、梁漱溟主办的勉仁书院讲学。中华人民共和国成立后,曾任中国人民政治协商会议特邀代表及第二、三、四届全国政协委员。重要著作成果有《新唯识论》《十力语要》《佛家名相通识》《读经示要》《体用论》《乾坤衍》等。

辛亥革命以后,熊十力痛心于社会道德沦丧,遂脱离政界,转向哲学理论的研究,认为革命的成功要靠革命者及民众素质的提升,所以致力于道德价值重建的研究,试图以此提升国民道德素质。他认为中华民族的伦理精神是一种内在超越的精神,所以把自己的伦理思想建立在心性本体论之上。他认为"道德如果不是建立在心性本体的基础之上,就会使其失却本体的意义而变得无所依傍,就会导致价值无源论。本体亦不是离人或人的心性而独立存在的,本体中涵有道德的属性和内容"①。他还提出了量智和性智的概念。

性智者即是自性的明解。此中自性即目本体,在宇宙论上通万有而言其本原则云本体,即此本体,以其为吾人所以生之理而言则亦曰自性。即此自性本来贞明,在量论中说明解所谓性智。②

量智是思维和推度与简择等作用,能明辨事物之理则及于所行所历简择得失故,名为量智,亦名理智。此智元是性智的发用,而卒别于性智者,因为性智作用依官能而发现,即官能得假之以自用。③

从熊十力对这一问题的分析上看,量智即理智,性智即直觉体悟。"只有做到尊性智而不遗量智,才能既把握本体世界,又认识物理世界,真正达到体用不二。"④关于体,熊十力说"今造此论,为欲悟诸究玄学者,令知实体非是离自心外在境界,及非知识所行境界,唯是反求实证相应故。"⑤熊十力《新唯识论》的哲学体系,强调了主体性原则,展现了自强不息、创新向上的

①④ 唐凯麟、王泽应:《20 世纪中国伦理思潮》,北京:高等教育出版社 2003 年版,第 154 页。
②③ 熊十力:《新唯识论》,北京:商务印书馆 2010 年版,第 157 页。
⑤ 熊十力:《新唯识论》,北京:商务印书馆 2010 年版,第 9 页。

伦理精神和道德品格。

　　《新论》根本精神,在由思辨,趣入体认(亦云证量,或证会)。即从智入,而极于仁守(仁即本体。佛老于虚寂显体,《新论》则于虚寂,而有生生不息之健处,认识体。生生,仁也。故说仁即本体。此是儒家一脉相承。仁守,即体认之候。若私意私欲蔽其本体,即无体认可言。思辨,则智之事也)。①

　　熊十力从心性本体论出发,借鉴伯格森的创造进化论中的有益思想,建立了推崇内圣外王的道德学说。面对民族危机,他致力于振兴中华,提出"改造"传统文化的思想。他认为人因为具有最强的精神力量,所以能够成为宇宙的中心,这种中心地位的维系则需发挥人之为人的内在基质。"在熊十力看来,既然吾人的本心是使吾人高出于一切动物之上的东西,那么发挥人之所以为人的内在基质就不是一种向外寻求的工作,而是高扬、充实'吾人之本心'的活动。"②可见,他认为道德价值的源头也即本心,强调了"内圣"。他又提出这种道德价值的实现要靠发挥"外王"的作用,也即"经世致用"的作用。所以,熊十力主张"内圣"和"外王"要统一起来。"熊十力扭转了哲学与政治的直接关联,改变了近代中国哲学上述'内圣外王'一锅煮并以'外王'为主的基本倾向,集全力于建设纯粹的哲学。这个哲学是以'内圣'——'求心'为方向的"。③

　　熊十力还基于心性本体论提出了自由平等的思想。他认为平等是合乎人道的正当的伦理关系。"熊十力认为,道德的权利是天赋的,人人都有弘扬自己的德性慧命、体认仁心,使自己与天地参的权利,在道德面前人与人是完全平等的。"④他认为,道德还是自由的。但是这种自由不是放任,自由是指道德完善的自由。

　　熊十力还在《〈礼经〉概述》中描述了理想社会的状态:没有国界、没有阶级,政治多元,经济均平,实行德治和礼治。在经济上,世界经济问题的解决

---

① 熊十力:《与友论新唯识论》,田晓青主编《民国思潮读本》(第四卷),北京:作家出版社 2013 年版,第 193 页。
② 唐凯麟、王泽应:《20 世纪中国伦理思潮》,北京:高等教育出版社 2003 年版,第 156 页。
③ 李泽厚:《中国现代思想史论》,北京:生活·读书·新知三联书店 2008 年版,第 285 页。
④ 唐凯麟、王泽应:《20 世纪中国伦理思潮》,北京:高等教育出版社 2003 年版,第 158 页。

要坚持均平原则,生产事业中更应注重均平原则。[①]

> 周礼主张世界经济问题,宜一依均平之原则而解决之。与论语言
> "患不均"及大学以理财归之平天下,同一意思。其于生产事业,尤所注
> 重。周礼主张德治与礼治。其社会教育,力求普遍周挚。必使天下无
> 一人不受德与礼之训育者。明儒方正学先生,有为万世开太平之志,尝
> 欲本周礼之法,以施诸行事。王阳明先生行乡约于西南夷,亦此意。[②]

在这里,熊十力对理想社会的向往在其说经论道中展现出来。

综上,熊十力从哲学的分析演绎中倡导新儒学,在本体意识的研究中强
调心性本体论,特别提出了内圣与外王并重的思想。熊十力"对人欲作了具
体的分析,他用'欲皆从理'的理论取代宋明理学存天理灭人欲的学说,在一
定程度上承认了欲的正当性。"[③]熊十力的经济伦理思想中展现他追求自由
平等、改变社会现状的理想,创新发展中华文化的责任。熊十力是五四时期
进行中西文化融合探索的开拓者,为现代新儒学开拓了一条道路,虽然其学
说之于当时的社会变革的具体影响不太大,但其思想在学术界的影响是长
远的。熊十力的学生唐君毅、牟宗三、徐复观等人也是在其伦理思想影响之
下深化、发展了现代新儒学思想,并形成了具有各自特色的思想体系。

二、张君劢的经济伦理思想

张君劢(1887—1969),原名嘉森,字士林,号立斋,笔名君房,别署"世界
室主人",上海宝山人。1906 年获派留学日本,次年应梁启超之约,参加创建
政闻社。1913 年,赴德国柏林大学留学。后从倭伊铿研究哲学。1923 年,
发表《人生观》的讲演,发起了"科学与玄学"的论战。主要著作有:《明日之
中国文化》《立国之道》《中华民国民主宪法十讲》《民族复兴之学术基础》《王
阳明哲学》《义理学十讲纲要》《新儒家思想史》等。

---

① 参见吴雁南等主编《中国近代社会思潮(1840—1949)》第四卷,长沙:湖南教育出版社 2011 年版,第
115—116 页。
②《熊十力全集》(第三卷),武汉:湖北教育出版社 2001 年版,第 1109 页。
③ 唐凯麟、王泽应:《20 世纪中国伦理思潮》,北京:高等教育出版社 2003 年版,第 162 页。

在"科学与玄学"的论战中,张君劢作为玄学派的代表人物,主张科学无法解释作为自由意志的人生观。他主张要推动儒家思想的复兴,"为往圣继绝学",发挥中国文化在世界文化发展中的作用。他认为中国文化的未来发展要在精神自由的原则下坚持儒学为本,积极吸纳欧洲文化。

张君劢提出,推进中国现代化的进程要靠复兴儒家思想。在他看来,现代化就是从旧时代到新时代的发展,现代化的推进要从内在思想出发。他认为有一点不可忽视,那便是中国未能处理好传统与现代的关系是现代化未能成功的重要原因。他认为在处理传统与现代问题上不能出现两个问题,一是在中国从传统农业社会转变为现代工业社会中,直接全盘照搬西方的现代化;二是不对传统文化进行转换发展,直接实现现代化。他认为儒家思想的复兴主要是宋代新儒学的复兴,而复兴的道路则是自力更生中之多行结构,也即向西方学习(多形结构),但学习要以儒家思想为主体,为基础(自力更生)。①

张君劢在《人生观之论战》中,对个人与社会关系的分析中,认为重社会会轻视个人的发展,重个人则会有害社会之公益。

> 此问题之所以发生者,在法制与财产之关系上为尤重。譬诸教育适于一律,政治取决于多数,则往往特殊人才,为群众所压倒矣。生计组织,过于集中,则小工业为大工业所压倒,而社会之富,集中于少数人,是重个人而轻社会也。总之智识发展,应重个人;财产分配,应均诸社会;虽其大原则如是,而内容甚繁,此亦不可不注意者二也。②

张君劢曾在《立国之道》中写了《社会主义经济建设之具体方案》一文。他不赞成当时的中国采用放任政策发展经济,主要基于三个方面的考虑。一是世界不会给中国很长的和平时间从事工业建设;二是私人企业已经不具备长期维持平衡的能力;三是重工业建设成本高的问题使其不适宜私营企业者的发展。张君劢认为经济建设中如果完全排斥资本的作用,在分配上寻求平均主义也不可取。他还对比分析了资本主义、社会主义的长处和短处,主张结合起来发展。

---

① 参见郑大华《民国思想家论》,北京:中华书局2006年版,第113—128页。
② 张君劢:《人生观》,田晓青主编《民国思潮读本》(第三卷),北京:作家出版社2013年版,第251页。

　　第一，资本主义。长处：政府不加干涉，听人民自由处理。人民自负责任，因而私人自动力发展。人民自负盈亏之责，故经营事业的方法，合于经济原则。短处：财富集中于少数人，酿成贫富的不均。无统筹全局的计划，流于生产过剩。私人互相竞争，因竞争而生浪费。第二，社会主义。长处：财富集中于国家，可以矫正贫富的不均。国家得以统一计划，经营各种事业。一切经济事业集中于国家，故易于抵御外国的竞争。短处：国家自从事于经济事业，须多设官吏。官吏不长于经营工商。国家权力过大，足以妨害人民自由。[①]

　　张君劢在讨论国家社会主义条件下的经济建设问题上，提出了两个目标。其一，民族自活。也即要自力更生，实现食品及基本工业的自给。其二，社会公道。在工商业发展中，由私人经营不损害国家公共利益的，可由私人经营；不利于国家公共利益的，则由国家经营。他还提出在民族基本工业未实现较好发展之前，私人的盈余应该用来发展工业，而不能自己享乐或传给子孙。张君劢还强调，社会主义的经济建设成败取决于政府是否廉洁。

　　有廉洁之政府，然后方能实现我人之国家社会主义，若谓无廉洁政府，惟有走上资本主义之路，此我人所不敢苟同。中国今后应走之途径，惟有一路，曰国家社会主义之经济建设。[②]

　　张君劢在《法国人权协会之〈人权宣言〉》一文中也提及社会主义，对社会主义的要求及目的进行了分析。

　　社会主义者，每日生产工具公有。易词言之，生产工具不为私人所有，而属于公共团体，意在使全国人民不分贫富，各享有生人之乐之谓也。此社会主义者之目的，既在于财产之公平分配于各个人，其就个人言之，亦可曰各人应有生存权利，工作权利，老病残废，应有抚恤权利，

---

① 张君劢：《社会主义经济建设之具体方案》，吕希晨、陈莹选编：《精神自由与民族文化——张君劢新儒学论著辑要》，北京：中国广播电视出版社1995年版，第512—513页。
② 同上书，第524页。

乃至工作人员对于生产与分配之计划,应有参加与监督之权利。[1]

张君劢还解释了他所说的国家社会主义与马克思所说的社会主义是"名同实不同":他说的社会主义以生产为出发点,不像马克思所说的求分配上的平均主义;他所说的社会主义以民族生存为第一考虑,不像马克思所说的"全世界无产者联合起来";他所说的社会主义是以有利于国家全体为目的,不像马克思所说的组织群众革命。

张君劢还对儒家思想进行了阐述,内在包含了一定的经济伦理思想。他在对儒家思想特点的分析中,提出,"孔孟以来,所以提撕警觉人心者,有一大原则,曰以善恶义利是非之辨,直接诉诸各人之良心,使其知所以身体而力行之是矣。"[2]经过分析,张君劢认为中国儒家思想的特点表现为:

(一)善恶是非之辨存于一心。(二)所以辨之者为良心之觉察。(三)辨别是非,在乎行其所当为,而免其所不当为,乃有人心道心之分。(四)存养省察,就自己之意、情、知三方面,去其不善以存其善,而尤贵乎就动机之微处克治之。(五)视自己为负责之人,本良心以审判之、且斥责之,乃能收不迁怒不贰过之效果。(六)不独知之,又贵乎力行,故曰君子有诸己而后求诸人,无诸己而后非诸人。[3]

张君劢是现代新儒家的重要代表人物,在推动儒学复兴的工作中,批判了西化思潮,继承和发展了儒家伦理文化,这为在世界文化发展潮流中弘扬中华传统文化作出了一定的贡献。

三、冯友兰的经济伦理思想

冯友兰(1895—1990),字芝生,河南唐县人。毕业于北京大学哲学系,在美留学获哥伦比亚大学哲学博士学位,后在清华大学、西南联合大学任

---

① 张君劢:《法国人权协会之〈人权宣言〉》,田晓青主编《民国思潮读本》(第四卷),北京:作家出版社 2013 年版,第 318 页。

② 张君劢:《儒家伦理学之复兴》,《中西印哲学文集》(上),台北:台湾学生书局 1981 年版,第 552 页。

③ 同上书,第 555 页。

教。重要著作有《中国哲学史》《中国哲学简史》《中国哲学史新编》《贞元六书》《人生哲学》《一种人生观》《新理学》《新原人》等。

冯友兰继承并发展了程朱理学，吸收了中国名、道、玄、释各家思想，借鉴了西方新实在论思想，形成了独具特色、融会中西的"新理学"伦理思想体系。他说"理"是一事物成为该事物的依据，"气"是事物的一种逻辑上的存在，"道体"是"理"在"气"中的实现，"大全"是宇宙。冯友兰还通过哲学史的研究和讲授建立起自己的哲学。冯友兰强调他的新理学逻辑体系的构造意义在于提高人的精神境界。"哲学之所以为哲学，并不在于能使人获得任何具体的才能、知识、经验、智慧，并不在于能使人更有效地征服自然改造社会，而只在能使人提高自己的精神境界。提高了精神境界便自然而然会更聪明、更勇敢、更有效地处理任何实际事务。"①

冯友兰在道德起源问题上承继了"理在事先"的思想，认为道德是独立于社会之外的存在。"道德是社会之理的产物和反映，它反映的是社会存在与发展的一般规律而不是特定规律。在冯友兰看来，大部分底道德是因社会之有而有底，只要有社会，就需要有这些道德，无论其社会是哪一种底社会。"②

冯友兰认为"理"先于具体事物存在，人们可以通过理性思维去认识"理"。他认为有了心性，人就能有觉解，有了觉解就能认识宇宙。"人心的知觉灵明就像一盏明灯，它能照亮宇宙间的一切，有了人心的知觉灵明，人们就能够认识理和太极，离开了人的知觉灵明，宇宙就陷于昏暗，人们就无从认识理和太极。"③"觉"是明觉的心理状态，是一种自觉。"解"是认识事物的"理"，是一种认识活动。"觉解二字合起来是指一种自觉的对宇宙人生的认识和了解。人对于宇宙人生进行反思，了解并觉悟到宇宙人生的意义谓之觉解。"④在冯友兰的道德觉解论中，人生至为重要的是觉解，觉解则要尽心尽性。

冯友兰在道德觉解论基础上提出了人生的四种境界学说。他认为，觉解不同，境界也就不同。从自然境界、功利境界、道德境界到天地境界，表现为人们的觉解程度不断提升，宇宙人生对人所产生的意义也各不相同。自然境界是一种无觉解的状态，人在自然境界中的行为表现为顺才（依普通率性之性而为）或顺习（依个人习惯或社会习俗而为）。功利境界中，人的行为是为自己的利而为。道德境界中，人的行为是"行义"的，也就是为社会的利而为。天地境界中，人已知性知天，行为是"事天"的。

> 在功利境界中，人的行为，都是以"占有"为目的。在道德境界中，人的行为，都是以"贡献"为目的。用旧日的话说，在功利境界中，人的行为的目的是"取"；在道德境界中，人的行为的目的是"与"。在功利境界中，人即于"与"时，其目的亦是在"取"；在道德境界中，人即于"取"时，其目的亦是在"与"。①

冯友兰在《新理学》中对社会、文化、道德等实际问题也进行了论述。在中、西文化发展问题上，他认为二者遵循着相同的"理"，处于不同的发展阶段。冯友兰在《新事论》中对文化、社会进行分析时使用了经济制度、社会生产状态等概念，认为英美及西欧国家的富强是因为经济上的改革，采取以社会为本位的经济制度。

> 英美及西欧等国所以取得现在世界中城里人的地位，是因为在经济上它们先有了一个大改革。这个大改革即所谓产业革命。这个革命使它们舍弃了以家为本位底生产方法，脱离了以家为本位底经济制度。经过这个革命以后，它们用了以社会为本位底生产方法，行了以社会为本位底经济制度。这个革命引起了政治革命及社会革命。②

冯友兰认为在生产家庭化的社会里，一个人没有家则难以生存；而在生产社会化的社会里，无家也可生存。

> 由此我们可以了解，何以在生产家庭化的社会里，一个人的家是一个人的一切。一个人的家是一个人的一切，因为他有了家他才有一切；他若无家，他即无一切。我们亦可了解，何以在生产家庭化底社会里，

---

① 冯友兰：《新原人》，《三松堂全集》（第四卷），郑州：河南人民出版社 2001 年版，第 500 页。
② 同上书，第 222 页。

一切道德,皆以家为出发点,为集中点。①

　　换句话说,人如何如何地生产,则其团体必须如何如何地组织。其团体是如何如何地组织,其团体中之人必如何如何地行为。对于此如何如何地行为之规定,即是道德。②

冯友兰在《秦汉历史哲学》讲演中,表达了关于文化建设和文化类型的初步观点,表明其受到唯物史观的影响。他讲到,一个社会的经济制度变化会使其他制度随着发生变化,生产工具在经济制度成立的过程中发挥重要作用,一种经济制度决定相应的社会政治制度产生。冯友兰在《新事论》中认为中西文化分别根源于家庭为本位、社会为本位的生产制度,分别表现为生产家庭化的文化、生产社会化的文化。"他认为,近代中国文化的落后,是文化类型的落后,而这种文化类型的落后又是源于社会类型的落后。如何改变中国文化落后的状态,复兴中华文化?他的答案是:转变文化类型,转变社会类型。"③冯友兰意识到产业革命、社会转型的意义,曾认为当时中国社会最急切的是加快生产社会化,而不是政治上的主义。这样的观点又展现了他未能看到上层建筑对于经济基础的反作用。

冯友兰在探索中华文化发展的出路中进行了推动传统文化现代化的尝试,还以传统文化为主体,吸收西方文化,创立了一个思想文化体系。在自然观上,冯友兰的思想表现出唯心主义特点和形而上学特点。在社会历史观上,冯友兰的文化转型思想和对社会革命接受的观点,都受唯物史观的影响。他的思想文化体系中虽然有矛盾的地方,但在中国文化史上具有重要地位。

四、贺麟的经济伦理思想

贺麟(1902—1992),字自昭,四川金堂人。自小对宋明理学产生兴趣,

---

① 冯友兰:《新原人》,《三松堂全集》(第四卷),郑州:河南人民出版社 2001 年版,第 235 页。

② 同上书,第 236 页。

③ 吴雁南、冯祖贻等主编:《中国近代社会思潮 1840—1949》第四卷,长沙:湖南教育出版 2011 年版,第 122 页。

曾在柏林大学攻读德国古典哲学,曾在北京大学任教、清华大学授课。重要著作主要有《近代唯心主义简释》《文化与人生》《当代中国哲学》《现代西方哲学讲演集》等;译著有《小逻辑》《黑格尔》《黑格尔学述》等。

　　贺麟对现代新儒家伦理思潮进行了总结和分析,构建了新心学的伦理思想体系。贺麟肯定了现代新儒家思潮的奠基人梁漱溟对儒家道德精神的宣扬。"自觉地谋求重视逻辑认知和理性思辨的西方伦理哲学与重视道德评价和直觉体悟的中国伦理哲学相结合,是贺麟新心学伦理思想的基本精神和理论个性。"①贺麟认为儒家伦理道德是对主体有价值的东西,仁的境界是至高无上的理想境界。"既然儒家伦理规范本身具有实在性,仁为天地万物之心,那么儒家伦理规范或仁就具有至高无上的意义,贺麟由此提出了'道德决定经济'的道德学说。"②

　　贺麟专门写了《经济与道德》一文,论述了经济与道德的关系。他在文章中开门见山地提出人们会被经济与道德的关系问题困惑。"凡是注重国计民生——经济,同时又关心世道人心——道德的人,总难免不为'经济与道德的关系究竟怎样'一问题所萦绕。"③通过对管子、孔子、孟子关于经济或道德问题的名言的分析,贺麟总结了他们提出的三个命题:其一,从立国根本看,道德是立国的大本,道德是维系国家的基础的命脉;其二,从施政先后看,要先解决经济问题,再考虑国防及道德文化问题;其三,从道德与经济关系看,经济发展可以促进道德提升,经济落后一般也会导致道德的堕落。④而贺麟列举了与经济和道德相关的四条事实:

　　　　(一)经济富足可以使道德好(所谓衣食足知荣辱,仓廪实知礼节,有恒产即有恒心,即指此项事实)。(二)经济贫乏可以使道德好(所谓家贫出孝子,士穷见节义,无恒产而有恒心者,惟士为能,均指此项事实)。(三)经济富足可以使道德坏(所谓饱暖思淫欲,所谓经济中心即罪恶之渊薮,即指此项事实)。(四)经济贫乏可以使道德坏(所谓无恒

---

① 唐凯麟、王泽应:《20世纪中国伦理思潮》,北京:高等教育出版社2003年版,第174页。
② 同上书,第175页。
③ 贺麟:《经济与道德》,《文化与人生》,上海:世纪出版集团上海人民出版社2010年版,第30页。
④ 参见同上书,第30—31页。

产即无恒心,小人穷斯滥矣,或饥寒起盗心的俗话,均指此项事实)。①

从各项事实中分析,贺麟推导出几条结论。第一,经济贫乏不能决定道德好坏。第二,如果一个人经济富时道德好,经济贫乏时道德变坏,那当初的好不是真正的好。第三,如果一个人仅是经济贫乏时为了解决饥寒问题有不道德行为,而其他时候是良民,则行为不是真正的道德坏。第四,经济富足与贫乏时道德皆好,才是真道德。第五,经济富足与贫乏时道德皆坏,则是真正的不道德。第六,真正有道德的人或不道德的人,不受经济支配,反而能创造经济力量作为善或恶的工具。②

所以,贺麟认为真正的道德或不道德不是经济所能转移和决定的。

> 为经济所决定的道德,可随经济的改进而改进,可随经济问题的解决而解决,因为其本身即纯是经济问题,而非真正的道德问题。但真正的道德既非经济所能转移,所能决定,故不随经济状况的改进而改进,亦不随经济问题的解决而解决。③

贺麟还从经济本身去分析论证道德所决定的经济才是真经济。他认为没有纯粹的经济,经济不能自来自去,不能自己发展自己活动,而这都需要有道德的人来推动促进。概而言之,经济是人造的。

在贺麟看来,道德与经济的关系表现为:道德主宰经济,经济表现道德,经济活动作为人的行为与活动要受道德观念支配和决定。

> 就经济的性质或意义论来,经济就是为人力所决定的东西,是由人类的理智和道德的努力创造而成的东西。由此足见一切经济或一切金钱,其背后均有道德观念和意识的作用在支配它。更足见经济既是理智的和道德的产物,故即所以代表能产生此经济的主人公的意志、思想或道德的观念。经济既是代表它背后的主人公的意志、思想或道德观念的工具,故有时一个人的行为虽表面上好似受经济的支配,而其实乃是受那经济背后的主人公的意志的支配。④

---

① 贺麟《经济与道德》,《文化与人生》,上海:世纪出版集团上海人民出版社 2011 年版,第 32 页。
② 参见同上书,第 33 页。
③ 同上书,第 34 页。
④ 同上书,第 35 页。

他认为经济活动后面是人的道德观念在发挥支配和主宰的作用,所以经济是道德的产物。贺麟也接受了马克斯·韦伯的一些思想,"认为一定的伦理观念是一定的经济形式的内在动力,没有一定的伦理观念就不会有一定的经济形式。"①

贺麟还曾写了《物质建设与思想道德现代化》一文,分析了物质建设与道德的关系。他在批判马克斯·韦伯的相关思想后,提出了五条中和的见解。一是,经济实业可以影响思想道德,思想道德也可影响经济实业。二是,经济实业与思想道德乃同一社会生活之两面,不能互为因果,互相决定。三是,思想由理性的规范决定而不受物质条件决定。四是,经济实业是道德努力的收获。五是,各部门的文化学术事业应该寻求自己所从事的那一部门的现代化。②

贺麟的新心学伦理思想,对现代新儒家过分夸大直觉的非理性主义倾向及过分夸大知性思维的形式主义倾向进行纠偏,把直觉与理智统一了起来。贺麟的经济与道德关系论述对道德的功能和作用进行肯定,对人的创造能力给予重视,具有一定的合理性。但是他颠倒了经济对道德的决定作用,展现出其主观的道德决定论的错误。他对马克思主义伦理思想的批评缺少客观依据,而歪曲道德的本质问题,也会影响人们正确认识道德的社会根源和作用。

早期现代新儒家经济伦理思想的特征表现为对传统儒家经济伦理思想的回归、继承、转化及发展上。在现代新儒家的伦理思潮中,新儒家的代表人物以继承儒家伦理思想为己任,构建了新的道德形而上学,试图以儒家伦理思想为主体来吸收、融会西方近代伦理思想,推动儒家伦理的现代化。

① 唐凯麟、王泽应:《20世纪中国伦理思潮》,北京:高等教育出版社2003年版,第175页。
② 参见贺麟《物质建设与思想道德现代化》,《文化与人生》,上海:世纪出版集团上海人民出版社2011年版,第43—49页。

第三节　马克思主义道德观传入和传播中的经济伦理思想

19 世纪末 20 世纪初，马克思主义与改良主义、自由主义、无政府主义、空想社会主义等种种西方社会思潮交汇在一起，开始进入中国的思想界。这一时期，一些中国改良主义者、资产阶级民主主义者、无政府主义者、社会民主主义者在其著作中对马克思主义思想进行了初步的介绍，其中，对马克思、恩格斯的道德思想也有所涉及。俄国十月革命的胜利不仅使中国先进分子把寻求救国救民真理的探求目光从西方转向苏俄，从法国革命转向十月革命，而且在理论上从资产阶级民主主义转向马克思主义和社会主义。十月革命的胜利在实践上确立了马克思主义的权威，也使马克思主义经典作家的道德思想开始在 20 世纪的中国广泛传播。十月革命胜利后的第二年即 1918 年，是马克思诞生一百周年，中国知识界对经典作家道德思想的研究进入了一个高潮时期。李大钊、陈独秀、毛泽东、李达、刘少奇、艾思奇等关于马克思主义道德观的探讨和论述，也促进了马克思主义经济伦理思想在中国的传播，并为现代经济伦理的生成提供了重要的理论和实践资源。

一、对经济与道德关系的认识

经济与道德的关系问题，是中外经济伦理思想发展历史中始终关注的焦点问题。无论是中国传统伦理思想中的"义利之辨"，还是西方伦理思想史上的"斯密问题"，都是对经济与道德关系问题的探究和争论。清末民初，时人已经开始认识到经济与道德之间的密切关系。《东方杂志》刊文认为：方今生计虽艰难，终未至凶荒旱潦，人人不得衣食。……于此而语以国家思想，人民公德，徒见其大言无当而已。[①] 这里"将经济凋敝视为提倡民众公德

① 谷音：《社说·退化论》，载《东方杂志》1904 年第 11 期。

无实际效果的重要原因,明确反对不切实际的简单的国民道德教育。在他们看来,经济愈见穷困,道德将难以振兴"。[①] 因为"经济不振,故失业者多;失业者多,故道德堕落。"[②]民国时期,马克思主义经济伦理思想在中国的传入与传播,也始终是围绕经济与道德之间的关系这一问题的讨论。这一讨论是通过马克思主义者与封建复古主义和自由主义西化派的关于道德的起源、本质和发展规律学说的论战而展开的。

在道德本质问题上,封建复古主义者宣扬道德决定论。张东荪在《我们为什么要讲社会主义?》一文中说:"精神方面的思想不解放,道德不改造,那物质方面的经济组织是不能改造的"[③],而张君劢在《中国之前途:德国乎?俄国乎?》中也将意志看作是社会发展的根本动力和社会变革的根本原因。[④]现代新儒家代表人物贺麟在《经济与道德》一文中,从经济与道德的二律背反出发,得出了经济不能决定道德,道德亦离不开经济的结论。[⑤] 其实质是唯心主义的道德决定论。自由主义西化派宣扬效用论,胡适在《实用主义》中指出:

> 真理原来是人造的,是为了人造的,是人造出来供人用的,是因为他们大有用处所以才给他们"真理"的美名的。我们所谓真理,原不过是人的一种工具。……譬如"三纲五伦"的话,古人认为真理,因为这种话在古时宗法的社会很有点用处。[⑥]

他明确指出,这里的真理是包括道德的,就是说,道德和真理一样都是人造的,供人用的,对人有用处的工具。[⑦]

1919—1920 年,李大钊先后发表《我的马克思主义观》《物质变动与道德变动》和《由经济上解释中国近代思想变动的原因》,运用马克思主义唯物史观关于社会存在决定社会意识的原理,深入探讨了经济与道德的关系,开启

---

① 赵炎才:《致用与重构的二重变奏——清末民初伦理道德近代嬗变研究》,北京:光明日报出版社 2009 年版,第 206 页。
② 圣心:《论现今国民道德堕落之原因及其救治法》,载《东方杂志》1911 年第 3 期。
③ 丁守和主编:《五四风云人物文革——梁启超、张东荪》,北京:人民日报出版社 1999 年版,第 95—96 页。
④ 参见张君劢、张东荪《中国之前途:德国乎? 俄国乎?》,载《解放与改造》1920 年第 14 期。
⑤ 参见贺麟《经济与道德》,载《国闻周刊》1936 年第 3 期。
⑥ 葛懋春、李兰芝编:《胡适哲学思想资料选》(上),上海:华东师范大学出版社 1981 年版,第 61—62 页。
⑦ 参见李兰芬《百年中国马克思主义伦理思想研究述要》,苏州:苏州大学出版社 2015 年版,第 12—13 页。

了以经济原因解释道德现象的方法论先河。李大钊认为,"法律、政治、伦理等精神的构造,都是表面的构造。他的下面,有经济的构造作他们一切的基础。经济组织一有变动,他们都跟着变动。换一句话说,就是经济问题的解决,是根本解决。经济问题一旦解决,什么政治问题、法律问题、家族制度问题、女子解放问题、工人解放问题,都可以解决。"①在李大钊看来,中国的农业经济组织是中国两千年来社会的基础构造,一切政治、伦理、思想、风俗均建于其上。孔子学说之所以能够支配中国两千多年,也正是适应了中国稳固的农业经济组织。然而,伴随着西方文明的进入,工业经济开始冲击农业经济,因此,孔门伦理也从根本上被动摇。与新经济势力相伴而来的是自由主义、个性主义,与新经济组织构造相适应的则是"劳工神圣"的新伦理。不难看出,李大钊坚持历史唯物主义的基本观点,用经济原因解释传统伦理道德的存在和新伦理的出现,从而以唯物史观的基本视野和方法对经济与道德的关系这一经济伦理的基本问题作出回答。

陈独秀用自然环境、社会环境解释道德的产生和社会的变革。他在1921年的演讲《新教育是什么》中指出,"中国的土地气候造成中国的产业状况,中国的产业状况造成中国的社会组织,中国的社会组织造成孔子以前及孔子的伦理观念。"②在探讨历史与人生观的问题时,陈独秀不同意胡适的观点,坚持认为经济原因才是最重要的原因。在《答适之》中,他明确提出,思想、知识、言论、教育等,都是社会进步的重要工具,但不能说明社会变动和人生观形成方面与经济具有同等的地位。③尽管陈独秀在用环境或经济原因解释社会、历史、道德、人生观时过分夸大了自然环境、社会环境的决定作用,忽略了道德等精神因素的应有功能。但其思想的主流精神,即以客观物质原因作为基础的解释仍然体现了马克思主义经典作家在经济与道德关系问题上的基本立场。

李达在《现代社会学》《社会之基础知识》和《社会学大纲》等著作中以历史唯物主义的基本原理探讨了有关道德问题。他认为,道德由经济基础决定并随经济基础的变化而变化,没有永恒不变的道德。他在1921年发表的

①《李大钊全集》第 3 卷,北京:人民出版社 2013 年版,第 55 页。
②《陈独秀著作选》第 2 卷,上海:上海人民出版社 1993 年版,第 232 页。
③ 参见同上书,第 576 页。

《马克思还原》一文中指出:"一切生产关系财产关系,是社会制度的基础;一切社会宗教、哲学、法律、政治等组织,均依这经济的基础而定。"[1]在探讨女子解放问题时,李达同样坚持以历史唯物论为出发点。在他看来,女子之所以屈从于男子,其根本原因在于物质上的自由被束缚。因此,女子解放的前提是通过以独立的经济能力恢复物质上的自由。"女子若想求得一个不卖力不卖淫可谋生活谋真正幸福,惟有发挥自己的经济能力,求经济的独立。"[2]他认为,女子真正获得了经济独立的能力,男女间一切不平等的道德与条件也就消失了,女子的真正的自由和解放才能实现。不难看出,李达在经济与道德的关系上同样强调道德等社会意识依赖于社会存在。

艾思奇1938年9月在延安发表了《共产主义者与道德》一文,在批判各种旧道德观的同时,阐明了共产主义者彻底的唯物论基础上的道德观,强调从社会物质经济发展中去寻找道德的基础。他指出,旧的道德观,无论是封建道德还是资产阶级道德,都把道德看作永恒不变的东西,道德行为必须是一种适合于永远不变的善恶标准的行为。但是,共产主义者不从超时间、超社会的地方去找所谓的"天经地义",不从绝对的"人性""良心"等精神去找道德的规律,而是从社会的物质经济发展状况中去找道德的基础。一切道德规律的具体内容,都是当时社会经济状况的反映,而这些内容,都不是空洞的名词如良心之类可以说明的。既然道德是被经济基础决定的,而社会的经济状况又是变化的,那么道德也就会不断地变化,没有永恒的道德教条。因此,共产主义者认为一切道德随着社会经济状况的变化而变化。道德和社会经济本身一样,不但会变化,甚至会向对立物转化。因此,今天的"善",在另一种经济社会条件下可以成为"恶"。私有财产的保护,在原始共产社会里是不存在的,在未来的共产主义社会中也不存在,然而在私有社会里,私有财产的保护就是天经地义。[3]可见,艾思奇阐述的共产主义道德观,是用社会经济状况研究道德的产生和发展,体现了在经济与道德关系上唯物、辩证的原则和方法。

毛泽东在1940年发表《新民主主义论》,阐述了观念形态的文化与政治、

---

① 《李达文集》第1卷,北京:人民出版社1980年版,第30页。
② 同上书,第20页。
③ 参见《艾思奇文集》第1卷,北京:人民出版社1981年版,第410—413页。

经济的关系,其中也论及经济与道德的关系问题。他认为:"一定的文化(当作观念形态的文化)是一定社会的政治和经济的反映,又给予伟大影响和作用于一定社会的政治和经济;而经济是基础,政治则是经济的集中表现。这是我们对于文化和政治、经济的关系及政治和经济的关系的基本观点。那末,一定形态的政治和经济是首先决定那一形态的文化的;然后,那一定形态的文化又才给予影响和作用于一定形态的政治和经济。"①可见,毛泽东对文化与政治、经济关系的分析,体现了马克思主义的基本立场和方法。②

二、对自然人性论和抽象人性论的批判

人性问题是中国伦理思想史上的重要问题,也是 20 世纪国内关于马克思主义道德思想研究中的一个重要问题。关于这一问题的讨论主要集中在三个时期:新民主主义革命时期,50 年代末 60 年代初,70 年代末 80 年代初。五四运动后,胡适、吴稚晖、梁漱溟、梁实秋、冯友兰等人在其著作中宣扬自然人性论和抽象人性论,以李大钊、李达、鲁迅为代表的马克思主义者对此进行了尖锐的批判,确立了马克思主义经济伦理观的人性基础。

新文化运动的倡导者们主张以西方"个人本位主义"新道德代替中国传统"家族本位主义"旧道德,而这种"个人本位主义"新道德的人性基础,便是一种自然人性论和抽象人性论。胡适和吴稚晖都主张自然人性论。吴稚晖在把"吃饭、生小孩"等置于"人性"范畴中,提出:

> 吃饭,生小孩,书本上便叫做饮食男女。再包括紧一点,也可以叫做食色。从前也有人大胆的说道食色性也。仔细一点的,分别着,叫他这是欲性。招呼朋友用什么手续呢?最周到是要恻隐,辞让,是非,羞恶,完全了,招呼才算尽心。这恻隐等四项,还标明便是仁义礼智四根大柱子。人有这四端,便像人有两腿两手的四体一样。这是人皆有之的良心。……与吃饭生小孩的欲性分别着,这个叫做理性。③

他把"吃饭""生小孩"归结为"人欲",认为这只是维持人的存在和种族延续,非但不与道德相冲突,相反还包含着相应的道德要求。胡适赞同和欣赏吴稚晖的观点,认为人就是生物学意义上的一种动物,人性就是人的情、欲。并且,正是这种以物质享受为基本内容的人类的基本欲望,成为推动社会进步的根本动力。冯友兰认为,人性在一定意义上是"人生来即有的",凡人皆有"生而俱有"且"无不善"的"人之性",善恶不仅是道德概念,更是逻辑概念,因此,对于善恶问题,"有两种方法可以解答这个问题,一种是形式底,逻辑底;一种是实际底,科学底。"①在他看来,古代思想家之所以对人性善恶问题长期争论不休,是因为他们大多是采取后一种方法。他提出,无论是生理学还是心理学都无法为性善论或性恶论提供科学依据,因此,他转向哲学,认为"我们是讲哲学,并不是讲科学。就讲哲学底立场,我们只用形式底,逻辑底方法,以解决这个问题。"②由此,他认为"人所有之性,从人之所以为人者之观点看,亦是道德底恶之起源"。③

自然人性论和抽象人性论遭到了马克思主义者的激烈批判。他们认为,第一,马克思主义并不否认人性的存在,但反对将人性作为伦理学的出发点。用"人的本性"解释社会生活和历史,是一种本末倒置的做法。相反,只有从探讨社会物质生活条件出发,才能正确解决人性和道德问题。第二,人性尽管包括自然属性与社会属性,但人所以区别于动物的本质是社会属性。人的自然属性是受社会属性制约和支配的。第三,在阶级社会中,人们都生活在一定的阶段地位中,因此,阶级社会中的人性必然带有阶级性。第四,人的本性是由社会关系决定的,而社会关系是不断发展变化的,因此,人性也是不断发展变化的,没有也不可能有永恒不变的人性。④

李达对人性问题进行了比较深入全面的分析。尽管他在早期的《现代社会学》一书中关于人性问题的看法明显带有自然人性论的烙印,但在1937年出版的《社会学大纲》中,他清除了自然人性论的影响,转向了马克思主义的人性论。李达客观地评述了费尔巴哈和黑格尔的人性论,认为费尔巴哈

①② 冯友兰:《新理学》,北京:生活·读书·新知三联书店2007年版,第95页。

③ 同上书,第100页。

④ 参见张锡勤、饶良伦、杨忠文编著《中国近现代伦理思想史》,哈尔滨:黑龙江人民出版社1984年版,第312页。

把人看作是"感觉的自然的存在"①，具有伟大的历史意义。但他也指出，费尔巴哈只看到了人类对自然的受动方面，忽视了人对自然的能动方面，因此，他的人性论仍然是唯心主义的。② 李达充实了黑格尔"把劳动看作人的本质"的思想，但同时也批判了黑格尔只把劳动当作抽象的精神的劳动去理解。他认为，马克思主义经典作家的辩证唯物主义和历史唯物主义是建立在对"劳动——实践的意义之正确理解"基础上的。因此，要正确解决人性问题，必须从劳动——实践问题入手。李达把劳动看作是区分人与动物的根本标志，引用马克思的论述，说明人类的劳动完全不同于动物的"劳动"："动物的劳动是本能的，无意识的，无目的的；人类形态的劳动是有意识的，有目的的。这种专属于人类的形态的劳动，即是合目的的劳动。"③因此，动物只能消极适应环境，而人类则一方面受环境左右，另一方面又能改造旧环境并创造新环境。他进一步强调，人不可能孤独地从事劳动，人的劳动必然是在社会中进行的，因此，人是社会的动物。④ 由此，他提出了对人性问题的看法：

> 人类的本性是什么？人类的本性，不是善，也不是恶。人类是高等的物质的生存形态。所谓人类的本性，乃是人类之内在的、永久的自求保持并改进其物质生存形态的倾向。人是社会的动物。人的这种倾向，即是人的社会性，人类必须在社会之中，才能维持并改进其物质的生存形态。⑤

他认为，必须从人的劳动的社会性及其对人性的影响，并以历史唯物论为基础，在人的自然性与社会性的对立统一中说明人性及其变化发展。⑥

鲁迅对人性问题也做了大量的阐述。鲁迅早期的人性论主要遵循欧洲近代唯物主义者的路线，其中受恩斯特·海克尔影响最为明显。"五四"时

---

① 《李达文集》第 2 卷，北京：人民出版社 1981 年版，第 48 页。

② 同上书，第 48—49 页。

③ 《李达文集》第 2 卷，北京：人民出版社 1981 年版，第 345 页。

④ 参见同上书，第 348 页。

⑤ 李达：《法理学大纲》，北京：法律出版社 1983 年版，第 108 页。

⑥ 参见张锡勤、饶良伦、杨忠文编著《中国近现代伦理思想史》，哈尔滨：黑龙江人民出版社 1984 年版，第 326—330 页。

期,鲁迅继承了近代欧洲旧唯物主义的传统,依据"生物学的真理"探讨人性问题,提出了人性就是人类自我保存和发展的走向和要求的思想,并由此出发,反对封建的禁欲主义和资产阶级的纵欲主义。这一时期鲁迅的人性思想基本上是一种自然人性论,尽管比宗教学说和唯心主义的理论前进了一大步,但仍然未能完全摆脱历史唯心主义的影响。1927 年以后,鲁迅在接受了马克思主义道德观的基础上转向马克思主义人性论,对人性问题的观点彻底摆脱了历史唯心主义的影响。他以历史唯物主义为理论武器,批判了梁实秋等人宣扬的资产阶级抽象人性论和超阶级人性论。他以人类进化的历史,批驳了梁实秋人性"永恒不变"的观点,又指出人既然"还在阶级社会里,即断不能免掉所属的阶级性"①。鲁迅既反对超阶级的人性论,也反对"走了相反的极端"的观点,他认为,在阶级社会里人性主要表现为阶级性,尽管存在着"共同人性",但这种"共同的人性"是受经济支配的,而不是纯粹的人的自然属性的体现。②

三、对个人利益和集体利益关系的探讨

在 20 世纪马克思主义、现代新儒家和自由主义西化派三种伦理思潮的论争中,个人利益和集体利益的关系问题,始终是探讨和争论的焦点。

现代新儒家试图将中国传统儒家伦理与西方功利主义相融合,从而改造中国人的道德观念。梁漱溟认为,儒家"正其谊不谋其利""顺天理而无私欲"的伦理价值学说,为人与人之间的和谐与人和自然之间的和谐提供了价值支撑。冯友兰的人生境界说,是新儒家在个人利益与社会利益关系上的代表性论述。冯友兰认为,人生境界分为功利境界与道德境界。在功利境界中,社会的福利是实现个人福利的工具和手段,人的一切行为都是为了追求自身的福利;在道德境界中,个人与社会消除了对立,人不仅能在社会中生存,而且自我的完善需要在社会中才能实现,生活在道德境界中的人都以"献身"为宗旨。

---

① 《鲁迅全集》第 4 卷,北京:人民文学出版社 1981 年版,第 204 页。
② 参见张锡勤、饶良伦、杨忠文编著《中国近现代伦理思想史》,哈尔滨:黑龙江人民出版社 1984 年版,第 331—335 页。

自由主义价值观试图以西方个人主义的道德原则改造中国人的道德观。其代表人物胡适在《介绍我自己的思想》《不朽》等书籍和文章中阐发了他的"自然主义人生观",在个人与社会关系方面提出了"健全的个人主义"①,认为那种只顾自己不管群众利益的个人主义,是自私自利的"为我主义",是假的个人主义。② 他主张在"个人主义"基础上实现"为我"与"为人"的统一。近代资产阶级自由主义的另一重要分支是以张君劢、张东荪为代表的民主社会主义。早在 20 世纪 20 年代,张君劢等人就指出理想的社会制度应当兼顾个人社会公道,并从这种立场出发,提出了他的民主观和权利观。张东荪在 30 年代初期系统地发展出"以我为出发点,扩充自我的道德观"的人生观。他认为,真正的道德源于"自我",源于从肯定"自我"走向肯定社会人群,这就要求每个个体奋发向上以创造合乎自我和社会人群的生活。③

经过五四运动的洗礼,以陈独秀、李大钊、毛泽东等为代表的中国共产党先进分子越来越清醒地认识到,中国社会的首要任务是以革命的方式推翻封建专制统治,争取民族独立和人民解放。在这一过程中,集体主义不仅成为一种斗争策略,更发展为一种最基本的价值追求。从历史与逻辑的统一来看,集体主义是对个人主义的超越:只有全民族的独立和全体人民的解放才可能使绝大多数人的个人权利得到实现、个性得到解放。因此,集体主义一方面反对个人主义,主张集体利益高于个人利益、个人利益服从集体利益,另一方面也强调保障正当的个人利益,尊重个性的健康发展。④

在革命和战争年代,共同的命运使人民的利益联结在一起,因此,早期共产党人对经典作家关于集体主义原则的研究和探讨,多集中在强调如何处理个人与社会、个人与组织、个人利益与党的利益的关系问题上。《共产党宣言》的译者陈望道在 1923 年 8 月 28 日《谈新文化运动》一文中指出:"又如个人生活与社会生活,原也不得截然分开:因为纯粹的个人生活实际上决

---

① 洪志纲主编:《胡适经典文存》,上海:上海大学出版社 2004 年版,第 290 页。
② 参见胡适《非个人主义的新生活》,载《新潮》1920 年第 3 期。
③ 参见李兰芬《百年中国马克思主义伦理思想研究述要》,苏州:苏州大学出版社 2015 年版,第 169—170 页。
④ 参见夏伟东、李颖、杨宗元《个人主义思潮》,北京:高等教育出版社 2006 年版,第 64 页。

不可能,单是梦想家底幻想罢了。……所以图谋面面充实的新文化者,单谋个人快乐的'为我主义'固所排斥,压抑个人性情的印板主义也要唾弃。"①瞿秋白1924年2月在《现代社会学》一书中系统研究了马克思关于个人与社会关系的思想,指出:

> 社会是由个人组织成的,——没有个人便没有社会,这是用不着详细解释的。可是应当切记:社会并不仅只是许多个人加起来的总数。社会是现实的总和而不是逻辑的总和,社会是一种"系统",——社会之内许多个人之间有极复杂的错综交互的互动关系。②

他还引用马克思的话说:"社会之外不相关涉各自独立的个人生产……纯粹是幻想,无意识的假设。"③在长期的革命实践中,以毛泽东为首的无产阶级革命者逐渐认识到个人主义的表现形式、阶级根源和严重危害,反对个人主义、坚持个人利益服从民族和人民利益的集体主义原则,成为他们的共识。毛泽东明确指出:"一个共产党员,应该是襟怀坦白,忠实,积极,以革命利益为第一生命,以个人利益服从革命利益"④,"共产党员无论何时何地都不应以个人利益放在第一位,而应以个人利益服从于民族的和人民群众的利益"⑤。刘少奇在《论共产党员的修养》中,也批判了无原则纠纷、派别斗争、宗派主义和本位主义等个人主义思想。他指出:

> 某些人在解决各种具体问题的时候,常把个人利益摆在前面,而把党的利益摆在后面;或者他对于个人总是患得患失,计较个人的利益;或者假公营私,借着党的工作去达到他私人的某种目的;或者借口原则问题、借口党的利益,用这些大帽子去打击报复他私人所怀恨的同志。⑥

他认为,这些都是个人主义的表现,并强调,"个人利益服从党的利益,地方党组织的利益服从全党的利益,局部的利益服从整体的利益,暂时的利

---

①《陈望道文集》第1卷,上海:上海人民出版社1979年版,第191—192页。
②《瞿秋白文集》(政治理论篇)第2卷,北京:人民出版社2013年版,第463页。
③ 同上书,第466页。
④《毛泽东选集》第2卷,北京:人民出版社1991年版,第361页。
⑤ 同上书,第522页。
⑥《刘少奇选集》(上卷),北京:人民出版社1981年版,第138—139页。

益服从长远的利益,这是共产党员必须遵循的马克思列宁主义的原则"①,每个党员都必须"用无产阶级的思想意识去同自己的各种非无产阶级思想意识进行斗争;用共产主义的世界观去同自己的各种非共产主义的世界观进行斗争;用无产阶级的、人民的、党的利益高于一切的原则去同自己的个人主义思想进行斗争"②。

这一时期,向往革命、接受马克思主义思想的"无产阶级文化"新军也逐渐意识到个人主义的危害,并纷纷表达了对集体主义的认同。柔石在《个人主义与流氓本相——给朋友的忠诚的感言》中形象地讽刺了少数自由派个人主义者的虚伪:

> 精确的 Individualism 底意义,当然是重视着社会里的个体的独立与自由;流氓呢,不过是无业者的一批汉子,互相勾结着来谋各自底丰衣足食罢了。但,在中国,竟有许多青年,平静时则晃着他个人主义的行动的红顶子,一到有变故,就摇身而现出流氓的本相了。以自我为一切的标准,确定了这两者的命运;以私利为存活的方法,就联接着这两者的行动了。③

邹韬奋从阶级不平等的现实批判了个人主义:

> 所谓个人主义,原是市场自由竞争所形成的意识,也是生产工具私有的护符。个人主义以个人为一切利害的中心,以个人自由为标榜。至于只有劳力可卖的人们,没有选择的余地,有什么自由可言?④

> 民族未解放,个人何从获得自由? 个人不是做集团的斗士的一员,何从争自由?⑤

郭沫若在《青年与文化》中号召青年从个人主义走向集体主义:"我们应该克服各种形式的个人主义,来发挥集体精神;在集体的力量中,把自己的存在,光大发皇起来。只要大家不肯向那退回无文化状态的兽性投降"⑥,他

---

① 《刘少奇选集》(上卷),北京:人民出版社 1981 年版,第 129 页。
② 同上书,第 121 页。
③ 《柔石选集》,北京:人民文学出版社 1986 年版,第 372 页。
④ 《韬奋全集》第 6 卷,上海:上海人民出版社 1995 年版,第 494 页。
⑤ 同上书,第 495 页。
⑥ 《郭沫若全集》第 18 卷,北京:人民文学出版社 1992 年版,第 110 页。

认为,如果"个人都在以集体主义的精神努力,那努力的成果总汇起来便足以转移时势。个人向集体没入不是消灭自己,而是扩大了自己"①。青年马克思主义理论家冯定阐述了个人主义与集体主义的根本对立。在《新人群的道德观》中,他指出:

> 新人群的道德标准和旧道德标准有一个大大的区别,这就是旧道德常常从个人出发,而新道德却处处从社会出发。②

在《平凡的真理》中,他更加直接地阐释了个人主义与集体主义的对立:"个人主义只从个人的利益出发,正是反映了剥削阶级的利益和意愿……从个人主义出发,就会不知全体,不顾大局"③。

还应看到,以毛泽东为代表的早期共产党人并没有把反对个人主义等同于否定个人正当利益,相反,他们在把党的利益、革命的利益和群众的利益看得高于一切的同时,坚持尊重个人正当利益,尊重个性发展,从而坚持了个人利益与集体利益的辩证统一,进一步充实了以集体主义为原则的革命道德的内容。早在1934年,毛泽东提出了关心群众生活、解决群众实际问题的重要性。他指出:

> 一切群众的实际生活问题,都是我们应当注意的问题。假如我们对这些问题注意了,解决了,满足了群众的需要,我们就真正成了群众生活的组织者,群众就会真正围绕在我们的周围,热烈地拥护我们。④

1942年,他在谈到经济问题和财政问题时,再次强调:"一切空话都是无用的,必须给人民以看得见的物质福利。"⑤可见,在毛泽东看来,尊重个人正当利益不仅是密切党群关系、推进事业发展的重要前提,还是党的凝聚力和战斗力的根本保障。⑥

总体上看,十月革命之前中国思想界对马克思主义学说的介绍是不成熟的,而对马克思、恩格斯道德思想的介绍更是零星的、片段的、简略的。并

---

① 《郭沫若全集》第18卷,北京:人民文学出版社1992年版,第111页。

② 《冯定文集》第1卷,北京:人民出版社1987年版,第109页。

③ 同上书,第547—549页。

④ 《毛泽东选集》第1卷,北京:人民出版社1991年版,第137页。

⑤ 《毛泽东文集》第2卷,北京:人民出版社1993年版,第467页。

⑥ 参见夏伟东、李颖、杨宗元《个人主义思潮》,北京:高等教育出版社2006年版,第65—68页。

且,由于时代和阶级的局限,在介绍和评述中也存在一些偏差甚至错误。但是,我们仍应看到,这一时期对马克思主义经典作家道德思想的引入和初步介绍,为中国学术界带来了新的思想曙光,也成为其后对经典作家道德思想进行深入、系统研究的理论前奏。同时,伴随着马克思主义经典作家道德观的传入和传播,马克思主义经济伦理思想也对中国思想界、实业界和民众产生影响,并对现代经济伦理的生成起到了重要作用。

第六章
孙中山的经济伦理思想

孙中山的经济伦理思想是和他的"三民主义"理论紧密联系在一起的,特别是其民生主义思想,倡导贫富均等,追求民生幸福,内含着丰富的经济伦理意蕴。19世纪末20世纪初,孙中山在不同场合、不同语境中对民生主义的相关表述,构成了其民生主义经济伦理思想的基本脉络和理论体系。孙中山确立了"民为贵"的价值诉求和"贫富均等"的价值目标,并为实现这一价值目标而设计了一系列经济制度和具体措施,以"平均地权"解决土地和收益的公平分配问题,以"节制资本"预防资本垄断倾向、促进社会公平,以"振兴实业"作为经济发展要务,从而确立了"民生为本"的经济伦理内涵。作为中国近代革命第一人,孙中山民生主义经济伦理思想顺应历史潮流和时代发展的要求,吸收了当时西方先进的经济思想,突破了中国千百年来封建制度下的经济体制,在当时时代背景中具有毋庸置疑的先进性,对今天以改善民生为主要目的的政策制定和实施也有着重要的启示意义。

第一节　孙中山经济伦理思想的产生

作为活跃于19世纪末20世纪初期的资产阶级革命家,孙中山的民生主义经济伦理思想有其复杂的历史背景和理论来源。他继承了中国传统经济伦理思想,同时也借鉴了西方各种流派的经济伦理思想,而这一切都和他的个人成长经历以及革命经历有着不可分割的关系。

一、孙中山的个人成长经历

孙中山出生和成长的时代是中国和世界都充满动荡和变革的时代。1866年,他出生在广东省香山县翠亨村的一个农民家庭,早年家境贫寒,自幼参加劳动,10岁才入私塾学习。由于童年在农村艰苦的社会环境中度过,孙中山亲身体验到农民的贫困痛苦与地主官僚的残酷压迫,这段经历对于他关注民生的意识形成有着非常重要的作用。也正是其农民家庭出身,使孙中山对农民具有天然的阶级同情和改变劳苦大众艰苦生活的决心。他在日后的革命实践工作中对农民问题、土地问题格外关注,并逐渐孕育和生成了"国民求生存""民生为本"的思想。正如宋庆龄所说:"孙中山是从民间来的。……他生于农民的家庭。……他下了决心,认为中国农民的生活不该长此这样困苦下去。中国的儿童应该有鞋穿,有米饭吃。"①后来,孙中山在长兄孙眉资助下,去往美国檀香山、香港、广州等地游学,接受了较为系统的西式教育。自 1878 年始,在美国檀香山游学的 5 年中,孙中山不仅学到了欧美的科学文化知识,而且对西方资产阶级政治学说颇为关注。在此期间,他熟读华盛顿、林肯等人的传记,并对基督教的感情日益加深,由此渐渐地萌发了"改良祖国"的思想。"至檀香山,就傅西校,见其教法之善,远胜吾乡。故每课暇,辄与同国同学诸人,相谈衷曲,而改良祖国,拯救同群之愿,于是乎生。当时所怀,一若必使我国人人皆免苦难,皆享福乐而后快者。"②可见,正是在这段时期,孙中山心怀天下、关注民生的民生经济伦理思想开始萌芽。

面对清政府对人民群众的欺压和西方列强对中国的压迫,国家灾难日益深重,人民生活困苦不堪,孙中山逐渐树立起反封建甚至彻底反对帝国主义的革命思想,开始为争取民族独立、改善人民生活而不断探索。他明确指出,中国社会面临两个问题,"一个就是解决国内民生问题,二个是打破列强的侵略"③。1894 年,孙中山上书李鸿章失败,最后一线改良希望破灭,加之中日甲午战争爆发,使他下决心走上革命的道路。他在檀香山组织兴中会,并在兴中会章程中第一次喊出"振兴中华"的口号,号召把国计和民生联系在一起,并为此而奋斗。在此后的几十年中,孙中山在与维新派的论战中以及在国外避难游历过程中不断加深对中国现实的思考,其"三民主义"革命和建国思想体系日趋发展,民生主义经济伦理思想也在此过程中逐渐发展成熟。

就世界范围而言,孙中山生活的时代是一个由资本主义向帝国主义过渡的时代。尽管西方列强对中国以及世界各地的殖民侵略带着残酷的血腥和暴力,但不可否认的是,西方资本主义生产方式较中国的封建主义生产方

---

① 宋庆龄:《为新中国奋斗》,北京:人民出版社 1952 年版,第 5 页。
② 《孙中山全集》第 2 卷,北京:中华书局 1982 年版,第 359 页。
③ 《孙中山全集》第 11 卷,北京:中华书局 1986 年版,第 368 页。

式而言是一种先进的生产方式。1895 年,广州起义失败后,孙中山被迫流亡海外,流亡途中,孙中山经常到大英博物馆学习西方政治、经济、科学技术等相关书籍,认真考察欧美国家的政治、经济状况,并与欧美社会进步人士密切接触。他努力学习欧美的长处,谋求用改革和革命的方式来摧毁半殖民地半封建社会的旧体制,努力实现中国的独立与富强。孙中山对英国新闻界发表公开信说:"我对立宪政府和文明国民意义的认识和感受愈加坚定,促使我更积极地投身于我那可爱而受压迫之祖国的进步、教育和文明事业。"①在学习西方先进生产方式的同时,孙中山也深刻意识到资本主义制度所存在的弊端,特别是在经济领域内,贫富悬殊的社会现实正面临着社会革命的阵痛。"此问题在欧美今日,愈演愈烈,循此而往,至发生社会之大革命不止也。俄国已发其端,德国又见告矣,英、美诸国将恐不免也。"②因此,他强调借鉴西方经济发展模式,但并不主张完全走西方资本主义道路,而是试图利用资本主义先进的生产技术和生产方式,避免其制度弊端,进行一场能够改善中国国计民生的社会革命。

1917 年,俄国十月革命的胜利让孙中山看到了新的希望。在他看来,当时的俄国封建程度丝毫不亚于中国,俄国人民深受沙皇和宗教的双重压迫。十月革命的胜利给了他莫大的鼓舞,他开始与苏俄政府积极接触,并认真学习马克思的社会主义理论。"社会主义学说在俄国的实现,让孙中山认识到他的民生主义'即社会主义也'。"③中国的资本主义尚不发达,如果照搬西方资本主义道路模式,必然会重蹈西方社会的覆辙。因此,他更倾向于中国革命应当顺应时代潮流,关心人民生活,在进行民族革命的同时进行社会主义革命,以此实现中国的长治久安。由此,孙中山民生主义思想也进入了一个新的发展阶段。

"弱冠负笈外洋,洞悉西欧政教,近世新学靡不博览研求。"④正是这样的人生经历,促使孙中山的民生主义经济伦理思想不拘泥于对中国传统经济伦理思想的吸收和借鉴。西方学习经历不仅让孙中山吸收了欧美先进的科

---

① 《孙中山全集》第 1 卷,北京:中华书局 1981 年版,第 36 页。
② 《孙中山全集》第 5 卷,北京:中华书局 1985 年版,第 191 页。
③ 王杰:《孙中山民生思想研究》,北京:首都经济贸易大学出版社 2011 年版,第 17 页。
④ 黄彦编:《孙文选集》(中册),广州:广东人民出版社 2006 年版,第 22 页。

学技术知识,而且使其深受西方资产阶级政治、经济学说的影响。辛亥革命前后,孙中山在游历世界的途中认真考察了欧美的社会思潮,其中美国亨利·乔治的单税论、德国俾斯麦的"国家社会主义"等思想对他影响至深。从民生主义的具体内容来看,"平均地权"的土地政策实际上受援于亨利·乔治的单税论,限制私人资本、发达国家资本的"节制资本"思想则深受俾斯麦"国家社会主义"的影响。他曾说:

> 民生主义,并非均贫富之主义,乃以国家之力,发达天然实利,防资本家之专制。德国俾士麦反对社会主义,提倡国家社会主义,十年以来,举世风靡。日本前年杀社会党多人,其政府又主张烟草专卖等事,仍是国家社会主义。可知此主义并非荒谬,世界通行。①

在一定程度上,欧美民主政治思想既是孙中山政治思想来源的核心,也是其经济伦理思想的重要来源。他在学习西方政治学说和经济学说的基础上对之进行反思,并加以改造、论证,从而逐渐形成了独特的民生主义经济伦理思想。

概而言之,孙中山个人的生活经历使他认识到通过发展实业增加社会物质财富、制定各项社会制度来确保资源合理分配等一系列改善民生政策的必要性。孙中山心怀天下、关注民生、倡导贫富均等的经济伦理思想在其追求民族、民权、民生的远大理想中逐渐形成,并日趋成熟。

二、民族资产阶级的价值诉求和反帝、反封建的斗争

1840 年,鸦片战争爆发,清政府与英国签订了丧权辱国的《南京条约》。随后,西方列强又发动了多次侵略战争,腐败无能的清政府相继签订了诸多不平等条约,中华民族陷入苦难的深渊。以孙中山为代表的民族资产阶级认识到,只有推翻封建主义和帝国主义的双重压迫,建立资产阶级民主共和国,才能救国民于水火之中,改善人民生活,促进社会进步。1911 年,孙中山领导的辛亥革命推翻了清王朝的统治,结束了中国两千多年来的封建帝制。

---

①《孙中山全集》第 2 卷,北京:中华书局 1982 年版,第 442 页。

但由于军阀混战，列强割据，中华民族的苦难依然深重，人民仍然生活在水深火热当中。1924年1月，中国国民党第一次全国代表大会在广州召开，孙中山在会上对"三民主义"作了新的解释，主张中国革命应将国家的独立、民族的振兴和民生的改善结合起来，这不仅充实了反帝、反封建的内容，也标志着孙中山的革命思想进入到一个新阶段。

随着国外商品不断涌入中国市场，中国自给自足的封建自然经济逐步解体。一方面，大量的农民无法依靠土地生存，大量手工业者也因外来商品的涌入失去市场竞争优势，不得不寻求新的出路，这为民族工业的发展提供了充足的劳动力。另一方面，人们对工业制品的生产、生活需求也随着自然经济的瓦解而日益增长，这为民族工业的发展提供了更大的销售市场，民族资产阶级兴办实业的积极性得以提高。特别是在《马关条约》签订后，西方列强不断增加在华工厂的数量，在加速对中国资本输出的同时，也在一定程度上刺激了中国民族资本主义的发展。由此，民族工业有了较快的发展，民族资产阶级在力量不断壮大的同时，在经济和政治舞台上有了迫切表达自己意愿的价值诉求。作为民族资产阶级经济利益和价值诉求的主要代表，孙中山把发展资本主义式的经济看作民族资本主义发展壮大的重要手段，同时也表达经济与道德上的平等和公平诉求。因此，民族资产阶级对于经济、道德公平化的诉求，也就促使孙中山制定相应的符合民族资产阶级自身利益要求和伦理诉求的经济政策。

孙中山始终强调道德对于整个社会发展、国家进步和革命斗争所起到的积极作用，他认为："大凡一个国家所以能够强盛的原故，起初的时候都是由于武力发展，继之以种种文化的发扬，便能成功。但是要维持民族和国家的长久地位，还有道德问题，有了很好的道德，国家才能长治久安。"①因此，他提出道德救国的设想，"因为我们民族的道德高尚，故国家虽亡，民族还能够存在；不但是自己的民族能够存在，并且有力量能够同化外来的民族。所以穷本极源，我们现在要恢复民族的地位，除了大家联合起来做成一个国族团体以外，就要把固有的旧道德先恢复起来。有了固有的道德，然后固有的

---

①《孙中山全集》第9卷，北京：中华书局1986年版，第242页。

民族地位才可以图恢复。"①进而,他要求人民应自觉地肩负起救国图存、发展国家经济的重要责任,要求国民以人格救国、用道德力量改变中国落后的社会状况。简言之,正是反帝、反封建斗争的实践探索为孙中山经济伦理思想的产生和逐步成熟提供了丰富的精神动力和实践基础。

早期的孙中山认为在中国发展资本主义是符合世界潮流的,也是让中国走向复兴的必经之路。但是,随着政治腐败日益深重,民族危机日益加深,加之改良道路的不断受挫,孙中山也开始改变其价值观念,转向以社会革命的手段在中国开辟资本主义的道路。欧洲资产阶级革命取得胜利后,资产阶级国家奉行经济自由、机会平等的政策。自由竞争大大提高了生产率,推动了资本主义经济的发展,促进了社会财富迅速增长。与此同时,资本家垄断了生产资料,社会出现极大的贫富悬殊、分配不公平的现象。各种社会矛盾日益尖锐,工人阶级要求推翻资产阶级,破除生产资料私有制,变革所有制形式,成为社会发展所经历的必然趋势。在西方资本主义国家解决民生问题的社会制度和经济政策的启示下,孙中山提出了"平均地权""节制资本""振兴实业"等促进经济发展,改善民生、保障社会公平的政治、经济政策,这些经济政策体现的人本理念、公平原则是具有代表意义的民生经济伦理思想。

三、对中国传统经济伦理思想的反思与继承

"民生"一词最早出自《左传·宣公十三年》,"民生在勤,勤则不匮",意为人民只有勤于劳作,生计才不会匮乏。儒家文化中,孔子"仁者爱人"、孟子"民贵君轻"、墨子"交相利,兼相爱"的思想,都体现了中国传统经济伦理思想以民为本的价值诉求。程颐在《代吕晦叔应诏疏》中指出"为政之道,以顺民心为本,以厚民生为本,以安而不扰为本"。孙中山幼年在家乡接受私塾教育,传统儒家文化在其思想深处留下了不可磨灭的印迹,在其多部著述中都能看到"均无贫,和无寡""民为邦本,本固邦宁"等带有鲜明中国传统文化色彩的阐述。概括而言,孙中山的民生主义经济思想主要受中国古代"大同"思想和"均平"思想的影响。

①《孙中山全集》第9卷,北京:中华书局1986年版,第243页。

大同思想源于儒家传统，"大道之行也，天下为公，选贤与能，讲信修睦。故人不独亲其亲，不独子其子，使老有所终，壮有所用，幼有所长，鳏、寡、孤、独、废疾者皆有所养，男有分，女有归。货恶其弃于地也，不必藏于己；力恶其不出于身也，不必为己。是故谋闭而不兴，盗窃乱贼而不作，故外户而不闭，是谓大同。"①孙中山曾在多种场合说过，真正的民生主义就是孔子所言的大同世界，即所谓"民生主义就是社会主义，又名共产主义，即是大同主义"②。在这一思想影响下，孙中山民生主义经济伦理思想强调在经济发展、生产力不断进步的同时，要以每个人都能够享受生产力发展所带来的利益作为社会和谐发展的伦理根据，顾及每个人都能获得相应的生存发展权利，避免贫富悬殊，从而实现社会大同理想。

除"大同思想"外，孙中山还强调民生主义的目的就是要"均贫富"，把社会上的财源加以平均，所得利益归大家共享。在他看来，社会革命的原因是社会上贫富过于悬殊，而民生主义就是要贫富均等，不能以富者压制贫者。他指出："诸君或者还有不明白民生主义是什么东西的。不知道中国几千年以前，便老早有行过了这项主义的。像周朝所行的井田制度，汉朝王莽想行的井田方法，宋朝王安石所行的新法，都是民生主义的事实。"③孙中山晚年倡导的"耕者有其田"的土地政策，更是直接承继了《天朝田亩制度》中的"凡天下田，天下人同耕"方案，这些方案都带有鲜明的"均平"色彩。可见，孙中山经济伦理思想在很大程度上继承了中国古代的"均平"思想。

四、民生主义经济伦理思想的提出

1905 年，孙中山在《〈民报〉发刊词》中指出："十八世纪之末，十九世纪之初，专制仆而立宪政体殖焉。世界开化，人智益蒸，物质发舒，百年锐于千载，经济问题继政治问题之后，则民生主义跃跃然动，二十世纪不得不为民生主义之擅场时代也。"④同年，中国同盟会在日本成立，孙中山把"平均地

---

① 《礼记·礼运》。
② 孙中山：《三民主义》，北京：九州出版社 2012 年版，第 165 页。
③ 《孙中山全集》第 8 卷，北京：中华书局 1986 年版，第 472 页。
④ 《孙中山全集》第 1 卷，北京：中华书局 1981 年版，第 288 页。

权"列入同盟会纲领,并在第二年制定《中国同盟会革命方略》时对此作了阐释:"文明之福祉,国民平等以享之。当改良社会经济组织,核定天下地价。其现有之地价,仍属原主所有;其革命后社会改良进步之增价,则归于国家,为国民所共享。肇造社会的国家,俾家给人足,四海之内无一夫不获其所。敢有垄断以制国民之生命者,与众弃之!"①1924年,在国民政府建国大纲中,孙中山明确指出:"建设之首要在民生。故对于全国人民之食衣住行四大需要,政府当与人民协力:共谋农业之发展,以足民食;共谋织造之发展,以裕民衣;建筑大计划之各式屋舍,以乐民居;修治道路、运河,以利民行。"②他在建国大纲中将民生放在"三民主义"建设之首要位置,可见民生思想在其"三民主义"中的重要地位。

民生问题是人类社会生存和发展的根本问题,也是国家治理的基本问题。在孙中山看来,"民生就是人民的生活——社会的生存、国民的生计、群众的生命便是。"③这里,孙中山所说的"人民的生活",并不仅仅是指人民的日常生活,而是包含了更为广泛深刻的内涵。具体而言,"人民的生活"表达了三层意思:一是指人民群众借以维持生活所需的物质资料的状况;二是指人民群众为获得生活所需物质资料而采取的谋生之道;三是指一个社会为解决"群众的生命"和"国民的生计"而采取的政治、经济政策等。正如有学者所言,"'民生'的内涵扩充至包括一切经济问题,包括社会的生产和分配,凡一切触及民众的经济生活的事情,统统为民生问题,于是,一切试图解决经济问题的各种制度和政策,便统统被囊括进他的民生主义,民生主义也就是一种'福利主义',一种试图'调和''社会上大多数的经济利益'的一切主义和制度,于是民生主义不仅被界定为社会主义和共产主义,而同时还被界定为与社会主义相对立的资本主义,因而它具有了不同质的属性"④。

总体而言,孙中山民生主义经济伦理思想的产生与其个人的成长、游历以及革命经历有着密切的关系。他根据中国资产阶级革命的需要,既从中国传统文化的民本思想中汲取了充分的养分,同时也借鉴了西方先进的经

---

①《孙中山全集》第1卷,北京:中华书局1981年版,第297页。
② 孙中山:《建国方略》,北京:中华书局2011年版,第321页。
③ 孙中山:《三民主义》,北京:九州出版社2012年版,第165页。
④ 黄明同、卢昌健:《孙中山经济思想》,北京:社会科学文献出版社2006年版,第69页。

济建设和社会改革思想,并且看到了西方资本主义经济体制的弊端,受到了共产主义思想的启发。正如他在《中国革命史》一文中自述其思想,"余之谋中国革命,其所持主义,有因袭吾国固有之思想者,有规抚欧洲之学说事迹者,有吾所独见而创获者"①。孙中山的民生经济伦理思想正是在如此丰富的思想来源背景下,在社会革命和经济建设的实践中产生并趋向系统化、理论化,各种经济制度和政策之间融会贯通并有所创新,其内容主要体现在他的《民生主义》和《实业计划》等著作中。

第二节 孙中山经济伦理思想的主要内容

民生主义是孙中山"三民主义"理论的核心。孙中山指出:"要把历史上的政治、社会、经济种种中心都归之于民生问题,以民生为社会历史的中心。先把中心的民生问题研究清楚了,然后对于社会问题才有解决的办法。"②在他看来,人民是整个社会和历史存在的最基本的前提,人民生存问题的解决,即民生问题的解决,也是社会和历史问题的中心。因此,孙中山把发展经济、提高人民生活质量看成是整个社会发展的重心,这体现出他对于解决人民生活贫苦问题的深切关怀,以及改善人民生活的迫切愿望。孙中山关注人民生活,关心人民疾苦,努力从经济发展、社会分配制度以及社会伦理制度等方面改善国民生活状况,提高人民生活水平,其"贫富均等"的分配观、国富民强的发展观以及平等互助的社会伦理观,都蕴含着丰富的经济伦理思想,体现出"民生为本"的经济伦理理念。

一、"民生为本"的伦理内涵

"民生为本"是中国经济伦理思想史上的一个重要议题。中国传统民生

---

① 《孙中山全集》第7卷,北京:中华书局1985年版,第60页。
② 孙中山:《三民主义》,北京:九州出版社2012年版,第183页。

经济伦理的主要意涵在于,国家治理应该关注人民生活,确保人民能够安居乐业。孔子曾说:"有君子之道四焉:其行己也恭,其事上也敬,其养民也惠,其使民也义。"①在儒家看来,"养民"是君子治国策略中非常重要的内容,养民之意在于使民众获得恩惠,这无疑是一种"民本主义"的治国思想。而以管仲为代表的法家则认为"国富者兵强,兵强者战胜,战胜者地广"②。可以看出,法家"国富兵强"的治国思路相对于儒家"养民"策略而言,更注重国家的整体强大,认为只有国家富强了,军队力量才能增强,才能取得战争的胜利,从而使国家面积更为广阔。

孙中山生活的年代正处于帝国主义侵略和军阀内战的动荡时代。在当时的中国,人民的民生问题无法得到改善,理想社会所追求的公平正义也无从谈起。洋务派推行"师夷长技以制夷"的救国策略,不断追求国家在军事方面的强大,却忽略普通百姓民不聊生的生活状况,这种舍本逐末的救国策略最后以失败告终。孙中山对此进行了深刻思考,认为只有进行一场真正意义上的革命才能改变当时的状况。他认为,社会经济、政治、文化的发展都要诉诸民生问题的解决。"工业实在是要靠民生。民生就是政治的中心,就是经济的中心和种种历史活动的中心,好像天空以内的重心一样。"③他提出富民强国的经济发展观、贫富均等的社会公平观等,以解决民生问题,这些政策和方案都蕴含着"民生为本"的伦理内涵。

进一步看,孙中山以民生为本提出"富民强国"的建设思路能够弥合儒家"养民"和法家"富国"的思想分歧。一方面,在他看来,发展经济才是社会和人民之"本",但发展经济旨在富民强国,既要考虑国家强盛,也要顾及民众生活水平的提高。人民是国家的基础,人民的富裕是国家强盛的基础,富民应该成为经济发展的重要目的。"我们将来的国家,做到了民有、民治、民享便是世界上最安乐的国家;在此国家之内的人民,便是世界上最安乐的人民。"④可见,孙中山高度重视人民在国家中的地位和作用,其民生主义的目的是做到"民有、民治与民享",这与儒家"养民"策略是一致的。另一方面,

① 《论语·公冶长》。
② 《管子·治国》。
③ 孙中山:《三民主义》,北京:九州出版社2012年版,第183页。
④ 《孙中山选集》,北京:人民出版社1981年版,第564页。

孙中山也强调通过发展经济壮大国家实力。他在《国民政府建国大纲》第二条就提出：

> 建设之首要在民生。故对于全国人民之食衣住行四大需要，政府当与人民协力：共谋农业之发展，以足民食；共谋织造之发展，以裕民衣；建筑大计划之各式屋舍，以乐民居；修治道路、运河，以利民行。①

国家富强，农业发展了才能给人民提供充足的粮食，工业发达了才能给人民提供更多的生活必需品，基础建设进步了才能给人民提供更好的生活条件，提高人民生活的幸福指数。因此，"强国"也是必要的，但"强国"的目的仍是为了"养民"。总之，富民强国的救国策略体现了孙中山对民生的深切关怀，以"民生为本"的经济政策是孙中山经济伦理思想的内涵体现，也是其民生主义思想的理论基础和实践方向。

二、"民为贵"的价值诉求

孟子曰："民为贵，社稷次之，君为轻。"②在孙中山看来，儒家"民贵君轻"的思想在经济发展程度较低、生产力水平落后的情况下难以真正实现。因此，他对儒家这一思想采取了辩证态度，吸收了其中"民为贵"的积极思想。在他看来，西方资本主义生产的根本目的是为资本家赚钱，工人的劳动所产生的劳动价值很大一部分被资本家占有，这是不合理的，也是不公平的。而中国落后的根本原因是生产方式陈旧，科学技术水平低下。对此，孙中山提出，要通过发展科学技术，改进生产方式，努力提高生产力水平，从而改善民生，促进国家富裕和人民幸福。在具体方法上，他提出用机器大生产取代手工作业，促进生产力的发展，创造出更多的物质财富，满足人民的生活需要，亦即解决人们的吃饭、穿衣问题，"要四万万人都是丰衣足食"③，以此来实现"养民"目的。

---

① 孙中山：《建国方略》，北京：中华书局2011年版，第321页。
②《孟子·尽心下》。
③ 孙中山：《三民主义》，北京：九州出版社2012年版，第216页。

　　在孙中山看来，与物质境遇相比，人的问题是重心。孙中山将改善人民生活的"养民"目标提升到社会发展的价值选择层面，并落实在他的施政策略中，充分体现了他关注人民生活的伦理意识。他始终强调维持人的生存是社会经济生活的重心，并突出对作为历史主体的人的重视，表达了其经济伦理思想以"民为贵"的价值诉求。

　　进一步而言，这种"民为贵"的价值诉求具体体现在孙中山"养民"的目标和政策中。他指出："如果实行民生主义，便要生产粮食的目标不在赚钱，要在给养人民。我们要达到这个目的，便要把每年生产有余的粮食都储蓄起来，不但是今年的粮食很足，就是明年、后年的粮食都是很足，等到三年之后的粮食都是很充足，然后才可以运到外国去卖；如果在三年之后还是不大充足，便不准运出外国去卖。要能够照这样做去，来实行民生主义，以养民为目标，不以赚钱为目标，中国的粮食才能够很充足。"[1]"所以，民生主义和资本主义根本不同的地方，就是资本主义是以赚钱为目的，民生主义是以养民为目的。有了这种以养民为目的的好主义，从前不好的资本制度便可以打破。"[2]

　　在"民为贵"的价值诉求引导下，孙中山民生主义经济伦理思想强调经济目标与民生目标的统一，在发展经济的同时始终关注人民的生活状况，关注民生的改善。一方面，他强调经济发展的基础性地位和决定性作用，指出"经济问题，不是道德心和感情作用可以解决得了的，必须把社会的情状和社会的进化研究清楚了之后，才可能解决。这种解决社会问题的原理，可以说是全凭事实，不尚理想"[3]。另一方面，他又看到道德对解决民生问题的重要作用，强调民生问题的解决不能仅仅从经济范围着手或是单纯依赖经济手段，还需要重视民主政治和道德良心的支持。因此，在"民为贵"的价值诉求下，孙中山坚持以经济发展为手段，以改善民生为主要目的，力图以经济发展促进人民利益的增进。

---

[1] 孙中山：《三民主义》，北京：九州出版社 2012 年版，第 213 页。
[2] 同上书，第 213 页。
[3] 同上书，第 170—171 页。

三、"贫富均等"的分配正义

孙中山赞赏西方资本主义创造的辉煌物质文明成就,却不认同资本主义以"赚钱"作为社会经济发展的目标。"因为在私人资本制度之下,种种生产的方法都是向往一个目标来进行,这个目标是什么呢？就是赚钱。……像这样的分配方法,专是以赚钱为目标,民生问题便不能够完全解决。"①他清楚地看到,在欧美等资本主义国家,贫富悬殊现象严重,并且随着市场化和工业化进程的加速,贫富差距日益扩大。孙中山认为,在西方资本主义国家,工人劳动所得远远低于其应得,这造成了工人的贫困,其根源在于资本、土地等重要资源被资本家垄断,而资本主义国家又缺乏对经济生产的有效调节,从而造成了社会资源分配的不公平。大资本家因为占有大量的生产资料,无需劳动就可以占有大量的劳动成果,工人阶级辛苦劳动,却只能获取很少的一部分劳动成果来满足基本生活所需,维持继续劳动的能力。"在那些私人资本制度之下,生产的方法太发达,分配的方法便完全不管,所以民生问题便不能够解决。"②因此,他痛恶资本制度因资本垄断所带来的贫富差距扩大和阶级斗争对立,明确提出"我们的民生主义,目的是在打破资本制度"③。他进一步指出,与西方资本主义分配制度不同的是,"我们要完全解决民生问题,不但是要解决生产的问题,就是分配的问题也是要同时注重的。分配公平方法,在私人资本制度下是不能够实行的。……我们要实行民生主义,还要注重分配问题。我们所注重的分配方法,目标不是在赚钱,是要供给大家公众来使用"④。

借鉴中国传统文化中的均平思想,孙中山提出"贫富均等"的价值目标,并将这一目标作为民生主义的重要内涵,"民生主义,即贫富均等,不能以富等[者]压制贫者是也"⑤。他认为:"我们要解决中国的社会问题,和外国是有相同的目标。这个目标,就是要全国人民都可以得安乐,都不致受财产分

---

①② 孙中山:《三民主义》,北京:九州出版社 2012 年版,第 212 页。
③④ 同上书,第 213 页。
⑤《孙中山全集》第 6 卷,北京:中华书局 1985 年版,第 56 页。

配不均的痛苦。"①在他看来,社会贫富差距过大这一现象本身代表着社会分配制度的不公平和不正义。要想使民生问题得到合理解决,就必须力求社会分配制度的公平和正义,使人民能够公平、合理地享受其劳动所创造的社会财富。因此,孙中山强调人民能够公平分配到自己的劳动成果,极力反对资本家对农民和工人劳动价值的剥削。他追求贫富均等,反对两极分化,认为"贫富均等"是社会生产的最终价值目标。"我们国民党的民生主义,目的就是要把社会上的财源弄到平均。"②

应当看到,孙中山所主张的"贫富均等"不等于平均主义。相反,孙中山对中国的贫富状况有着深刻的认识,他反对中国传统的"不患寡而患不均"的绝对平均主义,认为这种建立在贫穷基础之上的"均贫"不能够改善民生,也不符合历史发展趋势。因此他明确指出"中国今是患贫,不是患不均"③。在他看来,"贫富均等"的价值目标固然重要,但中国极度贫困的现实局面摆在眼前,"中国人大家都是贫,并没有大富的特殊阶级,只有一般普通的贫。中国人所谓'贫富不均',不过在贫的阶级之中,分出大贫与小贫。其实中国的顶大资本家,和外国资本家比较,不过是一个小贫,其他的穷人都可说是大贫。中国的大资本家在世界上既然是不过一个贫人,可见中国人通通是贫,并没有大富,只有大贫小贫的分别"④。因此,在他看来,要确保民生的改善,必须在国富民强的基础上消除贫富差距过大,达到"把这个分别弄到大家平均,都没有大贫"⑤的目的。易而言之,孙中山所倡导建立在经济进步、总体水平富裕基础上的均等即"均富",而非停留在贫穷基础上的均等即"均贫"。与传统观念相比较,孙中山的经济平等思想无疑是一种很大的进步,他的这种在提高生产力水平基础之上的"平等"思想带有一定的社会主义分配色彩。对此,他提出通过充分利用西方的先进科学技术和设备,提高生产的效率,快速发展生产力,加大政府对于人民收入再次分配的话语权,发扬机会均等的经济伦理精神,使人尽其才,物尽其用。从一定意义上说,孙中山民生主义经济伦理思想所追求和体现出的分配正义,至今仍有非常重要

---

① 孙中山:《三民主义》,北京:九州出版社2012年版,第198页。
② 同上书,第193页。
③ 同上书,第197页。
④⑤ 同上书,第188页。

的借鉴价值。

确立"贫富均等"的价值目标后,在具体分配制度的选择上,孙中山进行了认真的思索。他认为,就按需分配而言,"国民道德之程度未能达于极端,尽其所能以求所需者尚居少数,任取所需而未尝稍尽所能者,随在皆是"①。因此,按需分配制度的施行尚不具备物质基础和道德前提。就按劳分配而言,以付出劳动产生的价值作为报酬的尺度,这在肯定劳动是社会经济发展基础的同时,也能够削弱地主和资本家以土地、资本等参与分配和进行剥削的程度,能够增进工人的福利,缩减工人与资本家之间的贫富悬殊,从而有助于实现社会公平。因此,为了使分配合乎正义,他主张国家在对国民收入进行再次分配的同时,加强对国民基本物质生活的保障,确立相对完善的社会保障机制。可以看到,在孙中山的各项施政主张中,无论是按劳分配的现实要求,还是按需分配的社会理想,都体现了他追求"贫富均等"的经济伦理目标。

从内容上看,孙中山"贫富均等"的分配正义思想主要体现在两个方面:一方面,主张人与人之间在经济上的平等地位,这一目标主要依靠国家采取公平、正义的经济分配制度来实现;另一方面,主张不同地区之间的贫富均衡,这一目标主要通过加快落后地区的经济发展来实现。孙中山清楚地看到,在社会产品分配方面,除了人与人之间个体差异导致的贫富悬殊,地区之间的发展不平衡也是导致贫富悬殊的重要原因。在当时,中国东部沿海省份经济相对发达,而西部地区经济发展极为落后,孙中山基于"贫富均等"的价值目标,从全面发展国民经济的高度出发,提倡大力发展西部经济,以逐步缩小地区之间的贫富差距。由此,我们不难看出,孙中山所倡导"贫富均等"反对社会总产品分配的两极分化现象,强调分配正义目标是要在确保人民总体财富增长的基础上,对由于机会和能力的不同而出现的贫富差距给予适当的"补差"。正如他对三民主义所作的具体阐释:"我们三民主义的意思,就是民有、民治、民享。这个民有、民治、民享的意思,就是国家是人民所共有,政治是人民所共管,利益是人民所共享。照这样的说法,人民对于国家不只是共产,一切事权都是要共的。这才是真正的民生主义,就是孔子

①《孙中山全集》第2卷,北京:中华书局1982年版,第508页。

所希望之大同世界。"①事实上,孙中山对"贫富均等"的关注不仅仅局限于国内,也非常重视国际社会的贫富不均现象,"他密切地注视着西方发达国家的社会问题,尤其是贫富严重不均的问题。……可见,孙中山实际上已并重于增长与平均分配两大发展目标,甚至更重于后者,这就使其经济发展学说更具先进性。"②

总体而言,孙中山把改善民生、增进人民利益放在社会经济生产的首要位置,以"贫富均等"体现社会经济发展的分配正义目标,用孙中山自己的话说,"这个目标,就是要全国人民都可以得安乐,都不致受财产分配不均的痛苦"③。这些都体现了孙中山一心为民、关心人民疾苦的伟大情怀。尽管孙中山作为民族资产阶级的利益代表,不可能彻底取缔垄断资本来保证"贫富均等"这一价值目标的实现,但他"平其不平,使不平者底于平"④的分配正义理念仍然在一定程度上鼓舞了处于社会底层的工人、农民阶层,对推动经济的发展起到了积极作用。同时,"贫富均等"的分配正义目标体现了孙中山对实现社会公平的现实追求,也是其自由、平等、博爱的伦理理念在经济领域的具体体现,更是其民生主义经济伦理思想在经济领域的具体实践。

权利的不平等是封建等级制度的基本特征,是导致经济发展迟缓甚至衰落的根本原因之一,孙中山深刻认识到封建社会的这一病症,并将其经济平等思想归结到"土地"和"资本"这两个问题上。在资本问题上,他提出"节制资本"的经济政策,一方面节制私人垄断资本的发展,以免私人垄断控制国计民生的行业,另一方面发达国家资本依靠国家力量发展国有经济,同时也解决私人资本垄断下的分配不均问题。

四、国民求生计的伦理动因

孙中山提出,要解决社会问题,必须先明白社会进化的原动力。在他看

---

① 孙中山:《三民主义》,北京:九州出版社 2012 年版,第 198 页。

② 李向民:《中国的经济发展学说——大梦初觉》,南京:江苏人民出版社 1994 年版,第 122—123 页。

③ 孙中山:《三民主义》,北京:九州出版社 2012 年版,第 198 页。

④《孙中山全集》第 2 卷,北京:中华书局 1982 年版,第 509 页。

来，"民生问题才可说是社会进化的原动力"①。这里的民生主要是指人民求生存的努力，即人们为了生存发展而进行的各种实践活动，包括为获得生存所必需的物质生活资料而进行的生产、交换、分配和消费活动等。孙中山把一切人类的努力都归因于生存动机，他认为：

> 社会之所以有进化，是由于社会上大多数的经济利益相调和，不是由于社会上大多数的经济利益有冲突。社会上大多数的经济利益相调和，就是为大多数谋利益。大多数有利益，社会才有进步。社会上大多数的经济利益之所以要调和的原因，就是因为要解决人类的生存问题。古今一切人类之所以要努力，就是因为要求生存；人类因为要有不间断的生存，所以社会才有不停止的进化。所以社会进化的定律，是人类求生存。人类求生存，才是社会进化的原因。②

因此，在他看来，整个社会历史就是一部人类求生存的发展史，民生问题的改善和人民利益的增进是社会历史发展的重心，同时也是社会不断前进、不断进化的最根本动力。

孙中山进一步强调，民生主义契合了人类求生存、国民求生计的伦理要求，因而能够从根本上发展经济和解决所有社会问题。他指出："我们国民党所提倡的民生主义，不但是最高的理想，并且是社会的原动力，是一切历史活动的重心。民生主义能够实行，社会问题才可以解决；社会问题能够解决，人类才可以享很大的幸福。"③这里的"一切历史活动"包括了经济、政治以及文化教育等一切社会活动。在孙中山看来，民生问题是一切社会活动的最初动力，它不仅关系到人类物质文明的改善，也关系到人类精神文明的进步。他指出："民生就是社会一切活动中的原动力。因为民生不遂，所以社会的文明不能发达，经济组织不能改良，和道德退步，以及发生种种不平的事情。像阶级战争和工人痛苦，那些种种压迫，都是由于民生

---

① 孙中山：《三民主义》，北京：九州出版社 2012 年版，第 178 页。
② 同上书，第 176—177 页。
③ 同上书，第 187 页。

不遂的问题没有解决。所以社会中的各种变态都是果,民生问题才是因。"①

所谓民生是原动力,实际上是指维持人生命存在的衣、食、住、行这一类生活需要是历史发展的原动力。因此,孙中山一直强调要解决民生问题,既要解决民族、民权意义上的生存问题,也要解决人民的衣、食、住、行等基本问题。在他看来,国民生计的根本问题不外乎"食、衣、住、行"这四个方面。因为人民要获得生存和发展,就必须去进行各种生产实践活动,其目的主要在于获得衣、食、住、行等基本生活资料或是进一步的发展资料。因此,他主张的民生主义就是要改善人民的物质生活,解决人民的吃饭、穿衣、交通等基本生活需要问题。正如孙中山所言:"我们要解决民生问题,不但是要把这四种需要弄到很便宜,并且要全国的人民都能够享受。所以我们要实行三民主义来造成一个新世界,就要大家对于这四种需要都不可短少,一定要国家来担负这种责任。"②

值得注意的是,孙中山并不赞同当时盛行的马克思主义唯物史观把物质生产力作为历史发展原动力的主张,而是从作为历史主体的人的角度,提出人类求生存是社会进化的原动力。尽管民生主义将人类求生存作为社会发展原动力的论断有其历史局限性,但把人类求生存、国民求生计作为经济和社会发展的伦理动因,也体现了孙中山对国家和人民强烈的人文关怀和社会责任。

第三节　孙中山经济伦理思想的实践应用

"民生主义的办法,国民党在党纲里头老早是确定了。国民党对于民生主义定了两个办法:第一个是平均地权,第二个是节制资本。只要照这两个办法,便可以解决中国的民生问题。"③针对当时的民生问题,孙中山提出了以"平均地权"解决土地和收益的公平分配问题,以"节制资本"预防资本垄

---

① 孙中山:《三民主义》,北京:九州出版社 2012 年版,第 192 页。
② 同上书,第 214 页。
③ 同上书,第 184 页。

断倾向、促进社会公平,以"振兴实业"作为经济发展的要务等具体的制度设计和安排。可以说,"节制资本""平均地权"和"振兴实业"等经济措施,既是孙中山经济思想的重要内容,也体现了孙中山民生主义经济伦理思想在实践领域的应用。

一、以"平均地权"解决土地收益的公平分配

孙中山认为:"中国的人口,农民是占大多数,至少有八九成,但是他们由很辛苦勤劳得来的粮食,被地主夺去大半,自己得到手的几乎不能够自养,这是很不公平的。"①因此,在土地问题上,他提出"平均地权"的土地政策,晚年更提出"耕者有其田"的土地分配思想,强调"至于将来民生主义真是达到目的,农民问题真是全解决,是要'耕者有其田',那才算是我们对于农民问题的最终结果"②。可见,孙中山提出"平均地权"目的在于使广大农民摆脱被地主阶级剥削和压迫的艰苦境遇,为农民争取经济平等的权利。

孙中山早年在海外游历时,已深刻体察到土地私有是资本主义制度弊端的根源,并且,这种制度随着西方资本主义的扩张对中国的影响越来越大。"近来欧美的经济潮流一天一天的侵进来了,各种制度都是在变动,所受的头一个最大的影响,就是土地问题。"③为了解决土地收益的分配问题,孙中山提出了"平均地权"的土地措施。"平均地权"这一提法最早见于1903年,孙中山在东京建立青山革命军事学校时,制定的入校誓词即为"驱除鞑虏,恢复中华,创立民国,平均地权"④。1905年,孙中山将该誓词内容作为中国同盟会总章的政治纲领,由此,"平均地权"作为一项重要的政治经济制度确立下来,也成为孙中山民生主义思想的重要内容之一。"我们国民党的民生主义,目的就是要把社会上的财源弄到平均。所以民生主义就是社会主义,也就是共产主义,不过办法各有不同。我们的头一个办法,是解决土地

---

① 孙中山:《三民主义》,北京:九州出版社 2012 年版,第 203 页。

② 同上书,第 204 页。

③ 同上书,第 188 页。

④《孙中山全集》第 1 卷,北京:中华书局 1981 年版,第 224 页。

问题。"①对于如何解决,他明确指出,"解决土地问题的办法,各国不同,而且各国有很多繁难的地方。现在我们所用的办法很简单很容易的,这个办法就是平均地权"②。

土地问题是和国计民生紧密联系在一起的。孙中山指出:"中国土地先受欧美经济的影响,地主便变成了富翁,和欧美的资本家一样了。"③在他看来,土地应该是人民共同拥有的公共财产,然而,在当时的中国,地主大量占有土地,农民几乎没有土地,地主不耕作、不在土地上劳动却能获得大量的资源和利益。正是针对这种土地收益的分配不公,孙中山提出"平均地权"的土地政策。他认为:"地价涨高,是由于社会改良和工商业进步。……推动这种进步和改良的功劳,还是由众人的力量经营而来的;所以由这种改良和进步之后所涨高的地价,应该归之大众,不应该归之私人所有……这种把以后涨高的地价收归众人公有的办法,才是国民党所主张的平均地权,才是三民主义。"④可以看出,孙中山之所以强调"平均地权",是因为他看到了土地问题上的收益分配不公及其对中国社会产生的不利影响。土地价格的上涨是广大劳动人民辛勤劳动的结果,而不是地主的功劳,因此,这种社会改良和进步的成果也应该由民众共同享有,而不是被地主阶层独占。

从具体内容上看,"平均地权"的土地政策在《国民政府建国大纲》中第十条得以体现,"每县开创自治之时,必须先规定全县私有土地之价,其法由地主自报之,地方政府则照价征税,并可随时照价收买。自此次报价之后,若土地因政治之改良、社会之进步而增价者,则其利益当为全县人民所共享,而原主不得而私之。"⑤进一步而言,由于社会进步和改良带来的土地收益增长应用于民生事业,"土地之岁收,地价之增益,公地之生产,山林川泽之息,矿产水力之利,皆为地方政府之所有,而用以经营地方人民之事业,及育幼、养老、济贫、救灾、医病与夫种种公共之需"⑥。按照孙中山"平均地权"的设想,一方面,由于采取照价收税和涨价归公的办法,可以有效抑制私人

---

① 孙中山:《三民主义》,北京:九州出版社 2012 年版,第 193 页。
② 同上书,第 193 页。
③ 孙中山:《三民主义》,北京:九州出版社 2012 年版,第 188 页。
④ 同上书,第 194—195 页。
⑤ 孙中山:《建国方略》,北京:中华书局 2011 年版,第 322 页。
⑥ 同上书,第 322 页。

资本的过度膨胀,防止大地主、大资产阶级的产生,从而能够避免地主和资本家对农民的进一步剥削,有助于逐步实现土地收益和社会产品的公平分配。另一方面,"平均地权"的土地政策要求将土地收益应用于民生事业,这在一定程度上能够调动人民群众的生产积极性,增加人民生活的幸福感。同时,为了消除地主阶级对"平均地权"的顾虑,孙中山对如何"平均"的具体措施作了进一步阐释,"我们所主张的共产,是共将来,不是共现在。这种将来的共产,是很公道的办法,以前有了产业的人决不至吃亏;和欧美所谓收归国有,把人民已有了的产业都抢去政府里头,是大不相同。地主真是明白了我们平均地权办法的道理,便不至害怕。因为照我们的办法,把现在所定的地价还是归地主私有"①。事实上,在"平均地权"的土地政策下,现有的地主阶层和大资产阶级并不会因为"平均"就失去所有产业,而是依然能够获得一定的利益。因此,推行"平均地权"的土地政策,既能顾及在土地上辛苦劳作的广大农民利益,也能在一定程度上保护地主阶级的既有利益,从而解决土地收益的分配正义问题,并在一定范围内防止贫富悬殊的扩大化。

从本质上看,"平均地权"的土地政策并不主张消灭地主阶级,而是将土地价值的一部分仍然赋予地主。地主可以自主报价,这使地主阶层和大资产阶级仍然能够通过报价而充分占有大部分的土地收益。而且,孙中山并不是真正主张将一切土地都收归国有,其土地国有方案的实施是有范围限度的。对于现有价值较高的城市宅地和富有价值增值潜力的城郊耕地,他主张收归国有;而对于占国土面积绝大多数的乡村耕地,他基本上主张维持现存的所有制关系,并且,这一主张在实际实施过程中也得到了贯彻。显然,这样的"平均地权"实质上并不是真正使地权得以平均,只不过使垄断城市土地的地主和大资产阶级不能无限制地占有由于社会改良和工商业进步带来的土地增值利益。由此可见,在土地所有制问题上,孙中山所主张的并非单一的公有制结构,而是保留了相对较多的私有制成分。

进一步而言,"平均地权"的土地政策之所以在所有制结构上保留较多的私有制成分,其原因在于,孙中山作为民族资产阶级的代表,其奋斗理想仍然是建立资产阶级共和国,建立一种有利于民族资产阶级利益的资本主

① 孙中山:《三民主义》,北京:九州出版社 2012 年版,第 195 页。

义制度,而这种制度本质上是建立在土地私有制基础上的。换言之,中国民族资产阶级的软弱性和妥协性,决定了孙中山在经济制度设计和安排上的软弱性和妥协性。一方面,孙中山认识到要实现自己的政治理想,必须打破封建土地所有制和自给自足的自然经济模式,进行资产阶级民主革命,推翻封建专制统治,并寻求一种有利于社会资源分配的经济政策。而土地收益的分配是社会分配的基础,这既关乎地主和大资产阶级利益,也直接关乎国民大众的切身利益。因此,他试图通过"平均地权"的土地政策使土地收益得以公平合理分配,从而激发劳动人民的生产积极性。另一方面,孙中山又意识到,如果完全将土地收归国有,必然会带来地主和大资产阶级的反抗,其革命理想会失去这一阶层的物质支持,社会也会因此更加动荡不安,人民民生得不到改善。因此,他在实施"平均地权"的土地政策时尽力安抚地主和大资产阶级利益,承认地主保有对土地的"原价"享有权。由此可见,"平均地权"并未从根本上触动以封建土地所有制为基础的封建社会的生产关系。而从实践的效果上看,在当时中国社会动荡的时代背景中,"平均地权"的实施并没有给农民带来切实的利益,而地主和大资产阶级的利益却通过自己报价、国家收买等政策在某种程度上得到了保证。归根结底,孙中山试图采用一种和平的手段实现生产关系的变革,然而,他没有真正认识到地主和农民、大资本家与工人之间的阶级矛盾是不可调和的。也正是他的这种民族资产阶级软弱性和妥协性,使他的民生主义经济思想和建设实践最终归于失败。

由是观之,孙中山"平均地权"的思想既传承了中国传统价值观中朴素的经济平等观念,又扬弃了小农思想的绝对平均主义,他追求"贫富均等"价值目标,同时又否定暴力革命方式,试图以温和的改良主义达成土地收益的公平分配,实现改善民生的目标。尽管由于时代背景和孙中山个人的局限性,"平均地权"的土地政策并没有能够真正改善农民的生存状况,但是,作为孙中山民生主义经济思想的重要实践应用之一,"平均地权"的土地政策在一定程度上可以缓解土地收益不公引发的矛盾,有助于抑制贫富悬殊的进一步扩大,其土地增值利益归公并应用于民生事业的思路充满了分配正义的伦理色彩,对解决当前我国市场经济条件下的贫富差距问题尤其是农村土地制度改革和城乡差距问题有一定的借鉴意义。

二、以"节制资本"预防资本垄断倾向,促进社会公平

孙中山指出,"国民党对于民生主义定了两个办法:第一个是平均地权,第二个是节制资本。只要照这两个办法,便可以解决中国的民生问题。"① "节制资本"的正式提出是在《中国国民党第一次全国代表大会宣言》中,"凡本国人及外国人之企业,或有独占的性质,或规模过大为私人之力所不能办者,如银行、铁道、航路之属,由国家经营管理之,使私有资本制度不能操纵国民之生计,此则节制资本之要旨也。"②对于"节制资本"的含义,尽管目前存在一定的争议,但一般理解为节制私人资本、发达国家资本两方面内容。

孙中山在欧美游历期间,既从先进的资本主义技术和生产方式中获得启示,同时也认识到欧美等国私人垄断资本的高度发展可能引发的社会革命风暴。"外国因为大资本是归私人所有,便受资本的害,大多数人民都是很痛苦,所以发生阶级战争来解除这种痛苦。"③在孙中山看来,私人资本制度的根本目的在于"赚钱",而不是解决民生问题。因此,要想真正解决民生问题,必须探索一种克服西方资本主义制度弊端的有效途径。"我们主张解决民生问题的方法,不是先提出一种毫不合时用的剧烈办法,再等到实业发达以求适用;是要用一种思患预防的办法来阻止私人的大资本,防备将来社会贫富不均的大毛病。"④简言之,这种思患预防的办法就是要"节制资本",即对私人资本特别是关系国计民生的私人垄断资本予以限制。孙中山曾指出:"夫吾人之所以持民生主义者,非反对资本,反对资本家耳。"⑤可以看出,作为民族资产阶级代言人,他并不反对资本主义,而是反对私人垄断资本家对人民无穷尽的剥削和压迫,反对这种剥削和压迫造成的严重贫富分化。本着贫富均等的分配理想,他指出:"我们要解决中国的社会问题,和外国是有相同的目标。这个目标,就是要全国人民都可以得安乐,都不致受财产分

① 孙中山:《三民主义》,北京:九州出版社 2012 年版,第 184 页。
②《孙中山全集》第 9 卷,北京:中华书局 1986 年版,第 120 页。
③ 孙中山:《三民主义》,北京:九州出版社 2012 年版,第 198 页。
④ 同上书,第 197 页。
⑤《孙中山全集》第 2 卷,北京:中华书局 1982 年版,第 338 页。

配不均的痛苦。"①进而,他认为,"如果不用国家的力量来经营,任由中国私人或者外国商人来经营,将来的结果也不过是私人的资本发达,也要生出大富阶级的不平均。"②

进一步而言,孙中山提出"节制资本"的原因有三个方面。第一,欧美垄断资本主义对人民的残酷剥削和压迫使普通民众深受苦难,他不愿意中国变革后仍然走西方资本主义的老路。第二,他清楚地看到中国与欧美的差距,"外国富,中国贫,外国生产过剩,中国生产不足。所以中国不单是节制私人资本,还是要发达国家资本"③。第三,孙中山注意到俄国在革命后仍采用新经济政策,他认为,中国的经济发达程度决定了中国还不能够实行马克思主张的暴力革命手段来解决经济问题。他明确指出,"我们讲到民生主义,虽然是很崇拜马克思的学问,但是不能用马克思的办法到中国来实行。这个理由很容易明白,就是俄国实行马克思的办法,革命以后行到今日,对于经济问题还是要改用新经济政策。俄国之所以要改用新经济政策,就是由于他们的社会经济程度还比不上英国、美国那样的发达,还是不够实行马克思的办法。俄国的社会经济程度尚且比不上英国、美国,我们中国的社会经济程度怎么能够比得上呢?"④显然,在孙中山看来,革命手段不能解决中国的经济问题和社会问题。对此,他提出"节制资本"以解决民生问题,防止产生垄断资本主义,避免贫富差距过分扩大。

从内容上看,"节制资本"主要包括节制私人资本和发达国家资本两个方面。节制私人资本是指政府采用行政手段限制私人垄断资本和外国资本对经济领域的投入,规定其经济范围和规模,使其无法操纵经营铁路、矿山等国家资源行业和其他事关国计民生的企业和行业。在行政手段方面,主要是指国家通过向本国大资本家和国外发达的大资本集团施行累进税率,压缩并控制其生产、投资规模,使其无法形成垄断因而不能操纵事关国计民生的重要领域。除了对私人垄断资本要求给予一定程度的限制外,孙中山还指出,"我们在中国要解决民生问题,想一劳永逸,单靠节制资本的办法是不足的。现在外国所行的所得税,就是节制资本之一法。但是他们的民生

---

① 孙中山:《三民主义》,北京:九州出版社 2012 年版,第 198 页。
②③④ 同上书,第 196 页。

问题究竟解决了没有呢？中国不能和外国比，单行节制资本是不足的"①。发达国家资本是"节制资本"的另一个重要内容，目的在于强化政府的主体调控地位，防止私人垄断资本将社会资源私有化而产生严重的分配不公现象。他特别强调关系民生国计的主导产业应由国家来经营，诸如铁路、商港、煤、铁、石油等重要经济事业，"至其不能委诸个人及有独占性质者，应由国家经营之"②。

从作用上看，一方面，节制私人资本，限制其经营范围，并通过累进税制增加资本家的所得税，能够防止私人资本垄断国家经济命脉，从而避免在欧美等资本主义国家中出现的因资本垄断而引发的诸如扰乱市场、贫富悬殊、阶级斗争等社会问题；另一方面，发达国家资本，运用国家力量建设关系国计民生的重要经济事业，能够增进国家经济实力，改善人民生活。概言之，"节制资本"的经济思想主张将私人经济与国有经济的发展结合起来，既要充分利用私人资本发展国民经济，改善人民生活，同时又要防止私人资本过度膨胀从而形成垄断，并不断加强国有经济的力量，使国有资本在关系国计民生的重要领域发挥主导作用。虽然"节制资本"与"发达资本"看上去是一种追求资本而又抑制资本的明显矛盾，但这种矛盾却能够融合于孙中山的民生主义理路中。正如他所指出的："吾人之所以持民生主义者，非反对资本，反对资本家耳，反对少数人占经济之势力，垄断社会之富源耳。"③

不难看出，孙中山强调"节制资本"的目的在于预防资本垄断倾向，促进社会公平。他清楚地认识到，国家资本对一个国家的经济、政治、民生等各方面都有着非常重要的作用，应该确保国家资本在社会总资本中的优势地位，确保国有经济在社会经济中的基础性作用。因此，"节制资本"的目标和在实践中的应用，都凸显了防止垄断资本对劳动人民的剥削、促进社会资源公平分配的伦理意义。显然，这对加强市场经济条件下资本逻辑的伦理规约有着重要的借鉴意义。正如法国经济学家托马斯·皮凯蒂所指出的："尽管我们身处世界各地，但大家要面对同样的问题——调和经济效率、社会公平与个人自由之间的矛盾，防止全球化及贸易、金融开放带来的利益被少数

① 孙中山：《三民主义》，北京：九州出版社 2012 年版，第 196 页。
② 孙中山：《建国方略》，北京：中华书局 2011 年版，第 99 页。
③《孙中山全集》第 2 卷，北京：中华书局 1982 年版，第 338 页。

人独占,阻止自然资源发生不可逆转的衰退。"①换言之,资本的垄断倾向和贫富分化现象是世界各国在市场经济发展进程中都面临的共同问题。"尽管经济增长与趋同的速度令人惊叹,不能因此忘记贫富不均问题在发达国家和中国都存在,而且在未来数十年里中国存在的不平等问题会日趋突显,因为经济增长终究会不可避免地放缓。"②尤其在国有资产方面,发展现状也并不令人乐观。"公共资产——至少以传统的国有形式存在的公有资产——有时候既没有带来效率也没有带来公平,更没有带来权力的民主分享,甚至在某些情况下被所谓公产管理者挪用和不法占用。在中国,尽管与前苏联国家相比,做法没有那么极端,速度也没有那么快,但公共资本转为私人资本的进程已经开始,合理的理由是为了提高经济效益,有时却让个别人借此暴富。中国也出现了越来越多的寡头。"③因此,如何避免资本的过度膨胀,合理规范资本的生产经营和收益分配,限制和防止因资本扩张导致的损害劳动者利益的后果,缓解贫富悬殊、两极分化的趋势,兼顾资本所有者、劳动者和国家的整体利益,实现劳资双方的公平分配与互利共赢,提高人民生活幸福指数,是一项现实而迫切的任务。

总而言之,"节制资本"的提出,既是孙中山游历欧美的深切感悟,也是他对西方近代文明弊病的一种理性反思。"节制资本"的目的并不在于限制资本主义经济在中国的发展,而恰恰在于促进资本主义经济在中国的发展,只是这种资本要由国家来控制,并且能够为全民所共享。由此,他将资本的"发达"与"节制"辩证地统一起来,形成了对经济制度建设的一种开创性构思。事实上,他以此构建的新的资本制度是一种多元经济结构模式,在这一模式中,占主导地位的国家资本与占支配地位的私人资本通过此消彼长的博弈和政府的调控来实现两者的结合,以超越资本主义制度下以"赚钱"为目的的社会生产,树立以"民生"为目的的建设理念和建设目标。当然,要解决民生问题,要使中国广大劳动人民摆脱极度贫困状态,仅靠"节制资本"是不行的。"中国今日单是节制资本,仍恐不足以解决民生问题,必要加以制造国家资本,才可解决之。何谓制造国家资本呢?

---

① [法]托马斯·皮凯蒂:《21世纪资本论》,巴曙松等译,北京:中信出版社2014年版,中文版自序第1页。
② 同上书,中文版自序第2页。
③ 同上书,中文版自序第4页。

就是发展国家实业是也。"①对此,孙中山提出将"振兴实业"作为经济发展的要务。

三、以"振兴实业"解除贫困,实现富国强民

"振兴实业"是孙中山实践其民生思想的又一重要途径。他认为,近代中国积贫积弱,民生困苦的原因除了外国资本的剥削和压迫外,还有一个重要因素就是中国实业不发达,生产技术落后。在维新思想影响下,孙中山在1894年《上清文华殿大学士李鸿章书》中提出通过振兴实业来发展经济才能救中国的观点,"窃尝深维欧洲富强之本,不尽在于船坚炮利、垒固兵强,而在于人能尽其才,地能尽其利,物能尽其用,货能畅其流——此四事者,富强之大经,治国之大本也"②。虽然此时孙中山还未正式提及"振兴实业",但他提出的通过人尽其才、地尽其利、物尽其用、货能畅流实现国家富强的观点,是其实业救国思想的初步体现。然而,在清政府的统治下,孙中山实业救国的理想难以实行,因此,他倡导资产阶级革命,并明确提出"统一之后,要解决民生问题,一定要发达资本,振兴实业"③。

在民生主义经济纲领的形成和实践中,孙中山特别注重振兴实业对改变中国贫困落后状况的作用。他认为,在中国实业尚未发达的时候,必须以"振兴实业"作为经济发展的要务。1919年,孙中山完成了其作为《建国方略》之二的鸿篇巨制《实业计划》,这意味着孙中山经济建设理论体系趋向完整,同时也标志着其"振兴实业"思想的成熟。他对于"振兴实业"的重视程度正如他在《实业计划》的中文版序中所述,"中国富源之发展,已成为今日世界人类之至大问题,不独为中国之利害而已也。惟发展之权,操之在我则存,操之在人则亡,此后中国存亡之关键,则在此实业发展之一事也。"④可以说,《实业计划》既是孙中山经济思想的主要代表作,也是孙中山经济伦理思想集中体现的代表作。

---

① 孙中山:《三民主义》,北京:九州出版社 2012 年版,第 197 页。
② 黄彦编:《孙文选集》(中册),广州:广东人民出版社 2006 年版,第 5 页。
③ 孙中山:《三民主义》,北京:九州出版社 2012 年版,第 196 页。
④ 孙中山:《建国方略》,北京:中华书局 2011 年版,第 93 页。

从内容上看,《实业计划》具体阐述了振兴中国实业的计划、原则和途径,提出了包括发展交通、商港、水利、工业、矿业、农业等方面的六大计划和十项建设。概括来看,孙中山实业思想主要体现在两方面:一是关于具体的实业规划,二是关于兴办实业的资金来源和规模控制。他提出:"欲谋实业之发达者,非谋其一端则可成效也,必也万般齐发,始能收效。"[①]这里的"万般齐发"即为进行全面的经济建设。在进行全面经济建设的思路框架下,孙中山更注重工业尤其是机器大工业的发展。他在《实业计划》篇首指出:"中国今尚用手工为生产,未入工业革命之第一步,比之欧美已临第二革命者有殊。故于中国两种革命必须同时并举,既废手工采机器,又统一而国有之。于斯际中国正需机器,以营其巨大之农业,以出其丰富之矿产,以建其无数之工厂,以扩张其运输,以发展其公用事业。"[②]可见,实业救国的关键是以机器大工业的发展来实现国家的工业近代化,以工业发展推动国家交通、商港、农业、矿业等关系国计民生重要产业的发展,进而达到富国强民,改善民生的目的。他在《实业计划》中提出了关于发展交通运输、修建铁路、开发和利用自然资源、加强对外贸易、统一货币、统一税制、统一市场等一系列具体措施,并且,他把解决土地问题与发展工商业联系起来,这些都在一定程度上反映了他解构封建自然经济、实现工业化转向的经济发展要求。

在《实业计划》的经济纲领指导下,孙中山将振兴实业落实到经济实践中,并取得了重大进展。以当时较大的民族工业集团"荣宗敬"家族面粉加工工厂的发展来看,1910—1912 年间,其全部粉磨数仅为 12 台,而到 1925年时这一数字已经 25 倍之多,达到 309 台。纺织业在这一时期也得到了蓬勃发展。仅以上海地区为例,1912 年时上海华商纱厂仅有 7 家,纱锭数为167596 枚;1919 年时,上海华商纱厂增加至 11 家,纱锭数为 216236 枚;到1921 年,上海地区的华商纱厂已经有了 23 家,纱锭数也较 1912 年时提到了三倍之多,达到 508746 枚。从盈亏情况看,1915 年时,全国纱厂平均每包纱亏损 4.38 元,但到 1920 年时,每包纱已经能够盈利 64.97 元。[③]此外,罐头、

① 《孙中山全集》第 5 卷,北京:中华书局 1985 年版,第 122 页。

② 孙中山:《建国方略》,北京:中华书局 2011 年版,第 96 页。

③ 参见严中平等编《中国近代经济史统计资料选辑》,北京:中国社会科学出版社 2012 年版,第 114、第116 页。

蛋粉、皮革、卷烟、针织、制盐、陶瓷等轻工业也有相当发展。随着纺织业、面粉业等这类与人民生活息息相关的工业得到发展，出现了一批"面粉大王""火柴大王""纺织大王"等称号的民族资本家，同时，人民生活水平也在一定范围内和一定程度上得到改善与提高。

由于深受中国传统"大同"思想的影响，孙中山在主张实业兴国、全面发展经济的同时，一再强调贫富均衡问题，"惟所防者，则私人之垄断，渐变成资本之专制，致生出社会之阶级、贫富之不均耳"①。由此可见，孙中山不是一般意义上的实业家，而是集士大夫理想与现代经营思想于一身的实业战略家、思想家。他有着博大的社会关怀和责任担当，其"振兴实业"的经济建设思路，是试图通过"人尽其才、地尽其利、物尽其用、货能畅流"来解除贫困，进而达到富国强民之目标。虽然"振兴实业"的宏伟计划和建设蓝图受制于国内外历史条件的局限而未能实现，但《实业计划》已将中国人民渴望的近代化建设蓝图系统而完整地展示出来，具有非常重要的时代意义和历史价值。并且，更加可贵的是，孙中山"振兴实业"的经济思想从人民生活需要出发，以改善国计民生为努力方向，蕴含着深厚的伦理关怀和领导智慧，对当代中国经济和社会的发展有着重要的借鉴作用和启示意义。

四、重视慈善救助事业，弘扬博爱精神

孙中山所处的时代是一个承前启后的时代，辛亥革命前后的中国面临着激烈的外交竞争等国际环境，以及诸多国内社会问题。在内忧外患的严酷状况下，自然灾害和社会灾难频发。孙中山深知各种灾难给人民生活带来的困苦，因此非常重视慈善救助事业。他在领导资产阶级革命的过程中提出了诸多关于灾害救助、公共福利事业等社会保障思想，并在《国民政府建国大纲》中专门制定了相关政策。"土地之岁收，地价之增益，公地之生产，山林川泽之息，矿产水力之利，皆为地方政府之所有，而用以经营地方人民之事业，及育幼、养老、济贫、救灾、医病与夫种种公共之需。"②在他的努力

---

①《孙中山全集》第5卷，北京：中华书局1985年版，第135页。
② 孙中山：《建国方略》，北京：中华书局2011年版，第322页。

推动下,民国政府将慈善救助事业逐步制度化、规范化,专门设立了社会福利和慈善事业的管理机构。具体而言,在军政府组织编制中,对县知事署组织明确规定其分管事务包括,"八、一县慈善事业及公益社团、财团之认可。九、灾民之救济、赈恤"①。此外,民国成立之初,孙中山就向各省发布了《救民疾苦之通电》,要求严惩利用灾难中饱私囊的不法官员以及救灾不力的政府官员。1912年3月,安徽地区发生水灾,孙中山立即颁发《咨参议院核议借款救济皖灾案文》,表示:

> 前据财政部总长陈锦涛呈称:"华洋义赈会以安徽救急事宜向四国银行借款,请示办法前来,当径饬令该部与该会会商办理在案。"兹再据该部长呈称:"据该报告灾情万急,如十日内无大宗赈款,恐灾民坐毙旦以千数。"……据此,理合咨请贵院查照全案理由,赳日议复,以便施行,事关民命,幸勿迟误。此咨。②

并一再强调各方要积极救助,不要耽误救灾。这些举措和文书一方面体现了孙中山对慈善救助和社会福利事业的重视程度;另一方面,慈善救助事业在一定程度上也成为检验国民政府良心和其道德合法性的重要途径。

孙中山重视慈善救助事业不仅仅体现在他的相关演讲和文书上,在具体的实施过程中,他既注重官赈和义赈的结合,也重视社会救济的科学方法和技术,形成了一套独特的救助思想,即把慈善救助与政治和经济制度联系起来,把扶危济困和国家建设联系起来。在具体的实践过程中,将慈善事业与振兴实业紧密联系起来,以实业救灾。他在《实业计划》第五计划中,明确阐述了实业救灾的思路。他看到,中国平民之所以多灾多难是由于各种事业均不发达所致。"若值荒年则多数将陷于穷乏死亡。中国平民所以有此悲惨境遇者,由于国内一切事业皆不发达,生产方法不良,工力失去甚多。凡此一切之根本救治,为用外国资本及专门家发达工业以图全国民之福利。"③特别是交通运输业发展与否,对于灾难时的救助是否得力最为关键。在《上清文华殿大学士李鸿章书》中,他指出,"数十年来,泰西各国虽山僻之

---

① 黄彦编:《孙文选集》(中册),广州:广东人民出版社2006年版,第487页。
② 《孙中山全集》第2卷,北京:中华书局1982年版,第169—170页。
③ 孙中山:《建国方略》,北京:中华书局2011年版,第212页。

区亦行铁轨,故其货物能转输利便,运接灵速;遇一方困乏,四境济之,虽有荒旱之灾,而无饥馑之患。"①在他看来,交通运输业发展使交通发达,便可以在救灾时更为方便和快捷地转运物资。简言之,孙中山实业救灾的主要思路是,要想改变多灾多难的状况,必须依靠发展实业,因为实业发展可以为救灾提供更多的物质资源,科学昌明可以在面对灾难时提供更多的救助手段。

事实上,孙中山重视慈善救助事业,最直接的原因出于他对中国社会多灾多难现状的认识,更深层次的原因在于他对人类社会发展动力的基本认识。在他看来,人类社会进化的真正动力是互助,人与人之间具有互助的天性。他指出,"物种以竞争为原则,人类则以互助为原则。社会国家者,互助之体也;道德仁义者,互助之用也。人类顺此原则则昌,不顺此原则则亡。"②人类进化原则与其他物种进化原则不同,人与人之间是以互相帮助为原则的,社会、国家也正是以人类社会内部各成员之间的互助而为一体的,社会道德与仁义礼智也是人与人之间互助的作用和结果。因此,在孙中山看来,互助是推动人类社会发展的基本原则和动力,从社会进化的宏观角度考虑,慈善救助事业也是促进人类进步的重要途径,应当予以重视和发展。

进一步而言,在推崇人类互助原则的认识基础上,孙中山重视慈善救助事业也体现了他精神品质中最为可贵和闪光的一点,即博爱精神。他认为,"仁之种类有救世、救人、救国三者,其性质则皆为博爱。"③可见,他对慈善救助事业的热爱和重视在本质上是他的博爱精神的外露和表达。孙中山所提倡的博爱精神既带有西方基督教的"博爱"情怀,也融合了中国传统儒家"仁爱"的思想理论。他指出:

> 仁爱也是中国的好道德。古时最讲爱字的莫过于墨子。墨子所讲的"兼爱",与耶稣所讲的"博爱"是一样的。古时在政治一方面所讲爱的道理,有所谓"爱民如子",有所谓"仁民爱物",无论对于什么事,都是用爱字去包括。所以古人对于仁爱究竟是怎么样实行,便可以知道。

---

① 黄彦编:《孙文选集》(中册),广州:广东人民出版社 2006 年版,第 11—12 页。
② 孙中山:《建国方略》,北京:中华书局 2011 年版,第 40 页。
③ 黄彦编:《孙文选集》(下册),广州:广东人民出版社 2006 年版,第 107 页。

中外交通之后，一般人便以为中国人所讲的仁爱不及外国人，因为外国人在中国设立学校，开办医院，来教育中国人、救济中国人，都是为实行仁爱的。照这样实行一方面讲起来，仁爱的好道德，中国现在似乎远不如外国。中国所以不如的缘故，不过是中国人对于仁爱没有外国人那样实行，但是仁爱还是中国的旧道德。我们要学外国，只要学他们那样实行，把仁爱恢复起来，再去发扬光大，便是中国固有的精神。①

由此可见，孙中山特别强调要学习西方社会对博爱理想的践行精神，提倡将博爱精神落实到具体事务中去。同时他并没有完全否定中国的旧道德，而是要将中国传统的"仁爱"精神发扬光大，将爱有尊贵卑贱、爱有差等的封建宗法理念转化为自由、平等、互助的现代伦理理念。可以说，孙中山互助论基础上的博爱观兼备了时代与传统的双重特色，反映了他一切为了民生的救国爱民思想境界和推动人类进步的道德情怀。正如他所言，"因为我们的民生主义是图四万万人幸福的，为四万万人谋幸福就是博爱。"②概言之，孙中山重视慈善救助事业，弘扬博爱精神，从根本上看都属于其民生主义经济伦理思想的范畴。

总体而言，从孙中山经济伦理思想的产生过程、主要内容和实践应用来看，其关于经济结构和运行制度的方案设计都是围绕着民生问题而展开的，都以让人民过上幸福安稳的生活为目的。孙中山是中国民主革命的先行者，他立足于自己所处的时代，审视基本国情，融合东西方思想精华，主张通过政治改革来推翻封建帝制，建立资产阶级民主共和国，实现中华民族的独立自主。同时，他也力图在实践方面以"平均地权""节制资本"和"振兴实业"等具体措施从根本上解决中国的积贫积弱问题，从而达到改善人民生活状况的目标。

孙中山经济伦理思想的本质是以人为本的。他从所处历史时代的特征出发，在审视国情、融合中外思想精华的基础上，勾画和设计了一套以民为本的经济运行机制。从他设计和制定的一系列经济政策和制度来看，其经济伦理思想的出发点和落脚点都是"人"，并且非常重视人的道德在社会政

① 孙中山：《三民主义》，北京：九州出版社 2012 年版，第 58 页。
② 同上书，第 96 页。

治、经济发展中的重要作用。在他看来,"大凡一个国家所以能够强盛的缘故,起初的时候都是由于武力发展,继之以种种文化的发扬,便能成功。但是要维持民族和国家的长久地位,还有道德问题,有了很好的道德,国家才能长治久安。"①而道德问题的解决和发展又都是以民生为重心的,他指出,"社会的文明发达、经济组织的改良和道德进步,都是以什么为重心呢?就是以民生为重心。"②由此出发,他将民生作为历史的中心,把仁爱视为人类的本性,因而认为中国革命与反革命势力对立,是觉悟者与不觉悟者的对立,不是阶级的对立。显然,这种历史观与阶级观是孙中山对中国革命形势认识不彻底的表现。同时,他将民生主义的实现寄希望于道德建设与改造,认为唯有社会道德水准不断提升,人民生活才得到真正的改善。由此,我们不难看出,一方面,孙中山对于道德文化极其重视,另一方面,他将"道德救国"的理想建立在人性"仁爱"的基础上,虽然表达了他对人性的重视,但也显示出过度倚重人性改造和道德建设的理想化和局限性。这也直接导致其民生主义经济伦理思想最终无法真正实现。

尽管受民族资产阶级自身阶级局限性的影响和中外各种政治势力的压迫,孙中山的民生主义目标没有能够实现,其领导的民主革命也最终走向失败。然而,难能可贵的是,早在百年以前,孙中山便已看到欧美等资本主义国家贫富差距悬殊、国富民穷、社会问题层出不穷的问题,察觉到世界经济转型中的主流发展趋势,他以革命家的胸怀和思想家的胆识提出了民生主义的一系列经济建设政策和具体方案。虽然由于各种原因,未能真正实现民生主义的目标,但是这并不影响其民生主义思想所体现的伦理蕴涵。毛泽东主席就曾明确指出:

> 这个共和国将采取某种必要的方法,没收地主的土地,分配给无地和少地的农民,实行中山先生"耕者有其田"的口号,扫除农村中的封建关系,把土地变为农民的私产。农村的富农经济,也是容许其存在的。这就是"平均地权"的方针。这个方针的正确的口号,就是"耕者有其田"。在这个阶段上,一般地还不是建立社会主义的农业,但在"耕者有

---

① 孙中山:《三民主义》,北京:九州出版社 2012 年版,第 56 页。
② 同上书,第 192 页。

其田"的基础上所发展起来的各种合作经济,也具有社会主义的因素。中国的经济,一定要走"节制资本"和"平均地权"的路,决不能是"少数人所得而私",决不能让少数资本家少数地主"操纵国民生计",决不能建立欧美式的资本主义社会,也决不能还是旧的半封建社会。谁要是敢于违反这个方向,他就一定达不到目的,他就自己要碰破头的。这就是革命的中国、抗日的中国应该建立和必然要建立的内部经济关系。[1]

可见,孙中山的政治、经济建设思路对民主革命时期的中国各项建设都非常重要,他的建国思想在中国近代思想史上具有极其重要的地位,其经济伦理思想可以说是中国近代资产阶级伦理思想发展的里程碑。时至今日,虽然我国早已摆脱贫困落后的面貌,人民生活有了翻天覆地的变化和进步,但孙中山民生主义经济伦理思想仍然对我国经济建设和各项制度建设具有重要的理论和实践意义,对世界上的其他国家,特别是发展中国家的社会经济改革与实践也有着一定的指导意义与借鉴价值。

---

[1]《毛泽东选集》第2卷,北京:人民出版社1991年版,第678—679页。

第七章

梁漱溟的经济伦理思想

梁漱溟(1893.10—1988.6),原名焕鼎,字寿铭,又字漱溟,后以漱溟行世,出身于一个笃信儒学的仕宦家庭,祖籍广西桂林,是中国近代史上著名的思想家、哲学家、教育家、社会活动家。他围绕人生问题和中国问题在文化、社会、哲学等领域留下大量独特且富有启发性的思想成果,受到了诸多学科的关注,被誉为20世纪新儒家的代表人物。在民国动荡的社会环境下,作为新儒家的代表者和传统思想的捍卫者,梁漱溟从伦理文化角度去审视如何解决当时中国的社会问题,大力推行乡村建设,这些举措和行为蕴含着丰富的经济伦理思想。

第一节　梁漱溟经济伦理思想的产生背景

梁漱溟经济伦理思想的产生是与当时特定的社会政治环境、经济状况等复杂的历史条件相联系的。动荡的社会政治环境是梁漱溟思考如何救国的时代背景,而破败的社会经济状况则是激励梁漱溟思考如何解决中国社会问题的直接因素。梁漱溟经济伦理思想的产生正是以此客观历史条件为背景的,并且,上述客观历史条件也为梁漱溟经济伦理思想的产生和发展提供了可能,而梁漱溟自身的成长环境、知识背景和人格品质则将这种可能变为了现实。

一、动荡的社会政治环境

梁漱溟出生于1893年的北京,在他成长的青少年时期,正值中国政坛风雨飘摇、动荡不安。动荡的社会政治环境直接影响了梁漱溟对于社会政治问题的思考和理解。梁漱溟出身于一个世代官宦家庭,父亲梁济秉承祖辈遗训,在品行和人格上以儒家精神规范自身并教导子女,父亲的言传身教让梁漱溟很受影响,梁漱溟从青年时期开始就怀有极强的社会责任感,动荡的社会环境也促使他很早就开始思考人生问题、社会问题和政治问题,并随着世事的变迁和社会阅历的加深而不断走向成熟。

最初,梁漱溟通过阅读报刊的时事文章学习近现代西方国家的法律和政治知识以及如何思考社会、分析社会的方法和理论,并开始产生稚嫩的政治观点。他关注立宪派和革命派之间的论争,比较认同改良主义而不赞同暴力革命,但同时也同情革命派,此时梁漱溟的政治思想是"一种革命派和立宪派的杂糅产物,希望能够和平改良中国社会,但又觉得这种可能性不大"①。随着戊戌变法的失败和清政府预备立宪谎言的败露,梁漱溟放弃了君主立宪的改良观点,决心投身革命派。1910 年,17 岁的梁漱溟加入中国同盟会,开始参加革命活动。辛亥革命后,虽然表面上建立了中华民国政权,但实际权力却掌握在手握重兵的北洋军阀手中,作为同盟会成员的革命活动停止后,梁漱溟跟随北方革命派人士通过办报纸继续宣传革命思想,希望用舆论对北洋军阀政府起到一定的监督作用。在担任《民国报》记者期间,梁漱溟参加了当时政治上的一些重大事件,目睹了袁世凯如何操纵政权,上演真专制假民主的种种闹剧,这让他期望通过革命建立民主政权的理想逐渐破灭。"在此期间内,读书少而活动多,书本上的知识未见长进,而以与社会接触频繁之故,渐晓得事实不尽如理想。"②当时他虽然接触到一些宣扬"社会主义"的书籍和刊物,也肯定其中反对财产私有制的思想,认为财产私有制是人类战乱频繁、灾难不断的重要原因,但当时介绍到中国的社会主义思想非常混乱,并不是真正意义上马克思主义的科学社会主义,甚至一些人打着社会主义的幌子进行政治投机,这让梁漱溟对社会主义道路也产生了怀疑,放弃了在政治上的最后一个梦想。这些政治经历使梁漱溟从对革命的热情转变为对革命的失望,他开始重新思考中国的现状和未来。

失败的革命实践大大动摇了梁漱溟的政治理想,这种动摇一方面是对暴力革命方式产生了怀疑,认为战争"不仅破坏统一,破坏法律,而且戕害百姓,扰乱地方"③;另一方面是对在中国推行宪政的思想产生了否定。在此之前,梁漱溟"以为英国式的君主立宪政体为最理想的政治形态"④,但在辛亥革命后续政权运作中所看到的政治黑暗,让他否定了这一想法,转而认为宪政实质上是欧美国家的宪政,并不符合中国的社会现实。在欧美国家,民众

---

① 佟自光编:《梁漱溟的孤独思考》,北京:东方出版社 2006 年版,第 45 页。
② 同上书,第 51 页。
③ 马勇:《中国圣雄——梁漱溟传》,石家庄:河北人民出版社 2010 年版,第 53 页。
④ 同上书,第 26 页。

参与政治的意识和觉悟较高,民众共同参与社会管理,政治是多数人的政治;而在中国,民众只希望国家和平、生活安定,并没有觉悟去关心和参与政治改造,缺乏广泛的群众基础和舆论监督,使得政治操纵于少数政客手中。他意识到,在没有进步的社会民众作为基础的中国,仅仅移植西方先进的政治法律制度是无法适应中国国情的,要想建立新的政治秩序,必须提升民众的教育水平和政治觉悟,这为他后来发展社会教育的思想和实践埋下了伏笔。此外,失败的革命实践和动荡的社会环境也让梁漱溟意识到国家统一的理想暂时不可能实现。在军阀割据的社会背景下,缺乏强有力的中央政府来推行改革措施,因此不能仅仅依靠政府或者塑造新政府来解决当下的中国问题。

概言之,中国社会的动荡不安,政治环境的急剧恶化,中国传统社会遭遇到前所未有的挑战,这样的时代背景迫使梁漱溟关注人生问题的同时也特别重视中国的社会问题,并力图寻求解决中国社会问题之道。

二、破败的社会经济状况

动荡的社会政治环境使寻求救亡强国之路成为梁漱溟所处时代的要求,而破败不堪的社会经济状况则是刺激梁漱溟经济伦理思想产生的直接原因。中国作为传统农业国家,在生产方式上以小农经济为主,生产主要是为了满足自家基本生活需要和缴纳赋税,自给自足,生活稳定,不受国外经济的影响。但随着鸦片战争的爆发,中国被迫纳入世界经济体系,逐步变为帝国主义的廉价原料供应地和商品倾销市场,农村经济也因此遭受巨大打击而至衰落。究其原因,主要在于:

第一,帝国主义的武力侵略和经济侵略。帝国主义的侵略虽然是造成农村危机的外部原因,但却是引起农村危机的重要因素。在政治上,帝国主义势力入侵阻碍了中国民主革命的胜利,加剧了军阀割据局面的形成,延长了中国政局动荡的时间。同时,帝国主义通过政治上的施压为其在经济上的掠夺作铺垫。在经济上,随着通商口岸的陆续开放,帝国主义列强的经济侵略程度逐步加深,中国农村原有自给自足的生产方式逐渐解体。农民被迫到市场出售自己的劳动产品,也促成了农村商品经济的萌芽。一方面,外国资本的入侵,中国被卷入国际经济市场的进程加快,大量外国商品以低价被倾销到中国农村地区,并将中国传统手工业产品冲挤出农村商品市场,农村本地产品以及传统手工业商品只能被迫压价出售,即使是农业丰收,农民依然所获无几。叶圣陶在《多收了三五斗》中所描写的丰年歉收状况正是农民所处艰难状况和悲惨境地的直观反映。小农经济的生产模式也无法抵御市场波动带来的经济风险,手工业、农业相继遭受打击而破产,造成大量失业人员。另一方面,在国际贸易中,帝国主义操纵经济秩序,利用"剪刀差",大肆搜刮中国的自然资源,将中国作为廉价原料供给地和商品倾销市场。这样的社会现实严重打击了农民的生产积极性,致使农村更加荒芜。同时,在帝国主义的打压下,中国本土的民族企业成长艰难,无法同帝国主义经济势力相抗衡,中国整个经济体系遭受到重大创伤。

第二,国内军阀混战。北洋军阀统治时期,外国势力扶植地方军阀,中国开始陷入军阀割据局面。长期动荡的社会政治环境,对农业生产造成了极大的破坏,"军阀统治是一场令人难以忘却的悲剧。它破坏生产导致经济崩溃,使许多农民陷入无穷无尽的贫困与死亡之中"[①]。一方面,战争频繁,大量的军备开支通过赋税转移到普通人民头上,加重了农民的经济负担。另一方面,为了扩充武力,军队到地方抓壮丁、牵牲口,强迫农村青壮年劳力入伍,严重削弱了农业生产力,同时失去了重要的农业生产物资,农业生产难以为继。军队纪律涣散,恶行累累,所到之处,烧杀抢夺,人心惶惶,为躲避战争纷纷逃离家园,很多人因此加入土匪团伙,更加剧了农村地区的社会混乱。

第三,自然灾害频发。由于当时农业生产技术落后,对自然条件的依赖性极高,然而,民国时期政局动荡,原有的农田水利设施年久失修,难以抵抗自然灾害的破坏。"由于战乱,各级政府疏于对天灾的预防,水旱灾害也给农民造成极大痛苦。1920 年陕、豫、冀、鲁、晋五省大旱,灾难波及 317 县,灾民 2000 万,占全国的 2/3,死亡 50 万人。1925 年川、黔、滇、湘、赣五省大灾,四川饿死 30 万人"[②],自然灾害的频发加剧了农村水深火热的悲惨生活

---

① [美]菲尔·比林斯利:《民国时期的土匪》,王贤知等译,北京:中国青年出版社 1991 年版,第 56 页。
② 蔡少卿主编:《民国时期的土匪》,北京:中国人民大学出版社 1993 年版,第 22 页。

状况。

第四，沉重的税收负担。民国时期，虽然形式上推翻了清王朝的封建统治，但在税收制度上大部分还是继承前清的税收政策。加之时局动荡，战祸连连，更加剧了农民的赋税压力。一是民国时期中央力量削弱，军阀割据，战争频发，军费开支巨大，各地方势力操纵本地政权，向农民强行征收赋税转嫁其经济负担。二是由于政权更迭频繁，对官员缺乏有效的监督和管理，政治腐败严重，各级官员利用手中现有的职权发乱世横财，以各种名目无定量、无定时地向农民征税，敲诈勒索，横征暴敛，使得普通百姓身上负担的杂税难以承受。三是民国时期土地兼并状态严重，存在大量无地或少地农民租种土地，名目繁多的赋税平摊到地方上，地主可通过提高地租来转移自身负担，最终仍由底层农民来承担。再加上通货膨胀、纸币贬值、物价飞涨等因素，农民不堪重负，生活贫苦交加。

第五，匪乱加剧。帝国主义的武力侵略和经济侵略致使中国农村经济破产，城市手工业凋敝，造成了大量的失业人员，再加上自然灾害频发，人民生活困苦不堪。一些失去生活来源的农民、手工业者为了活命铤而走险，走上了土匪的道路。军阀主义是导致匪乱加剧的另一个重要原因。"土匪的第二个重要来源是溃散的士兵"[①]，民国时期军阀派别众多，彼此相互混战，被遣散的军队找不到别的生活出路，只能入山为匪。匪乱的加剧是当时社会混乱的集中表现，土匪的大规模增长说明这一时期农民生活的极端穷困。

外国经济入侵、本国军阀混战、自然灾害频发等内外因素相互交织，互为影响，把中国农村经济推向崩溃边缘，农业危机不可避免地到来。在这种社会状况下，农村地区最衰败，也最迫切需要改变。因此，梁漱溟将农村问题作为他思考如何解决社会问题的切入点，积极探索乡村救济的道路。

三、家庭教育背景和社会实践

相对于社会历史环境对个人思想产生的外部影响，个人的学习阅历、成长背景等内在因素则起着更为重要的作用，梁漱溟成长的家庭环境对其一

---

① 蔡少卿主编：《民国时期的土匪》，北京：中国人民大学出版社 1993 年版，第 21 页。

生影响深远。他所吸收的中国传统思想文化、国外先进科学技术知识以及成长中的社会活动经历是其经济伦理思想产生的理论渊源与实践基础,而他的独特个性则是其经济伦理思想产生的主观因素。

根据梁家族谱记载,梁家祖先为元朝皇帝的同宗,元朝灭亡后,归降明朝,留居河南汝阳,改汉姓梁,清朝建立后,梁家搬迁到广西桂林,开始走上读书考取仕途的道路。"曾祖梁宝书,道光朝进士,历任直隶省、州、县等官,由桂林移居北京。祖父梁承光,出身举人,曾任山西省永宁州知州。"[①]但不幸的是在父亲梁济8岁那年,祖父英年早逝,从此梁家开始走向衰落。梁济虽然也想走仕途之路,但无奈资历不高,27岁才考中举人,后也多次参加会试但终未高中,靠做塾馆先生贴补家用,直到40岁才做了一个俸禄微薄的小官。梁漱溟家中兄妹4人,他排行老二,一个兄长,两个妹妹。梁家原本就不算殷实,又要养育四个孩子,自然生活负担较重。梁漱溟回忆童年的生活细节:"世宦习气于此打落干净;市井琐碎,民间疾苦,倒亲身尝历过"[②]。

从梁家的家庭背景来看,梁漱溟出生并成长在一个没落的城市知识分子家庭。梁家祖上虽称不上名门望族,但世代当官,笃信儒家学问,历代皆为教养有素的儒学之士,在子女教育上,注重儒家理念的灌输和道德品质的培养。一方面,梁家虽然没落但不至于贫苦,所以梁漱溟有机会获得良好的教育,在中学毕业时也可不急于谋生计,从而有机会选择自己的人生道路。同时,不算宽裕的家庭经济状况又使梁漱溟很早就开始关注和思考社会现实,关心普通民众的生活疾苦。另一方面,他的成长背景也表明了他的社会地位和阶级立场(虽然梁漱溟早年一直不承认中国社会存在阶级对立)。梁漱溟正是从自身的社会立场出发去思考如何解决中国社会问题,这使得他的问题解决方式带有明显的特殊性,同时也决定了其思想的局限性和理想化。梁家世代都不是农民,也不生活在农村,这导致梁漱溟对农村社会以及农民生活了解得不够彻底,不能从本质上把握农村的社会关系,也无法理解中国社会的阶级性,从而走上了非暴力的社会改造道路。

在梁漱溟的家庭教育中,父亲梁济对他的成长影响深远。在梁漱溟眼

里,父亲"是一秉性笃实的人,而不是一天资高明的人。他做学问没有过人的才思,他做事情更不以才略见长。他与我母亲一样天生心地忠厚,只是他用心周匝细密,又磨练于寒苦生活之中,好像比较能干许多。他心思相当精明,但很少见之于行事。他最不可及处,是意趣超俗,不肯随俗流转,而有一腔热肠,一身侠骨。"①梁漱溟眼中的父亲尽管做学问、做事情、谋生计都没有过人之处,但他的品格是值得敬佩的。同当时的大多数人一样,梁济想走的也是读书入仕的道路,但无奈资质不高、仕途不顺。清朝末年政权衰落,各种新思想的涌入,梁济开始接受和宣传西方的思想文化,转向了维新,是维新运动的积极支持者,"作为年方 20 的青年,梁济不仅鄙视保守派的蒙昧主义,甚至比改良派更欢迎从西方吹来的改革之风"②。梁济在教育上注重实效,务实求是,主张改革学生的学习内容来适应不断变化的社会,强调要重视培养孩子的文化和意识修养,重视培养国性。在梁漱溟晚年的回忆中,父亲梁济的教育方式极为开明,"到 14 岁以后,我胸中渐渐自有思想见解,或发于言论,或见于行事。先父认为好的,便明示或暗示鼓励。他不同意的,让我晓得他不同意而止,却从不干涉",③父亲对于梁漱溟思想和行为的开明态度,使得梁漱溟很小就形成了自己的独立见解,也让早年的梁漱溟可以按照自己的意愿选择人生道路。比如:他中学毕业后没有去参加工作而是选择了投身革命,对革命失望后他沉迷佛学达 4 年之久,父亲也没有强行制止等。

父亲梁济以其宽松自由的教育方式,既塑造了梁漱溟的独特个性,又为其提供了良好的成长环境。同时,梁济所秉承的社会责任意识和传统道德观念,也间接影响了梁漱溟的人格品质和道德趋向。梁漱溟很小就怀有一种赈济黎民、复兴中国的社会责任感,对处于危亡之中的中国如何自强十分关心。此外,梁济对中国传统文化的态度和执着信念也很大程度上促成了梁漱溟由佛转儒,为他后来推行乡村建设思想埋下了伏笔。1918 年冬天,梁济于北京净业湖自尽,在留下的《敬告世人书》中自白:

> 吾固身值清朝之末,故云殉清。其实非以清朝为本位,而以幼年所

---

① 佟自光编:《梁漱溟的孤独思考》,北京:东方出版社 2006 年版,第 11 页。
② [美]艾恺:《最后的儒家:梁漱溟与中国现代化的两难》,王宗昱、冀建中译,南京:江苏人民出版社 1996 年版,第 18 页。
③ 佟自光编:《梁漱溟的孤独思考》,北京:东方出版社 2006 年版,第 15 页。

学为本位。吾国数千年,先圣之诗礼钢常,吾家先祖先父先母之遗传与教训,幼年所闻,以对于世道有责任为主义。此主义深印于吾脑中,即以此主义为本位,故不容不殉。①

在梁济心中,清朝是他所秉承的传统文化的代表,因此清朝的灭亡也是他所信奉的精神的灭亡。他不是因为清朝的灭亡而绝望,而是为支撑中国伦理社会的传统文化崩解而感到绝望,因此在一定程度上可以说,梁济的死包含了对中国传统文化凋零的沉痛体验。当时的梁漱溟痴迷于佛学,父亲的去世以及父亲所选择的离开方式对他触动很大,他亦有感于中国传统文化的崩塌,有感于父亲为守卫这种文化自沉湖底的悲痛,从而立志在此后的人生旅程中阐扬儒家学术的精义,肯定儒学的价值内涵,发扬中国传统文化,并认为儒家文化是世界文化的未来。佛学研究解决了他对于人生问题的苦闷和彷徨,但父亲的自杀在很大程度上改变了他对学术方向的选择,进而促使他完成了从佛学研究投入儒学研究的学术道路转向。

从梁漱溟的成长过程和社会实践来看,他自幼接受家庭教育,5 岁时经历光绪变法维新,有着维新思想的父亲梁济送他进兼修英文的中西小学堂,以后他一直在洋学堂中念书,学习西式的小学课本而不懂四书五经。全盘西式的教育方式,使得梁漱溟直到成年也从未背诵和研习过儒家经典。但父亲梁济作为传统文化的秉承者,在生活细微处言传身教,培养梁漱溟的社会责任意识和儒家精神大义。在当时动荡的社会背景下,各种思想潮流涌入中国,影响个人的判断力,每一位热血青年,都在混杂的社会思潮中,寻觅自己所认同的社会道路,梁漱溟也不例外。在父亲务实求是、讲求实效的作风影响下,年轻的梁漱溟对抽象的东西并无兴趣,而是喜好在政治上寻找具体的救国之路。一开始,他推崇梁启超的改良思想,支持君主立宪,但后来发现清王朝腐朽无能,转而同情革命派并加入中国同盟会。辛亥革命后又担任《民国报》编辑及记者,在亲眼看见官场政治的黑暗后,愤然退出同盟会和《民国报》。在此期间,接触到日本人幸德秋水的《社会主义之精髓》,认同反对财产私有制思想,这为他以后走农业合作化道路做了铺垫。但由于对

---

① 《桂林梁先生遗书·别竹辞花记》,转引自景海峰《梁漱溟评传》,南昌:百花州文艺出版社 2010 年版,第 5 页。

当时"社会党"的投机行为产生反感,转而放弃了对社会主义问题的研究。对革命现实的无奈使他情绪低沉,一度潜心于佛学研究,两次自杀未成,经过几年的研读佛典,他的心境慢慢得到了平复,同时思辨能力也得到了提升,又开始思考社会现实问题。1916 年袁世凯帝制失败,梁漱溟出任南北统一内阁司法部秘书,在旅途中目睹到南北军阀战祸所带来的社会惨状,撰写下《吾曹不出如苍生何》,展现了他强烈的社会责任感。同年撰写阐述佛家出世思想的《究元决疑论》,正是这篇论文让他有机会到北大讲印度哲学。1917年,梁漱溟应邀进北大讲课,在北大教学期间,出版了《印度哲学概论》《东西文化及其哲学》两部著作,首次运用比较法研究东西文化,提出了东西文化"三路向"等一系列新儒学理论。后来又受到柏格森的生命哲学思想的影响,发表了《唯识家与柏格森》。1924 年,积极关注社会政治动向的梁漱溟不满足于仅仅作为一个学者,遂辞去了北大教习,开始赴中学办社会教育。1927 年北伐战争失败,国共关系破裂,这一政治变动更加加深了梁漱溟的看法,他开始认为"走乡村建设的道路,是唯一救国之途、'立国之道'"①。此后,梁漱溟开始到各地考察乡村建设运动。1929 年,梁漱溟参与了河南村治运动,但由于中原大战的爆发,河南村治学院被迫关闭。1931 年,在韩复榘的支持下,梁漱溟在山东邹平开始创立乡村建设研究院,邹平县成为梁漱溟开展乡村建设的实验基地,直到 1937 年抗日战争的爆发,乡村建设研究院终止,至此,梁漱溟的社会改造尝试结束。

从梁漱溟接受教育的整个思想背景来看,既受中国传统文化知识的熏陶,又深受西方思想的影响,其思想以对比中西文化为基础,进而思考如何改造和复兴中国传统社会。他所吸收的中国传统文化知识包括中国化的印度佛教典籍、中国传统儒家经典著作、陆王心学、宋明理学等,以及父亲梁济作为传统儒家知识分子的思想灌输和言行教导。而他所接触的西方思想主要包括学堂中的新式教育和来源于报刊书籍上的西方经济思想、科学技术、政治制度、法律思想以及哲学思想等,其中包括日本以幸德秋水的《社会主义之精髓》为代表的社会主义思潮,以及丹麦乡村建设为例的外国乡村建设思想等。可以说,东西方两种文化理论和知识框架共同影响了梁漱溟对中

① 马东玉:《梁漱溟传》,北京:东方出版社 1993 年版,第 61 页。

国社会问题的思考。起初,像当时绝大多数爱国青年一样,梁漱溟对中国传统文化不加关注,甚至完全否定其价值,他广泛学习西方的科学文化知识,了解西方的政治法律制度,期望将这些应用于中国现实来改变中国社会的贫困局面。伴随着一系列革命实践的失败,面对社会政治现实的无奈,梁漱溟逐渐否定了暴力革命方式,重新思考中国问题的症结和解决之道。他开始反思东西方文化的特点和价值,分析中国社会的历史和现实状况,将中国社会问题的原因归结为深层次的文化失调。因此,他试图用西方的团体民主思想改造中国传统伦理文化,同时吸收西方先进的科学文化知识来重新树立传统伦理文化规范。

纵观梁漱溟的人生经历,他的独特个性和人生态度给后人留下了深刻印象,也对其思想的形成和发展产生了重要影响。梁漱溟性格上的突出特征有:矛盾、执着、真诚,有强烈的社会责任感和理想主义情怀,富有同情心,崇尚和平及调和思想,这些个性对他的思想形成和整个人生轨迹都有间接的影响。他的矛盾性体现在很多方面,比如:身体上的羸弱和心境上的英雄主义、社会改良和武装革命思想的杂糅、对待军阀政权的排斥和依附、东方思想和西方思想的相互渗透等,这些矛盾性体现在他的思想上就是试图糅合中西方文化来重新塑造中国伦理文化规范,期望用旧有的社会思想去适应已经变化了的社会现实。他的执着体现在他这一生对社会问题和人生问题的研究上,他几十年始终坚持自己的思想,为了实践其理想不断地进行尝试。他的真诚体现在做人做事上,不轻信,不寡言,不伪装,独立思考,表里如一。他富有同情心,悲天悯人,对现实生活中人民的悲惨生活十分同情,面对贫苦人民的生活,他内心十分痛苦,而这种痛苦更加强化了他的社会责任感,促使他执着地思考如何解决中国社会问题,从而解救生活在痛苦中的社会大众。他崇尚和平,反对暴力革命,是个"非战主义"者,这种思想直接影响到他对社会建设道路的选择。他排斥极端,思想中庸,诸事喜好调和沟通,文化上希望能沟通东西方文化从而构建新的社会组织构造;政治道路上希望能调和政党斗争,和平解决政权争端等。这些个性既成就了他的思想,也阻碍了其思想的发展。他的执着让他思想上不够变通,过于坚守自己的看法,不能很好地顺应时事变化。他崇尚和平,厌恶暴力革命,也使其对政治问题的解决方式带有个人偏好。他喜好调和,避免极端,导致其思想上相

互糅合,缺乏彻底性和可行性。正是在这些个性的引导下,梁漱溟才会选择
走这样一条复兴国家之路,并孤独地坚守了几十年。概言之,从思想来源上
看,由于梁漱溟没有完整地接受学校教育而主要通过自学获取知识,他的思
想是伴随着社会实践的开展而逐渐丰富和发展起来的,可以说,他的教育背
景和实践背景相互交织,共同构成了梁漱溟经济伦理思想的理论来源;从思
想形成看,由于乡村建设运动是梁漱溟经济、文化、政治思想的结合体,是其
经济伦理思想的集中体现,因此,梁漱溟经济伦理思想可以说是通过乡村建
设运动而逐步形成和完善的。

第二节　梁漱溟经济伦理思想的理论基础与实践载体

民国时期救亡图存的时代背景,促使每一位爱国人士思考中国的未来
之路,而在"新文化运动"所引发的东西方文化之争中所持的态度和立场,间
接地代表了不同人士对中国未来之路的不同选择。梁漱溟从自身的家庭背
景、知识来源和革命实践出发,反对新文化运动所主张的抛弃传统、全面西
化思想。他从独特的文化视角思考中国社会和中国问题,提出自己的乡村
建设理论,试图要将中国乡村改造为一个全新的社会组织结构,并以此推广
直至完成全中国的社会改造。这种建立在对东西方社会以及东西方文化的
对比分析基础之上的伦理化的社会改造理念,蕴含了丰富的经济伦理思想,
有着自身鲜明的理论特色。

梁漱溟认为:"西洋近代社会为个人本位的社会、阶级对立的社会;那
末,中国旧社会可说为伦理本位、职业分立。"[1]这是梁漱溟思考解决中国问
题的理论基础,其经济伦理思想也是构筑在对中国社会这种特殊性的分析
之上的。

---

① 梁漱溟:《乡村建设理论》,上海:上海人民出版社 2011 年版,第 25 页。

一、伦理本位、职业分途的经济伦理关系

梁漱溟对于中国传统社会的分析建立在对比中西方社会现实的基础之上。在他看来,西方社会是一种社会本位和个人本位相互交替的社会。总体上看,"西洋人始终过的是集团生活;不过从前的集团是宗教教会,后来的集团是民族国家"①,当集团生活发达到一定程度后,就慢慢走向了反面——个人主义。个人主义的特点是:个人在集体中的地位不断提高,强调个人权利在团体中的优先性。伴随着个人主义的膨胀,西方人开始认识到,过于抬高个人地位妨碍了社会的良性发展,带来了很多社会问题,于是他们又转而强调团体的重要性,强调社会本位的重要性。所以,西方社会"始终在团体与个人、个人与团体,一高一低、一轻一重之间,翻复不已"②,而这种反复的根源就是因为西方人始终是生活在集团社会中。

与西方社会相反,中国传统社会是缺乏集团生活的,因而也就谈不上团体和个人的关系问题。中国传统社会强调的是重视家庭情谊的伦理关系,这种伦理关系始于家庭而又不止于家庭,它是一种表示相互间责任义务的伦理情谊关系。个人从一出生就生活在与其相关的社会关系中,并由此产生父母、兄弟、夫妇、朋友等情谊关系,个人根据亲疏、远近、厚薄、主次来履行各自的伦理义务。在这种生活中,伦理情谊发达而法制纪律缺乏,重视人情世故而淡化规范制度。在伦理关系发达的中国社会,"人类在情感中皆以对方为主,……一个人似不为自己而存在,乃仿佛互为他人而存在者"③,用费孝通先生的话说,中国社会的伦理情谊关系存在着一种"差序格局","在差序格局中,社会关系是逐渐从一个一个人推出去的,是私人关系的增加,社会范围是一根根私人联系所构成的网络,因之,我们传统社会里所有的社会道德也只在私人联系中发生意义"。④ 这种以私人关系网络为中心的伦理关系在具体生活中有这几方面特点:

---

① 梁漱溟:《乡村建设理论》,上海:上海人民出版社 2011 年版,第 25 页。
② 同上书,第 26 页。
③ 同上书,第 27 页。
④ 费孝通:《乡土中国·生育制度》,北京:北京大学出版社 1998 年版,第 30 页。

第一，倚重礼俗维持社会秩序。在梁漱溟看来，相比西方社会，中国人缺乏普遍的宗教信仰，但却特别注重家庭情谊，这种家庭情谊在一定程度上可以看作是中国人的信仰。家庭关系是个人生活的起点也是社会关系的基础，个人在家庭和宗族关系中彼此关怀、相互支撑，家庭关系的完整是个人人生美满的必须条件，反之，鳏寡孤独等家庭关系的缺憾则是人生的大不幸。可见，家庭和宗族在中国传统社会结构中占极重要的地位，在家庭、宗族成员的相互情谊基础上约定的家庭（族）规则是凝聚和约束内部成员的最重要的手段。传统社会的礼俗以血缘关系为基础，再根据亲疏远近程度逐渐推广，影响到师徒、邻居、朋友等非血缘关系，进而形成维系整个社会稳定的伦理秩序。简言之，与西方社会秩序的维持主要依靠完备的社会法律和规章制度相比而言，中国传统社会秩序的维持则主要倚重以伦理关系为内容的社会礼俗。

第二，经济方面讲究"共财"。在梁漱溟看来，中国传统社会的经济不是个人本位或社会本位的，而是伦理本位的。财产不是个人的，也不是一家的，而是宗族的。在同一宗族内的兄弟、亲戚以至朋友之间有"分财"或"共财"之义，应该在经济上互相体恤、互相帮助，彼此承担或重或轻的义务关系。"但此共产，其相与为共的视其伦理关系之亲疏、厚薄为准：愈亲厚愈要共，……财产愈大，将愈为多数人所共。"[1]可见，这种分配方式并不是均分制的，而是以财产的大小，伦理关系的亲疏、厚薄为划分原则，但这样的经济结构确实带有一定程度的共产性。

第三，政治方面讲究伦理义务。由于中国社会缺乏团体生活而重视家庭关系，由家而国，国家就可以看作是家庭关系的延伸。全国上下依靠家庭伦理教化的方式和原则安排政治组织，在君主与臣民之间，不存在像西方社会那样脱离人情的强制约束关系，而是依据家庭情谊演变而来的一系列伦理关系。大家按照各自在伦理关系中所处的地位，承担相应的伦理义务，似乎"政治目的也全在维持大家伦理的相安——如何让人人彼此伦理的关系各作到好处"[2]。以伦理关系上的彼此相安作为政治关系的理想要求，相对于西方国家以保障个人利益为国家责任，中国的传统政治生活也体现出伦

---

①② 梁漱溟：《乡村建设理论》，上海：上海人民出版社 2011 年版，第 28 页。

理本位的特色。

基于上述分析,梁漱溟将中国传统社会定义为伦理本位的社会,并对中国社会是否存在阶级对立做出了自己的分析。他提出"在一社会中,其生产工具与生产工作有分属于两部分人的形势——一部分人据有生产工具,而生产工作乃委于另一部分人任之"①。在此基础上,梁漱溟对中国传统社会是否存在阶级对立这个问题做出了否定的回答,他认为中国传统社会是一种职业分立而非阶级对立的社会。其原因在于中国传统社会经济的特殊性:第一,土地是可以自由买卖的。在他看来,中国是一个农业社会,而农业社会最重要的生产资料就是土地。由于土地在传统中国社会可以通过自由买卖而变更所有权,因此土地垄断很难形成。第二,遗产均分制。传统中国社会对于遗产的分配是按照亲疏厚薄关系划分的均分制,而不是西方社会的长子继承制。这种遗产分配方式使得宗族财产较为分散,而没有资产的集中就不利于扩大再生产,因而最终也难以形成资产的绝对性垄断。第三,机器大生产的缺乏。传统中国社会以小规模的生产组织为主,缺乏机器等大型生产工具,在行业上形不成大规模的生产垄断。各家做各家的工,各人吃各人的饭,没有垄断也就形不成阶级。是否承认存在阶级对立,是对中国传统社会的定性问题,也是在解决中国社会问题的路径选择上划分武装革命和社会改良的界限和标准,梁漱溟对中国社会阶级状况的认识直接决定了他选择改良道路的方向。

进一步而言,这种职业分途的社会构造表现在政治上,就是中国官吏制度体现出的职业性而非阶级性。中国很早就出现了官吏制度,普通民众可以通过考试制度走上仕途,从而使社会各阶层都有参与政治的机会。"朝为田舍郎,暮登天子堂","将相本无种,男儿当自强",都是对普通民众参与社会政权的真实描写。作为一种职业,"仕"与农、工、商并列为四民,官员食朝廷俸禄,尽社会职责,四民之间只是职业分工的不同。并且,这四种职业还具有流动转换性,希望参与政治的农、工、商均可以通过"读书—考试"踏入仕途,而官宦家庭触犯法律后会被贬谪、没收财产甚至满门抄斩,即使是贵族也可能一夜之间变为平民,由此,社会的上层和下层之间可以相互流转。

---

① 梁漱溟:《乡村建设理论》,上海:上海人民出版社2011年版,第28—29页。

概而言之,在经济上,土地自由买卖、遗产均分制以及机器大生产的缺乏,生产工具与生产工作始终无法真正分属两部分人而造成垄断;在政治上,不同职业者都有机会参与政权。以这些分析为基础,梁漱溟认为中国缺乏产生阶级对立的社会基础,生产者在各自的生产工具上各自劳动,取得相应的劳动成果,只存在职业之间的区分而没有阶级之间的对立,中国是一个职业分途的社会而非阶级对立的社会。

梁漱溟认为,"中国既为伦理本位,又为职业分立的社会,其间交相为用,互有助益之处甚多"①,这种相互影响主要表现在两个方面:

一方面,伦理本位对职业分途的促进作用。在伦理本位的社会条件下,宗族财产采用遗产均分制,财产属于宗族所有成员共有而不专属于某个人,因而财富很难集中;同时有别于西方社会消费观上重视扩大再生产,中国人对待财富更倾向于消费,用于扩大再生产的资金更为有限,社会再生产的局限也使得经济上的垄断难以形成,自然就难以形成阶级对立社会。

另一方面,职业分途对伦理关系的巩固作用。由于生产上的无垄断和大规模生产的缺乏,生产主要以分散的家庭为单位,"无论种田、做工或做买卖,全靠一家大小共同努力;……天然地成为相依为命的样子。其伦理关系,安得不从而益加巩固密切"②。另外,在职业分途的社会当中,由于不存在阶级对立,因而不需要通过暴力革命来改变自己的命运,社会各行业都有自己的前途可求,为各自家族的兴衰努力,在这种阶级分化不明显的社会,社会秩序的稳定更利于伦理关系的发展。"阶级统治之不成,而中国政治乃不得不伦理化;由政治之伦理化,乃更使社会职业化。职业又有助于伦理"③。可以说,经济、政治相互影响,共同维护着中国传统社会的组织构造。

在分析了传统中国的社会组织构造后,梁漱溟认识到中国国情同西方社会有很大的不同,西方文化并不完全适用于中国国情,解决中国问题还需要依靠本民族的思想文化。中国社会秩序赖以维持的基础是礼俗而不是法律,中国传统社会是伦理本位、职业分途的,不存在阶级对立。因此,在他看

①② 梁漱溟:《乡村建设理论》,上海:上海人民出版社 2011 年版,第 31 页。
③ 同上书,第 32 页。

来,武装革命的方式不适用于中国的国情。他反对通过暴力革命的方式解决中国问题,逐渐走向了社会改良的道路。

二、中国问题的伦理归因及其解决路径

在对中国社会状况有了伦理本位、职业分途的认识和界定基础之上,梁漱溟将中国问题的伦理归因与出路诉诸文化反思与文化追求。在梁漱溟所处的时代背景中,"'文化反思',已经不只是一个学者书斋式的主题,而是一个民族的社会政治问题。它是关系到中华民族生死存亡的大问题"①。而在梁漱溟看来,"文化并非别的,乃是人类生活的样法"②。换言之,文化是一种对人生的态度。不同的文化对生活有不同的意欲要求,对问题有不同的解决方法;不同的文化有不同的发展路向和精神底蕴,文化之间不能强加调和;不同的文化也各有各自的优缺点,文化之间没有优劣之分,只是适合不同的社会境况。

梁漱溟将世界上的文化分为三种路向:意欲向前、意欲调和与意欲向后。这三种路向分别相对应于西方、东方和印度三种文化。梁漱溟认为,西方文化是一种意欲向前的文化,重视物质生活,以满足自身需要为目的;中国文化是一种意欲调和的文化,通过调和局面来实现自身的满足;印度文化则是一种意欲向后的文化,不解决现实问题,但通过内省从自身精神层面上忽略问题。这三种文化各有自己的优势和缺点。西方文化擅长解决人与物的问题,"其优点在于征服自然、利用自然,最终培养出'个人本位,自我中心'的社会、精神文化特质"③。在梁漱溟看来,西方文化值得我们学习的三大优点,一是征服自然的能力,二是先进的科学方法,三是政治民主思想。但是,任何一种文化都不是完美的,在物质方面极具优势的西方文化在处理社会人际关系以及精神生活方面存在诸多问题。社会经济的快速发展,人际关系的恶化、人与自然的对立以及普遍的社会心理焦虑等问题逐渐浮现,困扰着西方社会的发展。梁漱溟认为,在这点上,东方文化具有明显的优越

---

① 郭齐勇、龚建平:《梁漱溟哲学思想》,武汉:湖北人民出版社1996年版,第27页。
② 梁漱溟:《东西文化及其哲学》,北京:商务印书馆1999年版,第60页。
③ 佟自光编:《梁漱溟的孤独思考》,北京:东方出版社2006年版,第256页。

性,可以避免西方文化发展所带来的精神问题。中国文化是面向人生的文化,擅长解决人与人之间的问题,"中国人的思想是安分、知足、寡欲、摄生,而绝没有提倡要求物质享乐的;却亦没有印度的禁欲思想(和尚道士的不娶妻、尚苦行是印度文化的摹仿,非中国原有的)。不论境遇如何他都可以满足安受,并不定要求改造一个局面"①。他从生命哲学层面看待中国文化,认为中国文化是变动不拘、流动不息的,以调和、持中为其根本精神,符合儒家的中庸思想,但缺乏征服自然的能力和动力。印度文化则擅长解决人与宇宙世界之间的问题。"印度人既不像西方人的要求幸福,也不像中国人的安遇知足,他是努力于解脱这个生活的;既非向前,又非持中,乃是翻转向后"②。基于对人生的不同看法,中国儒家看待现实生活是积极的,而印度文化则是出世的,对于解决现实问题的帮助不大。通过对三种不同文化路向的对比,结合中国的现实国情,梁漱溟认为,对于西方文化并不是一个简单的要不要的问题,而是深层次的能不能的问题。而对于东方文化也不应盲目地坚守或批判,而要分析其内在的优点和不足。西方文化并不完全适用于中国国情,中国文化也不完全是没有价值的。应当认识到中国传统文化的不足,同时借鉴西方文化中的长处,顺应时势,进行改革。

在文化观的基础上,梁漱溟展开了对中国问题的独特分析。在当时,对于中国问题的归因主要集中在帝国主义的侵略和军阀战乱上。一种观点认为,帝国主义的侵略是造成中国问题的首要原因。帝国主义凭借优越的军事、经济势力,在不平等条约的掩护下,向中国倾销商品,挤占中国本土产品的市场空间,动摇了农村经济的社会基础。伴随着农村商品经济的被迫发展,原有自给自足的传统中国经济模式逐渐崩溃,而建构在这种经济模式上的传统中国社会也走向了衰败。另一种观点则认为,帝国主义侵略终究是外因,而国内长期军阀混战才是导致农村经济破产的内部原因。由于国家长期陷于分裂,对外不能应对侵略,对内不能保障社会秩序,这种社会秩序的混乱必然进一步导致自然经济的衰败。但是,在梁漱溟看来,外国资本主义的入侵尽管对中国经济造成巨大伤害,但终归只是外因;而国内的军阀战乱一定程度上只是中国问

---

① 梁漱溟:《东西文化及其哲学》,北京:商务印书馆1999年版,第72页。
② 同上书,第73页。

题的结果而不是原因——正因为中国社会存在问题,才带来社会秩序的混乱和政治上的分裂。因此,这两者都不是引起中国问题的根本原因。

梁漱溟立足中国社会基础,总结革命经验,认为严重的文化失调才是引发中国社会问题的根本,而这种文化失调的根源在于伦理本位、职业分途的中国传统社会遭到破坏。中国传统社会是靠伦理关系维系社会秩序的,同依靠法律制度规范公民生活的西方社会有很大的不同,因此,西方的思想文化并不完全适用于中国国情。但近代以来,伴随着西方个人主义、权利思想的大量涌入,国人盲目地接收西方思想文化,并完全抛弃中国原有的传统文化,对中国传统社会的伦理文化造成了巨大的冲击。对于个人权利的注重和追求在相当程度上冲淡了中国传统文化中以对方为重、强调义务的谦让思想。这种冲击在家族关系上表现为家族成员之间开始强调自身的权利,不再顾及父子、兄弟、朋友之间原本的情谊约束;在社会政治上表现为君臣子民间的伦理约束关系淡化。在中国传统社会,社会的安定有赖于君主与臣民之间的伦理关系制约,而西方思想的传入却在很大程度上消解着这种伦理关系,被破坏掉的政治关系最明显的表现就是连年动乱、政权更迭,"二三十年来,政局变幻无常,信义丝毫不存,到处都充满了机诈与粗暴"①。同时,当时的西方社会面对发展中产生的诸多社会问题,思想上逐步走入了"反近代"时期。而中国在接收西方近代思想的同时也接触到了这些"反近代"思想,从而形成了近代与"反近代"思想的相互交织、杂乱无章的状态,进而造成现实生活中思想的不统一,进而带来社会的混乱和对立。

西方思想在冲击中国社会传统伦理关系的同时,也破坏了职业分途的社会状况,并逐渐形成垄断而又非阶级对立的社会。在教育方面,受西方功利思想的影响,大家都以追求经济利益为目的,试图运用自己的知识、头脑和所掌握的权力谋求自身利益。士与商在追求利益的驱使下逐渐走向融合,垄断教育权,"受教育的机会非常要紧。谁有机会受高等教育,就有机会谋利,就有机会掌权,也就可以跑到上层社会去"②。在经济方面,传统农业生产技术落后、规模较小,伴随着西方经济思想的传入和新的生产技术的引进,机器大生产逐

---

① 梁漱溟:《乡村建设理论》,上海:上海人民出版社 2011 年版,第 62 页。
② 同上书,第 66—67 页。

渐兴起,经济垄断开始形成,社会贫富差距逐渐拉大。在政治方面,教育机会的不平等最终导致考试选拔制度的不公平,政权被少数富贵者操纵。因此,教育、经济、政治三方面的垄断局面逐渐形成。但是,由于中国缺乏保障垄断的社会秩序,因此,阶级对立的社会仍旧无法真正形成。

概言之,在梁漱溟看来,近代以来西方思想的大量涌入对中国"伦理本位、职业分途"的社会构造带来了严重的冲击,"今日中国问题在其千年相沿袭之社会组织构造既已崩溃,而新者未立;或说是文化失调"①。中国传统伦理文化的失调才是导致中国社会混乱的根本问题。因此,要想解决中国社会问题,实现社会的稳定有序,就需要重新构建中国的伦理文化,而这种文化构造之路就是推行乡村建设运动。

梁漱溟对于东西方文化的对比以及对中国社会构造的理论分析,是其乡村建设思想的理论支撑。在认定文化失调是引发中国问题的深层次原因后,他开始思考解决中国问题的路径。在思索重建中国伦理文化秩序时,他将目光锁定到中国农村,认为解决中国问题必须从农村入手,原因在于:

第一,中国社会的乡土性。在梁漱溟看来:"原来中国社会是以乡村为基础,并以乡村为主体的。"②乡村既是中国社会经济的命脉,也是中国社会的基本单位,中国绝大多数人口和区域都在乡村。乡村是中国社会的基础,中国的社会文化、宗法礼俗、行业制度等都是从乡村文化中延伸而来。随着近代西方文化的涌入和传播,中国传统思想遭到批判和解构。相对于城市来说,乡村既是中国传统伦理精神形成和孕育的有形载体,也是传统文化保存相对较好的地区。因此,在梁漱溟看来,要重建中国传统的伦理秩序,必须从乡村入手,以乡村为基点开展乡村建设运动,更有利于修补被"破坏"掉的乡村伦理关系,重建整个中华民族的伦理精神。只有发动起广大农民群众,才能有力量实现自下而上的社会改造;也只有从改造农村这一社会基础入手,才能逐步推广,进而扩展至整个国家层面。

第二,乡村问题的严重性和急迫性。在当时的社会状况下,乡村是社会危机最为严重的地方,也是最迫切需要改革的地方。乡村地区饥荒连连,战

---

① 梁漱溟:《乡村建设理论》,上海:上海人民出版社 2011 年版,第 21 页。
② 同上书,第 10 页。

争频繁,社会的混乱更加剧了匪乱,"自从民国建立以来,无处不匪,无年不盗"①。在动荡的社会环境中,农民作为社会的弱势群体无力保障自身的生命安全,遇到灾年更是食不果腹、饿莩遍野。因此,迫切地需要通过乡村建设对乡村进行救济,改变乡村贫困、落后和混乱的状况。

第三,乡村建设道路的优越性。梁漱溟排斥走西方发展道路的一个重要原因,就是他看到了西方经济发展模式所隐含的社会问题,并认为乡村建设道路在这方面更具优越性。乡村建设是以合作化的生产组织方式来团结民众,从政治、经济、文化三方面对乡村进行全面的改造,重建乡村伦理文化。通过乡村建设,用新型的乡村文明取代过于重视物欲的西方文明,从而避免遭受西方发展模式引发的种种精神危机。

第四,对以往革命实践以及当时政治现状的反思。梁漱溟认为,以往的革命实践大都是在城市中以夺取政治权力为目的的暴力革命,而中国社会的无阶级对立性使得暴力革命在中国社会根本走不通,这注定了以往革命实践的失败。在他看来,社会秩序的产生,主要有两种途径,"一是理性,一是武力强制"②。既然武装革命走不通,那就走非战主义的社会改造道路;城市道路走不通,就改走乡村道路;自上而下的政治改革没有条件,那就走自下而上的社会改造。此外,军阀割据、匪乱深重的政治现实也让梁漱溟对武装革命失去希望。他在同李济深探讨中国未来道路问题时说道:"国家是不能统一的,党是没有前途的;凡你的希望都是做不到的。"③这些都让他走乡村建设道路的信念更为坚定。

梁漱溟在《乡村建设理论》中系统阐述了他的社会改造思想,并在山东邹平进行了长达 7 年的乡村建设运动,以此实践他的社会改造理想。总体而言,梁漱溟的乡村建设理论从政治、经济、文化等多方面入手,以复兴儒家礼俗为主旨,以改革乡村社会为目的,以教育为手段,以伦理道德为管理方式,形成一个完整的社会改造框架。具体而言,在政治上,乡村建设不以直接夺取政治权力为目的,而是希望通过基层的社会改造来逐渐提升社会民众的政治素养和政治觉悟,为未来民主政治的建立打好群众基础,从而为政治问题的解决提供可能。在经济上,注重优先发展农业,主张从农业引发工业的产

---

① [美]菲尔·比林斯利:《民国时期的土匪》,王贤知等译,北京:中国青年出版社 1991 年版,第 15 页。

② 梁漱溟:《乡村建设理论》,上海:上海人民出版社 2011 年版,第 73 页。

③ 佟自光编:《梁漱溟的孤独思考》,北京:东方出版社 2006 年版,第 88 页。

业道路。他引进西方先进的科学技术,在农村推广社会教育和技术试验,开展合作化生产模式,以多种手段促进农业经济的整体发展。在文化建设上,他重申中国传统文化的伦理内涵,希望通过践行伦理道德来培养农民人心向上、道德完美的精神境界,培养乡村互助和睦的社会关系,进而逐渐形成新式的乡村文明。在社会管理上,他主张用传统的伦理道德方式取代法律规范,用群体协商取代行政命令,用道德说教取代惩罚措施,力图构建平等和谐的乡村社会团体。在社会生活上,他强调通过摒弃社会陋习、培养农民良好的生活卫生习惯以及建立地方自卫队等措施来营造良好的社会氛围。

应当看到,梁漱溟对于当时的社会局势以及中国未来道路的判断具有一定的合理性。他看到了农村对于中国未来发展的重要性,看到了城市武装革命道路的落后性。他领导的乡村建设运动不以谋求政治上的权利为目的,不急于解决政权问题,而是从基层做起,一步步来扩大自己的实践范围,通过乡村改造为以后的国家建设提供社会基础,以达到综合解决中国社会问题的目的。他将伦理考量纳入重建社会的各个环节,希望通过重塑社会伦理秩序来达到构建新型乡村文明的可能,这种社会建设方案本身蕴含了非常丰富的经济伦理思想。

第三节 梁漱溟经济伦理思想的主要内容

在推行以乡村建设运动为载体的实践过程中,梁漱溟经济伦理思想主要表现为以继承和发扬中国传统伦理文化为核心,以发展生产和改造农村社会为主线。其主要内容既包含对人生态度的把握和对社会制度的评判,也涉及经济建设中具体的生产伦理、管理伦理、分配伦理等方面。

一、重义轻利的人生态度和分配伦理

义利关系是中国经济伦理思想演进中的核心议题。在义利关系上,儒家强调重义轻利,但并不完全否定利益,而是将“利”限制于道德允许的范围之内,即所谓“君子爱财,取之有道”。梁漱溟继承并发扬了儒家重义轻利的

义利观,主张限制物质欲望,注重精神追求,推崇重义轻利的人生态度。在梁漱溟看来,西方文化宣扬功利主义思想,人与人之间注重权利和欲望的实现。一方面,这种文化模式促进了社会的进步,带来了个人权利的极大满足和自我价值的实现;另一方面,也带来很多社会问题,如:过度重视自我权利和个人利益,人际关系利益化和孤立化,社会道德衰落,等等。"与西方以个人为本位、重功利效用的伦理文化相比,中国以伦理为本位、讲究道义人伦的伦理文化却显示出无比的优越性。"[1]以伦理为本位的中国社会讲究人伦道义,强调重义轻利。中国人将"利"限制在道德允许的范围之内,重视人与人之间的和谐礼让,对待物质生活推崇知足常乐,追求人生的合理而不是无尽欲望的满足。梁漱溟特别推崇儒家思想中不计利害得失、从容知足的生活态度和安贫乐道的精神境界。

简言之,梁漱溟反对物质至上的功利思想,认为重利轻义、追逐利益的西方文化虽然可能带来物质生活的富足,但却容易引发精神空虚。相反,重义轻利、知足节欲的中国传统伦理文化拥有人心向上的精神态度,即使物质生活贫乏仍能心境开阔,更能带来人生的快乐和幸福体验。不过,也应看到,中国传统文化虽然对人际关系的和睦与社会秩序的稳定起到积极作用,但这种伦理文化同样也存在着很多弊端。正如梁漱溟所指出的,"中国人初不会像西洋那样认清了'我',……初不曾象西洋那样人与人划清界线"[2],导致中国社会人情关系异常复杂,法治观念淡薄,家庭主义氛围浓重。

进一步而言,这种重义轻利的人生态度在财富分配上体现为重均平而抑分化的分配伦理。梁漱溟推行社会改造是为了谋求社会群体的利益而不是个别人的利益。在乡村建设运动中,梁漱溟以互助合作为生产方式,重视农村整体力量的壮大。他以实现国家富强、农村富裕为生产目的,团结零散的农户形成集体组织,在生产方式、利益分配上极力避免贫富分化问题。在农村合作组织的营利问题上,考虑到积累生产资本用于扩大再生产的实际需要,梁漱溟认为合作组织可以营取商业利润而不能营取产业利润,暂时的营利是为了积累资本用于扩大再生产;同时所营取利润采用多量归公,以防

---

[1] 唐凯麟、王泽应:《梁漱溟伦理思想论评》,载《吉首大学学报》1995 年第 4 期。
[2] 梁漱溟:《东西文化及其哲学》,北京:商务印书馆 1999 年版,第 163 页。

止利润外流从而增加公共财产；合作组织坚持从营利走向不营利的经营原则，公共财产的增加除了用于扩大再生产的目的外，还旨在壮大集体力量，抑制贫富分化。从这些方面看来，梁漱溟从乡村建设现实需要出发，在强调合作社发展经济的同时，注重增加合作社的公共积累，用于逐渐达到合作运动的社会化思想。虽然他在合作运动中积极求"利"，但这种"利"从长远看仍然是符合"义"的要求的，暂时的营利是为了壮大集体的力量，抑制贫富分化是为了社会的公正和稳定。

二、互助合作的人际关系和生产伦理

梁漱溟在社会改造中倡导互助合作的人际关系。面对农村经济的破败和衰落，梁漱溟认为，"若大家仍是各不相顾，各自应付各自的生计问题，结果谁也应付不了"[1]。因此，他号召团结零散的农户力量，互助合作，走农村合作化道路，逐步建立一个秩序良好的互助国家。这种互助合作思想的形成来源于以下方面：

第一，对传统儒家思想的继承和改造。梁漱溟认为，儒家思想中庸调和的处事态度、崇尚和平的社会理念以及孝悌勤俭的伦理道德对稳定中国传统社会秩序有重要作用。中国传统社会是伦理本位、职业分途的社会，重视家族共同利益，人与人之间平等互助，责任相担，利益共享。因此，要想重建良好的社会秩序，必须重塑这种平等互助、崇尚和平的伦理精神。梁漱溟构想的"新社会组织构造"是对"吕氏乡约"的补充改造。他认为，吕氏乡约在内容上所体现的"德业相劝、过失相规、礼俗相交、患难相恤"，体现了一种互助合作的人际关系，应当在重建乡村社会秩序中加以发扬。

第二，借鉴了部分社会主义思想。当时社会上有众多社会主义流派，虽在理论体系上并不科学严谨，但仍有部分可供借鉴的理念。梁漱溟吸收了反对财产私有制、互助论以及部分共产社会思想。他认为财产私有制是造成社会贫富分化的根源，因此，在设计经济路线时力图抑制社会贫富分化。他倡导农民通过互助合作的途径保护自身的利益，在合作组织中注意内部

---

[1] 梁漱溟：《乡村建设理论》，上海：上海人民出版社 2011 年版，第 265 页。

成员之间关系的和睦融洽,提倡平等互助,共同谋求人生的合理利益。他提出要改造西方社会为生产而生产这种不合理的经济制度,推行为消费而生产,建立一个各尽所能、各取所需的共产主义社会。

第三,吸收了丹麦的合作理论。当时的国外合作运动主要集中在苏联、西欧国家和丹麦。按照具体的合作方式,有消费合作、工业生产合作、信用合作等。从目的上看,"消费合作是为了解除商业资本的剥削,工业生产合作是为了反抗工业资本的压迫,信用合作则是为了抵制金融资本的肆虐"①。苏联合作运动从信用合作和消费合作开始,西欧合作运动主要是消费合作或者几种合作形式并存,而丹麦合作道路比较特殊,是利用宗教力量从民众教育入手,通过文化传播来增强国人的友爱互助精神,从而带动丹麦民族的活力和复兴。梁漱溟认为,丹麦的合作运动理念同中国的固有精神有很多相合的地方,二者都强调人与人之间的互助合作,都肯定精神力量对于民族提升的重要性。因此,他的乡村建设理论借鉴了丹麦的合作理论。

梁漱溟认为,在当时的社会背景中,中国的经济力量远不能同外国经济势力相抗衡。西方国家工业发达,技术先进,所生产的商品物美价廉,有极强的市场竞争力,而我国经济基础薄弱,生产技术落后。同时,西方列强在国际上操控经济秩序,我们在发展工业上同西方国家没有任何竞争力。相对于发展工业的窘境,在农业上入手相对容易。因此,他号召农民团结起来,走农业合作化道路,逐渐壮大农村消费需求,渐次发展到工业,增强抵抗西方列强经济侵略的能力,以最终实现国家的工业化目标。

梁漱溟将其重义轻利的人生态度和互助合作的人际关系应用于经济生产,便形成了重群体而抑个体的生产伦理思想。这种生产伦理具体体现在以下方面:

其一,在目的方面,以实现国家富强为生产目的。梁漱溟的合作运动,是从发展农村经济进而实现国家富强的立场出发的。推广农村合作化道路,目的是吸纳零散农户参与,推动农村集体经济的发展,重视社会群体利益的壮大而不是个体利益的膨胀。

其二,在手段方面,以互助合作为生产方式。梁漱溟的合作运动,在生

---

① 杨菲蓉:《梁漱溟合作理论与邹平合作运动》,重庆:重庆出版社 2001 年版,第 21 页。

产方式上,通过建立各种形式的合作社来团结农村力量发展生产。这些合作社包括生产合作、消费合作、金融合作等,以农业生产合作为主。在农业生产方面建有蚕业合作社、林业合作社、美棉运销合作社等;在消费方面建有购买联合社、教育用品消费合作社等;在金融方面建有信用合作社、合作金库等。① 在社会教育上,以全体合作社社员为对象,在乡村教育中传播新式农业科技知识,引进先进的生产技术和生产工具,将农业合作同农业科技、农业金融相结合,共同促进农村经济的发展。梁漱溟吸收并阐发了儒家的教化思想,认同后天环境对于个人德行培养的重要影响,肯定教育对于品德修养的意义,主张在合作组织中通过知识分子的教化来提高农民的合作意识和德行修养。在组织方式上,梁漱溟吸收西方文化中的部分思想以弥补中国传统文化的不足,"一是团体组织——此点矫正了我们的散漫;二是团体中的分子对团体生活会有力的参加,——此点矫正了我们被动的毛病;三是尊重个人,——此点比较增进了以前个人的地位,完成个人的人格;四是财产社会化,——此点增进了社会关系"②。梁漱溟吸收团体组织、民主思想、个人权利及财产社会化思想,在合作理论中注重培养乡村地区团体组织,加强乡村地区的相互联系,在决策中发挥民主思想,广泛征集群众意见,尊重个人参与集体讨论的权利,营造良好的团体合作氛围。

其三,在结果方面,重视公共财产累积的分配方式。梁漱溟在合作理论中强调合作社应当坚持从营利到不营利的经营原则,初期可以营取商业利润,但不能营取产业利润,所得利润主要用于扩大公共积金以便于扩大再生产,最终目的是将合作推广到社会的各个方面,逐步建立一个秩序规范的合作国家。

梁漱溟乡村建设运动最后以失败告终,这一实践结果也反映了梁漱溟生产伦理思想的局限性——在不解决政权问题的前提下,仅希望通过发展乡村经济以改变农村的困顿局面是不现实的。但是,我们也应看到梁漱溟生产伦理思想所体现出的现实作用和积极价值。一方面,乡村建设运动中的合作互助方式在一定程度上增加了农民的经济收入,改善了农民生活,提

---

① 参见杨菲蓉《梁漱溟合作理论与邹平合作运动》,重庆:重庆出版社 2001 年版,第 137 页。
② 梁漱溟:《乡村建设理论》,上海:上海人民出版社 2011 年版,第 161 页。

高了农村的教育水平,促进了当地乡村的发展;另一方面,对乡村生产方式、组织方式以及教育程度的重视都对当代农村建设具有重要的理论资源意义。

三、村规乡约的礼治秩序和管理伦理

梁漱溟在推行乡村建设运动中,以道德规范为主要管理依据,以道德说教为主要管理手段,以中国传统乡约社会为管理榜样,以集体协商为主要的政策制定方法,沿用传统的家庭伦理方式来治理乡村,并希望将这种管理方式推广到整个社会。具体而言,梁漱溟推崇村规乡约的礼治秩序出于以下原因:

第一,国家分裂、律法不一的社会现状。

> 因为中国社会的崩溃,让中国几十年来乃至最近的未来,没法子建树起来国家权力;虽然从种种方面看,强大的国家权力在中国是个必要,但是建立国家权力的条件在中国完全没有,任何形式的国权都建立不起。国家权力既不能建立,则法律没有来源。①

在当时的社会环境下,统一的国家权力无法建立,作为国家强制管理手段的法律自然不能统一。权力分散则律法不一,律法不一则合法性缺失,所以无法依靠法律作为维系社会秩序的主要手段。

第二,人治与法治的权衡。中国传统社会是基于血缘和地缘的伦理社会,社会秩序的维系主要靠伦理道德。梁漱溟认为“中国的精神有两点长处:一是伦理,一是人心向上。”②他所说的“人心向上”主要指德行高尚、尊贤重道,而要实现人心向上,就不能走少数服从多数的民主表决道路。德行高尚者一般是社会的少数,制定和管理伦理俗规的应该是这些少数人,因此,中国传统社会天然地倾向于这种人治社会。西方社会是团体社会,团体生活是人人参与并少数服从多数的,区别于中国传统的人治社会,西方社会主要依靠法律维持社会秩序。伴随着社会变迁和各自的发展,两种社会模式

---

① 梁漱溟:《乡村建设理论》,上海:上海人民出版社 2011 年版,第 131 页。
② 同上书,第 138 页。

呈现各自的利弊。梁漱溟认为,中国社会的散漫问题需要吸收西方团体思想加以解决,而中国的人治方式则可以缓解西方社会人际关系的紧张。因此,梁漱溟在建立乡村团体生活的同时仍旧依靠人治的管理方式,希望恢复尚贤的社会风气。

第三,建设新社会组织构造的需要。梁漱溟认为"人非社会则不能生活,而社会生活则非有一定秩序不能进行"①。西方社会是团体社会,社会秩序的维持主要依靠法律制度,而中国传统社会是伦理本位的乡土社会,社会秩序的维系主要依靠礼俗。然而,由于近代西方列强的侵略,中国社会遭受到全面的冲击,政局动荡,经济萧条,思想混乱,社会衰败,原有的社会礼俗在新思想、新形势的冲击下濒临崩溃,而新的社会秩序尚未建立,这种思想文化上的"失调",造成了中国社会秩序的混乱和政权的四分五裂。要想解决当前中国的社会问题,就必须重建中国的伦理精神,建设一种新的社会组织构造。因此,梁漱溟在其乡村建设中始终重现中国传统的伦理化管理方式。

第四,适应乡村社会管理的需要。中国乡村长期以来是依靠村规民俗管理,大家身份平等,社会关系和睦,如果用法律手段取代伦理习俗,很容易伤害彼此的情感。中国人注重伦理情谊,这种伤害邻里情感的方法并不适用。因此,梁漱溟提倡在乡村管理中继承和发扬中国传统乡约组织的管理方式,德业相劝、过失相规、礼俗相交、患难相恤,形成一种互相顾惜的伦理情谊。

由此,梁漱溟以村规乡约为主要管理方式,在乡村建设中形成了独特的管理伦理。具体表现在:

其一,在日常行为管理上,重道德规范轻规章制度。梁漱溟在乡村建设运动中编写了《村学乡学须知》,通过这种非强制性的道德条例来管理成员,其内容涵盖了各个层次人员的活动准则。

> 《村学乡学须知》包括四个须知——《学众须知》、《学董须知》、《学长须知》、《教员辅导员须知》。这四个须知就是四个作用。学长即监督

---

① 梁漱溟:《乡村建设理论》,上海:上海人民出版社 2011 年版,第 21 页。

教训作用,教员即推动设计作用,学众即立法作用,学董即行政作用。^①

这四种作用实质是四种职责和义务,即学长如何监督教训,教员如何推动设计,学众日常生活准则,学董如何调和民众等。这些须知不是强制性的法律条例,而是由包含了伦理内涵的乡约村规转化而来,并且,这些规定没有具体的细则和惩罚措施,只是规定了行为处事的"好"的方向,目的是培养民众好的习惯,减少坏事弊端,鼓舞人心向上,塑造优良品行。

其二,在人才管理上,强调德行,重利他而抑利己。他以德行是否优良作为选拔人才的主要标准,肯定有德之人的影响价值,任用德行高尚之人作为学长,培养和监督学员,以培养德行之人为内涵。梁漱溟的乡村教育目标,不仅是要提高农民的经济生产能力,更重要的是提高农民的综合素质。通过培养德才兼备的后备人才,提高农民的政治觉悟和道德素质,为建立农村新的社会秩序做铺垫。他倡导以身作则,号召出于利他的原则相互监督,强调师长要通过自身的德行来引导和教育学员,团结群众,了解群众的需求,为群众的利益着想,推行人性化的管理。同时,师长也要受到他人的监督,"监督他,勿使他陷于不义,正为爱人之道。凡有劝谏的话,无妨以友谊进一言,不过要避免正面冲突"^②。

四、"好"的社会和经济模式的伦理要求

中国传统文化是一种以儒家思想为核心的文化,儒家文化主张以德治国。在儒家文化中,"不仅任何社会问题都和伦理道德有关,而且任何社会问题的最终解决都有赖于人伦道德关系的协调,……儒家把实现人伦道德之和谐视作社会经济发展的崇高价值目标"^③。以儒家思想为中心的中国传统文化执着于伦理本位,注重心性道德,始终贯彻社会的道德主张,无论是对社会制度的评判,还是对于经济政策的制定都纳入道德的考虑范围内,形成自身对"好"的社会和"好"的经济模式的价值目标。梁漱溟的经济伦理思

---

① 梁漱溟:《乡村建设理论》,上海:上海人民出版社 2011 年版,第 225 页。
② 同上书,第 214 页。
③ 张鸿翼:《儒家经济伦理及其时代命运》,北京:北京大学出版社 2010 年版,第 9 页。

想就包含了对国家制度和社会经济模式的伦理评价,表达了他理想中"好"的社会和"好"的经济发展路径。

梁漱溟对于一个社会的好坏和一种经济模式的优劣进行评价时,不仅从社会经济发展程度和物质丰富度方面来衡量,更注重从社会伦理道德方面进行综合评价。比如,社会是否公平公正、人际关系是否和睦、贫富差距是否悬殊等,这些都蕴含了丰富的伦理内涵。在梁漱溟看来,一个理想的社会应该是政治上民主团结、公平公正,人民生活安定有序,社会关系融洽,经济富足,是传统儒家理念同先进的生产能力相结合的社会。以这种理想的"好"社会为参照,梁漱溟提出了评价和选择经济发展模式的标准即是否利于社会秩序的和谐、是否促进社会道德的发展。

一方面,他反对简单模仿西方的工业化道路。他认为,西方工业化社会是建立在财产私有制基础之上的,在促进西方社会经济发展的同时也引发了诸如人际关系冷漠、社会道德衰落等问题。这种社会算不上是"好"的社会,中国应当避免重蹈覆辙。同时,他排斥商业资本的发展,认为商业资本的运行会带来恶性竞争,最终会带来贫富分化和资源浪费,妨碍人类道德的发展。

另一方面,梁漱溟肯定了优先发展农业、以农业带动工业这一道路的合理性,其原因在于三个方面:第一,出于农业重要性的考虑。农业是社会之根本,是维持社会秩序的根基。农业破败会引发社会骚乱,农业危机则导致社会整体动荡。因此,发展农业是最重要也是最迫切的。第二,出于生产合理性的考虑。梁漱溟认为,生产应当从消费需求而不是商业需求出发,从消费需求出发的生产是合理的生产,而从商业需求出发的生产则会带来贫富分化,造成物质资源的浪费。梁漱溟构想的乡村建设直至工业化目标都以满足使用价值为目的,而不是以资本主义社会的商品为目标。第三,出于社会稳定性的考虑。在梁漱溟看来,工商业的发展是分散的、竞争的、流动的,发展工业和商品经济会加剧社会的流动、疏散宗族伦理关系,不利于社会秩序的稳定和管理。相对于"熟人"社会的人情交织和舆论约束,"陌生人"社会道德感下降,犯罪率上升,不利于社会秩序的稳固。而农业以家庭为生产单位,固定在一方土地上,农业生产的性质天然利于稳固家庭关系和人伦道德,有利于培养人际感情。因此,他推崇优先发展农业,以农业带动工业,以消费需求带动生产需求。这些都是出于构建"好"的社会和"好"的经济模式考虑。

从运动的结果来看,乡村建设运动并没有达到梁漱溟本人预期的目标和理想,在日本侵略中国的隆隆炮声中,乡村建设运动被迫中止了。正如梁漱溟自己所言,乡村运动的结果是乡村不动。究其失败原因,有社会历史的客观原因,亦有梁漱溟本身思想的局限和对社会现状判断失误的主观原因。正如有学者指出:"他过于轻视经济发展中可能遇到的问题,一些实质性障碍如资金、能源等几乎是被他绕开了,因此其结论大多显得脱离实际。另一方面,他对于地方政府和知识阶层又抱有天真的幻想,而不很相信劳动者的力量和工商业资产阶级的积极作用,这也不符合经济发展本身的动力原理。"[1]事实上,他忽略日益加剧的阶级矛盾,仅仅根据对东西文化的比较作出当时中国所要走的道路的规划,以及在此基础上勾勒出中国"新的社会构造"的蓝图,并不符合社会向前发展的历史潮流,甚至在本质上,是一种意欲恢复封建传统文化乃至恢复落后封建制度的倒退,只是这种倒退在"新的社会构造"的模糊概念下变得隐而不显。然而,回望这一段运动历程,梁漱溟乡村建设理论及其实践,尤其是其中所体现的经济伦理思想,仍是值得我们认真学习和研究的宝贵理论和实践资源。值得关注的是,在"五四"时期的一代知识分子中,绝大多数都着眼于城市经济建设和改革,很少有人注意到乡村问题,梁漱溟将社会改革的目光从城市转向乡村,并且,除了对乡村建设提出一系列理论方案外,他还身体力行,深入乡间参与诸多具体工作,努力将乡村建设理论付诸实践,这在当时是非常难能可贵的。

总体而言,在我国 20 世纪 30 年代的诸多乡村建设派别中,梁漱溟发起的乡村建设运动是将其经济、文化理论与社会实践融合起来最具典型和代表意义的一次运动。他推崇互助合作的人际关系模式,并将之付诸乡村生产伦理实践,在一定程度上促进运动区域范围内的乡村经济进步和发展;他宣扬儒家重义轻利的人生态度,并在乡村建设的分配伦理实践中积极引导这种义利观,努力使村民在价值观念上回避功利主义的诱惑;他重视恢复传统的村规乡约礼治秩序,并将传统乡约礼治模式作为新型乡村社会结构的

---

[1] 李向民:《中国的经济发展学说——大梦初觉》,南京:江苏人民出版社 1994 年版,第 188 页。

管理方式,同时提出以"好"的社会、"好"的经济模式作为乡村建设的伦理要求,不失为一种较为完整的经济伦理架构与实践思路。在梁漱溟的乡村建设图景中,新型乡村应当是一种由中国传统伦理精神与西方现代民主意识相融合的新型礼俗化社会组织。在这一社会组织中,人与人的关系是自觉地互相了解、互相认同、互相帮助和依靠,并在这一社会组织中使人的理性精神得以发展和完善。诚然,这一理想化的重建社会构造方案并不符合当时中国的国情,也不能从真正意义上改变中国社会状况,甚至并没有得到乡村建设运动区域农民的真正响应,但这种带有文化复兴意蕴的经济建设思路却在中国经济伦理思想史上闪耀着传统文化智慧的火花,他将社会改革的目光从城市转向乡村,使社会各界正视中国乡村问题,也是他对中国社会发展作出的重要贡献之一。

第八章
李大钊的经济伦理思想

李大钊（1889.10—1927.4年），字守常，河北省乐亭县人，是中国早期马克思主义伦理思想的杰出代表和最早运用唯物史观分析和研究道德现象的理论先驱。其有关经济伦理的代表著作有《我的马克思主义观》《物质变动与道德变动》《由经济上解释中国近代思想变动的原因》《由纵的组织向横的组织》《社会主义下的经济组织——在北京大学经济学会的演讲》等，是民国时期经济伦理思想的重要代表人物之一。

第一节　李大钊经济伦理思想的产生

任何理论都不是海市蜃楼、凭空产生的，而是基于一定历史环境和社会背景之下的时代成果。李大钊经济伦理思想的形成和发展，与其所处的时代背景、社会环境、理论思潮是紧密联系的。要揭示李大钊经济伦理思想的内容，就必须先深入了解李大钊所处的19世纪末20世纪初的中国经济和社会状况，只有这样才能从时代必然和理论逻辑上准确把握其经济伦理思想。

一、独特的学习和生活经历

李大钊自三岁起就开始学认字，四五岁时学读《百家姓》《千字文》和《三字经》等启蒙书籍，七岁时进入谷家私塾读书，十岁时进张家书馆就读，十二岁时转入宋家学馆学习。到1905年进入永平府中学前，李大钊一直没有进过正式学堂，在旧私塾整整学习了十年。他与那个时代的其他学童一样，小小年纪就切身品尝到了封建科举之路的异常艰辛。这种传统化的科考训练，"使儒家经书中的若干思想内容给少年时期的李大钊留下了深刻的印象，从而对于他思想意识和行为习惯的形成产生了不容忽视的影响"[①]。1905年，十六岁的李大钊到卢龙县永平府考秀才，在"府试"之后，正赶上清政府加快废科举、兴学堂的运动，"年十六，应试科举，试未竟，而停办科举令

---

① 朱志敏：《李大钊传》，北京：红旗出版社2009年版，第13—14页。

下，遂入永平府中学校肄业，在永读书二载。"①他以在府试取得的成绩，于当年秋天录取为永平府敬胜书院改建的永平府中学堂的学生。这一机缘转变，对李大钊的人生转折意义非凡，这使李大钊跳出了挣扎成为清朝没落时期的举人、进士的封建科举路子，逐渐摆脱封建思想的禁锢，成为一个以"挽救民族、振奋国群"为己任的有志青年，这对他最终走上寻求革命的道路起到了重要作用。1907 年，按照当时学堂的规定，李大钊他们这一班学员在这一年秋天就可以毕业，只要成绩合格，则可升入在省城保定办的高等学堂的预备班，进入直隶省高等学堂深造。用科考视野来看，能到省高等学堂求学，相当于中了"举人"。然而，学业一直比较优秀的李大钊毅然结束了在永平府中学堂的求学生活，到天津去投考新的学堂。对此，他自己给出的原因是，"钊感于国势之危迫，急思深研政理，求得挽救民族、振奋国群之良策，乃赴天津投考北洋法政专门学校"②。在《狱中自述》的初稿和第二稿中，他描述了当时考学情形："其时有三种学校正在招考：一系北洋军医学校；一系长芦银行专修所；一系北洋法政专门学校。军医非我所喜，故未投考。银行专修所我亦被考取，但理财致个人之富，亦殊违我素志，乃决心投考法政专门学校，幸被录取。"③从文中不难看出，李大钊当时个人之"素志"，绝非"致个人之富"，乃是为"求得挽救民族、振奋国群之良策"而学习。北洋法政专门学校是国内第一所比较正规的法政专门学校，"以造就完全法政通材为宗旨"，李大钊在这里受到了严格而系统的西方政治、法律学说的教育，系统地学习了许多现代科学知识。正如他在自述中所说："钊既入校，习法政诸学及英、日语学，随政治知识之日进，而再建中国之志趣亦日益腾高。"④1913 年6 月，李大钊从天津北洋法政专门学校毕业，本可直接跻身政治、经济界施展才能，但他却没有这样做，于数月后的 1914 年春东渡日本求学。他说，这是因为"卒业后我仍感学识之不足，乃承友朋之助，赴日本东京留学，入早稻田大学政治本科。"⑤早稻田大学是日本著名的学府之一，入学资格极为严格，规定中学毕业生被录取后须经一年半的高等预科，再经考试合格才能入大学本科。由于北洋法政专门学校的毕业资格得到了日本早稻田大学的承

①②《李大钊全集》第 5 卷，北京：人民出版社 2006 年版，第 226 页。
③ 同上书，第 523—524 页。
④⑤ 同上书，第 226 页。

认,所以李大钊未经考试,于 1914 年 9 月 8 日直接进入该校大学部政治经济学本科学习。在这里,他学习了应用经济学、经济学原理、近代政治史、政治经济学原著研究、古典经济学原著研究等必修课程;同时积极参加了反对"二十一条"斗争和反对袁世凯复辟帝制的政治活动,并担任留日学生总会文事委员会编辑主任。李大钊激烈抨击日本帝国主义的文字时常见诸报端,加之 1916 年初护国战争爆发,全国掀起反袁斗争风暴,李大钊全力投入到这一运动中。这给他的学业生涯带来了巨大的转折。"李大钊于 1916 年 1 月底因讨袁事回上海,在上海滞留两周回到东京后,得知他已于 2 月 2 日被学校当局以'长期欠席'为由而'除名'"。[①] 留学日本,在李大钊一生经历中占有重要位置,可以说是他"立世之始",不仅结识了对他一生都产生过重要影响的章士钊、陈独秀等朋友,而且初步积累了政治斗争的经验,更为重要的是随着学识的积累,其视野越来越开阔,思想得到进一步发展,尤其是接触了社会主义思想,这为其以后接受和传播马克思主义创造了条件。1916 年 5 月,李大钊回到祖国。从回国后到进入北京大学这一时期,"办报编刊"是他的主要工作。先是主编《晨钟报》,后又参加《宪法公言》《言治季刊》《甲寅日刊》等的创办编辑工作。1917 年 11 月,"应北京大学之聘,任图书馆主任。历在北京大学、朝阳大学、女子师范大学、师范大学、中国大学教授史学思想史、社会学等科"[②]。

二、对传统文化的批判性吸收

李大钊成长于中国传统文化的沃土,中华传统伦理尤其是儒家文化的熏陶和燕赵文化的浸润,在其思想发展和道德养成中扮演着十分重要的角色。他幼年时期的启蒙教育是传统的儒家私塾教育,虽然 1895 年维新风潮已经兴起,但是直到 1905 年清政府取消科举制度时,他一直都在儒家思想教育下成长,中国传统文化在他的身上打下了深深的烙印。尽管随后在向西方学习的过程中,他曾受到许多西方思想家的影响,但中国传统文化对其影

---

① 北京大学图书馆等编:《李大钊史事综录》,北京:北京大学出版社 1989 年版,第 88 页。
②《李大钊全集》第 5 卷,北京:人民出版社 2006 年版,第 226 页。

响仍然根深蒂固。即便是作为新文化运动的重要领导人,他极力批判封建礼教对人们道德思想的束缚,但其伦理思想中仍蕴含着中国传统伦理观念的鲜明痕印。从经济伦理视角来看,主要有两个部分:

其一,中华传统民本思想。中国历代统治者都强调人比土地、财富更为重要,没有人就谈不上伦理,更不用说经济活动,正所谓"民贵,社稷次之,君为轻"。他们在"人性论"中强调,经济活动中的个体不仅要有高度的道德责任感,而且还要有强烈的社会责任感;经济活动不仅要满足个体的利益需要,而且要实现个体的人伦要求。他们还把人性与经济管理相结合,形成了儒家的以人为本的管理模式,这种管理模式的目标不仅仅在于经济利益的实现即富国富民,更重要的是追求人格的完善、人伦的和谐。这些思想都被李大钊接受和吸收,他把儒家的"德治"思想和西方的法制思想相结合,创造出了"民彝"的思想。儒家学派里有尊重人的价值的"有我"观点,李大钊非常欣赏孔孟的两句至理名言。他在《民彝与政治》一文中说:

> 孔子云:"舜何人也,予何人也,有为者亦若是。"是孔子尝示人以有我矣。孟子云:"当今之世,舍我其谁。"是孟子亦示人以有我矣。真能学孔孟者,真能遵孔孟之言者,但学其有我,遵其自重之精神,以行己立身、问学从政而已足。孔孟亦何尝责人以必牺牲其自我之权威,而低首下心甘为其傀儡也哉![1]

这种为天下幸福而舍我其谁的精神,在当时是被人们忽视的,李大钊看到并利用了这一点,他号召和鼓励人们解放思想,摆脱束缚,重新培养活泼的自我,自觉地去承担建设新社会的重任。虽然道家思想在中国历史上属于非主流思想,但是李大钊对道家的"道法自然"的思想却极为推崇。他引用《道德经》中的"民不畏死,奈何以死惧之"的说法,提出为政之道应该顺应民意。1916 年 8 月,他在《晨钟报》发表《"第三"》一文,引用道家"一生二,二生三,三生万物"的思想,说"第三"是宇宙生生之数,人间进步之级,"'第三'之文明,乃灵肉一致之文明,理想之文明,向上之文明也"[2]。

其二,中国传统义利观。义与利,是中国传统伦理的一对重要范畴。儒

---

① 《李大钊全集》第 1 卷,北京:人民出版社 2006 年版,第 152 页。
② 同上书,第 173 页。

家、法家、墨家、道家等对此各有各的立场和观点。总的来说,儒家讲究重义轻利,法家讲究重利轻义,墨家讲究义利并重、义利合一,而道家讲究道法自然、义利俱轻。然而在诸子百家中,儒家所主张的义以生利、见利思义、舍生取义,始终是封建社会的主导,支配着封建中国的主流思想。在后来的发展中,这种义利观完全把个人利益与社会利益彻底地对立起来,否定个人对正当利益的合理追求,甚至发展走向"存天理去人欲""饿死事小失节事大"的非理性和绝对化倾向。李大钊严厉批判了这种封建主义的义利思想。一方面,他从所谓"义"的内涵上揭示了其欺骗性,认为传统的"义"是封建旧社会特定阶级的利益,是统治阶级为了维护自身统治而设定的"义",不是普通民众的"义"。这就从所谓"义"的本质上,揭示了其虚伪性。另一方面,他从所谓"义"的现实上揭示了其片面性。他分析说,两千多年来支配中国人精神的孔门伦理,"所谓纲常,所谓名教,所谓道德,所谓礼义,那一样不是损卑下以奉尊长?那一样不是牺牲被治者的个性以事治者?那一样不是本着大家族制下子弟对于亲长的精神?"[①]他研究认为,总观孔门的伦理道德,在君臣关系方面,"只用一个'忠'字,使臣的一方完全牺牲于君";在父子关系方面,"只用一个'孝'字,使子的一方完全牺牲于父";在夫妻关系方面,"只用几个'顺'、'从'、'贞节'的名辞,使妻的一方完全牺牲于夫,女子的一方完全牺牲于男子"[②]。因此,孔门伦理实质上就是虚伪的、单向的、片面的义利禁锢,归纳起来就是"使子弟完全牺牲他自己以奉其尊上的伦理"、"与治者以绝对的权力责被治者以片面的义务的道德"[③]。他呼吁,当今的人们应该坚决走出这个所谓"义"的束缚和禁锢,更不能为了这种所谓的"义"去牺牲自己宝贵的生命,要勇敢地与封建社会的"三纲五常"作彻底的斗争。

---

① 《李大钊全集》第 3 卷,北京:人民出版社 2006 年版,第 144 页。
②③ 同上书,第 145 页。

三、近代西方伦理思想的影响

19世纪中叶，西方列强先后对中国进行经济侵略，打开了中国的国门，冲破了中国的封闭型经济格局，西方各种思潮纷纷涌进来。中国很多先进的知识分子开始学习西方的文化和思想，力图从中找到救亡图存的道路。辛亥革命以后，中国思想界各种思潮活跃，有人称之为"百花齐放"，有人则称之为迷乱中的摸索。从现象上看，其主要原因就是西方思想潮水般地涌入，中国知识界开始翻译研究西方哲学、伦理学著作，中西文化展开了交流碰撞。在完全接受马克思主义之前，李大钊的伦理思想包括对经济问题的理解和认识，在很大程度上受到西方当时流行思想观念的影响，如达尔文的进化论思想、密尔的功利主义思想、托尔斯泰泛劳主义思想等。这些思想虽然都具有一定的历史局限性，但是对李大钊经济伦理思想的发展和进步起着重要推动作用。

第一，进化论思想的影响。在接受马克思主义之前，李大钊的世界观可以说就是进化论的世界观。主要有三个表现：一是认为宇宙的本质就是物质的自然存在，它是无始无终的、循自然法则的、机械的、渐次进化的大实在；二是认同适者生存、优胜劣汰是自然界和社会普遍存在的法则，强调"天演公例"不可抗拒，宇宙间的各种事物都有生死、盛衰、阴阳、青春白首、健壮颓老的矛盾现象，都是在对立统一中流转演进的；三是认同进化乃是人类社会演变的客观规律，社会历史的进化过程即是新陈代谢的过程、新生事物战胜腐朽事物的过程。他在《青春》一文中说：

> 新兴之国族与陈腐之国族遇，陈腐者必败；朝气横溢之生命力与死灰沈滞之生命力遇，死灰沈滞者必败；青春之国民与白首之国民遇，白首者必败。此殆天演公例，莫或能逃者也。[①]

与同时代其他革命民主主义者一样，在很长一段时期内，李大钊用进化论的观点来解释历史、看待经济问题。随着进化论的局限性逐渐暴露而由

---

①《李大钊全集》第1卷，北京：人民出版社2006年版，第187页。

盛向衰之时,俄国无政府主义理论家克鲁泡特金的"互助论"思想在社会上广泛流传起来。1902 年克氏出版《互助论》一书,提出动物界和人类社会演化和发展的基本法则不是弱肉强食、生存竞争,"互助"才是一切生物(包括人类在内)进化的真正因素。从这个基本观点出发,克鲁泡特金所得出的结论是:人类依靠互助的本能,就能够建立和谐的社会生活,无须借助权威和强制;而没有权威、没有强制的社会才是保障人人自由的完美社会。这原本是近代社会生物学需要研究探讨的问题,然而克鲁泡特金却用这种生物互助说来观察人类社会,主张用"互助"来取消阶级斗争,并用互助手段来实现他所谓的"正义""平等""自由"和"各尽所能,各取所需"的"无政府共产主义"社会。李大钊也深受互助论思想影响,在《阶级竞争与互助》一文就流露了他所受的这种影响,认为"自虫、鸟、牲畜乃至人类,都是依互助而进化的,不是依战争而进化的。由此可以看出人类的进化,是由个人主义向协合与平等的方面走的一个长路程","人类应该相爱互助,可能依互助而生存,而进化"。[①] 在相当长的一段时间内,李大钊都没有彻底摆脱"互助论"思想的影响,这成为李大钊向马克思主义转变过程中的一种负担。

第二,功利主义思想的影响。历史学家刘桂生在研究李大钊早期思想的渊源时,认为"从国外方面来说,李大钊通过严复,接受了斯宾塞的社会有机论和密尔的功利派自由学说",而且其早期的思想"在西方思想方面,基本上属于 19 世纪英国功利主义一系"[②]。这里所提到的所谓功利主义,英文称为 Utilitarianism,又译为"功用主义"或"乐利主义",是一种以实际功效或利益作为道德标准的伦理学说,其核心就是提倡最大多数人的最大幸福原则,简称为"最大幸福原则"。在西方,功利主义思想源远流长,最早可追溯到晚期希腊哲学的伊壁鸠鲁派和斯多葛派。18 世纪法国百科全书派的爱尔维修在前人基础上发展了功利主义思想,但这种思潮并没有产生多大的社会影响。19 世纪英国的边沁和密尔继承前人衣钵,重新全面阐释功利主义及其道德理想,并逐渐将这种思想影响和渗透到现代资本主义社会的各个方面,逐渐成为现代西方社会的一种价值取向、伦理准则和道德规范。虽然李大

---

① 《李大钊全集》第 2 卷,北京:人民出版社 2006 年版,第 354 页。
② 刘桂生:《谈李大钊早期思想的渊源》,载《中共党史通讯》1989 年第 20 期。

钊早期受到英国功利主义思想的影响,但在接受马克思主义以后,他并没有停留在功利主义所倡导的简单教义上而陷入"极端利己主义"的误区,而是运用唯物史观深刻分析社会发展的趋势,把"为大多数人谋幸福"作为未来社会伦理道德的追求目标。

第三,泛劳主义思想的影响。托尔斯泰是俄国驰名世界的大文豪,虽然出生在贵族家庭里,但在世界观上却有两个与众不同的特点:第一,他是一个热忱的爱国者,发自内心地忧患着国家的危亡与出路;第二,他是一个赤诚的人道主义者,发自内心地厌弃贵族和上流社会的腐化生活。李大钊早期思想体系包含着托尔斯泰的不少主张,他对托尔斯泰的主张和观点加以吸收和消化、阐释和发挥,使之成为反封建斗争的思想武器。早在1913年4月1日,李大钊就在他编辑的《言治》第一期发表了中里弥之助的"托尔斯泰主义之纲领"一文,文中鲜明提出这样的观点:"(五)劳动者善也:……无劳动,则不能生活,即离劳动无人生。于是知劳动为人生之最大义务,从而为最大善也。(六)劳动之定义:劳动云者,生产人生必需之衣食住之'四体之勤'之谓也。(七)劳动之感苦理由:……今劳动者痛苦之原因,盖于他有掠夺彼等之劳动者故也。易言之,即彼等背后有奸恶之国家制度故也。(八)理想之劳动国:俾各人悉为劳动乎? 人类将以半日之劳动,易得衣食住。而将以其余半日,得消遣于灵性之慰安与向上。劳动能健康人类之身心,使疾病绝迹于社会。"①李大钊把该文放在《言治》第一期上发表,至少可以说明他对托氏的观点并不抵触。随后,李大钊在《晨钟报》发表《介绍哲人托尔斯泰》,盛赞托尔斯泰的"德行之美"、"豪之抱负"、"崇高人格"和"雄厚气魄",称其为"近代之伟人"、"举世倾仰之理想人物"②。他说托尔斯泰虽然身为贵族,但是与农民一起劳作;虽然生在专制国家,却宣传博爱精神,其"人格之崇高,气魄之雄厚",足以成为青年的泰斗。李大钊很赞赏托尔斯泰与农民为伍从事劳动的美德,认为只有劳动才能体现人类的美德,这说明他很赞同泛劳主义主张。他说:

> 就是那推粪的工人,也有一种清白的趣味,可以掩住那粪溺的污

①李大钊:《托尔斯泰主义之纲领》,载《言治》1913年第1期。
②《李大钊全集》第1卷,北京:人民出版社2006年版,第174页。

秒。因为他们的活动,都是人的活动。他们的生活,都是人的生活。他们大概都是生产者,都能靠着工作发挥人生之美。①

李大钊在泛劳主义的影响下,注重劳动者的教育问题,主张知识分子到农村去启悟人心,这为其以后试图用大联合方式创造"劳工神圣"的新道德理论,以及形成知识分子与工农结合的思想作了必要铺垫。

四、马克思主义道德观的介绍和传播

面对国外帝国主义的经济侵略和国内封建主义的经济压榨,李大钊等有识之士以满腔爱国之情探寻振国富民的经济发展道路。19 世纪末 20 世纪初,马克思主义与改良主义、自由主义、无政府主义、空想社会主义等种种西方社会思潮交汇在一起,进入中国的思想界。最早向国内介绍马克思及其学说的,是资产阶级和小资产阶级思想家。作为民主革命领导者的资产阶级,希望找到既能发展资本主义又能医治其弊病的药方,于是纷纷从事社会主义的介绍和研究,试图从中吸取自己所需要的东西。1899 年 2 月至 5 月,上海广学会出版的《万国公报》连载了李提摩太编辑、蔡尔康撰文的《大同书》,节译了英国社会学家本杰明·颉德著的《社会演化》一书的四章,其中第八章《今世养民策》中说:"德国讲求养民学者,有名人焉。一曰马克思。一曰恩格斯","恩格思有言,贫民联合以制富人,是人之能自别禽兽,而不任人簸弄也"。② 这是在中文刊物中第一次提到马克思、恩格斯的名字及他们的学说。之后梁启超、孙中山、朱执信等人开始在报纸杂志上介绍马克思、恩格斯的学说,对其伦理思想也略有涉及,如梁启超的《进化论革命者颉德之学说》《中国社会主义》,孙中山的《社会主义之派别及批评》等。但总体上看,十月革命之前中国思想界对马克思主义学说的介绍是不成熟的,而对马克思、恩格斯道德思想的介绍更是零星的、片段的甚至有误解和歪曲,其社会影响可以说是微不足道。这一时期的介绍者由于理解程度、译文水平和

---

① 《李大钊全集》第 2 卷,北京:人民出版社 2006 年版,第 311 页。
② 林代昭、潘国华编:《马克思主义在中国:从影响的传入到传播》(上册),北京:清华大学出版社 1983 年版,第 55—56 页。

阶级立场等原因,并不理解真实的马克思主义,更谈不上信奉马克思主义。但其进步意义在于,使人们开始意识到除了封建主义和资本主义思想,还有马克思主义这种"邪说异端"的存在。这为随后马克思主义经典作家关于经济问题及经济伦理的引入和初步介绍,起到了研究定向和理论准备的作用。

马克思主义在中国真正意义上的传播,其里程碑是十月革命及尔后发生的五四运动。十月革命的成功以及第一次世界大战所暴露出来的西方近代文明的深层弊端,加速了中国人民对马克思主义的选择进程。中国的先进分子把寻求救国救民真理的目光从西方转向苏俄、从法国革命转向十月革命、从资产阶级民主主义转向马克思主义和社会主义,这使经典作家的伦理思想开始在 20 世纪的中国广泛传播起来。

李大钊从接触到接受马克思主义经历了一个曲折的历程。早期,他与其他爱国主义和革命民主主义者一样,要求在中国发展资本主义经济,建立资产阶级共和国,这时候其世界观方法论的主导方面仍然是达尔文的进化论。但随后就发现这一道路根本行不通。1912 年冬,为了探索社会的出路,李大钊在北京接触了一些政界人物并专门拜访了中国社会党北京支部的负责人陈翼龙,并入党。这个社会党虽然政治投机严重,所宣扬的也不是科学社会主义,但它在早期也赞成共和、抵制君主立宪、支持孙中山、主张男女平等和实行民生主义,这使李大钊对社会主义思想有了初步的印象。东渡日本留学期间,李大钊广泛吸取近代西方的科学和民主思想,开始研究马克思的经济学,初步接触社会主义思想。高一涵在《回忆五四时期的李大钊同志》一文中曾写道:

> 早在东京留学时,他(李大钊)就接触到马克思的学说了。那时,日本东京帝国大学的经济学教授河上肇博士已将马克思的《资本论》译成日文,河上肇博士本人也有介绍马克思学说的著作。守常接触马克思主义,就是通过河上肇博士的著作。[①]

这一时期的李大钊,已经对马克思主义作了一定程度上的知识储备,对其后来的思想包括经济伦理思想的发展具有重要意义。十月革命胜利后,

---

① 高一涵:《回忆李大钊》,北京:人民出版社 1980 年版,第 165 页。

李大钊开始积极研究并热心向国人介绍欧洲社会对战争的态度,这时他有更多的机会接触社会主义思想,开始歌颂俄国十月社会主义革命,宣传马克思的唯物史观和经济学说,论述社会主义代替资本主义的必然性,在认识上有了新的觉悟和突破。

由于李大钊较早领悟并接受了马克思主义,因此他对马克思主义理论是"崇拜之至且下决心去研习",他利用管理北大图书馆之便,钻研了几乎全部接触到的马恩著作,胡适因此称他"钻到马克思的书斋里,做起第二个马克思了"。1919—1920年,他先后发表《我的马克思主义观》《物质变动与道德变动》和《由经济上解释中国近代思想变动的原因》等著作,运用马克思主义唯物史观关于社会存在决定社会意识、经济基础决定上层建筑的原理,系统阐述了经济与道德的关系、"劳工神圣"新伦理等。他从多个侧面反复对与道德相关的一些根本问题进行论证和分析,就是为了阐明马克思主义的一个基本原理,即经济基础对包括道德在内的上层建筑具有决定作用,"经济上若发生了变动,思想上也必发生变动。换句话说,就是经济的变动,是思想变动的重要原因。"[1]这一观念的确立,对于马克思主义及其伦理思想在中国的传播和研究,对于中国伦理思想革命的到来,都起到了重要的促进作用。在这一过程中,马克思主义思想在李大钊的思想中取得了决定性的地位,逐渐清除了进化论等非马克思主义思想的影响,使其转变成为坚定的马克思主义者。

五四运动以后尤其是中国共产党成立以后,李大钊着重阐述了社会主义经济制度的特征,探索中国社会经济发展的新道路。中共中央党史研究室所著《中国共产党历史·第一卷(1921—1949)》第二章专列一个条目介绍"李大钊与马克思主义的广泛传播",指出"李大钊是中国第一个传播马克思主义并主张向俄国十月革命学习的先进分子",认为其在《新青年》上发表《我的马克思主义观》一文"不但表明李大钊完成从民主主义者向马克思主义者的转变,而且标志着马克思主义在中国进入比较系统的传播阶段"[2]。

李大钊积极地向民众尤其是青年学生传播马克思主义及其伦理思想,

---

[1]《李大钊全集》第3卷,北京:人民出版社2006年版,第143页。
[2] 中共中央党史研究室:《中国共产党历史·第一卷(1921—1949)》(上册),北京:中共党史出版社2011年版,第45—46页。

先后在北京大学、北京女子高等师范学校、朝阳大学等几所大学分别开设了"唯物史观""社会主义与社会运动""社会主义的将来""女权运动史"等课程，把大学的讲坛当作传播马克思主义的重要阵地。这种"院校传播"，"在中国马克思主义传播史上是第一次"①。据初步统计，从五四运动到中国共产党成立，李大钊发表的文章、讲义、演说共有 130 篇以上，他在北京大学和其他学校开授的课程也有 10 门以上，这些文章和讲授对宣传马克思主义、推动马克思主义传播具有重要意义。除此之外，李大钊还积极参加各种学生社团的活动，并亲自在北京大学发起组织了马克思学说研究会，带领青年学生一起学习和研究马克思主义学说。通过这些活动，李大钊为中国的革命事业培养了一大批优秀的马克思主义者，让马克思主义包括其经济伦理学说的影响不断壮大。

　　总体上看，在近代"先进的中国人"的行列里，李大钊不仅学贯中西、通晓古今，而且忧国忧民、胸怀大志。他在对中国传统伦理文化整体把握的基础上，从改造中国社会伦理道德的现实目标出发，有选择地汲取西方伦理文化的精华，进而融合中西、为我所用。尤其是在接触和接受马克思主义后，他掌握了马克思主义政治经济学的方法和原理，在我国进行了启蒙宣传，并运用来解决我国的社会经济发展的根本道路问题，从而形成了独具特色的经济伦理思想。

第二节　李大钊经济伦理思想的主要内容

　　作为中国最早的马克思主义者，李大钊不仅重视对马克思主义政治经济学的学习、研究与宣传，而且还着眼于其在中国的实践与运用，结合中国经济发展实际情况，阐述了对社会主义经济制度的认识，形成了自己的经济伦理思想。李大钊的经济伦理思想，既深刻蕴含于其对伦理问题的深刻认识之中，同时又表现为其对经济问题的一系列阐发。

---

① 罗国杰：《中国伦理思想史》(下卷)，北京：中国人民大学出版社 2007 年版，第 937 页。

一、道德由社会经济基础决定

道德的起源与本质是什么？道德是如何变化的？这都是伦理学的基础性问题。对这些问题的不同回答，不仅会导致对道德的不同理解，而且会形成不同的伦理学理论体系。历史地看，这是中国伦理思想史上长期没有解决好的一个根本问题。有人将道德归之于个人的经验，有的归之于教育，有的归之于习惯礼俗，有人归之于求幸福的愿望，还有人归之于精炼的"利己心"。李大钊把自己所接受的马克思主义唯物史观的基本原理，应用于分析研究道德问题，对道德问题作出了符合马克思主义的科学解读。

关于道德的起源与本质，李大钊提出了"四个疑问"，即"第一问道德是甚么东西？第二问道德的内容是永久不变的，还是常常变化的？第三问道德有没有新旧？第四问道德与物质是怎样的关系？"[①]他认为，马克思主义以前"多数人仍把道德的精神认作神，认他有超越自然的渊源"[②]，这种认识"直到十九世纪后半，……马克思研究道德之历史的变迁。道德的种种问题至此遂得了一个解决的方法"。[③] 他运用马克思唯物史观的要旨，科学地探讨了道德的起源和道德的本质，指出："人类社会生产关系的总和，构成社会经济的构造。这是社会的基础构造。一切社会上政治的、法制的、伦理的、哲学的，简单说，凡是精神上的构造，都是随着经济的构造变化而变化。我们可以称这些精神上的构造为表面构造。表面构造常视基础构造为转移"，"属于人类意识的东西，丝毫不能加他以影响，他却可以决定人类的精神、意识、主义、思想，使他们必须适应他的行程"。[④] 他对阶级的产生和形成、社会分工的出现、伦理道德观念的变化一一进行了考察，认识到道德是一定社会生活中社会关系的反映，只有在发生利益关系并需要调节这些利益关系时，才会出现道德，而当道德成为独立的意识形式的时候，才会出现研究道德的伦理学说。李大钊根据历史唯物主义的原理，对道德的起源及本质给出了

①《李大钊全集》第 3 卷，北京：人民出版社 2006 年版，第 101 页。
② 同上书，第 106 页。
③ 同上书，第 102 页。
④ 同上书，第 27 页。

"社会关系决定论"的科学解释。

关于道德的变迁与发展,李大钊认为道德作为上层建筑和表层的精神构造,它的基础是物质和经济,即是由经济关系决定的,是为一定的经济关系所服务的。伦理道德一经产生和形成,就会维护其凭以产生的经济基础,而且随着经济基础的变动而变动。他在《物质变动与道德变动》一文中指出:

> 人类社会一切精神的构造都是表层构造,只有物质的经济的构造是这些表层构造的基础构造。在物理上物质的分量和性质虽无增减变动,而在经济上物质的结合和位置则常常变动。物质既常有变动,精神的构造也就随着变动。所以思想、主义、哲学、宗教、道德、法制等等不能限制经济变化、物质变化,而物质和经济可以决定思想、主义、哲学、宗教、道德、法制等等。①

在这里,李大钊所用的所谓"经济组织"和"表层构造",实质上就是今天我们所用的"经济基础"和"上层建筑"。他的这段论述,已经很清晰地阐明了道德变迁的动因与趋向。据此,李大钊认为,封建社会宣称亘古不变的所谓圣道、王法、纲常和名教都必然会随着生活的变动、社会的要求而变革,而且这种变革是不可阻挡的。他以孔子的学说作具体地分析,认为孔子学说是中国农业经济组织——大家族制度上的表层构造,由于这种大家族制度两千余年未曾变动,所以孔道能支配中国人心有两千余年。但是,随着中国封建主义农业和家庭手工业经济模式的解体和失落,孔门伦理的基础必然发生根本动摇,人与人之间的伦理关系也必然跟随变化,因为"他不能适应中国现代的生活、现代的社会"②,并且"中国思想的变动,就是家族制度崩坏的征候"③。这深刻揭示了封建伦理道德必然崩溃的历史趋势。

李大钊不仅分析了封建伦理发生变动的内在原因,而且研究了封建伦理发生变动的必然性,认为新的伦理道德的产生和形成是不可阻挡和遏抑的。他认为,社会经济生活和物质的变化,必将引起道德生活的变化。新道德既是随着生活的状态和社会的要求发生的——就是随着物质的变化而有

---

①《李大钊全集》第 3 卷,北京:人民出版社 2006 年版,第 105 页。
②③ 同上书,第 149 页。

变动的——那么物质若是开新,道德亦必跟着开新;物质若是得以复旧,道德亦必跟着复旧。适应从前的生活和社会而产生的道德,到了那种生活和社会有了变动的时候,自然就会失去其价值而成为"旧道德";新生活、新社会必然要求一种适应形势的新道德出来,所以"新道德的发生就是社会的本能的变化,断断不能遏抑的"。① 他进一步认为,世界上没有什么永恒的道德观念与道德行为样式,物质上、道德上都不会有"复旧"的可能,所谓"物质上应当开新,道德上应当复旧"②的论调是根本站不住脚的。这些论述对新文化运动中的封建顽固派无疑是迎头痛击。他还说,我们所要求的新道德,就是"适应人类一体的生活,世界一家的社会之道德"③,而封建主义的伦理、纲常、名教和道德的忠、教、顺从、贞节等等,都必将为民主思潮所冲决,而后建立和形成真正适应新社会新要求的新伦理。

除了看到经济基础对道德等上层建筑的决定性作用,李大钊同时还意识到道德等上层建筑和意识形态对经济基础具有反作用。他指出,道德、宗教、法律等"在经济构造上建立的一切表面构造,如法律等,不是绝对的不能加些影响于各个的经济现象,但是他们都是随着经济全进路的大势走的,都是辅助着经济内部变化的,就是有时可以抑制各个的经济现象,也不能反抗经济全进路的大势。"④从这段论述可以看出,李大钊在坚持经济基础决定上层建筑的立场上,认识到了道德等上层建筑对经济基础具有一定的反作用。这反映出他对马克思主义关于经济基础与上层建筑和意识形态之间的相互关系,有了较为准确地理解和把握。

在 1919 至 1920 年间,李大钊在《我的马克思主义观》《物质变动与道德变动》《史学思想史》《由经济上解释中国近代思想变动的原因》《原人社会于文字书契上之唯物的反映》《史观》等文中,比较全面深刻地阐述了马克思、恩格斯所创建的唯物史观的基本思想。首先,认为经济生活是一切社会生活的根本条件、物质生产是社会发展的基础。他提出,历史唯物论者观察社会现象,通常以经济现象为最重要,因为历史上物质的要件中,变化发达最

①《李大钊全集》第 3 卷,北京:人民出版社 2006 年版,第 116 页。
② 伧父:《迷乱其现代人心》,载《东方杂志》1918 年第 4 期。
③《李大钊全集》第 3 卷,北京:人民出版社 2006 年版,第 117 页。
④ 同上书,第 34 页。

甚的,就是经济现象,所以经济的要件是历史上唯一的物质的要件。而人民的生长与活动,只能在人民本身的性质中去寻,决不在他们以外的什么势力中。最要紧的,是要寻出那个民族的人依以为生的方法,因为所有别的进步,都靠着那个民族生产衣食方法的进步与变动。其次,认为生产关系总和构成社会经济基础和经济基础决定上层建筑。他引述了马克思、恩格斯的著作中关于唯物史观的有关论述,认为它的一个要点是:"人类社会生产关系的总和,构成社会经济的构造。这是社会的基础构造。一切社会上政治的、法制的、伦理的、哲学的,简单说,凡是精神上的构造,都是随着经济的构造变化而变化。"①再次,认为生产力和生产关系的矛盾引起的社会革命是社会发展的客观规律。他指出:生产力与社会组织有着密切的关系,生产力一旦有变动,社会组织必须随其变动;虽然在某一时期社会组织会助长生产力的发展,但当生产力发展到社会组织不能适应的程度时,社会组织就会束缚生产力的发展,这种冲突愈演愈烈,其结果就是旧社会组织非崩坏不可,而这就是社会革命。新的社会组织将来如不能与生产力相应的时候,其崩坏亦复如是。第四,认为经济利益相对立的阶级之间的矛盾必然导致政治的阶级斗争。他赞同马克思讲的阶级"就是经济上利害相反的阶级"的意见。在一个社会里为什么会呈现出阶级对立的现象呢?这是因为某个社会集团独占生产手段掠夺另一些人剩余劳动的结果。政治变动的"根本原因都在殊异经济阶级间的竞争"。②他对马克思主义的阶级斗争学说给予很高评价,认为它是马克思运用唯物史观研究以往人类社会历史发展的一个重大贡献。除此之外,李大钊高度评价了马克思唯物史观关于经济分析方法的重大意义,在1924年5月撰写的《史学要论》中,他认为:"马克思所以主张以经济为中心考察社会的变革的原故,因为经济关系能如自然科学发见因果律。"③

二、尊劳主义的劳动伦理观

在我国传统封建伦理中,包含大量"无君子莫治野人,无野人莫养君子"

---

① 《李大钊全集》第3卷,北京:人民出版社2006年版,第27页。
② 同上书,第29页。
③ 《李大钊全集》第4卷,北京:人民出版社2006年版,第402页。

"劳心者治人,劳力者治于人"的轻视劳动的伦理思想。两千余年来支配中国人精神的纲常名教和道德礼义,也都是统治者以绝对的权力强加给被统治者以片面的义务的道德,这些是孔门伦理轻视劳动、轻视劳工的典型表现。李大钊运用马克思唯物史观的基本原理,解释了中国近代思想变动的原因,并着重揭示了劳动阶级的地位的改变是社会生产方式变革的缘故,指出"中国的劳动运动,也是打破孔子阶级主义的运动"[①]。这是揭露封建统治者的奴役造成中国劳动问题的一个重要论断。

李大钊的劳工概念,有狭义和广义之分。狭义上的劳工,是指产业工人,主要为铁路、矿山、海运、纺织、造船五种产业的工人;广义的劳工,除上述人员之外还包括广大农民,他认为"我们中国是一个农国,大多数的劳工阶级就是那些农民"[②]。李大钊生活在唐山的农村,从小就目睹了劳工阶级受压迫、受剥削的社会现实。他在《土地与农民》一文中说:"入民国来,苛捐杂税,负担日重,各省田赋,有预征至数年后者。佃农及雇工所受的压迫,比自耕农更甚。凡有大地主地方的佃农,处境尤其苦痛而艰窘。有些地方的雇工工银极低,几乎决不能维持其生活,尤其在小自耕农众多的地方,更不易寻觅工作,只有流为兵匪,或流于都市去作苦力"[③]。他说中国农村的黑暗,算是"达于极点"。因此他认为,在中国这样一个农国,大多数的劳工阶级"若是不解放,就是我们国民全体不解放;他们的苦痛,就是我们国民全体的苦痛;他们的愚暗,就是我们国民全体的愚暗;他们生活的利病,就是我们政治全体的利病"[④]。当时工人们的生存境遇也是极为恶劣的。在《唐山煤厂的工人生活——工人不如骡马》一文中,李大钊描述了工人"不如骡马"的悲惨境遇:"他们终日在炭坑里作工,面目都成漆黑的色。人世间的空气阳光,他们都不能十分享受。这个炭坑,仿佛是一座地狱。这些工人,仿佛是一群饿鬼。有时炭坑颓塌,他们不幸就活活压死,也是常有的事情"[⑤],在唐山骡马的生活费"一日还要五角,万一因劳动过度,死了一匹骡马,平均价值

---

① 《李大钊全集》第 3 卷,北京:人民出版社 2006 年版,第 149 页。

② 《李大钊全集》第 2 卷,北京:人民出版社 2006 年版,第 304 页。

③ 《李大钊全集》第 5 卷,北京:人民出版社 2006 年版,第 84 页。

④ 《李大钊全集》第 2 卷,北京:人民出版社 2006 年版,第 304—305 页。

⑤ 同上书,第 315 页。

在百元上下,故资主的损失,也就是百元之谱",而一个工人的工银"一日仅有二角,尚不用供给饮食,若是死了,资主所出的抚恤费,不过三四十元","工人的生活,尚不如骡马的生活;工人的生命,尚不如骡马的生命了"①。

李大钊出身农民之家,旧社会对劳工的歧视和不公正,他从小就耳濡目染、感同身受,深刻体会到劳动的艰辛和劳动者的坚强。在进行民主主义启蒙运动中,他更加注意到了劳动者的力量和伟大,认识到历史是由人民群众创造并推动它向前发展的。他说:"在经济落后沦为半殖民的中国,农民约占总人口百分之七十以上,在全人口中占主要的位置,农业尚为其国民经济之基础。故当估量革命动力时,不能不注意到农民是其重要的成分",而且"近循太平、辛亥诸革命进行未已的途程,而有待于中国现代广大的工农阶级依革命的力量以为之完成"②。他把"尊劳主义"作为一个重要的道德观提了出来。他说:"人生求乐的方法,最好莫过于尊重劳动。一切乐境,都可由劳动得来,一切苦境,都可由劳动解脱","劳动为一切物质的富源,一切物品,都是劳动的结果","至于精神的方面,一切苦恼,也可以拿劳动去排除他,解脱他"。因此,他认为"免苦的好法子,就是劳动。这叫作尊劳主义"③。李大钊从欧战的胜利中,看到了世界发展的新潮流,看到了劳工阶级这一社会新生力量,于是呼吁"须知今后的世界,变成劳工的世界,我们应该用此潮流为使一切人人变成工人的机会","我们要想在世界上当一个庶民,应该在世界上当一个工人。诸位呀! 快去作工呵!"④

他批判了社会上的看不起群众、鄙视体力劳动的不正之风,针对智识阶级贬低劳动的论调,李大钊针锋相对地说:

> 有一种自命为绅士的人说:"智识阶级的运动,不可学低级劳动者的行为。"这话很是奇怪。我请问低级高级从那里分别? 凡是劳作的人,都是高尚的,都是神圣的,都比你们这些吃人血不作人事的绅士、贤人、政客们强得多。⑤

---

① 《李大钊全集》第 5 卷,北京:人民出版社 2006 年版,第 316 页。
② 同上书,第 76 页。
③ 《李大钊全集》第 2 卷,北京:人民出版社 2006 年版,第 318—319 页。
④ 同上书,第 256 页。
⑤ 《李大钊全集》第 3 卷,北京:人民出版社 2006 年版,第 170 页。

这种道德观念和人生哲学,自然与孔门轻视劳动和劳工的思想是根本对立的。由此可见,李大钊是从工人阶级的劳动生产意义中引申出劳动的价值和作用,指出不劳而食的罪恶,反对轻视体力劳动和劳动人民的剥削阶级思想,因而与当时资产阶级所鼓吹的"劳作课"和"职教运动"有着本质上的区别。

三、"劳工神圣"的新伦理

1918 年 11 月,持续了四年多的第一次世界大战以协约国的胜利而告终。1917 年中国成为协约国的一员,此时跻身于战胜国之列,参与国际关系体系的重新安排。在一战中,多达约 15 万的中国劳工在欧洲战场上为协约国军队服务,挖战壕、掏地洞、修铁路、抬担架、分拆炮弹、铸造机器,以工代兵,死亡和下落不明者 2 万人,他们的悲壮为中国赢得了荣誉,让国内看到劳工群众的优秀品质和力量。中国知识界的先进分子在十月革命的胜利和世界革命浪潮的推动下转变思维,对比了西方资本主义文明的破产与俄国无产阶级革命的伟大胜利,重新认识到劳动人民的力量,敏锐地感受到了一个崭新时代即将来临,并且终于意识到普通民众是实现中华振兴不可或缺的力量。

"劳工神圣"最早是以一种社会理想或平等观念提出来的。1918 年 11 月 16 日,著名教育家、时任北大校长的蔡元培在北京大学于北京中央公园(现中山公园)举行的讲演会上,发表题为《劳工神圣》的演讲。他说:"这次世界大战争,协商国竟得最后胜利,可以消灭种种黑暗的主义,发展种种光明的主义。……我们四万万同胞,直接加入的,除了在法国的十五万华工,还有什么人?这不算怪事!"他充满激情和向往地宣告:"此后的世界,全是劳工的世界呵!"[①]随后,"劳工神圣"思想开始深入人心,成为五四知识分子、青年学生和报纸杂志最时髦的热词。"劳工神圣"这一振聋发聩、石破天惊的呐喊,表明中国知识分子开始关注劳苦大众。中国工人阶级在"劳工神圣"的启蒙中,开始以独立的政治力量登上政治舞台。徐特立曾在《纪念"五四"》中说,这一口号给在中国历史上贱视劳动者的思想一个破天荒的打击。

---

① 《蔡元培全集》第 3 卷,杭州:浙江教育出版社 1997 年版,第 464 页。

　　五四时期宣传"劳工神圣"的人中,有初步接受马克思主义的人,也有一些非马克思主义者。虽然他们各自对"劳工"的界定不尽相同,对"神圣"的理解也有差异,但这个口号的革命意义和进步意义是显而易见的。面对这种思想浪潮,李大钊在马克思主义唯物史观的指导下,通过对中国和世界经济变动实际的深刻分析,认为随着资本主义经济的发展和无产阶级的逐渐壮大,中国已经出现了崭新的伦理道德,这就是无产阶级的新道德——"劳工神圣"新伦理。这一新伦理的提出,体现了李大钊在经济活动领域的基本伦理主张。李大钊认为,一战的胜利是"劳工主义"战胜了"资本主义",是人道主义、公理自由的胜利,是社会主义、世界劳工阶级的胜利,而民主主义、劳工主义既然占了胜利,那么今后世界上的每个人都将成为庶民,也就都成了工人。他这里所说的"庶民",就是指大多数的普通劳工阶级。他对"这等世界的新潮流"大声欢呼,认为这个潮流"只能迎,不可拒",因为他断定"须知今后的世界,变成劳工的世界,我们应该用此潮流为使一切人人变成工人的机会,不该用此潮流为使一切人人变成强盗的机会"①。自 1919 年始,中国劳工开始庆祝自己的节日——五一国际劳动节。李大钊于时年 5 月 1 日发表了《"五一节"(May Day)杂感》,阐述了"五一节"的由来和意义,并满怀希望地憧憬道:"直到世界同胞大家都觉醒了,都作了工人,那一年的五月一日,更是何等样的欢喜!"②

　　为什么在社会主义要实行这种"新伦理"呢?综合李大钊的论述可以看到,其理论基础和现实依据主要有以下四点:第一,他认为经济构造是社会的基础构造,全社会的表面构造都要依据经济构造的变迁而产生变化,社会上关于政治、法制、伦理、哲学等凡是精神上的构造,都要随着经济构造的变迁而变化。李大钊分析了近代中国封建社会经济和阶级关系的巨大变化,认为孔子的纲常名教之所以能在中国行了两千余年,全因为中国的农业经济没有很大的变动,现在经济上产生了变动,其学说基础就会被根本动摇,将不适应于新的社会形势。自然经济的解体,资本主义萌芽的兴起,外国资本主义的入侵及其对民族资本主义产生和发展的影响,国家危亡与救亡自

---

①《李大钊全集》第 2 卷,北京:人民出版社 2006 年版,第 256 页。
② 同上书,第 335 页。

强运动的风起云涌,说明中国近代的社会结构、政治结构、经济结构已发生了新的变化。李大钊认为,中国正受到世界资本主义的压迫和剥削,全民渐渐变成世界的无产阶级。他说:我们应该晓得,"中国今日在世界经济上,实立于将为世界的无产阶级的地位。我们应该研究如何使世界的生产手段和生产机关同中国劳工发生关系"①。也就是说,由于无产阶级这一新的社会力量的出现,必会产生一种与之相适应的新的社会伦理形式。第二,按照马克思所说,历史从来都是"在阶级对立中进行的",也就是有产阶级压迫他人、掠夺他人,而无产阶级则受人压迫、受人掠夺。这在历史上已经经历了亚细亚的、古代的、封建的和现代资本家的种种阶段,阶级竞争"也将与这资本家的生产方法同时告终",而代之以为大多数人谋福利的大同境界和道德。新的伦理是以"劳工神圣"为核心的无产阶级新道德,"就是适应人类一体的生活,世界一家的社会之道德"。对于这种道德,李大钊还进一步从正反两个方面指出,它"不是神的道德、宗教的道德、古典的道德、阶级的道德、私营的道德、占据的道德;乃是人的道德、美化的道德、实用的道德、大同的道德、互助的道德、创造的道德"②。第三,俄国的革命开辟了历史的"新纪元",布尔什维主义的胜利,就是庶民的胜利,劳工主义对资本主义的胜利。因此,今后的世界将"变成劳工的世界",他们求生存和幸福,不是靠着压迫和掠夺,而是靠着互助和友爱。在帝国主义和封建势力的压迫下,中国的劳工阶级日益觉醒,中国的劳工运动日益发展,于是"现代的经济组织,促起劳工阶级的自觉,应合社会的新要求,就发生了'劳工神圣'的新伦理,这也是新经济组织上必然发生的构造"。③ 为此,他还认为:"照俄国说,社会主义于发展实业,实在有利无害。换言之,用资本主义发展实业,还不如用社会主义为宜。因为资本主义之下,资本不能集中,劳力不能普及,社会主义之下,资本可以集中,劳力可以普及","中国不欲振兴实业则已,如欲振兴实业,非先实行社会主义不可。"④第四,"人生求乐的方法,最好莫过于尊重劳动"。因为,劳动为"一切物质的富源",人的一切衣、食、住、行,"靡有一样不是从

---

①《李大钊全集》第3卷,北京:人民出版社2006年版,第149页。
②《李大钊全集》第3卷,北京:人民出版社2006年版,第117页。
③ 同上书,第149页。
④ 同上书,第272页。

劳动中得来"，而且，就是精神方面的"一切苦恼，也可以拿劳动去排除他，解脱他"①。因此，现在必须"把从前阶级竞争的世界洗得干干净净，洗出一个崭新光明的互助的世界来"。② 这个"光明互助的世界"，其实也就是造福于广大的无产阶级和其他劳动阶级的社会主义社会。李大钊论证了"劳工神圣"新伦理产生和发展的不可抗拒性，既具有科学的说服力，又具有思想的战斗性。

李大钊眼中的"劳工神圣"是一个综合的范畴，涉及劳动和劳工各个方面尤其是劳工平等的问题。他先是在《庶民的胜利》一文中指出，今后的世界将是"劳工的世界"；后在《社会问题与政治》一文中认为，劳工所遭受的不平等，"都是由于经济不平等而来，因此经济能力薄弱的人，受经济能力富强的支配，所以欲根本解决，非打破这个阶级不可"③。后还在《平民主义》一文中提出，通过阶级斗争建立"平民的社会"，在这样的社会里，工人、农民和其他人，妇女和男人都是处于平等的地位，是自由平等的个人。根据这种平民主义的理想，他提出"不但在政治上要求普通选举，在经济上要求分配平均，在教育上、文学上也要求一个人人均等的机会，去应一般人知识的要求"④。可见在当时的条件下，李大钊已经将经济上、政治上、教育上的平等作为"劳工神圣"所包含的必需权利。他认为，人生第一要求，就是光明与真实。只要得了光明与真实，什么东西、什么境界都不危险，"知识是引导人生到光明与真实境界的灯烛，愚暗是达到光明与真实境界的障碍，也就是人生发展的障碍"⑤。他还指出：

> 不但这个人类的生活，衣食而外，尚须知识；物的欲望而外，尚有灵的要求。一个人汗血滴滴的终日劳作，靡有工夫去浚发他的知识，陶养他的性灵，他就同机械一样，牛马一般，久而久之，必把他的人性完全消失，同物品没有甚么区别。⑥

① 《李大钊全集》第2卷，北京：人民出版社2006年版，第318—319页。
② 同上书，第356页。
③ 《李大钊全集》第4卷，北京：人民出版社2006年版，第112页。
④ 《李大钊全集》第2卷，北京：人民出版社2006年版，第292页。
⑤ 同上书，第345页。
⑥ 同上书，第291页。

李大钊认为,"人但知道那些资本家夺去劳工社会物质的结果,是资本家莫大的暴虐,莫大的罪恶,那知道那些资本家夺去劳工社会精神上修养的工夫,这种暴虐,这种罪恶,却比掠夺他们的资财更是可怕,更是可恶"①。

除此之外,李大钊特别主张教育上人人机会均等,劳动者必须接受教育。在教育机构设置上,他认为,现代的教育不是立几个专门的学校,拿刻板的程序去造就一般的知识阶级就算了事,必须多设补助教育机关,使一般劳动的人在休息时间也能有合适机会去满足对知识的需求,"劳工聚集的地方,必须有适当的图书馆、书报社,专供人休息时间的阅览"②。他认为战后劳工生活改善的第一步,就是这种补助教育机关的设置。尤其是"像我们这教育不昌、知识贫弱的国民,劳工补助教育机关,尤是必要之必要"③。他还举例英国社会改革方案中,也有改革村落生活的一条,打算各村均设一所大会堂,多设书报社,他称赞这"真是应时的设施"④。在教育内容上,他积极地呼吁说:

> 现代的著作,不许拿古典的文学专门去满足那一部分人的欲望,必须用开[通]俗的文学,使一般苦工社会也可以了解许多的道理。⑤

他引用李石曾先生说过的一段话"欧洲有益于人类的学术文艺,都从工作中得来;倘不尊重工作,有甚么学说文艺,都不过供政治上的牺牲罢了",来说明"工人生活改善而后,必有新文明萌发于其中"⑥。总之,李大钊关于劳工经济、教育等方面平等的观点,是劳工神圣伦理在知识领域的必然延伸,体现了他对实现劳工神圣伦理的深度探索。

四、"为大多数人谋幸福"的价值诉求

"劳工神圣"新伦理的提出,既是李大钊对劳动人民真挚同情的反映,也

---

① 《李大钊全集》第 2 卷,北京:人民出版社 2006 年版,第 291 页。
② 同上书,第 292 页。
③ 同上书,第 293 页。
④ 同上书,第 292 页。
⑤ 同上书,第 292 页。
⑥ 同上书,第 292—293 页。

是马克思主义伦理思想在中国传播的必然结果。对于"劳工神圣"新伦理的核心内涵,尽管李大钊还没有来得及做出明确的概括,但他在为北京大学政治、经济两系开设的《社会主义与社会主义运动》课的讲授中,曾有过相关的论述。比如,针对"有人言社会主义是不道德者",认为社会主义是"建设于愤懑、仇怨上面者,因此社会主义有此种势力,似乎不甚善良"的种种误解,他在承认社会主义"压制资产阶级为怨仇"的同时,又鲜明指出:对于无产阶级和其他劳动阶级来说,"若就彼自己方面而言,是互助、相爱,不是谋怨仇,并为大多数人谋幸福"[1]。这里他鲜明提出社会主义要"为大多数人谋幸福",可以说既是对社会主义内涵的阐述,也是对"劳工神圣"新伦理的核心内涵最好的揭示。

在李大钊看来,要达到这一目标,就必须要"在社会中可以表现人的感情,且以尊重人格根本观念出发"[2]。他认为,社会主义就是要通过对旧社会和人们精神的改造,把那占据的冲动变为创造的冲动,把那残杀的生活变为友爱的生活,把那侵夺的习惯变为同劳的习惯,把那私营的心理变为公善的心理。只有这样才能使人们心情舒畅、关系融洽,在一种宽松愉悦的状态下尽情发挥创造性,从而使社会呈现出一种"互助、互爱,为大多数人谋幸福"的良好状态。在接受马克思主义经济分析法以后,他对资本主义生产关系进行了本质的揭露,指出:资本家占有生产资料,用以榨取工人的"余工余值";这"全是资本主义的罪恶!"他明确告诉人们,资本家剥削工人的剩余劳动创造的剩余价值,是其发财致富的源泉,资产阶级穷奢极欲的生活是建立在吸吮工人血汗的基础上的。李大钊通过对资本主义生产关系本质的分析,使身处苦难之中的中国工人阶级明白了一个真理:要想获得经济上和政治上的彻底解放,就必须废除封建主义和资本主义剥削制度,建立生产资料共有的社会主义制度。同时,他还特别强调经济建设对社会的意义,认为社会主义应该"依据经济的组织与方法,把资本、劳力与天然均成经济化,利用自然力开发富源,俾利国用";并且"在这种经济组织之下,无论工农生产事业均渐扩大,生产自然增加"。[3] 1923 年 9 月 7 日,李大钊在上海大学社会问题研究会上的讲话中,对

---

① 《李大钊全集》第 4 卷,北京:人民出版社 2006 年版,第 197 页。

② 同上书,第 199 页。

③ 同上书,第 136 页。

社会主义是"穷"还是"富"的问题,作了充分的论述。他鲜明地指出:"社会主义是要富的,不是要穷的,是整理生产的,不是破坏生产的","社会主义是使生产品为有计划的增殖,为极公平的分配,要整理生产的方法。这样一来,能够使我们人人都能安逸享福,过那一种很好的精神和物质的生活"①。可见,李大钊判断社会主义的一个重要标准就是"富",也就是说社会主义要在社会生产力发展的基础上创造出更加丰富的物质、精神产品。

"为大多数人谋幸福",从本质上反映的是一种功利主义思想。鸦片战争爆发,西方列强不仅用枪炮打开了中国自封已久的国门,而且也揭开了中国近代历史的序幕。虽然战争给当时中国带来的是表述不尽的苦痛,但是战争并没有摧垮国人的意志,怎样求强? 怎样求富? 怎样求独立? 成了当时有识之士的共同思考。正是在这样的情势下,近代中国功利主义在经历了古代社会的洗礼并在对传统功利主义进行继承的同时,又勇敢地借鉴了西方近代功利主义的先进成果。幸福是西方功利主义思想中的重要范畴,是西方功利主义的核心概念,贯穿了整个西方功利主义思想的发展史。西方思想家们对"幸福""快乐"有着自始至终的追求。五四时期的中国学术界与外国的学术界有着十分密切的联系。李大钊把"劳工神圣"新伦理的核心内涵,归纳为"为大多数人谋幸福",这一观点从思想渊源上来讲,除了受中华传统文化中民本思想的影响外,显然还受到英国功利主义思想的影响。李大钊早期受到英国功利主义思想的影响,但在接受马克思主义以后,他并没有停留在功利主义所倡导的简单教义上陷入"极端利己主义"的误区,而是运用唯物史观深刻分析社会发展的趋势,把"为大多数人谋幸福"作为未来社会伦理道德的追求目标。这既可以说是他研究探索未来理想社会道德的巨大成就,也可以说是他已经成为马克思主义者的显著标志。

作为中国最早的马克思主义思想的杰出宣传家,李大钊所理解和宣传的社会主义思想,不仅在当时中国思想界产生了深远影响,激励和鼓舞了几代中国共产党人和一切进步的人们为实现民族解放、国家富强、人民幸福而不懈奋斗。其"为大多数人谋幸福"的伦理观点影响十分深远,对其后中国共产党探索社会主义伦理道德起到了重要指引作用。毛泽东与李大钊曾在

①《李大钊全集》第 4 卷,北京:人民出版社 2006 年版,第 354 页。

北京大学图书馆有过一段一起共事的经历,后来两人又长时间保持着密切的交往,李大钊的思想、观点对毛泽东的思想产生了直接的影响,使他"对政治的兴趣继续增长,……思想越来越激进"①。1936年,毛泽东在与斯诺谈话时回忆:"我在李大钊手下在国立北京大学当图书馆助理员的时候,就迅速地朝着马克思主义的方向发展。"②1949年3月,毛泽东和党中央机关自河北省西柏坡迁入北平。当毛泽东看到古都城垣时,心中又泛起了对30年前往事的回忆,他无限感慨地对工作人员说:"三十年了!三十年前我为了寻求救国救民的真理而奔波。还不错,吃了不少苦头,在北平遇到了一个大好人,就是李大钊同志。在他帮助下我才成了一个马列主义者。"他还说:李大钊"是我真正的老师,没有他的指点和教导,我今天还不知道在哪呢!"③毛泽东作为中国共产党的创始人之一,在接受马克思主义和参加中国革命后,正是沿着李大钊"劳工神圣"新伦理的思路,提出了中国共产党的"为人民服务"这个根本宗旨和社会主义、共产主义道德规范的核心。从李大钊"'劳工神圣'的新伦理",到毛泽东"为人民服务"的根本宗旨,这是一脉相承的,强调的都是为无产阶级和人民大众谋福利。从这个意义上讲,在当时的历史背景下就提出"为大多数人谋幸福",李大钊伦理思想之深邃洞明可见一斑。2016年7月1日,习近平总书记在庆祝中国共产党建党95周年大会上强调:"全党同志要把人民放在心中最高位置,坚持全心全意为人民服务的根本宗旨,实现好、维护好、发展好最广大人民根本利益,把人民拥护不拥护、赞成不赞成、高兴不高兴、答应不答应作为衡量一切工作得失的根本标准,使我们党始终拥有不竭的力量源泉。"④这无疑是新形势下党对"为大多数人谋幸福""全心全意为人民服务"根本宗旨的传承和发展。

五、"物心两面、灵肉一致"改造论

人类的文明活动,本来就是包括物质的与精神的两大类。"物心两面、

① [美]埃德加·斯诺:《西行漫记》,董乐山译,北京:生活·读书·新知三联书店1979年版,第127页。
② 同上书,第132页。
③ 李银桥、韩桂馨:《在毛泽东身边十五年》,石家庄:河北人民出版社2006年版,第185页。
④ 习近平:《习近平谈治国理政》第2卷,北京:外文出版社2017年版,第40页。

灵肉一致"改造,是李大钊经济伦理思想中的一个重要观点。在五四时期,李大钊曾连续三次撰文提到与论及"物心两面、灵肉一致"的命题,分别是:1919 年 7 月 6 日的《阶级竞争与互助》、1919 年 9 月 15 日的《"少年中国"的"少年运动"》以及 1919 年 5 月、11 月发表的《我的马克思主义观》。上述文章中,李大钊详述了其"物心两面、灵肉一致"改造的主张。综合来看,其核心思想就是把"物"与"心"两方面紧紧地联系在一起,强调是"两面"、"一致"的改造,如车的两轮、鸟的两翼,谁也离不开谁,即"以人道主义改造人类精神,同时以社会主义改造经济组织。不改造经济组织,单求改造人类精神,必致没有效果。不改造人类精神,单等改造经济组织,也怕不能成功。我们主张物心两面的改造,灵肉一致的改造。"[①]他在《"少年中国"的"少年运动"》一文中,详述了"精神改造的运动"与"物质改造的运动",指出:"精神改造的运动,就是本着人道主义的精神,宣传'互助'、'博爱'的道理,改造现代堕落的人心,使人人都把'人'的面目拿出来对他的同胞……",而"物质改造的运动,就是本着勤工主义的精神,创造一种'劳工神圣'的组织,改造现代游惰本位、掠夺主义的经济制度,把那劳工的生活,从这种制度下解放出来,使人人都须作工,作工的人都能吃饭。"[②]李大钊认为,阶级斗争、社会主义与互助论、人道主义必须同时施行、并行不悖,而不能互相代替、厚此薄彼。他还多次使用"车的两轮,鸟的两翼"来进行比喻,说明物质与精神、灵与肉的改造必须同时进行,认为等到这两种改造都完成的时候,新道德才能得以建立,这个时候人们既有物质上的满足,又有精神上的愉悦,道德水平才能得到极大地提高,这样就能实现他理想中的"少年中国",即"由物质和精神两面改造而成的'少年中国',是灵肉一致的'少年中国'"[③]。在一些人看来,唯物史观只是强调"物",强调物质的决定作用,所以有人讥称其为"经济史观"。但李大钊作为中国第一个马克思主义唯物史观的传播者,在强调物质改造的决定作用的同时,又重视"心"、精神改造的作用,因此这是一个极为重要的思想。

　　李大钊的"物心两面、灵肉一致"改造的实质,就是一方面承认经济基础

①《李大钊全集》第 3 卷,北京:人民出版社 2006 年版,第 35 页。

② 同上书,第 12 页。

③ 同上书,第 11 页。

对伦理道德等精神现象的决定性作用,同时也十分肯定道德等精神现象自身所具有的能动作用或反作用。为什么在这一时期李大钊会多次强调"物心两面改造论"呢? 一方面,当时社会处在一个大变革的时代,各种社会矛盾、思想流派复杂纷纭,马克思主义唯物史观刚刚传入,力量还比较薄弱,影响还比较小,且常被一些人怀疑、误解,甚至觉得它可怕。李大钊描绘当时这种情况时说:"有许多人听见这阶级竞争说,很觉可怕,以为人类的生活,若是常此争夺、强掠、残杀,必没有光明的希望,拿着阶级竞争作改造社会的手段,结果怕造不出光明社会来。"①对此,李大钊连续著文予以解释,他根据马克思主义原理,阐发了阶级的产生与阶级斗争的历史,指出,在阶级对立的社会,解决生产力发展与现有社会组织不相适应的矛盾,这"最后的阶级争斗,就成了改造社会、消泯阶级的最后手段"。同时他还认为:"这最后的阶级争斗"是阶级社会自灭的途辙,是必须经过的而不能避免的。这一论述强调了阶级斗争的历史必然性与正常性。为了解答阶级斗争"怕造不出光明社会来"的疑问,李大钊在阐明阶级斗争的必然性后,紧接着指出,在"最后的阶级争斗"过后,必将出现一个光明的世界,这就是"互助"的社会。他说,现在的社会必然要起"一个大变化",要"把从前的阶级竞争的世界洗得干干净净,洗出一个崭新光明的互助的世界来"。② 他这里所指的光明的互助社会,其实就是社会主义社会。另一方面,不少人说马克思主义唯物论"抹杀伦理""不讲道德"。针对这种言论,李大钊在《我的马克思主义观》一文中对此作了回应。他在全面阐述马克思的唯物史观和阶级竞争学说之后,指出:

> 有许多人所以深病"马克思主义"的原故,都因为他的学说全把伦理的观念抹煞一切,他那阶级竞争说尤足以使人头痛。但他并不排斥这个人高尚的愿望,他不过认定单是全体分子最普通的伦理特质的平均所反映的道德态度,不能加影响于那经济上利害相同自觉的团体行动。我们看在这建立于阶级对立的经济构造的社会,那社会主义伦理的观念,就是互助、博爱的理想,实在一天也没有消灭,只因有阶级竞争

---

① 《李大钊全集》第 2 卷,北京:人民出版社 2006 年版,第 355 页。
② 同上书,第 355—356 页。

的经济现象,天天在那里破坏,所以总不能实现。①

而"到了经济构造建立于人类互助的时期,这伦理的观念可以不至如从前为经济构造所毁灭"②。因此,他认为"各国社会主义者,也都有注重于伦理的运动、人道的运动的倾向,这也未必不是社会改造的曙光,人类真正历史的前兆"③。正是在这种背景下,李大钊认为"应加救正",可以通过"一个新理想主义"来"救其偏蔽",进而提出了"物心两面、灵肉一致"的观点。

"物心两面、灵肉一致"改造论是建立在其对经济思想史上经济派别的独特理解基础之上的。李大钊认为,从经济思想史上观察经济学的派别,可以分为三大系,就是个人主义经济学、社会主义经济学和人道主义经济学。个人主义经济学,也可称资本主义经济学,以资本和资本家为本位,其主张有两个要点:第一是"承认现在的经济组织为是",第二是"承认在这经济组织内,各个人利己的活动为是"④。而社会主义经济学和人道主义经济学都反对个人主义经济学,其中社会主义经济学正好反对个人主义经济学的第一点,认为现代经济上、社会上发生的种种弊害都是经济组织不良的缘故,因此主张"根本改造","经济组织一经改造,一切精神上的现象都跟着改造",故"其目的在社会的革命"⑤;而人道主义经济学与社会主义经济学不同,正好反对个人主义经济学的第二点,不置重于经济组织的改造,而置重于改造在经济组织下活动的各个人的动机,因为"无论经济组织改造到怎么好的地步,人心不改造仍是现在这样的贪私无厌,社会仍是没有改善的希望",故"其目的在道德的革命"⑥。李大钊认为,个人主义经济学是从前经济学的正统,但是现在是个人主义向社会主义、人道主义过渡的时代,社会主义和人道主义的经济学将取代个人主义经济学的正统地位,由资本和资本家为本位向劳动和劳动者为本位转变。基于上述的这种理解,李大钊一方面强调要变革资本主义经济关系,包括提倡以阶级斗争为手段来建立社会主义经济基础和社会关系;另一方面又指出,资本主义时代的道德关系和价

---

① 《李大钊全集》第 3 卷,北京:人民出版社 2006 年版,第 34 页。
② 同上书,第 35 页。
③ 同上书,第 34 页。
④⑤⑥ 《李大钊全集》第 3 卷,北京:人民出版社 2006 年版,第 17 页。

值观念本质上不能适应这种新的经济社会关系,在由个人主义向社会主义、人道主义过渡的时代,单就社会主义经济学或者人道主义经济学来改造社会的观点都是片面的,应实现二者的有机结合,用社会主义经济学的主张去改造经济组织,用人道主义经济学的主张去改造人类精神。五四时期,社会道德状况令人担忧,人心堕落、占据、侵夺、私营以至残杀等充斥社会,家族主义与等级制的道德,更是与民主共和、人权人道时代精神格格不入。于是人们便把改造人类精神、改造人类伦理道德观念提到了新文化运动的首位目标,强调改造人类精神成为五四时期一种重要的社会思潮。这正是李大钊在强调"物"的改造的同时,强调"心"的改造的一个重要原因。

作为李大钊伦理思想乃至其思想体系中的一个重要概念,"物心两面、灵肉一致"改造论在学术界有不同的评价,既包括不少肯定性的评价也有一些否定性的评价。有的学者把李大钊强调的互助、博爱伦理,看作是非马克思主义的思想,甚至视为其思想中的糟粕。如《中国现代哲学史》认为,李大钊的这一观点是"物质与精神改造"的二元论;《李大钊思想研究》中也认为这种经济学观点是二元的①。把李大钊的这种改造思想划归为二元论,这种观点仍值得商榷。

其一,马克思主义哲学的一个基本观点,就是认为社会存在决定社会意识的同时,社会意识又有相对的独立性,这种独立性最突出的表现之一,就是它对社会存在具有能动的反作用,即"社会意识相对独立性"原理。马克思主义认为,在改造旧世界过程中,对物质与精神两种力量应采取不同方法。物质的力量只能用物质的力量去摧毁,精神的力量也只有靠精神的力量才能去改变它;反过来,不能用物质力量去摧毁精神的东西,也不能用精神的力量去打倒物质的力量。这也就是对物质的力量要用"武器的批判",对精神的力量要用"批判的武器"的说法。恩格斯在《致康拉德·施米特》的信中曾说:

> 经济上落后的国家在哲学上仍然能够演奏第一小提琴;18 世纪的法国对英国来说是如此(法国人是以英国哲学为依据的),后来的德国

---

① 转引自顾幸伟:《重评李大钊"物心两面的改造"观》,载《江西师范大学学报》1989 年第 2 期。

对英法两国来说也是如此。①

社会意识有自己的独特发展规律，它的发展变化并不是与社会存在、社会经济永远同步的。也就是说，人类精神的改造也不可能全部依靠经济的改造，而且精神的改造在一定程度上也是能够反作用于物质改造的。李大钊提出要用"阶级竞争"这一物质力量去改造"社会组织"，用"互助原理"这一精神力量去"改造人类精神"，正是上述这一马克思主义原理的具体运用。

其二，从思想渊源上来看，李大钊的这种改造主张，显然深受克鲁泡特金互助论思想的影响，这是毋庸置疑的，这在前文中已经提到。但即便是这样，也不能就据此认为他陷入了"二元"困境，因为他始终坚持了以阶级斗争为主导，没用互助、博爱等人道思想去冲淡阶级斗争理论。有学者提出，李大钊的这一主张可以理解为，"在坚持唯物史观的前提下强调了人道主义在社会主义制度确立过程中的重要意义，并指出了社会主义道德生活和社会关系应当是符合人道主义原则的"②。这种评价应该是相对客观的。虽然其中有不够精当的地方，但仍应视为李大钊对未来社会主义道德理想的努力探索。尤其是这种努力，是在当时开始强调阶级斗争的条件下试图加强伦理的改造运动，以期同步实现政治理想与伦理理想双重目标，这样显然有比较强的现实针对性。

第三节　李大钊经济伦理思想的理论特色

李大钊的经济伦理思想，是在反对帝国主义、反对封建主义特别是批判封建旧道德的斗争中逐渐形成的。与当时的资产阶级、小资产阶级的革命知识分子所不同之处，就在于他是在斗争中逐渐掌握马克思主义，并致力于把马克思主义与中国实际相结合，力图用辩证唯物主义与历史唯物主义观点和方法，解决道德的理论问题和实际问题。在这一过程中，他一直秉持追

---

① 《马克思恩格斯文集》第 10 卷，北京：人民出版社 2009 年版，第 599 页。
② 陈少峰：《中国伦理学史》（下册），北京：北京大学出版社 1997 年版，第 167 页。

求真理的探索精神和与时俱进的进取精神,不断地研究新问题、探索新理论、构建新道德。因此,他的伦理思想比起"五四"时期的陈独秀、吴虞等其他人,要深刻得多。

一、唯物史观的基本立场

在马克思主义之前,人们研究道德现象总脱离不了唯心主义的窠臼。俄国十月革命后,李大钊开始运用马克思主义作为认识国家命运的工具,思考救国救民的道路。他先后发表了《再论问题与主义》《"少年中国"的"少年运动"》《我的马克思主义观》《物质变动与道德变动》《由经济上解释近代思想变动的原因》《史学要论》等论著,以唯物史观为指导探究中国社会伦理问题、提出社会主义伦理理想,这成为他区别于同时代其他伦理思想家的显著标志。

中国社会最早接受和传播马克思主义及其伦理思想的是李大钊,之后是陈独秀、蔡和森、毛泽东等。作为学习、研究、传播马克思主义的杰出代表,他最早运用唯物史观分析和研究中国的道德现象。客观来说,从辛亥革命到新文化运动早期,无论从社会影响还是历史功绩,李大钊都稍逊色于陈独秀,但十月革命以后李大钊迅速转变,在五四爱国运动中便与陈独秀并驾齐驱,且在宣传马克思主义并促使自身世界观向无产阶级转变的过程中又后来居上,其中根本原因就在于李大钊"较早、较主动地接触了马克思主义的理论,并善于把这些'一般的结论'同国际共产主义运动的实践结合起来,从而促成了自己思想的飞跃"[①]。

李大钊以极大的热情宣传介绍马克思主义思想,并且用马克思主义唯物史观作为武器,来分析中国的社会现象尤其是道德问题,为马克思主义伦理思想在中国的发展作出了重要贡献。他认为,马克思的唯物史观所讲的历史进化,是指人类文化整体的运动和发展,其意思是说:社会生产关系之总和为构成社会经济的基础,法律、政治都建筑在这基础上面。一切制度、文物、时代精神的构造,都是跟着经济的构造变化而变化的,经济的构造是

---

① 张静芳:《陈独秀与李大钊比较研究》,载《辽宁大学学报》(哲学社会科学版)1994 年第 2 期。

跟着生活资料之生产方法变化而变化的。不是人的意识决定人的生活,而是人的社会生活决定人的意识。马克思以此说明资本主义的生产方法和资本主义的社会制度之所以会成立、发达直至崩溃,都是经济发展的必然结果,是能够在客观上说明的必然因果,而这正是马克思的科学社会主义与空想社会主义的差异。基于上述对马克思主义尤其是唯物史观的理解,李大钊认为,中国的问题也在于经济基础发生了变动并且这经济是必然变动的,所以那些"表面的构造"也必然需要变动。解决中国的问题就是要寻求经济问题的"根本解决",而经济问题的根本解决也绝不能离开了阶级斗争。呼唤自由、民主、博爱、平等的价值观念即使能够解决问题,但解决的也仅仅是"表面构造"的问题,因而关键的是要让群众认识到问题之所以存在的原因、掌握分析问题和解决问题的理论武器,进而起来为救亡而斗争。由于李大钊掌握了唯物史观这一科学的社会历史观,从此他对社会经济现象的考察就有了锐利的武器,从而逐渐抛弃了传统的资产阶级经济学,成为我国最早的一位马克思主义的经济学家。

李大钊以马克思主义唯物史观作为武器抨击当时各种错误伦理道德观,对当时社会上主要流行的三大思潮,即实用主义、伪社会主义和无政府主义进行无情地批判,有力地回击了那些企图阻止和歪曲马克思主义的敌对思潮。在"三大论战"中,胡适首先对马克思主义在中国的传播进行发难,他在《每周评论》第 31 期发表《多研究些问题,少谈些主义》一文,提倡多"研究问题"和反对"空谈主义",极力主张所谓"这个那个具体问题的解决法"的改良主义。针对胡适的言论,李大钊发表《再论问题与主义》一文,用唯物史观的视角分析中国社会问题,提出社会问题的解决必须依靠社会上大多数人的共同运动,而这就需要一个共同的主义作为准则,所以谈主义是必要的,否则就没有正确的理论作指导,共同运动必定会失败,社会问题自然也得不到解决。在"问题与主义"论战的同时,关于"社会主义"的论战也开始了,张东荪、梁启超等人在如何改造中国社会的问题上,主张所谓"第三种文明"的基尔特社会主义,认为中国的出路不是社会主义而是资本主义,只有首先发展实业、增强富力、发展资本主义,才能够使大多数中国人过上"人的生活",从而为将来实行社会主义"有所凭借"。对此,李大钊在《中国的社会主义和世界的资本主义》中,通过对中国社会的分析,认为除无产阶级革命以外的其他一切用于改造旧中国的方式,都是不符合中国国情的,只有通过无产阶级革命推翻现有统治阶级才能改造中国,有力反驳了张、梁的伪社会主义行径。马克思主义与无政府主义之间的论战,可以说是无产阶级革命阵营内部的一次思想和理念的碰撞。双方分别以《新青年》《共产党》和《民生》《群报》为舆论阵地相互辩驳,焦点主要集中在革命中阶级斗争的组织方式和革命后社会的组织方式上,论战的实质则是手段与目的要不要统一、权力要不要集中的问题。以区声白、黄凌霜为代表的无政府主义者从"个人主义"出发,反对一切带有集体性质的团体或体制包括国家、权威和阶级斗争。对此,李大钊辩证地分析了个人与社会的联系,指出了无政府主义者所持观点的不合理性,使无政府主义者的错误主张原形毕露。李大钊以唯物史观为武器,成功地运用马克思主义对各种敌对思潮进行深刻地批判,从而扩大了马克思主义在中国的思想阵地,促进了唯物史观在中国的深入传播,起到了唤醒群众自觉斗争的作用。

二、破旧与立新兼著的统一论

五四时期是创新的时代,几乎所有的进步学者都以创新为生存的理念,李大钊也不例外。郭湛波在《近五十年中国思想史》中曾经这样评价:"李守常先生在中国近五十年思想史上贡献,非他人所可比及;其贡献不只破坏传统中国旧的思想,同时对于西洋思想亦加以攻击;而建立一种系统的,深刻的,新的思想",开启了"中国近五十年思想史之第三阶段(自北伐成功至现在——一九二八年至一九三五年)"的先河。[①] 李大钊对伦理道德的批判与建设都极为看重,批判旧道德与建设新道德是李大钊对伦理道德问题研究的两个大的方面。其中批判是其手段和前提,而建设是其目的和归宿,二者在李大钊伦理思想中是统一的、同步的。正如吴汉全所评价的:"李大钊的批判精神,不是简单地对现实社会、已有见解的全盘否定,而是将现实的批判、历史的反思、未来的构想联系起来,体现了有破有立、破与立并重的特色。"[②]

---

① 郭湛波:《近五十年中国思想史》,济南:山东人民出版社 1997 年版,第 111—112 页。

② 吴汉全:《李大钊与中国社会现代化新道路(外二种)》,长春:吉林人民出版社 2011 年版,第 933 页。

第一，辩证性批判。李大钊伦理思想的发展过程，是一个批判、吸收和发展的过程。他运用马克思的唯物史观从根本上批判了封建社会的旧道德，指出孔子之道之所以能够在过去的两千年中占主导地位，是因为孔门学说符合当时的农业经济组织，而现在经济基础已经发生了很大的变化，所以孔门学说就无法在现在的社会中立足。而要想彻底推翻封建旧道德，就必须改变封建社会的经济基础，努力改变旧的生产关系，彻底打败封建社会的宗法伦理制度，从而使无产阶级和广大的劳动人民获得解放。

令人敬佩的是，李大钊批判以孔子为代表的封建伦理纲常，并不是采取全盘否定的态度，而是采取一分为二的唯物主义观点，实事求是地评价孔子的历史地位、作用及对中国文化发展的巨大贡献。同时也客观地指出，孔子之道禁锢人们的思想，是套在人们头上的精神枷锁。他认为，孔子是"一代哲人""圣人之权威于中国最大者"，我们应将孔子作为"吾国过去之一伟人而敬之"[1]，在当时的历史条件下，孔子创造了适应当时经济和社会需要的学说，曾经起过进步作用，但孔子决不是"万世师表"。因为物质在运动、社会在发展，新的生产关系必会产生出新的伦理道德、时代精神。倘若在民国时代，"孔子而外，不复知尚有国民之新使命也；讽经诰典而外，不复知尚有国民之新理想也"[2]，那么社会将会停滞或倒退。因此，他指出："从前的孔子观念，是从前人的孔子观，不是我们的孔子观。他们的释迦观、耶稣观，亦是他们自己的释迦观、耶稣观，不是我们的释迦观、耶稣观。他们本着迷信为孔子、释迦、耶稣作传，辉煌孔子、释迦、耶稣为亘古仅有天纵的圣人，天生的儿子，说出许多怪诞不经的话。我们今日要为他们作传，必把这些神话一概删除，特注重考察他们当时社会的背景，与他们的哲学思想有若何关系等问题"，"我们本着新的眼光，去不断地改作重作，的确是我们应取的途径了"[3]。基于这种认识，李大钊提出对待孔子的正确态度，就是："孔子之道有几分合于此真理者，我则取之；否者，斥之。……吾人断不可举其自我以贡崇奉偶像威灵之牺牲，仅可取其传说之几分以为发育自我性灵之资养。"[4]

①《李大钊全集》第 1 卷，北京：人民出版社 2006 年版，第 229 页。
② 同上书，第 151 页。
③《李大钊全集》第 4 卷，北京：人民出版社 2006 年版，第 361 页。
④《李大钊全集》第 1 卷，北京：人民出版社 2006 年版，第 245 页。

他还曾假设,"使孔子而生于今日,或更创一新学说以适应今之社会",或许孔子会大力提倡"民权自由之大义",以反对专制统治。而实际上,孔子不可能再生为今日之孔子,现代社会更不可能回复到孔子之时代之社会。因此,孔子的学说和精神,"不适于今日之时代精神"也是必然的。因此,李大钊说:"余之掊击孔子,非掊击孔子之本身,乃掊击孔子为历代君主所雕塑之偶像的权威也;非掊击孔子,乃掊击专制政治之灵魂也。"①而对于孔子本人及孔子学说中,于"今日有其真价"的内容,取而用之,以助益自我之修养,使"孔子为我之孔子",使"孔子为青年之孔子"。②

新文化运动可谓是中国思想启蒙运动,而李大钊对封建旧伦理的批判,在新文化运动中颇具影响力。尤为可贵的是,李大钊在进行道德批判的过程中,对具体问题作出具体分析,既看到其积极的一面,也看到消极性的一面,反对认识的绝对化、片面化、独断化,从而表现出辩证分析的特色。也正因为此,李大钊运用唯物史观对封建社会旧道德旧思想所进行的抨击,相比新文化运动中的其他人,就显得更加深刻鲜明而富有说服力。

第二,开拓性建构。列宁指出,判断历史的功绩,不是根据历史活动家有没有提供现代所要求的东西,而是根据他们有没有比他们的前辈提供了新的东西。李大钊主张抛弃旧文化、旧伦理,同时极力要求推陈出新,实现传统的现代转换,不仅对推翻封建旧道德作出了重要贡献,同时对建立新的道德作出了巨大贡献。诚如周吉平所评述的,五四一代知识分子发动的这场道德革命,其主旨是指向封建的旧道德,而对于建立怎样的新道德,很少有人有更深层的发展,应该说李大钊在这方面有显著的贡献,这位特别注意"立"的杰出的思想家,最终完成了从封建旧道德到共产主义道德的完整的转变过程。

李大钊在早期新文化运动中是旧道德的积极批判者,他认为孔子是为当时的社会制度而立说,所以其学说"代表专制社会之道德",必须予以坚决地否定。尤其可贵的是,他不是简单地否定一切道德,相反他承认道德在社会之中存在合理性,运用发展的观点来看待道德的变迁,鲜明提出"古今之

---

① 《李大钊全集》第 1 卷,北京:人民出版社 2006 年版,第 246—247 页。
② 同上书,第 229—230 页。

社会不同,古今道德自异"的论断,认为道德本身要与时俱进。由此,李大钊要求发挥社会演进在淘汰旧道德中的作用,使旧道德"任诸自然之淘汰",另一方面也要求发挥人力的作用来促进新道德的生成,因为"道德之进化发展,亦泰半由于自然淘汰,几分由于人为淘汰",所以"吾人为谋新生活之便利,新道德之进展,企于自然进化之程,少加以人为之力,冀其迅速蜕演"①,从而建立适应社会发展的新道德。即使在李大钊转变为马克思主义者之后,他一方面继续批判旧道德,另一方面对社会主义的道德文化建设予以积极关注。他指出:社会主义与资本主义相比有着本质的不同,社会主义是对资本主义的否定,但并不意味着社会主义就不注重道德建设;相反,社会主义是倡导共产主义新道德的,他说"马克思的唯物史观是以社会为整个的,不能分裂的,因以前道德、哲学、伦理等,与将来经济状况不合,所以再造出一种更好之道德等,决不是将道德废去"②。

　　1919 年 9 月 21 日,李大钊在《新生活》杂志上发表了《北京市民应该要求的新生活》,提出二十条新生活的内容,希望用其打破"苦闷、干燥、污秽、迟滞、不方便、不经济、不卫生、没有趣味"的旧生活。具体地说,他提出的新生活包括:试办消费公社、多办市立图书馆,免费向市民开放,以提高市民的文化修养;多立劳工教育机构,如夜校、半日学校等,以提高劳动者受教育的程度;多立贫民学校、贫民工厂、孤儿院、恤老院,将幼年的流浪儿童,送入贫民学校或孤儿院,由校或院给他衣食,教育成人,中年流浪者,送入贫民工厂作工,衰老的人,送入恤老院;此外,多设平民食堂,加强公共卫生管理,开放公园等。③ 与此相适应,李大钊还提出了新道德,具体内容是:博爱、自由、平等、牺牲,他认为这是创造新生活的基础,也是我们道德的基础。首先,关于"博爱"。他认为,爱是一切人类生存的基础,是道德的出发点和归宿。其次,关于"自由"。他认为,人类生活既是以爱为基础,那么人类相互之间要各尊重各的个性,"各自的个性,不受外界的侵害、束缚、压制、剥夺,便是自由"④。他提出,自由尽管是人们所追求的目标,但人们在追求自由的同时,

---

① 《李大钊全集》第 1 卷,北京:人民出版社 2006 年版,第 247 页。
② 《李大钊全集》第 4 卷,北京:人民出版社 2006 年版,第 198 页。
③ 参见《李大钊全集》第 3 卷,北京:人民出版社 2006 年版,第 52—54 页。
④ 同上书,第 62 页。

切不可影响别人获得自由，也不可破坏集体的自由，这就是对待自由的道德。再次，关于"平等"。他认为，博爱的生活，就是无差别的生活，就是平等的生活。在新社会、新生活条件下，人人都应立于平等的地位，消灭贫富贵贱的差异。可见，平等是新社会应坚持的道德原则。最后，关于"牺牲精神"，他认为，自由、平等的生活都是以爱为基础的生活，实行这个"爱"字，必须具有牺牲精神。爱人道，便应为人道牺牲；爱真理，便应为真理牺牲；爱自由，便应为自由牺牲；爱平等，便应为平等牺牲；爱共和，便应为共和牺牲。"爱的方法便是牺牲，牺牲的精神便是爱"[1]。博爱、自由、平等是资产阶级历来所标榜的政治口号，李大钊把它们拿过来赋予新的道德思想。他把"牺牲精神"作为一种道德，号召人们为博爱、自由、平等而牺牲，这种为真理"杀身成仁"的思想，是中国传统道德所推崇的"志士仁人"美德的直接承袭，同时又赋予新的内容。他告诫人们，任何新社会、新生活的实现，都是无数先烈的牺牲、献身换取的，尤其在民族危亡、国家多难之时，更需要人们树立为国为民而英勇献身的新道德观。这种有破有立的理论特色，超出了同时代的其他人。正如许全兴所著《李大钊哲学思想研究》所述："陈独秀偏重于对旧文化、旧思想、旧道德的批判，而较少注意建立新的思想体系。李大钊则在批判旧的东西的同时，注意建立具有中国特点的新思想。"[2]这或许是李大钊在马克思主义伦理思想史上作出巨大贡献的最好注解。

三、始终关注塑造新社会的"人"

五四时期，人们探讨"中国向何处去"的时代问题，就不能不关注"人"的问题。新文化运动高举民主和科学的大旗进行伦理革命，就在于塑造国民的独立人格，重建中国人的时代价值体系，实现人的思想的根本解放和个性的充分发展。在李大钊伦理思想中，以人为中心的思想解放和个性发展，是其一以贯之的鲜明主线。他从"中国向何处去"的现实思考出发，积极置重于马克思主义思想的中国化，试图用马克思主义基本原理推进中国革命及

---

[1]《李大钊全集》第3卷，北京：人民出版社2006年版，第63页。
[2] 许全兴：《李大钊哲学思想研究》，北京：北京大学出版社1989年版，第196页。

道德问题的根本解决,提出了关于人的自由、全面发展的目标,即平民化的个性解放的自由人格。

第一,重视人的权利。辛亥革命之后,在尊孔的旗号之下,统治者仍然推行灭绝个性、扼杀自我的愚民手段,民众处于"失却独立自主之人格,堕于奴隶服从之地位"①的状态。对此,李大钊指出:"孔孟亦何尝责人以必牺牲其自我之权威,而低首下心甘为其傀儡也哉!"②在成为马克思主义者以后,李大钊提倡研究权利问题和社会经济问题都应"以劳动为本位,以劳动者为本位"③,提倡重视人的权利。在人身人格权利方面,李大钊主要强调了生存权、生命权及自由权利。他非常重视自由在人生中的价值,认为自由是人权的基础。他说:"盖自由为人类生存必需之要求,无自由则无生存之价值。"④他在人身自由权利中论述最多的是思想言论自由,认为为了引导人生走向光明与真实,思想言论自由是必不可少的途径。他还从思想言论本身的特点出发,阐明思想言论是禁止不了的,因为"思想有超越一切的力量","你怎样禁止他、制抑他、绝灭他、摧残他,他便怎样生存、发展、传播、滋荣,因为思想的性质力量,本来如此"⑤。李大钊号召人人坚持一己意志之自由,冲决网罗而卓自树立。他还主张推行"自由政治",而反对实行"多数政治"。他认为多数政治是多数人的意志强加于少数人,以多数人强制统治少数人,这体现了反对"多数人的暴政"、重视个人自由的精神。在政治权利方面,李大钊认为民众有自由的参政权和治政权。他提出民众应该享有政治上的参政权的同时,更强调了在整个社会进入"平民主义"的时候,人民在政治上不仅要求参政权还要求治政权。在经济、社会、文化权利方面,李大钊主张人们应该享有劳动权(休息权)、受教育权、出版自由、宗教信仰自由等。他在普遍关注人的基本权利的同时,特别注意弱势群体的权利。他怀着强烈的阶级感情指出了各行各业民众的苦难,关注煤炭工人、人力车夫,同情妇女尤其反对那种污辱妇女人格违反人道的娼妓制度,对贫民窟里的市民、被裁的士

---

① 《李大钊全集》第 1 卷,北京:人民出版社 2006 年版,第 157 页。
② 同上书,第 152 页。
③ 《李大钊全集》第 3 卷,北京:人民出版社 2006 年版,第 18 页。
④ 《李大钊全集》第 1 卷,北京:人民出版社 2006 年版,第 228 页。
⑤ 《李大钊全集》第 2 卷,北京:人民出版社 2006 年版,第 345—346 页。

兵、归国的工人、可怜的童工、苦痛愚暗的农民,都饱含着一份阶级的同情,不断为民族和国家的生存、为实现劳苦大众的基本权利而不懈奋斗。

第二,突出人的主体能动性。谁是历史的创造者? 谁是历史真正的评价? 在马克思主义唯物史观产生之前,"英雄史观"、"帝王中心论"广为流行,人们往往把推动历史前进的根本动力归结于少数甚至极个别的帝王、将相、英雄等"大人物",人民群众在推动历史、创造历史上所发挥的能动作用往往被忽略不计。即使是认为有所作用,也被认为是在"大人物"的驾驭和影响下发生的,不具有独立的、决定性的历史意义。19 世纪 40 年代中期,马克思和恩格斯同德国唯心主义者、青年黑格尔派代表人物鲍威尔兄弟进行了一场论战。鲍氏认为,历史中起决定作用的是"英雄"的精神,而人民群众是历史中的惰性因素。马克思恩格斯在《神圣家族》一书中,从物质资料生产是历史发源地的观点出发,驳斥了鲍氏兄弟蔑视群众的唯心史观,强调"历史上的活动和思想都是'群众'的思想和活动","历史活动是群众的事业,随着历史活动的深入,必然是群众队伍的扩大"。① 这两种观点,集中反映了唯心史观与唯物史观的主要分歧。唯物史观第一次科学地回答了谁是历史的创造者这个历史观的重大问题,肯定了人民群众是社会物质财富、社会精神财富的创造者和推动社会历史发展的基本力量。

在接受马克思主义之前,李大钊在 1914 年 11 月《政治对抗力之养成》中,他就在意志主义的思想框架内肯定了这种力量:虽然历史的变迁在表面上似乎由某一历史人物或某种具体制度所推动,但它们的力量却是以"民众思想"的变化为基础,而后者实质上不过是群众意志的累积而已。基于这种肯定,李大钊对法国社会学家鲁彭关于当今时代为"群众时代"的说法表示赞赏,认为"群众势力,有如日中天之势,权威赫赫,无敢侮者"②。在随后不久发表的《国情》以及《警告全国之父老书》《国民之薪胆》等一系列文章中,李大钊对人的能动性作用进行了充分阐述,对群众在社会历史进程中的能动力量给予了充分的肯定。这与其前期的"民彝"思想是完全一致的。对英雄史观的批判,已经在某种程度表明李大钊对人民群众在历史进程中的能

① 《马克思恩格斯全集》第 2 卷,北京:人民出版社 1957 年版,第 103—104 页。
② 《李大钊全集》第 1 卷,北京:人民出版社 2006 年版,第 105 页。

动力量给予了肯定,这种肯定也可以看作为李大钊对自己最初轻视群众力量的"民力衰薄"所进行的一种自我修正。

成为马克思主义者后,李大钊自觉运用唯物史观来分析和研究人的能动性作用,但他并没有完全抛弃前期的主体能动性思想,而是对其进行了合理的改造,把其与他理解的马克思主义唯物史观整合起来,对人的主体性进行了重新解释。他认为,马克思的历史进化论在强调经济的同时,也十分重视个人的历史创造性。"他驳斥了把马克思的唯物史观看作是机械论的观点,指出:在社会的物质条件可能范围内,唯物史观论者特别重视人的努力及创造活动。人的努力及创造活动,本为社会进步所必需,只不过其效力只在社会的物质条件可能以内。思想、知识、言论、教育,自然都是社会进步的重要工具,只不过不能说他们可以变动社会、解释历史、支配人生观,能和经济立在同等地位。"①但社会历史进程的规律机制深藏于内,而人民群众正是历史发展规律性的体现者。人民群众的历史活动是在这个喧嚣的舞台背后悄悄地进行的,并且真正地起着推动作用。即是说,人是通过发挥主体能动的创造活动来参与社会历史发展的,离开主体能动性就不能真正影响社会历史的进程。所以他一再强调:

> 我们要晓得一切过去的历史,都是靠我们本身具有的人力创造出来的,不是那个伟人、圣人给我们造的,亦不是上帝赐予我们。将来的历史,亦还是如此。现在已是我们世界的平民的时代了,我们应该自觉我们的势力,快赶[赶快]联合起来,应我们生活上的需要,创造一种世界的平民的新历史。②

> 历史是人创造的,古时是古人创造的,今世是今人创造的。……我们要利用现在的生活,而加创造,使后世子孙得有黄金时代,这是我们的责任。③

第三,强调人的现代化意识。实现"人的现代化",是五四时期倡导思想解放的主题。现代社会需要培养人的独立人格、自由平等、个性发展等意

---

① 张小平:《李大钊对唯物史观的认识及其影响》,载《中国社会科学院研究生院学报》2002 年第 2 期。
②《李大钊全集》第 3 卷,北京:人民出版社 2006 年版,第 221—222 页。
③《李大钊全集》第 4 卷,北京:人民出版社 2006 年版,第 14 页。

识。启蒙思想家们不断针砭当时种种国民性痼疾,目的也就是为了实现人的现代转型,造就真正现代意义上的国民。从19世纪末到20世纪初,严复、梁启超、鲁迅等一大批进步思想家,都孜孜以求地探索"现代国民应具备什么素质"、"怎样才是最理想的人性"等此类深层次的问题,他们在深刻揭露旧国民性的种种弱点并剖析社会历史根源的基础上,试图寻找现代社会理想的人性模式。李大钊在前人的基础上,从不同角度对现代国民性的理想模式进行研究和探索,积极主张加强人自身的改造进程,培养人的现代化意识,进而实现人的现代化,这也正是他伦理思想中最为关注的一个问题。

李大钊关于培植人的现代化意识方面有很多论著,其观点主要表现在四个方面:一是强调自主性意识,二是强调创造精神,三是强调乐观进取的人生观,四是强调个性发展的意识。在自主性意识方面,李大钊认为,发挥人的主动性,就是强调人对社会改造的能动性意义,就是要树立"自己解放自己"的意识,在社会主义运动的过程中决不能坐等"集产制必须的成熟",决不能"一点的预备也没有",相反必须"有相当的活动准备才是"。他还希望二十世纪的少年"把眼光放的远些,不要受腐败家庭的束缚,不要受狭隘爱国心的拘牵",要追求"新生活"①。在创造精神方面,李大钊认为,社会的发展都是人的创造的结果,同时人们也只有在创造活动中才能完善和发展自己。他说,"我不愿青年为旧生活的逃避者,而愿青年为旧生活的反抗者!不愿青年为新生活的绝灭者,而愿青年为新生活的创造者",同时说,"我希望活泼泼的青年们,拿出自杀的决心,牺牲的精神,反抗这颓废的时代文明,改造这缺陷的社会制度,创造一种有趣味有理想的生活"②。在乐观进取人生观方面,李大钊针对当时人们被怀古、保守思想束缚而产生悲观厌世、不思进取的社会情绪,发表了《时》《又是一年》《时代的落伍者》等文章,呼吁人们要积极进取、乐观向上,树立正确的人生观,并认为这是现代人所应有的品质。现代人必须要有时代意识,紧跟时代步伐,只有具有这样人生观的人,才会不被时代抛弃,才能享有未来。在个性发展方面,李大钊反对那种缺乏主见、没有个性的人格,认为发展个性是社会发展的必然要求。他认为

---

① 《李大钊全集》第3卷,北京:人民出版社2006年版,第13页。
② 同上书,第124页。

培养人的个性发展意识,必须从个体、家庭、社会等不同视角来加以实现,比如:必须要有平等的精神,使每个人都能互相尊重各自的个性;必须改革现有的家庭制度,为每个人的个性发展提供良好环境;必须建立现代民主制度,为个性自由发展创造良好的外部政治条件等。

　　除此之外,李大钊还主张现代人要有科学的态度,认为只有具备了科学的求真态度,才有可能"真理真明"、"功业可就"①;要具有竞争的意识,"社会由竞争而进步,良好的竞争,是愉快而有味,无不可以行之"②;要崇尚知识,坚信"人生必须的知识,就是引人向光明方面的明灯"③;要有奉献精神,能够有"拥护共同利益的勇气,对于社会的忠诚,对于全体意志的服从",具有"(为)社会全体而舍弃自己的牺牲心"④,等等。可以看出,李大钊在人的现代化问题上,一方面将人的现代化与中国的社会历史进程的大趋势统一起来,另一方面又将人的现代化主题具体地与中国的内求民主、外求民族独立与解放的社会变革任务联系起来,深化了五四时代对人的现代化问题的探索,开创了中国社会现代化理论以人的解放为中心的框架体系,为中国社会现代化理论的建构作出了突出的贡献。

四、伦理主张与品德修养兼著

　　李大钊不仅是中国共产主义运动的先驱,而且具有至善至美的道德品质和人格魅力。他把明代著名谏臣杨继盛的"铁肩担道义,辣手著文章"的对联,改了一个字变为"铁肩担道义,妙手著文章",以期不能一味只是"辣",且要有理、有据、有节。这恰恰是其崇高品德风范的真实写照,也是其作为一个革命家兼学者的真实描绘,在李大钊身上体现了无产阶级革命家的政治素质与中国优秀知识分子的高尚品德的完美结合。现在我们尊崇李大钊的伟大人格,原因就在于他不但倡导了"劳工神圣"新伦理,而且他还身体力行了这个新伦理。1957年4月28日,陈毅同志在《纪念李大钊同志殉难30周年》一文中写道:

---

① 《李大钊全集》第4卷,北京:人民出版社2006年版,第443页。
② 同上书,第196页。
③ 《李大钊全集》第2卷,北京:人民出版社2006年版,第292页。
④ 《李大钊全集》第3卷,北京:人民出版社2006年版,第103页。

（一）革命思想早，行动守纪律。就义从容甚，大节凛不辱。（二）计公挥笔阵，前后十三年。先驱好肝胆，松柏耐岁寒。（三）自学浑不倦，诲人何其勤。没有宗派气，内外从如云。（四）斗争结盟友，殉难慷慨同。人民柴市节，浩气贯长虹。①

这首诗，真切反映了李大钊的人格魅力。张申府在《忆守常》中这样评价李大钊：

> 他应说是现代中国的一个完人。……他的思想的前进，他的行动的积极，他的为人的纯洁，他的对人的温厚，他的道德的高尚，他的革命情绪的热烈，所有这些兼而有之，真可说是一时无两。②

李大钊不仅以其光辉的革命思想指引人民前进的方向，同时以其高尚的个人品格深深影响着时人与后人。

李大钊在探索救国救民道路的进程中，始终"以民生为念"，潜心"研考民生凋敝之原"，探求民生问题的"解决之道"，抱有深深的为民请命的高尚情怀。他非常关心底层人民的生活，经过深入的调查研究，饱含深情地写过《北京市民生活之一瞥》《唐山煤厂工人的生活——工人不如骡马》《土地与农民》等文章，同时教育和鼓励人民团结起来争取自己的权利和自由。这种对普通民众的深厚感情，反映到他对经济生活的要求上，就是处处一心为公、严以自律。他对社会上的奢侈、贪污、贪婪等现象深恶痛绝。1917 年 4月，他就针对财政部受贿案发表《受贿案与立宪法政治》《罪恶与忏悔》两篇文章，激烈抨击当时的社会腐败和黑暗，阐述了保持清正廉洁、抵御腐败的方法途径。第一次国共合作以后，李大钊担任北方国共两党的最高负责人。据资料显示，仅在 1926 年底到 1927 年春的这段时间，就曾有数万元的款项经李大钊支配，但他却从未乱花一分一文，全部用在革命事业上，真正做到了"手中掌管万贯财，公私分明廉与洁"。被捕以后，他还对自己所经手款项的出处都做了详细的说明。他牺牲后，北京《晨报》《顺天时报》分别载文报道："李氏私德尚醇，如冬不衣皮袄，常年不乘洋车，尽散收入，以助贫困学

---

① 中国革命博物馆编：《回忆李大钊》，北京：人民出版社 1980 年版，第 148—149 页。
② 同上书，第 61 页。

生"，"李夫人回家后，仅一元生活费，室中空无家具，即有亦甚破烂"。这种为国忘家、为人忘己的崇高品德，感动了当时千千万万的人。就连当时的反动报刊也撰文认为李大钊"胸怀无私，人格高尚"。

李大钊对自己生活上的要求非常简单，粗茶淡饭、艰苦朴素，主张过"衣食宜俭其享用，戚友宜俭其酬应，物质宜俭其销耗，精神宜俭其劳役"的简易生活。他在《简易生活之必要》一文中指出："吾人自有其光明磊落之人格，自有真实简朴之生活，当珍之、惜之、宝之、贵之，断不可轻轻掷去，为家族戚友作牺牲，为浮华俗利作奴隶"，"简易生活者，实罪恶社会之福音也"。① 他非常推崇列宁的伟大人格，在实践中更是身体力行列宁刻苦俭朴的生活作风。李大钊从不吸烟，不喝酒，不讲究吃喝穿戴。据张尔岩（李大钊的学生）回忆说，李大钊曾讲：美味佳肴人皆追求，我何尝不企享用？时下国难当头，有众多同胞食不果腹，面对这种局面，怎忍只图个人享受，不思劳苦大众疾苦呢！在北京大学任职期间，李大钊刚开始每月收入有 120 块银圆，后加上他兼任女师大、朝阳大学、中国大学的教授，每月收入可在 200 块银元以上。按当时的生活水平，一户普通人家有一块银圆就能维持一个月的生活开支。按李大钊的收入水平，实可过上相当富裕的生活，但他没有把钱放在享受生活上，而是把工资的大部分用于党的革命经费，剩下的还要用来接济贫困的青年和同志。以至于学校发薪水时，不得不预先扣下一部分直接交给李夫人，以免他的家庭生活无以为继。李大钊由于中午不能回家吃饭，他就自带干粮，有时一块大饼，有时两个窝头就白开水充饥。"黄卷青灯，茹苦食淡，冬一絮衣，夏一布衫"，这就是李大钊俭朴生活最真实的写照，也是他伟大品格的鲜明呈现。

李大钊作为马克思主义伦理思想中国化的开创者，与其他伟大人物一样，其经济伦理思想不可能完全摆脱历史时代的局限，因此其思想中必不可少地会存在一些不完善的地方。比如，其经济伦理思想是建构在马克思主义基础之上的，但其对马克思主义的理解还带有人道主义和互助论色彩；再如，其经济伦理思想尚未完全摆脱儒家思想的负面影响，主张调和论等，导致其早期主张反对暴力、反对革命，乃至在接受马克思主义之后还支持过胡

---

① 《李大钊全集》第 2 卷，北京：人民出版社 2006 年版，第 119 页。

适的"好政府主义";还如,他对有些经济伦理观点的论述还过于单薄,虽然提出了未来社会的"劳工神圣"新伦理,这代表了他对未来社会伦理理想的远见卓识,但他对这一崭新的社会主义道德理想未作充分阐述和深入构建,自然就难免会显得比较抽象。导致上述不足的原因,主要来自三个方面:第一,当李大钊开始接受和宣传马克思主义时,正是马克思主义刚刚传入中国,而他自己也正处于由民主主义者向马克思主义者转变的过程中,几乎没有什么已有的理论准备;第二,五四运动后,国内的新刊物风起云涌,社团和学会如雨后春笋,文化思想非常活跃,李大钊是在如此复杂的思潮中开始接受马克思主义的,所以在介绍和宣传马克思主义的文章中,也就难免存在一些缺点和错误;第三,李大钊英年早逝,没有机会对自己的伦理思想加以进一步完善。陈毅同志在对李大钊关于马列主义的精湛论述给予充分肯定的同时,也客观地指出:李大钊和"同时代的所有先进人物一样,限于历史条件,当时不可能完全正确解决一切问题,旧时代的思想残余不可能一下剔除净尽,这正是合乎科学逻辑的"[①]。但从总体上看,李大钊经济伦理思想的贡献是第一位的,缺陷是第二位的,其经济伦理思想所释放出来的"青春之气"永远"万古长青"。

---

① 中国革命博物馆编:《回忆李大钊》,北京:人民出版社1980年版,第148页。

第九章
费孝通的经济伦理思想

费孝通(1910.11—2005.4),江苏吴江人,我国著名社会学家、人类学家、民族学家、社会活动家,是中国社会学和人类学的奠基人之一。费孝通一生的研究与学术贡献大体上可以分为三个阶段:一是 1949 年以前;二是从 1949 年到改革开放以前;三是改革开放以后。在本章中,我们主要梳理和探讨 1949 年以前费孝通关于中国乡村社会的研究及其蕴含的经济伦理思想。

第一节 费孝通经济伦理思想的产生背景

费孝通经济伦理思想的产生与其绅士家庭的成长环境和中西融合的教育背景有着密不可分的关系。与此同时,费孝通强调从实践调研中获得认识中国的路径,主张利用工业带动乡村经济发展,提高村民经济生活水平,从而不断丰富自身思想中的经济伦理因素。

一、绅士家庭的成长环境

在费孝通对中国乡村社会的阐述中,"绅士"对乡村经济的维护与发展有着举足轻重的作用,他们作为"退任的官僚或是官僚的亲亲戚戚。他们在野,可是朝内有人。他们没有政权,可是有势力,势力就是政治免疫性。政治愈可怕,苛政猛于虎的时候,绅士们免疫性和掩护作用的价值也愈大"[1]。费孝通正是出生于这样一个绅士家庭。

费孝通的祖父与外祖父都是当时镇上知名的读书人,均考取过秀才[2],外祖父杨敦颐还曾在 1904 年即慈禧太后 70 大寿时特意加试的甲辰恩科考试中考中举人。费孝通祖父与外祖父当时交好,为费孝通父母定下"娃娃亲",在费孝通祖父去世后,杨敦颐便将费孝通父亲费璞安接到家中抚养,并遵守承诺于 1900 年将女儿杨纫兰嫁给费璞安。这种绅士家庭之间的结合,

---

① 《费孝通文集》第 5 卷,北京:群言出版社 1999 年版,第 473 页。

② 习惯上称为秀才,清代官方说法为"生员",即经过本省各级考试取入府、州、县学的人。

为子女教育奠定了良好的基础,对费孝通的成长起到积极的激励作用。

1910 年 11 月 2 日,在费璞安与杨纫兰结婚的第 10 年,他们迎来自己的第五个孩子,而此时费璞安正受民族实业家张謇之邀,在南通教书,作为纪念,费璞安在这个孩子的名字里用了"通"字,并依张謇儿辈属"孝",故为其取名"费孝通"。这个名字既承载了父辈的情谊,也暗含着费璞安对教育与实业救国的尊重,希望以此激励费孝通。

费孝通出生时,家里最长的一辈是祖母和三好婆(祖母的妹妹),她们成为费孝通认识社会的一扇窗户。据费孝通回忆,"童年时我看到过我祖母把每一张有字的纸都要拾起来,聚在炉子里焚烧,并教育我们说要'敬惜字纸'"[1],虽然费孝通当时对祖母的这种行为不能够理解,甚至再大一些时"还笑老祖母真是个老迷信"[2],但这却在潜移默化中培养了费孝通敬畏知识的意识。除此之外,费孝通对传统经济文化的了解也受到祖母和三好婆的影响。费孝通祖母依照当时习俗裹着小脚,虽然由于脚小常常很难站稳并且做家务也很困难,但却代表着身份和地位。然而三好婆却是"半大脚",经常穿长裙把脚遮住,不愿意让别人看到她的脚。与此同时,在当时具有身份和地位意义的"坐花轿"这件事上,费孝通的祖母却留有遗憾。费孝通祖母小时候就进费家做了童养媳,因此她与费孝通祖父成亲时没能坐着花轿进门,导致一生都被贴上"小媳妇"的标签。这些象征着名门闺秀意义的"裹小脚"、"坐花轿"曾是当时女子心向往之的事情,是传统经济发展水平在文化上的映射,代表着当时社会的一种潮流,而费孝通祖母和三好婆却为此留有遗憾,但这恰恰成为费孝通著述的来源之一。费孝通提到:"我在《中国的士绅》里有一段描写'小媳妇'的文字,就是体会到祖母那时的感受写出来的。"[3]不可否认,费孝通祖母和三好婆的生活经验与日常教诲在费孝通思想中埋下了中国传统乡村伦理的种子。

父母提供的良好教育条件也对费孝通的思想形成具有不可忽视的作用,他曾这样强调:

> 只从学业的一方面说,我在同代人中就学的条件就比较优越,甚至

[1][2]《费孝通文集》第 14 卷,北京:群言出版社 1999 年版,第 185 页。
[3] 费孝通:《费孝通在 2003》,北京:中国社会科学出版社 2005 年版,第 11 页。

可说是少有的。我生在一个重视教育的家庭,我父亲是江苏省的"视学",即教育督导员,我母亲是首创蒙养院(即幼儿园)的当时妇女界先进人物。①

费孝通的父亲费璞安自幼接受私塾教育,对中国传统文化有较深了解,并在中国历史上最后一次科举考试中获得生员资格,随后被公费派往日本学习教育学。费璞安"返国后即提倡新学,在吴江县城开办第一个中学"②,并赴通州民立师范(即今南通大学)执教。在此期间,吴江县选举成立县议会,费璞安虽未到场但被选为议长。辛亥革命爆发后,费璞安积极参与革命活动,赶走吴江县的清朝官吏,光复吴江,强调人民在政事中的作用。此时费孝通虽然仅满周岁,无法了解父亲的事业,但父亲重视教育、代表社会进步力量的精神潜移默化地影响着费孝通的成长。在费璞安做江苏省视学期间,他基于巡回视察各地学校的实际情况,撰写调研报告,这种从实践获得真知的方法为费孝通后来的学术研究树立了榜样。费孝通在回忆中说:

> 他的视察实在就是在做有关当时教育的实地调查。他并没有料到在他的儿子中后来会有人继承了他的调查工作。他并没有在我面前讲过要了解社会必须亲自去看去问的道理,但是他做出了身教,身教显然比言教更起作用。③

与此同时,费孝通立足乡村,研究乡土结构与乡村工业也是受到父亲影响。在著述中费孝通这样写道:

> 对我影响更大的也许是父亲每次出差回家总带有几部新的地方志。……我父亲在视察过程里收集到江苏各县的地方志装满了一书架。我也常翻看看,其中如人物传记、风俗节令等也还可以看得懂一些,至少对这类书已不生疏。④

除此之外,费璞安让费孝通兄弟几人核对自己调查报告的严谨态度也不断激励着费孝通,敦促其养成热爱学术、敬畏学术的意识。

---

①《费孝通文集》第 13 卷,北京:群言出版社 1999 年版,第 192 页。
②《费孝通文集》第 11 卷,北京:群言出版社 1999 年版,第 308 页。
③《费孝通文集》第 12 卷,北京:群言出版社 1999 年版,第 231—232 页。
④ 同上书,第 232 页。

费孝通的母亲杨纫兰在杨敦颐的教育下,从小饱读诗书,后进入上海务本女学学习,受到中西双重教育。这种特殊的教育背景使得她有着当时普通女性没有的胆识与见解,她敢于向传统礼教挑战,以气势磅礴的姿态为《女界钟》作序,成为"在一个大时代中对社稷沉浮、同胞命运怀有热切关注的母亲"①。费孝通出生的第二年,杨纫兰在吴江松陵镇积善弄创办私立吴江县第一蒙养院。费孝通4岁时成为母亲蒙养院的一名学生,从此杨纫兰对费孝通扮演着亦师亦母的角色,让他在蒙养院中不仅学习了识字,还接触了音乐、舞蹈等现代课程。母亲创办的蒙养院成为费孝通接受正规教育的起点,为费孝通日后学术生涯埋下了伏笔。他曾强调:

> 母亲对我一生的影响很大。她是个思想开放的人,乐于接受新事物,除了在家乡办新学,她还带头剪短发,讲求男女平等,注重子女教育。②

在家庭日常开销中,杨纫兰总是"先扣除教育费用然后以余额安排其他项目"③,这些都为费孝通营造了一个良好的学习氛围,使得他能够有条件接受正规教育,从而打下坚实的学术基础。

在费孝通成长过程中,舅舅们也起到过许多积极影响。对费孝通影响较深的是大舅杨千里,他秉承杨敦颐优良的国学传统,对书法、诗词等都有很高造诣,在上海澄衷学堂执教时曾是胡适的老师,官至国民政府行政院代秘书长;另一个舅舅杨锡仁在清华大学毕业后与同班同学胡适一起,被送往美国留学,并获得哥伦比亚大学硕士学位,回国后投身实业,开办工厂和洋行;舅舅杨左匋,被称为中国动画的"开山鼻祖",也曾留学美国并在好莱坞工作,参与动画片《白雪公主和七个小矮人》的创作。舅舅们的卓越成绩成为费孝通学习的榜样,他常常"暗地里跟几个舅舅比赛,不管在哪方面都想要超过他们"④,据费孝通回忆:"几个舅舅天分都很高,学习成绩很好,我上中学的时候已经有舅舅在国外留学了,我当然不能落后,暗下决心一定要出

---

① 张冠生:《费孝通》(上),北京:群言出版社2012年版,第11—12页。
② 费孝通:《费孝通在2003》,北京:中国社会科学出版社2005年版,第16—17页。
③《费孝通文集》第13卷,北京:群言出版社1999年版,第192页。
④ 费孝通:《费孝通在2003》,北京:中国社会科学出版社2005年版,第24页。

国留学,不能落在舅舅后边。"①在舅舅们的影响下,费孝通不断刻苦学习,最终如愿以偿飞赴英国留学,为其日后学术成就奠定基础。

除去长辈们对费孝通的影响外,同辈之间的兄姐也对费孝通影响颇深。费孝通提到:"回忆我自己儿童少年时的生活,至今我还记得的,对我思想行为最有影响的'样本'是我的几个哥哥。他们的一举一动我都看在眼里,一有条件就学着做。"②费孝通在家排行老五,上面有三个哥哥和一个姐姐,长兄费振东毕业于上海南洋大学(现上海交通大学),在学校加入中国共产党,是学生会领导人物,后成为知名新闻、文教工作者;二哥费青于1935年获得清华大学公费留学资格,前往德国柏林大学研究院攻读法律哲学,回国后成为我国法学界知名学者;三哥费霍潜心研究技术,擅长土木工程。费振东和费青早年都积极参与革命,"费孝通深受两个哥哥的影响,对带有爱国色彩、革命色彩的政治活动,表现出那个时代一个正直知识青年应有的热情"③。他逐渐培养起关心人民疾苦,致力于改善人民经济生活水平的责任意识。对费孝通影响最为直接的应为姐姐费达生,她从苏州女子蚕校毕业后到日本留学,将缫丝和蚕丝技术改革应用于家乡养蚕业。在费孝通返乡休息准备出国时,费达生建议他到开弦弓村参观,在此期间费孝通被姐姐帮助农民建立的"生丝精制运销合作社"所吸引,对该村进行了为期一个多月的调研,对村民经济生活进行了系统分析,在此基础上写成《江村经济》一书。

"事实上,士绅阶层在中国的社会结构中占了很重要的地位,离开了士绅阶层就不容易理解中国的社会。我从小有机会接触这个阶层的人,所以对他们比较熟悉。"④正是这种绅士家庭的成长环境为费孝通提供了良好的教育环境,同时使他有机会更为直观地感受绅士们对中国社会与经济发展做出的影响,也促进了其经济伦理思想的产生。

---

① 费孝通:《费孝通在2003》,北京:中国社会科学出版社2005年版,第24—25页。
② 费孝通:《杂写戊集》,天津:天津人民出版社1990年版,第158页。
③ 张冠生:《费孝通》(上),北京:群言出版社2012年版,第32页。
④ 费孝通:《费孝通在2003》,北京:中国社会科学出版社2005年版,第6—7页。

二、中西融合的教育背景

费孝通经济伦理思想的产生离不开中西融合的教育背景,"费孝通是在国内接受的西方教育。直到他 26 岁,取得了硕士学位又结了婚,并作了两年实地调查以后,才出国留学两年。他与其他的包括胡适在内的众多中国留学生不同,他们在国外上大学,进研究生院,有的上大学前还上预备班,一呆好多年,回国后很不习惯,对国内情况很生疏,甚至于有些人连中国话也不愿说。费孝通则不忘故国,留恋家乡"①,他在回忆学生时代时曾这样说道:"在学校里从小学到大学和研究生院,从国内到国外,我又有幸受到许多教师接近于'偏爱'的关心、指引和培养。他们不仅给我言教,更重要的是身教。屏息静思,历历在目。"②

从母亲的蒙养院毕业后,费孝通于 1916—1920 年在吴江初等小学③学习。在这期间对他影响最大的应该是沈天民校长和他所讲的"乡土志"课程。按照费孝通的描述,沈天民校长"不像有些老师那样老是绷着脸流露着讨厌我们这些孩子似的"④,并且由于费孝通年幼时身体不好,沈校长还经常会关心他的身体情况。这些日常间流露出的温情,使费孝通对沈校长十分敬重,也加深了对沈校长所讲述的"乡土志"课程的喜爱。费孝通回忆道:

> 他在课堂上讲给我们听的,都是些有关我们熟悉的地方,想知道的知识。他讲到许多有关我们常去玩耍的垂虹桥和鲈香亭的故事。⑤

沈校长这种讲授乡土志的方法引起了费孝通的兴趣,使"乡土志"成为当时最喜欢的课程,日后费孝通潜心研究乡村社会结构与经济发展应该与这不无关系。

1920 年费孝通随家迁入苏州市区,母亲担心费孝通会因身体不好而被调皮的男同学欺负,便把他送到自己朋友王季玉女士主办的振华女校(现苏

---

① [美]大卫·阿古什:《费孝通传》,董天民译,郑州:河南人民出版社 2006 年版,第 11 页。
② 《费孝通文集》第 13 卷,北京:群言出版社 1999 年版,第 192 页。
③ 这所学校建在原来供奉雷神的雷震殿,因此也叫雷震殿小学。
④ 《费孝通文集》第 12 卷,北京:群言出版社 1999 年版,第 230 页。
⑤ 同上书,第 231 页。

州市第十中学)。王季玉本为留美生物学家,但为家乡教育事业,甘愿放弃个人专业。尽管当时的费孝通还不能完全理解这种精神,但无形中也能感受到王季玉先生对教书育人的热忱。在振华中学对费孝通产生影响的另外一位老师是沈骊英,她总能够耐心地教授学生算术,即使在费孝通由于贪玩粗心写错答案时,她也总是微笑着给予教导,从而使费孝通对这门课程产生兴趣,为日后专业的学习奠定数学基础。

少年时期,费孝通在国学大师金松岑及其学生马介之的指导下,圈点《庄子》《史记》等经典文章,对苏东坡、龚自珍、魏源等大家的文章也有较为深入的了解,并于 1924 年在商务印书馆发行的《少年》杂志上发表了自己的处女作《秀才先生的恶作剧》。到 1928 年高中毕业时,已经有多篇文章见刊。费孝通少年的文章中已经表现出对人的本质与社会问题的关心。写于 1927 年的《圣诞节续话》中这样提到:"在今年我最惊奇的一件事,就是常把'人'看成了一个奇异的东西。在它(!)一举一动里都包容着特殊的色彩。我到现在还依旧不能认识人类,虽然我自己是一个人。我很怕在我'为人'的最后一刻时仍和现在一般的未认识人类究系何物"[①],从而流露出对人类的责任意识与强烈的求知欲望。

高中毕业后费孝通怀揣着"为人治病"[②]的想法进入东吴大学医预科学习。在这期间,费孝通成为东吴大学学生会秘书,并以强烈的民族责任感积极组织、参加社会活动,关心国家命运,在 1929 年为维护同学利益而组织的罢课活动中被校方勒令转学。此时费孝通的思想已发生转型,决定放弃学医。他在回忆中解释道:"我当时想学好医也只能治一人之病,学好社会科学才能治万人之病"[③],伴随这种思想的转变,费孝通于 1930 年转学至燕京大学学习社会学。

在燕京大学读书期间,费孝通接触到对他产生重要学术影响的一位老师——吴文藻。吴文藻在燕京大学首开用汉语讲授"西洋社会思想史"的先河,并且费孝通强调:"吴文藻也不给自己起外国名字,后来他更提出'社会

---

① 《费孝通文集》第 1 卷,北京:群言出版社 1999 年版,第 29—30 页。
② 《费孝通文集》第 11 卷,北京:群言出版社 1999 年版,第 309 页。
③ 同上书,第 309 页。

学本土化'的口号。这是吴老师的特点，有中国味，我是很赞成的。"①费孝通积极响应吴文藻"社会学本土化"的口号，跟随他进行社会学研究，在燕京大学期间费孝通几乎读遍了吴文藻书架上的所有书籍。为了使费孝通有更加全面的发展，也为了能够更好地实现"社会学本土化"这一学术主张，吴文藻不仅说服清华大学在1933年招收人类学研究生，而且亲自带领费孝通到清华大学拜见史禄国(Shirokogorov)老师，促成费孝通成为史禄国在中国惟一的及门弟子，从而开启费孝通人类学学习之路，进一步拓展费孝通的学术视野。

费孝通结束燕京大学学习之前还有幸聆听了美国芝加哥大学社会学系派克(Robert Park)教授以"集合行为"和"研究指导"为主题的游学讲座。派克对费孝通最大的影响是带领他和同学们从课堂和书本中走出来，走到日常百姓真实的生活中去，以生动、丰富的日常生活为研究对象，要求他们了解社会、走进社会。费孝通当时这样评价派克："他有一种魔力能把他的学生从书本上解放出来，领到一个活的世界中去领悟人类生活的真相"②，即使在60多年后，费孝通仍然提到："我们接受Park的建议，直接去看生活，越看越有意思"③。派克这种深入社会实际的研究方法，对费孝通日后基于百姓经济生活实际而分析问题、解决困难的路径产生了深刻影响，可以说"在费孝通的燕京时期，Park是继吴文藻之后对他产生终身影响的第二人"④。在燕京大学期间，杨开道用社会学知识为农村贫困人民服务的做法也对费孝通后来立足于提高农民收入、改善农民经济生活水平的思想产生影响，费孝通评价说：

> 我所认识的杨开道先生是一个想用社会学的知识去改变当时农村贫困落后的人。这是他的抱负。我就是从他那里学得了这一点。仅仅是这一点我觉得就给了我这一生的精神支持。⑤

进入清华之后，史禄国为费孝通定制了为期6年的人类学学习计划，前

① 费孝通：《费孝通在2003》，北京：中国社会科学出版社2005年版，第28页。
②《费孝通文集》第1卷，北京：群言出版社1999年版，第125页。
③《费孝通文集》第14卷，北京：群言出版社1999年版，第307页。
④ 张冠生：《费孝通》(上)，北京：群言出版社2012年版，第59页。
⑤《费孝通文集》第11卷，北京：群言出版社1999年版，第287页。

两年学习体质人类学,中间两年学习语言学,最后两年学习社会人类学。在费孝通将要结束第一阶段学习时,清华大学对学生的学习章程进行调正,规定研究生学习两年后如果考试合格就可以毕业。此时史禄国正好要出国休假,并且休假之后不再打算回到清华,因此史禄国建议费孝通先进行考核,如果考核通过且成绩优异可以获得公费出国留学机会,到国外继续学习。在史禄国的指导之下,费孝通顺利通过了清华大学的考核并获得公费出国留学机会。在教育方法上,史禄国着重培养费孝通自己解决问题的能力,正如费孝通所言,"他从来不扶着我走,而只提出目标和创造各种条件让我自己去闯,在错路上拉我一把"①。在文章的遣词造句上史禄国却格外严格,曾让费孝通把自己的文章一字一句地分析给他听,不允许有半点含糊。生活上,史禄国也对费孝通关爱有加,在费孝通准备前往广西大瑶山调研前,史禄国除了送给他一套人体测量仪和从德国订购的高质量相机外,还为费孝通夫妇每人定制了一双长筒皮靴,而正是这双坚实牢固的长筒皮靴在费孝通左脚被重石所压时起到了保护作用,免于受到更大的伤害。正是由于史禄国对自己一生的重要影响,费孝通将他的名字放在 1945 年版的 *Earthbound China*② 一书扉页,以此作为纪念。总体来说,史禄国教授给费孝通的体质人类学是他的学术基础,影响到费孝通一生的学术成果。

费孝通学生时代最后一个阶段的学校学习是在英国伦敦政治经济学院度过的,他在吴文藻教授的举荐下有幸成为功能学派大家马林诺斯基(Malinowski)教授的关门弟子。在伦敦政治经济学院,费孝通的学习方式主要是参加马林诺夫斯基组织的"席明纳(seminar,意为讨论会)"。这个席明纳当时被人们称为"今天的人类学(Anthropology Today)",聚集了来自各地的学者,马林诺夫斯基"在席明纳里从来没有长篇大论地发过议论,但是随时用插话的方法,引导在场人的思路……已经解决了的问题在他的席明纳里是没有地位的。在争论新问题的过程中,他用他自己的思索,带动学生们的思索。这一点是使学生们最佩服他的地方。也就是通过这个方法,他

---

①《费孝通文集》第 13 卷,北京:群言出版社 1999 年版,第 89 页。

② 1945 年,费孝通在美国出版了由《禄村农田》《易村手工业》和《玉村土地与商业》改写而成的 *Earthbound China：A Study of Rural Economy in Yunnan*(Chicago：Chicago University Press,1945),1988 年该书以《云南三村》为名出版了中文版本。

把立场、观点灌输给了学生"①。作为马林诺夫斯基的学生,可以在席明纳结束之后到他家中,参观学术创作的现场,同时有机会旁听他如何修改自己的著作,从而了解"学者创造思想成品时的过程"②。马林诺夫斯基教育学生的另外一种方法就是让学生聆听自己与朋友的讨论,他认为"学术这个东西不是只用脑筋来记的,主要是浸在这个空气里。话不懂,闻闻这种气味也有好处"③。据费孝通的描述:

> 我身受到的那一套马林诺斯基的"教育",如果要找到它的关键,也许可以说在于从各方面来影响我的世界观和方法论。所用的方法不只是靠说服,而是通过社会生活,学术实践,并且用他自己作具体的榜样,"潜移默化"地从思想感情上逐渐浸染进去的。④

费孝通在跟从马林诺夫斯基学习的这两年,是他学生生涯的最后两年,也是影响他学术道路关键的两年,正如费孝通在博士论文致谢中所言:

> 过去两年来,他对我知识上的启示和亲长般的情谊使我感到对他一生具有承上启下的责任——以我所理解的说,我必须在建立一门研究人的科学以及在使一切文明之间真正合作上分担他那沉重的负担。⑤

纵观费孝通的学生时代,既接受了中国传统的经典文化教育,同时在国内也受到外籍教师的熏陶,更在清华毕业之后远赴英国留学,拜于功能学派大师马林诺夫斯基门下,这使得他"与 20 世纪初期的大多数知识分子不同,他从感情上并不否定中国文化。他是在不背弃他小时候所受的传统教育的情况下,没有遇到什么困难就获得西方知识的"⑥。这种特殊的中西融合教育背景使得费孝通并不盲目排斥中国一切传统资源,也不一味赞扬西方文化精神,而是着重于探寻中国面临的问题,并尝试分析西方理论是否能够解决这些问题,在此基础上形成自身对现实问题的看法,从而给出提高经济发展水平的路径,逐渐改善人民经济生活水平,帮助人民群众走出困境。

---

① 《费孝通文集》第 7 卷,北京:群言出版社 1999 年版,第 116 页。
②③ 同上书,第 117 页。
④ 同上书,第 118 页。
⑤ 费孝通:《江村经济——中国农民的生活》,北京:商务印书馆 2001 年版,致谢第 8 页。
⑥ [美]大卫·阿古什:《费孝通传》,董天民译,郑州:河南人民出版社 2006 年版,第 13 页。

三、立足实践的学术作风

费孝通是"植根在老百姓中间的大学问家，与普通老百姓贴得那么近，他的学问是从'人人可以看到的事'里边，把'普通人都能明白的家常见识'归纳、总结、提高，从而上升到理论的思考"①。他一生致力于实践调查，在他看来"只有经过实地调查才实现了学术研究的本土化，并成为其思想认识的直接源泉"②，"只有'到实地去'才能在激变的社会中获得真知识、摆脱西方话语的宰制以及避免无谓的论争"③。费孝通坚持从日常经济生活中提炼学术研究点，逐渐形成立足实践的学术作风。

"苦于在书本上，在课堂里，得不到认识中国社会的机会"④，以及"一般论中国社会的人缺乏正确观念，不去认识，话愈多而视听愈乱"⑤，1935 年，年仅 25 岁的费孝通从清华大学研究院毕业后，和新婚妻子王同惠一起赴广西进行社会调研。他们由南宁进入，首先对象县村民进行体格测量，后于 9 月 18 日进入大藤瑶山开展实地调研。12 月 16 日夫妻二人在前往下一调研地时发生意外，王同惠不幸身亡，费孝通也身受重伤。这次调研经历不仅对费孝通有着身体上病痛的打击，同时也有失去妻子的心灵创伤，他曾写道：

> 同惠死后，我曾打定主意把我们两人一同埋葬在瑶山里，但是不知老天存什么心，屡次把我从死中拖出来，一直到现在，正似一个自己打不醒的噩梦！虽则现在离我们分手的日子已经多过了我们那一段短促的结婚生活，但是一闭眼，一切可怕的事，还好像就在目前，我还是没有力量来追述这事的经过。⑥

但费孝通并没有就此放弃实践调研，而是强调"愿意用我一人的体力来做二人的工作"⑦，在悲怆与病痛中整理出《花蓝瑶社会组织》书稿，书中展示了他们在花蓝瑶期间收集到的有关当地村民体格、家庭环境、风俗习惯等资料，为后续研

---

① 费孝通：《费孝通在 2003》，北京：中国社会科学出版社 2005 年版，"写在前面的话"第 4 页。
② 李金铮：《"研究清楚才动手"：20 世纪三四十年代费孝通的农村经济思想》，载《近代史研究》2014 年第 4 期。
③ 陈占江：《旧邦新命：乡土重建的现代性方案——以费孝通早期著述为中心》，载《中国农业大学学报》（社会科学版）2016 年第 4 期。
④⑤⑥《费孝通文集》第 1 卷，北京：群言出版社 1999 年版，第 477 页。
⑦ 同上书，第 361—362 页。

究者认识花蓝瑶地区提供了翔实的资料,也奠定了费孝通学术研究的基础。

费孝通在广西调研后回乡养伤期间,对开弦弓村的生丝精制运销合作社进行了考察。这种由乡村工业带动村民经济发展的运行模式受到费孝通的关注,他便对该村展开一个多月的调研。开弦弓村的调研最初并不在费孝通的计划之中,事先并没有固定的程式和打算,他仅仅"拖了一个当地的朋友做向导,把全村走一圈"①,但在这过程中发现该村没有足够的商店来满足村民日常生活所需物品,而村民却可以正常生活。带着这一问题费孝通展开了对该村的深入调研,"了解到 1936 年那段时期中,江村农民的全部生活——从家到户、从户到村;从婚姻到生育、从财产到继承;从生产劳作到日常生活;从农业、蚕丝业,到贸易和信贷"②,并根据调研资料写出具有"里程碑意义"的《江村经济》一书。该书是"一本描述中国农民的消费、生产、分配和交易等体系的书"③,探讨了开弦弓村的经济结构与该地特殊地理条件之间的关系,也标志着费孝通经济伦理思想的正式产生。费孝通在书中强调:

> 这种小范围的深入实地的调查,对当前中国经济问题宏观的研究是一种必要的补充。在分析这些问题时,它将说明地区因素的重要性并提供实事的例子。这种研究也将促使我们进一步了解传统经济背景的重要性及新的动力对人民日常生活的作用。④

这种理论认识的取得正是建立在费孝通对开弦弓村的实践调研基础之上,是对具体经济生活的理论升华。

与开弦弓村受到现代工商业因素影响较大所不同的是,民国时期我国大部分乡村仍处于自给自足的相对封闭状态,在这一现实因素影响下,费孝通在结束英国留学后立即回到云南对不同类型的乡村展开调研。他曾于 1938 年和 1939年先后两次到受现代工商业影响较少的禄村(注:并非调研村真名)进行调研,重点研究该村土地制度的变迁,探讨传统乡村经济发展的路径。关于禄村的调研分析收入 1940 年底吴文藻主编的社会学丛刊,并命名为《禄村农田》。费孝通在

---

①《费孝通文集》第 1 卷,北京:群言出版社 1999 年版,第 395 页。

② 风笑天:《〈江村经济〉教我们如何做研究——重读费孝通先生〈江村经济〉一书的几点启示》,载《中国地质大学学报》(社会科学版)2016 年第 5 期。

③《费孝通文集》第 2 卷,北京:群言出版社 1999 年版,第 1 页。

④ 同上书,第 1—2 页。

该书中着重强调研究的方法,他并不满足于机械的展示调研数据,而是强调对调研结果的系统分析,阐释客观数据与现象背后的理论逻辑与经验总结。与此同时,费孝通在实际调研中还强调对村民的人文关怀,他在文章中写道:

> 在农作中血和汗并不是比喻,而是事实。我们在乡下带了些红药水,请教我们的人真多。我们在田边看他们掼谷子,当时就见到腿上流着鲜血而继续在劳动的人。说他们身体是铁打的,不怕痛,那是文人的笔墨。凡是父母生的,谁不能辨别痛苦和安逸?[1]

通过对农民农忙的实际观察,增强了费孝通对农村疾苦的认识,使他更加深刻地认识到农村经济发展的落后与农民脱贫致富的迫切,从而不断完善其经济伦理思想。从瑶山到江村再到禄村是费孝通民国时期乡村调研的不同阶段,他依据不同村庄的实际特色与经济发展动力分析村民的日常生活行为,从而更加全面地认识中国农村,在此基础上致力于提高乡村经济发展水平,帮助村民解决生活困难。

在云南期间,费孝通不仅自己投身于乡村调研,而且还以云南大学教授的身份主持云南大学和燕京大学合作成立的社会学研究室的工作。由于日军袭击,研究室被迫迁至昆明呈县农村的一个魁星阁,从此改名为"魁阁"。"魁阁"聚集了一批来自清华、燕京、云大等高校的师生,费孝通效仿马林诺夫斯基的教学模式,将席明纳引入"魁阁",引导研究人员选定自己的专题,然后分别进入选定的地区进行实践调研,将理论与实践相结合,杜绝没有调研的结论,收集到调研资料后再集中讨论,最终由研究者撰写论文,完成研究成果。在"魁阁"期间,费孝通亲自指导张之毅写下《易村手工业》和《玉村农业和商业》,这两部分后来与《禄村农田》一起合并出版,命名为《云南三村》,从而丰富了费孝通对不同类型乡村经济的认识与解读,也使费孝通经济伦理思想得到不断发展。需要指出的是,费孝通于民国末期发表的《生育制度》《乡土中国》以及《乡土重建》等传世之作也是建立在广西、江苏、云南等实地调研资料之上的产物。正如《乡土中国》中所强调的:"在这书里是以中国的事实来说明乡土社会的特性"[2],费孝通在此基础上提出的"乡土性"论断也成为看待中国传统乡村乃至整个中国传统社会的一种主流视角和基

---

①《费孝通文集》第 2 卷,北京:群言出版社 1999 年版,第 320 页。
②《费孝通文集》第 5 卷,北京:群言出版社 1999 年版,第 395 页。

本立场。与此同时,费孝通在文章中还注重对调研资料的解读与分析,探讨如何在中国现有条件之上引入工业生产以帮助农民摆脱经济困境,从而改善农民生活状态,不断丰富自身经济思想的伦理内涵。

正如费孝通自己在回忆中所强调的:"我的社会学研究开始于30年代中期,是从农村调查开始的。无论是在中国东部的鱼米之乡江苏吴江,还是中国南部的广西大瑶山,让人触目惊心的是:广大农民处于内忧外患之中,陷入食不果腹的极端贫困的境地,这使我得到一种认识:中国的基本问题是占人口80%以上的农民问题,中国农村的基本问题是农民的吃饭穿衣问题。由此产生了用一切努力帮助农民脱贫致富的使命感,为我日后毕生'志在富民'的志愿打下基础。"[①]不难看出,费孝通对农村经济发展水平的关注与农民经济生活的关心都离不开乡村的实践调研,这种基于实践的学术作风对其经济伦理思想的产生与发展起到了不可估量的作用。

第二节　费孝通经济伦理思想的主要内容[②]

一般而言,中国传统社会是指"从秦汉到清末这一段二千年的中国而言的",属于"传统性的农业社会"[③]。中国传统社会是以乡村为基础的,近80%的人口居住在乡村,乡村居民的主要职业是务农,他们以土地为基本的生产和生活资料,聚村而居。这种自给自足的生产方式和生活方式,是理解中国传统乡村社会呈现出的乡土本色、血缘地缘和差序格局等一般特征的逻辑起点。20世纪30年代至40年代,费孝通在其对中国乡村社会特征及乡村生产、交换、分配、消费的描述中蕴涵了丰富的经济伦理思想。

---

①《费孝通文集》第14卷,北京:群言出版社1999年版,第108页。

② 本节部分内容可参见王露璐《乡土伦理——一种跨学科视野中的"地方性道德知识"探究》,北京:人民出版社2008年版,第36—60页。

③ 金耀基:《从传统到现代》,广州:广州文化出版社1989年版,第9页。

一、勤劳节俭：根植于乡土性的生产和消费伦理

费孝通先生在其经典著作《乡土中国》中开篇即明确提出："从基层上看去，中国社会是乡土性的。"①这一概括得到广泛接受和认同。事实上，法国汉学家葛兰言（Marcel Granet）也曾指出，乡土是中国文明的基础。可以说，华夏文明是建立在自给自足的农耕生产和生活方式基础上的农业文明，乡土关系是中国传统农业社会中的基本关系。

中国是世界上最早进入农业文明的国家。考古发现证明，早在约一万年以前，我国先民就已经在长江和黄河这两河流域的中下游地区从事原始农业活动。我国的水稻历史至少比世界上其他国家早 5000—6000 年。同时，我国还是世界人工栽培粟最早的国家，早在 8000 年前的黄河流域，粟就成为当地先民的主要食粮。可以说，华夏文明是建立在自给自足的农耕生产和生活方式基础上的农业文明，乡土关系则是中国传统农业社会中的基本关系。这种乡土关系既包括人与人之间的关系，也包括人与自然即农民与其耕种的土地之间的关系。

英国古典经济学家威廉·配第曾有"劳动是财富之父，土地是财富之母"的论断。法国社会学家孟德拉斯（Henri Mendras）更是明确指出："所有的农业文明都赋予土地一种崇高的价值，从不把土地视为一种类似其他物品的财产。"②传统的农业生产使土地成为最重要的资本和最可靠的财富。"对农业劳动者来说，土地这个词同时意味着他耕种的田地、几代人以来养活着他全家的经营作物以及他所从事的职业"，这个词所唤起的情感甚至是"只可意会不可言传"的，"为了使对话者能够理解这种情感，他求助于他个人的体验：'如果你是乡下人，你知道我想说的意思。'"③对于中国传统农民来说，土是谋生的根基，"种地"则是最基本和最稳妥的经济活动和生存方式。"乡下人离不了泥土，因为在乡下住，种地是最普通的谋生办法。"④同

---

① 费孝通：《乡土中国　生育制度》，北京：北京大学出版社 1998 年版，第 6 页。
② ［法］孟德拉斯：《农民的终结》，李培林译，北京：社会科学文献出版社 2005 年版，第 51 页。
③ 同上书，第 53 页。
④ 费孝通：《乡土中国　生育制度》，北京：北京大学出版社 1998 年版，第 6 页。

时，土地也是一种具有最大缓冲性和抗击力的自然资源，"只要没有毁灭性的打击，数亩农田基本上可以满足小生产家庭的吃、穿、住等低层次的生存需要；即便遭遇巨大的灾异，土地也可以在适当的条件下得到复苏。"①而对于以耕种土地为生的农民来说，"世代定居是常态，迁移是变态"，因为"农业和游牧或工业不同，它是直接取资于土地的。游牧的人可以逐水草而居，飘忽无定；做工业的人可以择地而居，迁移无碍；而种地的人却搬不动地，长在土里的庄稼行动不得，侍候庄稼的老农也因之像是半身插入了土里"。② 因此，靠农业谋生的人是"粘在土地上的"，生于斯，长于斯、死于斯，终老是乡。正是在这一意义上，费孝通将中国传统社会形容为"被土地束缚的中国"（Earthbound China），认为"我们的民族确是和泥土分不开的了。从土里长出过光荣的历史，自然也会受到土的束缚，现在很有些飞不上天的样子"③。

村落是中国乡土社会的基本单位。费孝通先生曾分析过中国农民聚村而居的原因，认为大致有以下几点：一是"每家所耕的面积小，所谓小农经营，所以聚在一起住，住宅和农场不会距离得过分远"；二是"需要水利的地方，他们有合作的需要，在一起住，合作起来比较方便"；三是"为了安全，人多了容易保卫"；四是"土地平等继承的原则下，兄弟分别继承祖上的遗业，使人口在一地方一代一代地积起来，成为相当大的村落"④。乡土社会的生活是一种带有明显地域限制特征的地方性生活，村落之间往来疏少甚至彼此隔绝，正所谓"鸡犬之声相闻，老死不相往来"。而在村落内部，世代定居的生活和交往方式却使得人们在熟悉的环境和人群中成长，人与人之间建立起了"从时间里、多方面、经常的接触中所发生的亲密的感觉"⑤。因而，村落社区成为一个"面对面的社群"（face to face group），一个没有陌生人的社会。

乡土关系是中国传统乡村社会中的基本关系。血缘和地缘、差序格局等关系，是由这一基本关系派生的。依附土地、缺乏变迁的农耕生产方式，

---

① 程歗：《晚清乡土意识》，北京：中国人民大学出版社1990年版，第45页。
② 费孝通：《乡土中国　生育制度》，北京：北京大学出版社1998年版，第7页。
③ 同上书，第6—7页。
④ 同上书，第9页。
⑤ 同上书，第10页。

以及长期定居、缺乏流动的生活模式，必然会产生以血缘关系为纽带的家族社会并组成以地缘关系为纽带的社区共同体。在长期依附于土地的生产与生活中，农民对土地形成了强烈的依赖意识，除非遇到无法抗拒的自然或社会压力，人们在一般情况下是不会迁徙的。

还应看到，作为中国传统乡村社会最基本的特征，乡土性或乡土本色是自给自足、男耕女织、相对封闭的生产方式和生活方式的产物，同时，它又融入中华民族数千年的文化积淀之中，进而制约人们日常生产和生活中的行为方式和思维方式。正是在这一意义上，这种乡土性成为中华文明的根基所在。

有着"乡土本色"的中国传统农民，在恋土重农的价值观支配下，必然将"勤劳"视为基本的道德规范。其原因在于，在传统农业耕作活动中，勤劳意味着农业剩余的增加和生活水平的提高。这种"劳"与"得"之间的直接对应关系，使勤劳被视为农民应具备的基本素质。

节俭是与勤劳相伴相生的伦理品质。由于农业生产易于遭受自然灾害的威胁，因此，节俭也具有了一种经济价值。正如费孝通曾经指出的："一个把收入全部用完毫无积蓄的人，如果遇到欠收年成就不得不去借债从而可能使他失去对自己土地的部分权利。一个人失去祖传的财产是违背孝道的，他将受到责备……在日常生活中炫耀富有并不会给人带来好的名声。"①易而言之，在传统乡村社会，节俭不仅能够保存财富，还能够获得正面的道德评价。因此，安于简朴，成为传统乡村日常生活的基本道德要求，并通过家庭（族）和村庄共同体的道德评价和奖惩而获得延续。费孝通曾描述20世纪30年代开弦弓村的生活图景：

> 浪费要用惩罚来防止。孩子们饮食穿衣挑肥拣瘦就会挨骂或挨打。在饭桌上孩子不应拒绝长辈夹到他碗里的食物。母亲如果允许孩子任意挑食，人们就会批评她溺爱孩子。即使是富裕的家长也不让孩子穿着好的、价格昂贵的衣服，因为这样做会使孩子娇生惯养，造成麻烦。

节俭是受到鼓励的。人们认为随意扔掉未用尽的任何东西会触犯

---

① 费孝通：《江村经济——中国农民的生活》，北京：商务印书馆2001年版，第112页。

天老爷,他的代表是灶神。例如,不许浪费米粒。甚至米饭已变质发酸时,全家人还要尽量把饭吃完。衣物可由数代人穿用,直到穿坏为止。穿坏的衣服不扔掉,用来做鞋底、换糖果或陶瓷器皿。①

韦伯曾指出:"禁欲主义的节俭必然要导致资本的积累。强加在财富消费上的种种限制使资本用于生产性投资成为可能,从而也就自然而然地增加了财富。"②在乡村社会中,由于生产存在着遭受自然灾害的威胁,过度消费更可能带来严重的经济风险。因此,节俭不仅意味着价值贮存,也意味着资源的积累,具有其作为现代经济伦理的内在美德意义,并且,此种美德通过渗透在日常生活中的知足、节俭的道德教育而不断获得巩固和强化。

不过,费孝通也在对开弦弓村的研究中指出,这一地区农民消费中的节俭思想一到婚丧礼仪的场合就"烟消云散了","人们认为婚丧礼仪中的开支并不是个人的消费,而是履行社会义务。孝子必须为父母提供最好的棺材和坟墓。……父母应尽力为儿女的婚礼准备最好的彩礼与嫁妆,在可能的条件下,摆设最丰盛的宴席"③。在费孝通看来,这种特殊场合的炫耀消费并不完全是一种个人的消费,而是履行社会义务并获取荣耀的机会。易而言之,乡村消费存在着两种截然不同的伦理取向:以节俭为取向的日常消费和以炫耀为取向的特殊消费。事实上,直至今天,人情、面子、攀比、炫耀等因素,依然在一定程度上影响着农民的消费尤其是婚丧嫁娶方面的观念和行为。

二、信任互助:基于血缘地缘和差序格局的交往和分配伦理

严格说来,血缘只指"由生育所发生的亲子关系"④,因而,由生育所决定的人的血缘关系是不容选择的,任何人自出生开始就必然处于一种血缘关系的网络当中。在任何社会中,生育都是人类社会自身得以持续的必需条

---

① 费孝通:《江村经济——中国农民的生活》,北京:商务印书馆 2001 年版,第 111—112 页。
② [德]马克斯·韦伯:《新教伦理与资本主义精神》,于晓、陈维纲等译,北京:生活·读书·新知三联书店 1987 年版,第 135 页。
③ 费孝通:《江村经济——中国农民的生活》,北京:商务印书馆 2001 年版,第 112 页。
④ 费孝通:《乡土中国 生育制度》,北京:北京大学出版社 1998 年版,第 69 页。

件。但是，血缘社会"用生育所发生的社会关系来规定各人的社会地位"，"父死子继：农人之子恒为农，商人之子恒为商——那是职业的血缘继替；贵人之子依旧贵——那是身份的血缘继替；富人之子依旧富——那是财富的血缘继替"①。也就是说，血缘社会人与人之间的关系是由生育所产生的亲属关系决定的。

　　对土地的依赖和以土地为根基的经济行为，使血缘关系成为中国传统乡村社会的主要纽带。在传统的乡村社会中，"血缘是稳定的力量"，"地缘不过是血缘的投影，不分离的"，"地域上的靠近可以说是血缘上亲疏的一种反映，区位是社会化了的空间"②。在人口不流动的乡村社会中，血缘和地缘几乎是完全合一的。即便是人口的繁殖扩大到土地面积无法承受而导致社群分裂，分裂出的社群与原来的乡村仍然会保持着血缘的联系。费孝通曾以中国人填写籍贯为例，指出，中国人的籍贯是取自父辈而不是根据自己出生或居住的地方，因而，籍贯只是"血缘的空间投影"③。

　　中国传统乡村社会在血缘和地缘的人际关系基础上，形成了以"差序格局"为基本特征的乡土社会基层结构。费孝通认为，西方社会的格局如同"一捆一捆扎清楚的柴"，是一种基于独立个体间交往的"团体格局"。中国传统乡村社会的格局，则"好像把一块石头丢在水面上所发生的一圈圈推出去的波纹。每个人都是他社会影响所推出去的圈子的中心。被圈子的波纹所推及的就发生联系。每个人在某一时间某一地点所动用的圈子是不一定相同的"④。如果说，西方团体格局中的分子一般"立在一个平面上"，那么，中国传统社会这种以"己"为中心的关系格局，"像水的波纹一般，一圈圈推出去，愈推愈远，也愈推愈薄"⑤。"在这种富于伸缩性的网络里，随时随地是有一个'己'作中心的。这并不是个人主义，而是自我主义。"⑥在费孝通看来，这种"从自己推出去的和自己发生社会关系的那一群人里所发生的一轮

---

① 费孝通：《乡土中国　生育制度》，北京：北京大学出版社 1998 年版，第 69 页。
② 同上书，第 70 页。
③ 同上书，第 71 页。
④ 同上书，第 26 页。
⑤ 同上书，第 27 页。
⑥ 同上书，第 28 页。

轮波纹的差序"，①就是对"伦"这一中国社会结构基本特征的最好解释。

"差序格局"是对中国传统乡土社会的社会结构和人际关系特点的形象概括，它揭示了中国社会的人际关系是以己为中心、逐渐向外推移的。"在差序格局中，社会关系是逐渐从一个一个人推出去的，是私人联系的增加，社会范围是一根根私人联系所构成的网络。"②这种差序格局，既体现在以血缘为基础的亲属关系中，也体现在以地缘为基础的邻里关系中。由生育和婚姻关系所形成的亲属关系网络，"可以一直推出去包括无穷的人，过去的、现在的和未来的人物"，③而这个网络的中心，就是自己。因之，每个人的亲属关系网络是不同的。同时，在这种亲属关系网络的内部，遵循的也是一种"差等的次序"，即所谓"亲亲也、尊尊也、长长也、男女有别"。儒家在倡导"仁爱"原则时提出"爱有差等"，也正是这种"差等次序"的体现。在乡土社会中，人们基本是按照男性为中心的单系血缘来决定自己和他人关系的远近和亲疏。家庭关系的主轴"在父子之间，在婆媳之间，是纵的，不是横的。夫妇成了配轴"，④家族也是"以同性为主、异性为辅的单系组合"。⑤

中国传统乡村社会基于血缘地缘和差序格局的人际关系，使信任互助成为交往和分配中的基本道德准则，并体现出十分显见的"差序性"。一方面，血缘关系是中国传统乡村社会人际关系的中心，地缘是血缘的投影，人们围绕血缘地缘建立起与他人的社会联系。在这种社会中，人们彼此信任关系建立的基础，"并不是对契约的重视，而是发生于对一种行为的规矩熟悉到不加思索时的可靠性"。⑥另一方面，中国传统乡村社会的人际关系是一种以"己"为中心、逐渐向外推移的"差序格局"。在家庭内部，家庭成员的身份地位主要取决于辈分和资历。在家庭的权力授予上，我们也可以十分清楚地看到这种"差等的次序"："唐代宗祧继承人的选立顺序是：嫡长子——嫡长孙——嫡长子同母弟——庶子——嫡长孙同母弟——庶

---

① 费孝通：《乡土中国　生育制度》，北京：北京大学出版社1998年版，第27页。
② 同上书，第30页。
③ 同上书，第26页。
④ 同上书，第41页。
⑤ 同上书，第46页。
⑥ 同上书，第10页。

孙——……"①在家庭财产的继承和分配上,也是严格遵循着血缘上的差等顺序进行的。尽管不同历史时期的律文在一些具体的规定上有所差异,②但共同原则是,妇女没有继承权。南京国民政府1929年颁布的新民法确立了男女具有同等继承权,但正如费孝通在调查中所发现的,"尚未发现有向这一方向发生任何实际变化的迹象"③,这一原则并未在江村引起家产代际转移的变化。同时,在传统的乡土社会中,"每一家以自己的地位作中心,周围划出一个圈子,这个圈子是'街坊'。有喜事要请酒,生了孩子要送红蛋,有丧事要出来助殓,抬棺材,是生活上的互助机构",这个圈子的范围大小要"依着中心的势力厚薄而定","有势力的人家的街坊可以遍及全村,穷苦人家的街坊只是比邻的两三家"。④

需要注意的是,在这一格局中,"家"的界限并不是严格而分明的,"血亲"与"非血亲"、"自家人"与"外人"之间并没有不可逾越的明确界限,"'自家人'可以包罗任何要拉入自己的圈子,表示亲热的人物。自家人的范围是因时因地可伸缩的,大到数不清,真是天下可成一家"。⑤ 换言之,在中国乡村社会,"自家人"的确定虽然包含血缘因素,但同时也包含了心理认同因素。由此,人们既可以在血缘关系的基础上产生对"自家人"的信任,也可以在地缘关系或其他由血缘关系泛化后所形成的各种拟亲关系(认干亲、拜把子、套近乎、做人情等)的基础上,在长期的密切交往过程中,对"非血亲"或"外人"产生熟悉和信任。易而言之,差序格局是中国传统乡村社会以"己"为中心的人际关系模式,但是,这一格局中的"差序"并不仅仅是由"己→家→家族"所体现的"血缘差序",同时也是由交往程度和心理认同程度所体现的"情感差序"。借助于费孝通"一圈圈推出去的波纹"的比喻,可以认为,中国乡村社会的信任格局产生于"血缘差序"和"情感差序"两个同样以"己"为中心的"圈子",其中人际信任度最高的是在血缘和情感上都最靠近中心的"家庭成员",信任度最低的是在血缘和情感上都离中心最远的"陌生人"。

---

① 史凤仪:《中国古代的家族与身份》,北京:社会科学文献出版社1999年版,第272页。

② 例如,唐、宋律实行家庭财产不分嫡庶众子均分的办法,金律与元律则实行嫡庶异分办法。

③ 费孝通:《江村经济——中国农民的生活》,北京:商务印书馆2001年版,第83页。

④ 费孝通:《乡土中国 生育制度》,北京:北京大学出版社1998年版,第27页。

⑤ 同上书,第26页。

而在两者之间,信任的建立和信任度的强弱则呈现出"血缘差序"和"情感差序"交织共生、共同作用的复杂格局。①

在《江村经济》中,费孝通细致地描述了20世纪30年代江村的经济合作类型:一是传统农业生产和生活中的互助合作,由村民自发组织完成,如合作捕鱼、集体排水和互助会;一类是与新兴蚕丝技术相关的股份合作,主要是在社会组织和当地政府的推动下村民组织的。费孝通在对江村合作经济考察的基础上提出,"乡村社会的复兴在于发展乡村工业,乡村工业化的成败取决于技术与组织的合理配置,组织制度的原则是合作,合作的原则是农民的自愿和自主,但需要真正的科学知识(尤其是关于社会的知识)的指导和不以私利为目的的外部力量(尤其是由知识精英组成的社会组织)的推动,反对在没有真正的科学决策和民主制约制度下国家权力的直接介入或间接主导"。②

三、乡土重建:以富民为价值目标的发展伦理

费孝通既是一位著名的社会学家、人类学家,同时也是一位伟大的乡村建设的理论家和实践家。作为一个学者,他始终关注中国农村的"出路"和农民的"活路"。在《江村经济》《乡土中国》《乡土重建》《内地的农村》等著作中,费孝通在阐释中国乡土社会自身特点的基础上,提出了发展乡土工业、实现乡土重建的思想,体现了以富民为价值目标的发展伦理。

在《江村经济》中,费孝通描述了江村经济发展的基本状况,指出在中国恢复乡村企业、建立新型乡土工业的必要性和可能性。这一时期,中国学术界存在着关于以农立国还以工立国的争论,费孝通没有从理论上介入争论,而是以开弦弓村为典型,实地调查中国农村的经济发展状况,从而提出解决乡村发展的根本措施。

费孝通通过对江村、禄村、易村等地的实地调查,指出"中国当前最基本

---

① 参见王露璐《转型期中国乡村社会的人际信任——基于三省四村庄的实证研究》,载《道德与文明》2013年第4期。

② 王俊敏等:《费孝通的合作思想与江村合作经济的变迁》,载《湖北民族学院学报》(哲学社会科学版)2016年第5期。

也是最严重的问题是广大农民生活的痛苦"①,"中国农村真正的问题是人民的饥饿问题","简单地说,就是农民的收入降低到不足以维持最低生活水平所需的程度。"②他经过调查指出,人多地少、农业不足以维持生活的基本状况,使手工业成为江村经济不可或缺的重要组成部分。在他看来,农村实行土地改革、减收地租、平均地权固然"是解除农民痛苦的不可缺少的步骤"③,但从根本上说,只有恢复农村企业、大力发展农村手工业才是解决乡村发展的根本措施。

在费孝通看来,乡土社会是一个"生于斯,长于斯"的社会,这种稳固性和静止性使其无法从内部产生变革的动力,只有外来的力量和商业的发展才能促使其发生变化。他指出:"不知道在传统社会中的中国人是否快乐;但是知足的态度却使他并不能欣赏进步的价值,尤其是一种不说明目的地的'进步'。孔子对于生产技术是不发生兴趣的,他是一个在农业社会里不懂农事的人。他的门徒中比较更极端一些的像孟子,劳力的被视作小人了。当时和儒家不太和合的庄子,在限制欲望、知足这一点上是表示赞同的,以'有限'去追求'无限',怎么会不是件无聊而且危险的事呢? ……这也可以说明在一个劳力充斥的农业处境中去讲节省劳力的技术,是件劳而无功的事……我所想的是指出知足、安分、克己这一套价值观念是和传统的匮乏经济相配合的,共同维持着这个技术停顿、社会静止的局面。"④在费孝通看来,商业的发展,正是打破传统乡村的封闭、静止和稳固的重要力量。"在亲密的血缘社会中商业是不能存在的","商业是在血缘之外发展的"。⑤ 他通过对江村的调研指出,当江村被纳入了世界经济体系后,国际蚕丝价格下跌和资本主义生产方式的冲击,使江村蚕丝业外部生存环境发生了巨大变化,它必须改变以适应新的环境。然而,由于江村居民的知识有限,他们不可能采取有效的变革行动,变革的发起和指导力量自外界而来。在江村,这种外来的力量包括新兴的技术学校(蚕业学校)、新的合作工厂和新的社会原则。

①《费孝通文集》第5卷,北京:群言出版社1999年版,第503页。
② 费孝通:《江村经济——中国农民的生活》,北京:商务印书馆2001年版,第236页。
③ 同上书,第238页。
④《费孝通文集》第4卷,北京:群言出版社1999年版,第305页。
⑤ 费孝通:《乡土中国　生育制度》,北京:北京大学出版社1998年版,第74页。

因此,他主张乡村改革应由外来的知识分子进行制度建设,认为只要有人带领将乡土工业安置在农村,受守土心理约束的农民就会自然而然走进工厂劳动起来。

在这一问题上,孟德拉斯和斯科特的论述与费孝通的研究也有类似之处。孟德拉斯认为,在传统的村庄社会,"一般情况下农民不会成为革新者",因为"一切传统的影响和整个社会体系都阻止他们成为革新者",但是,"非农民的土地所有者,由于他们所处的边缘境况,可以充当新事物的首倡者和尝试者的角色"①。造成这种差别的主要原因在于,在传统农业生产中,任何尝试都包含着风险,而"领主是惟一具有足够的经济余力来冒这个风险的人",②因此,"显要人物"往往在乡村中扮演着革新者的角色。"在传统的社会里,革新是一种富人的奢侈品,普通农民是无法企及的。"③斯科特在以东南亚为背景的研究中指出,"互惠义务是一条典型的道德原则","它既适用于地位相同的主体之间的关系,也适用于地位不同的主体之间的关系"。④他认为,在东南亚农村阶级关系的"保护人—被保护人"模式运作中,"要求相对富裕者支配个人资源的方式有利于共同体中的较穷者",他可以通过这种对待财富的"慷慨态度","博得好人的名声"并同时在周围"集聚起一批听话的感恩戴德的追随着"。因此,斯科特认为,"地位的差异本身并非不合理;保护者的道德地位取决于其行为同整个社区共同体的道德期待相符合的程度"⑤。他还进一步指出,在前资本主义社会,"农民们希望得到精英的慷慨帮助,也就是希望从本村境况较好的村民那里得到这样的帮助",⑥这一要求成为精英们必须付诸实践的行为标准,"如果精英基于自己对农民福利的贡献而要求农民的服从,同时也就提出了对精英进行道德评价的标准"⑦。

---

① [法]孟德拉斯:《农民的终结》,李培林译,北京:社会科学文献出版社 2005 年版,第 37 页。
② 同上书,第 39 页。
③ 同上书,第 41 页。
④ [美]詹姆斯·C.斯科特:《农民的道义经济学:东南亚的反叛与生存》,程立显、刘建等译,南京:译林出版社 2001 年版,第 217 页。
⑤ 同上书,第 218 页。
⑥ 同上书,第 237 页。
⑦ 同上书,第 239 页。

在乡村经济发展的具体路径上，费孝通认为，尽管解决土地问题是必要而紧迫的，但问题在于，即使把所有土地重新分配给农民，人均耕作面积也不可能有大的增长。换言之，这一政策只能产生更公平的分配，而不可能对普通村民的经济地位有多大改善。在他看来，"仅仅实行土地改革、减收地租、平均地权，并不能最终解决中国的土地问题"，"最终解决中国土地问题的办法不在于紧缩农民的开支而应该增加农民的收入"，因此，"恢复农村企业是根本的措施"。[①]，并由此提出以乡村工业化作为提高农民收入途径的思想。值得注意的是，费孝通并未将乡村工业化视为一种更加先进的发展目标，而只是强调将其作为提高农民收入的途径。他明确指出："我的出发点却并不是'为了工业着想'，而是'为了这三万万几千万的农民着想'。为农民着想，工业如果离开了乡村，试问他们从哪条路上去提高他们的收入呢？……我们的问题并不是都市工业效率高呢还是乡土工业效率高？而是我们求工业的充分现代化而让 80% 的农民收入减少，生活程度降低呢还是求农民多一点收入，而让工业在技术上受一点限制？我的选择是后面这半句。"[②]

由是观之，费孝通将以发展乡土工业为路径的乡土重建，视为救济农民、农村的基本路径，其目标、动力、路径的选择体现出以富民为价值目标的乡村发展伦理思想。

第三节　费孝通经济伦理思想的理论贡献和实践应用

费孝通对中国乡村社会的特征及乡村生产、交换、分配、消费进行了大量的阐述，其中蕴含了丰富的伦理思想。他的"志在富民"的学术价值观、"回归乡土"的经济伦理研究范式以及"经济——伦理"一体化的乡村发展与乡村治理思路，是中国经济伦理思想发展中的重要组成部分。在强调乡村

---

① 费孝通：《江村经济——中国农民的生活》，北京：商务印书馆 2001 年版，第 238 页。
②《费孝通文集》第 4 卷，北京：群言出版社 1999 年版，第 383—384 页。

振兴的今天,费孝通的经济伦理思想仍然可以为实现乡村经济、社会、文化的全面进步和农民全面发展提供重要的理论和实践资源。

一、"志在富民":费孝通学术价值观的核心

费孝通曾经明确指出:"我这一生有个主题,就是'志在富民'。"[1]他在一首诗中写道:"脚踏实地,胸怀全局,志在富民,皓首不移。"可以说,"志在富民",是费孝通一生学术研究的核心价值观,也是贯穿于其学术观点中的"一条红线"。

费孝通认为,任何科学理论知识都是有其价值的,他主张理论要联系实际、反对"理论上的空谈"。他在批判所谓"为研究而研究"的观点时指出,"'为研究而研究'是一辈'寄生性'学者的护身符。'学术尊严'! 我是不懂的,我所知道的是'真正的学术',是'有用的知识'。学术可以做装饰品(亦是功能),亦可以做食粮(亦是功能),若叫我选择,我是从食粮。"[2]费孝通不赞赏西方人类学界长期存在的所谓"价值中立"观,他明确指出:"个人的价值判断离不开他所属的文化和所属的时代。我是出生于 20 世纪初期的中国人,正是生逢社会的剧变,国家危急之际。从我的这种价值判断出发,我之所以弃医学人类学是可以为朋友们所理解的。我学人类学,简单地说,是想学习到一些认识中国社会的观点和方法,用我所得到的知识去推动中国社会的进步,所以是有所为而为的。如果真如 Edmund 所说中国人研究中国社会是不足取的,就是说,学了人类学也不能使我了解中国的话,我就不会投入人类学这门学科了,即使投入了,也早已改行了。"[3]从中,我们不难看出,费孝通"弃医从社"的动力,正是源自一种"推动社会进步"的学术价值目标。1980 年,他在接受马林诺斯基奖的大会发表题为"迈向人民的人类学"的演讲,明确阐明自己的科学价值观,即:"科学必须为人类服务,人类为了生存和繁荣才需要科学。毋需隐瞒或掩盖我们这个实用的立场,问题只是在为谁实用? 用来做什么? 我们认为:为了人民的利

---

①《费孝通文集》第 13 卷,北京:群言出版社 1999 年版,第 200 页。
②《费孝通文集》第 1 卷,北京:群言出版社 1999 年版,第 508 页。
③《费孝通文集》第 12 卷,北京:群言出版社 1999 年版,第 43—44 页。

益,为了人类中绝大多数人乃至全人类的共同安全和繁荣,为了满足他们不断增长的物质和精神生活的需要,科学才会在人类的历史上发挥它应有的作用。"①

在长期的田野调查和学术研究中,费孝通始终坚持为民、富民这一基本的价值观,时刻关注人民大众尤其是广大农民基本利益的实现和满足。在他看来,凡是符合人民利益、符合社会发展潮流的,就是值得在学术上予以认同和支持的。他在回答美国人类学教授巴博德的问题时明确指出:"检验我们的理论是否正确,最终取决于我们是否真正能改善人民的生活。在我看,社会学和人类学的最终目标正是改善人民的生活。"②可以说,志在富民,是费孝通学术价值观的核心,也是他终生从事学术研究尤其是乡村研究的动力。也正是在这一学术价值观的引领下,《江村经济》改变了人类学学术发展史上仅仅重视研究未开发文化的倾向。正如马林诺夫斯基在《江村经济》的"序"中所说:"我们中间绝大多数向前看的人类学者,对我们自己的工作感到不耐烦,我们厌烦它的好古、猎奇和不切实际","研究人的科学必须首先离开对所谓未开化状态的研究,而应该进入对世界上为数众多的、在经济和政治上占重要地位的民族的较先进文化的研究。"③

费孝通不仅将富民作为学术研究的价值目标,同时也将其贯穿于自己的研究过程。在对江村的研究中,他总结了当时江村工农结合的基本状况,特别分析了副业在家庭经济收入中的重要性,在此基础上提出了增加农民收入的根本措施。通过对中国农村广泛深入的社会调查,费孝通准确地把握了中国农村的基本问题即"人民的饥饿问题"。正是从这一意义上,他赞成中国共产党以革命的方式解决土地问题的主张,并且指出,要真正解决中国农村问题还必须增加农民的收入,这就必须走乡村工业化之路,把农民从土地上解放出来。其后,在《禄村农田》等著作中,他同样坚持在通过实证研究分析实际情况的基础上,提出改变农村贫困境况的政策。中华人民共和国成立后,费孝通多次重访江村,并将研究扩展到中国更多的地区。他主张以发展乡村企业这种"离土不离乡"的方式解决农村剩余劳动力问题。20世

---

①《费孝通文集》第 7 卷,北京:群言出版社 1999 年版,第 418 页。
②《费孝通文集》第 11 卷,北京:群言出版社 1999 年版,第 199 页。
③ 费孝通:《江村经济——中国农民的生活》,北京:商务印书馆 2001 年版,第 15 页。

纪 80 年代初期,他在重返江村考察的基础上,率先提出"苏南模式"并给予高度评价。可以说,"志在富民"始终是费孝通学术价值观的核心,也是成就其学术造诣与贡献的价值根基。

二、"回归乡土":"自下而上"的经济伦理研究范式①

费孝通建立在实证调查基础上的中国乡村经济和乡村社会问题研究,尤其是他在 1939 年出版的《江村经济——中国农民的生活》和 1947 年出版的《乡土中国》,为我们今天研究中国乡村经济伦理问题提供了一种具有实际示范价值的"自下而上"的理论范式。"费孝通构建乡土伦理体系的努力是从社会基层逐渐展开的,这不同于传统经史学自上而下的做法。"②

考察乡村经济发展的伦理维度,必须首先基于对中国乡村经济和社会发展的历史与现实的准确把握。尽管今天的中国农村与费孝通先生最初从事研究时的状况已不可同日而语,但是,我们仍然能够从近 80 年来中国乡村经济与社会的发展以及今天中国"三农"问题的现状中,发现其理论经久不衰的应用价值。费孝通对中国传统乡村社会伦理特征的分析,至今仍然可以在乡村经济伦理问题的研究中得到直接的应用。在他看来,中国传统乡村社会的所有伦理文化特征都是基于乡土特性的,这种乡土特性,与中国传统乡村社会的生产方式和生活方式有着紧密的联系。传统的农业生产对土地有极大的依附性,靠农业谋生的人被捆绑在土地上,形成了终老是乡、世代定居的生活常态。因此,中国传统乡村社会的人际关系是建立在血缘和地缘基础上的,费孝通以"差序格局"来形容这种社会结构和人际关系,认为这种格局"好像把一块石头丢在水面上所发生的一圈圈推出去的波纹。每个人都是他社会影响所推出去的圈子的中心"。③ 在这种格局中,社会关系是一根根私人联系所构成的网络,这使

---

① 参见王露璐《乡土伦理——一种跨学科视野中的"地方性道德知识"探究》,北京:人民出版社 2008 年版;
　 王露璐《新乡土伦理——社会转型期的中国乡村伦理问题研究》,北京:人民出版社 2016 年版。
② 王铭铭、杨清媚:《费孝通与〈乡土中国〉》,载《中南民族大学学报》(人文社会科学版)2010 年第 4 期。
③ 费孝通:《乡土中国　生育制度》,北京:北京大学出版社 1998 年版,第 26 页。

得中国社会形成了重私德而轻公德(团体道德)的传统。同时,乡土社会人与人之间在从小相识的基础上熟悉,并由这种熟悉而产生彼此的信任,这种信任"并不是对契约的重视,而是发生于对一种行为的规矩熟悉到不加思索时的可靠性"[①]。正因为如此,在变迁缓慢的乡土社会,"礼治"成为秩序维持的基本方式。费孝通认为,礼这种"社会公认合式的行为规范"[②],"是经教化过程而成为主动性的服膺于传统的习惯",因此,它不同于法律,也不同于普通意义上的道德,而是更甚于道德,"如果失礼,不但不好,而且不对、不合、不成"。[③]

应当说,费孝通先生对中国传统乡村社会的概括是十分形象和精辟的,他所作出的"乡土本色""血缘和地缘""差序格局""礼治秩序"等理论概括,可以成为分析中国传统乡村经济伦理特征的理论分析起点。首先,有着"乡土本色"的中国传统农民,在恋土重农的价值观支配下,必然将"勤劳"视为基本的道德规范。在农业耕作中,勤劳意味着农业剩余的增加和生活水平的提高,这种"劳"与"得"之间的直接对应关系,使勤劳被视为农民应具备的基本素质。其二,在一个建立在"血缘和地缘"基础上的"熟人社会"中,交换活动往往是基于双方的信任而不是依靠契约。也正是这种信任,使互助成为人与人经济交往中的基本道德准则。这种互助往往以"人情"的形式出现,是乡村社会普遍遵从的"为人的哲学"。[④] 其三,乡土社会是"礼治"的社会。礼治是对传统规则的服从,这些传统规则往往表现为成文或不成文的村规民约。在变迁缓慢的乡村社会,行为者自小对这些村规民约就相当熟悉,外在的规则逐渐被内化为自身的行为习惯。因此,这种村规民约是村民们在长期的生活实践中进行的伦理制度创设,而非依靠国家权力进行外在强制的结果。

在乡村经济伦理问题的研究中,费孝通先生不仅能够给我们提供经典的理论资源,更可为我们的研究提供一种学术路向上的指导。在整个 20 世

---

① 费孝通:《乡土中国 生育制度》,北京:北京大学出版社 1998 年版,第 10 页。

② 同上书,第 50 页。

③ 同上书,第 52 页。

④ 王铭铭:《村落视野中的文化与权力——闽台三村五论》,北京:生活·读书·新知三联书店 1997 年版,第 174 页。

纪,以"元伦理学"或"批判的分析伦理学"为代表的纯学理探究始终是西方伦理学的主流之一。在国内,"伦理学应回归生活"的呼声以及关于道德生活史和日常伦理生活的研究,在大量规范伦理学和分析伦理学的研究成果当中,至多也只能算是小插曲而已。然而,我们不应忘记,马克思主义创始人早就告诫我们:"人们自觉地或不自觉地,归根到底总是从他们阶级地位所依据的实际关系中——从他们进行生产和交换的经济关系中,获得自己的伦理观念。"①秉持这一立场,我们既无法想象脱离人类社会历史语境和生活地域环境的道德生活,也无法建构所谓一般意义上的道德概念与范畴。从这一意义上说,费孝通关于中国乡村社会伦理问题的研究,为我们提供了乡村经济伦理研究的一种新的范式,即:一种基于现实道德生活经验的、"自下而上"(from bottom to above)的综合—分析方法。费孝通对中国乡村社会的研究,是建立在其广泛的田野调查工作基础之上的。他在大量实证调查的基础上提出假设,又遵循"假设—验证—假设—验证"的反复过程来不断推进其研究。这种源自实践、归于实践的研究理念,不仅是一种学术关怀的体现,更应成为乡村经济伦理的基本研究范式。

三、"社区研究":"经济—伦理"一体化的乡村发展与乡村治理

20 世纪 30 年代,中国城乡经济极度萧条,农民生活极其贫困,众多学科和学者纷纷探讨"乡村救济"的道路。吴景超和费孝通可以说是其中最具典型意义的代表。吴景超主张通过城市的发展救济农村,费孝通则主张发展乡村工业,二者并非仅仅体现的是经济发展道路上的不同,更为重要的是,吴景超倾向于将中国的发展置于整个世界现代化的宏观进程中加以考量,费孝通则提出了一种基于中国乡村发展的微观视角——"社区研究"。费孝通通过对一个个微型社区的深入研究而获得对中国乡村社会的整体认识。尽管对于这一研究方法至今尚存争论,然而,越来越多的学者认为,将某个社区看作典型并代表所有中国乡村,当然是不能成立的;但是,如果通过具

---

①《马克思恩格斯文集》第 9 卷,北京:人民出版社 2009 年版,第 99 页。

体描述和分析某一典型村落,揭示其作为个案的特殊性,并为全面分析中国乡村发展的一般规律提供有价值的资料,无论从研究方法的可行性或研究结果的可信度而言,都是值得肯定的。

　　费孝通从 20 世纪 30 年代开始进行"江村"调查,其后又开展了"云南三村"调查,以此为基础,系统阐述了发展乡村工业、实现乡土重建的主张。在他看来,当时关于乡村建设的一些尝试,往往只是偏重于从文字、教育、卫生等方面入手,未能直接增加农民收入,因而收效甚微。由此,他提出,发展乡土工业可能成为一种最有效的乡村建设入手处[①]。对于当时土地制度改革的主张,费孝通积极拥护。但是,在具体的改革措施上,他坚持认为,即使把所有土地重新分配给农民,也不会增加很多平均耕作面积。因此,这种看起来更加公平的分配并不能对农民的实际收入产生多大改善。只有发展工业,吸收农业劳动力,才能真正增加农民收入。此外,在实行土地改革的同时,须给地主找到新的出路,这是其他学者未曾提出的一个看法。按一般的认识,地主是寄生在农民身上的剥削者,他们已经被供养了几千年,现在该被清算了;把田拿走了,如果他们自己没法找到生存的机会,那是活该。费孝通却指出,从道德立场上讨论这一问题是没有意义的,如果地主找不到新的经济出路,他们不会轻易放弃土地,如果要实现耕者有其田,就不免要采取暴力的手段了。我们要用和平的方式解决这一问题,譬如他们在城市里得到了谋生的职业或是投资的机会,即使没有强迫他们出卖土地,他们也不会留恋于已经不一定收得到租的土地。[②]

　　由此,我们可以看出,费孝通在对中国乡村的社区研究中,始终坚持了"经济—伦理"一体化的思路。换言之,费孝通始终坚持从乡村社会的基本利益关系和农民的生存发展问题入手,将乡村经济发展视为伦理关系调整的根基。较之我们前文述及的梁漱溟乡村建设中的经济伦理思想,不难看出,梁氏的乡村建设理论可谓"成也伦理,败也伦理"。他既看到了中国乡村社会的基础作用及其中伦理文化的重要影响,却又过度倚重传统伦理道德的力量而忽视其在经济社会变迁中应有的现代转换,未能将乡村道德建设

[①] 参见《费孝通文集》第 4 卷,北京:群言出版社 1999 年版,第 439 页。
[②] 李金铮:《"研究清楚才动手":20 世纪三四十年代费孝通的农村经济思想》,载《近代史研究》2014 年第 4 期。

与乡村经济发展相统一,致使道德建设失去了应有的物质根基。

　　尽管今天的中国乡村与费孝通先生 20 世纪 30 至 40 年代从事社区研究时不可同日而语,但是,他所秉持的这种"经济—伦理"一体化的乡村研究思路,仍然对探讨转型期中国乡村发展和乡村治理问题大有裨益。转型期我国乡村社会的道德发展状况与诸多问题需要我们进一步加强乡村道德建设。然而,诸如"诚信缺失""信任危机""人情淡薄"等转型期乡村社会出现的新的问题,都并非纯粹的道德问题,同时也是源自经济生活并体现复杂经济关系、利益关系和社会关系的经济问题,有着复杂的乡村社会历史文化背景。因此,乡村发展和乡村治理需要突破对乡村经济发展和道德建设的分割式理解和实践,而转向"经济—伦理"一体化的认识和实践。转型期乡村社会呈现出的诸多现象和问题是体现复杂经济利益关系的经济伦理问题,只有探寻这些问题的经济关系和经济利益根源,才能真正找到问题的症结所在,并在经济建设、道德建设和法治建设的系统工程中寻求有效的解决路径。尤其应当看到的是,市场经济条件下经济利益的调整和变化,往往是乡村众多问题最为直接的原因。因此,在乡村道德建设的路径与方法上,需要高度重视利益机制的调节作用,采取多种具体措施,通过协调现实的利益关系来发挥其约束或者导向作用。

结　语

在中国经济伦理思想发展史上,中华民国是一个十分重要的时期。尽管只有 37 年,在整个历史的长河中显得极为短暂,但是,这一时期经济伦理思想呈现出明显转型特征,也使其成为整个伦理思想史中连接古今、中外、新旧经济伦理思想的重要时期。

如何看待民国时期经济伦理思想的基本状况及其演变趋势？对于这一问题,如果我们仅仅从现象出发试图给出一种经济伦理的"民国图像",答案或许是令人困惑的。正如我们在前文述及,民国时期的经济伦理思想呈现出一种十分显见的混杂状态:从纵向的历史维度看,民国经济伦理思想呈现出传统意识受到一定挤压、现代理念不断生长的基本特征,二者既有矛盾与冲突的一面,又有共生与融合的一面;从横向的区域维度看,民国时期经济伦理的演变呈现出极大的区域差异性,表现为沿海城市与广大内陆地区尤其是边远农村和少数民族地区之间、国民党统治区和共产党红色政权区之间在经济道德状况和经济伦理关系呈现出巨大差异。于是,在不同流派和不同思想家的观点中,我们看到的似乎是民国经济伦理思想的一种近乎"杂乱"的呈现:自由主义西化派推崇西方民主、自由、平等理念,批判以儒家"重义轻利"为主导的中国传统经济价值观,提倡合理利己主义的价值取向,倡导实用主义哲学思想;早期现代新儒家的代表学者们则从世界文化发展的角度重新阐发儒家伦理文化的理论价值,试图重建儒家经济伦理传统;伴随着马克思主义经典作家道德观的传入和传播,马克思主义经济伦理思想对中国思想界、实业界和民众的影响力日渐增强,并对现代经济伦理的生成起到了重要作用。

恩格斯曾经指出:"人们自觉地或不自觉地,归根到底总是从他们阶级地位所依据的实际关系中——从他们进行生产和交换的经济关系中,获得自己的伦理观念。"①也就是说,道德受一定社会的经济发展水平和经济制度的制约,其产生、内容及作用范围由社会经济关系和作为经济关系表现的利益及利益关系决定。因此,只有从经济关系特别是利益关系的变动中,才能找到把握道德变化发展规律的正确路径。可以说,唯物史观是马克思主义经典作家在经济发展和伦理道德关系问题上所持的基本立场,也是我们看待民国时期经济伦理思想变化发展的基本路向。如果我们将民国时期经济伦理思想的状况与发展置于中国近代经济、社会、文化变革的大背景中,则不难发现,民国经济伦理的转型特征,根源于这一时期中国经济、政治、社会和思想文化所出现的巨大变革。经济上,封建经济、资本主义经济和新民主主义经济三种经济形态的并存和斗争,使民国时期经济发展受到了多种因素的制约;政治上,民国37年各种政治势力和军事集团的相互倾轧和斗争,使这一时期成为中国饱受战争动荡和政治磨难;文化上,民国时期的思想文化在开放的基本态势中显现出古今中外思想文化的碰撞和融合。

应该看到,考察某一时期经济伦理思想的发展及其规律,尤其需要重视这一时期经济发展水平和经济制度的变化及由此所决定的经济关系、利益关系的变动。中国传统经济伦理思想以儒家经济伦理思想为基础,而儒家经济伦理思想根植于中国传统农业生产方式,以血缘关系为基础,契合了中国社会的经济结构和社会结构,成为中国传统经济伦理思想的主流。然而,民国时期,伴随着城市和乡村经济的商品化进程加速,传统的生产、生活方式和与之相对应的经济关系和利益关系发生了改变,中国经济开始从传统的自给自足的自然经济占主导地位向商品经济转型。人口的增长,剩余劳动力的增加,西方资本主义的进入,在推进商品化进程的同时,也必然在一定程度上动摇传统社会占主导地位的重本轻末、安土重迁等经济价值观。传统儒家经济伦理重农轻商的观念不断遭到质疑、批判和修正,人们追逐利

---

① 《马克思恩格斯文集》第9卷,北京:人民出版社2009年版,第99页。

益的正当性和合法性越来越获得承认和支持。与此同时,伴随着传统自然经济条件下家庭生产方式出现的变化,加之西方思潮涌入及近代知识分子对封建礼教的批判和对新型婚姻家庭道德的倡导,中国社会的家庭宗族血缘关系也出现了一定程度的弱化。

民国时期,以三纲五常为核心的封建道德受到打击,资产阶级的新道德和新观念日渐传播并被认同和接受。尽管儒家经济伦理对维护中国传统社会的稳定和秩序并推动经济社会发展具有一定的意义,但是,其内在的安土重迁、小富即安、惧怕变革等特征,也在相当程度上禁锢了中国现代经济的生长。民国时期新文化运动对封建道德和礼教的抨击以及对"个人本位主义"道德的倡导,从理论上批判了道德不变论并宣告旧道德、旧礼教终将归于消灭,为道德革命和现代经济伦理的萌芽和生成提供了强大的理论根基,为追求个人利益、个性解放提供了伦理根基。由此,大大释放了长期以来被传统儒家经济伦理束缚的经济冲动力,求利求富、重商言利获得了更多的价值认同,这为民国时期工商业的发展提供了极有价值的精神动力。

总体上看,中华民国是中国经济伦理思想史发展进程中承上启下的重要时期,这一时期的经济道德生活和经济伦理关系呈现出新旧混杂的基本态势,经济伦理思想的发展也表现出革故鼎新的转型特征。但是,我们仍然可以看到,传统经济伦理思想的动摇、现代经济伦理思想的生长以及马克思主义经济伦理思想的传入和传播,成为这一时期中国经济伦理思想的基本态势和发展方向。1949 年,中国共产党领导的革命力量夺取了政权,建立了中华人民共和国。在中国共产党的领导下,中国经济、社会、文化各项事业进入了一个新纪元,中国经济伦理思想的发展也进入了一个新的历史阶段。

主要参考文献

中文文献

1. 马克思恩格斯文集. 1、7、9—10 卷,北京:人民出版社,2009
2. 毛泽东选集. 1—4 卷,北京:人民出版社,1991
3. 管子·牧民
4. 管子·治国
5. 韩非子·五蠹
6. 韩非子·显学
7. 淮南子·齐俗训
8. 礼记·礼运
9. 论语·公冶长
10. 吕氏春秋·上农
11. 孟子·尽心下
12. 孟子·梁惠王上
13. 孟子·滕文公上
14. 墨子·非乐上
15. 墨子·非命下
16. 墨子·七患
17. 说苑·谈丛
18. 荀子·儒效
19. 荀子·王制

20. 左传·昭公二十九年

21. 艾思奇文集.1 卷,北京:人民出版社,1981

22. 北京大学图书馆等编.李大钊史事综录.北京:北京大学出版社,1989

23. 陈独秀文章选编.上册,北京:生活·读书·新知三联书店,1984

24. 陈独秀著作选.1 卷,上海:上海人民出版社,1993

25. 陈独秀著作选.2 卷,上海:上海人民出版社,1993

26. 陈望道文集.1 卷,上海:上海人民出版社,1979

27. 陈东原.中国妇女生活史.北京:商务印书馆,2015

28. 陈独秀.独秀文存.合肥:安徽人民出版社,1987

29. 陈少峰.中国伦理学史.下册.北京:北京大学出版社,1997

30. 陈文.近代社会变革中的伦理探索——从戊戌到五四.北京:中央编译出版社,2011

31. 陈忠实.白鹿原.北京:人民文学出版社,2000

32. 蔡少卿主编.民国时期的土匪.北京:中国人民大学出版社,1993

33. 曹幸穗.旧中国苏南农家经济研究.北京:中央编译出版社,1996

34. 程歗.晚清乡土意识.北京:中国人民大学出版社,1990

35. 丁守和.五四风云人物文萃——梁启超·张东荪.北京:人民日报出版社,2005

36. 杜应娟主编.近现代中国社会简明教程.广州:暨南大学出版社,2013

37. 段本洛,单强.近代江南农村.南京:江苏人民出版社,1994

38. 费孝通文集.1—2、4—5、7、11—14 卷,北京:群言出版社,1999

39. 费孝通.费孝通在 2003.北京:中国社会科学出版社,2005

40. 费孝通.江村经济——中国农民的生活.北京:商务印书馆,2001

41. 费孝通.乡土中国 生育制度.北京:北京大学出版社,1998

42. 费孝通.杂写戊集.天津:天津人民出版社,1993

43. 冯友兰.三松堂全集.4 卷.郑州:河南人民出版社,2001

44. 冯友兰.新理学.北京:生活·读书·新知三联书店,2007

45. 冯友兰.中国哲学简史.北京:生活·读书·新知三联书店,2013

46. 冯自由.革命逸史.2 集,北京:中华书局,1981

47. 冯定文集.1 卷,北京:人民出版社,1987

48. 高一涵.回忆李大钊.北京:人民出版社,1980

49. 葛懋春,李兰芝编.胡适哲学思想资料选(上),上海:华东师范大学出版社,1981

50. 龚书铎.社会变革与文化趋向——中国近代文化研究.北京:北京师范大学出版

社,2005

51. 顾智明.中国人民解放军道德建设史.北京:解放军出版社,2013

52. 关志钢.新生活运动研究.深圳:海天出版社,1999

53. 郭沫若全集.18卷,北京:人民文学出版社,1992

54. 郭湛波.近五十年中国思想史.济南:山东人民出版社,1997

55. 郭齐勇.梁漱溟哲学思想.武汉:湖北人民出版社,1996

56. 胡适全集.18卷,合肥:安徽教育出版社,2003

57. 胡适文集.1—5、10—11卷,北京:北京大学出版社,1998

58. 胡明.胡适传论(上卷),北京:人民文学出版社,1996

59. 贺麟.文化与人生.上海:上海人民出版社,2011

60. 洪志纲主编.胡适经典文存.上海:上海大学出版社,2004

61. 黄明同,卢昌健.孙中山经济思想.北京:社会科学文献出版社,2006

62. 黄兴涛主编.中国文化通史·民国卷.北京:北京师范大学出版社,2009

63. 黄彦编.孙文选集(中、下册),广州:广东人民出版社,2006

64. 贾士毅编.民国财政史(上册),上海:上海商务印书馆,1934

65. 金耀基.从传统到现代.广州:广州文化出版社,1989

66. 景海峰.梁漱溟评传.南昌:百花州文艺出版社,2010

67. 李达文集.1—2卷,北京:人民出版社,1980、1981

68. 李达.法理学大纲.北京:法律出版社,1983

69. 李大钊全集.1—5卷,北京:人民出版社,2006

70. 李大钊选集.北京:人民出版社,1959

71. 李大钊.马克思主义在中国——从影响的传入到传播.北京:清华大学出版社,1983

72. 李兰芬.百年中国马克思主义伦理思想研究述要.苏州:苏州大学出版社,2015

73. 李明建."新生活运动"的伦理研究.博士学位论文,南京师范大学,2016年

74. 李培超,李彬等著.中华民族道德生活史近代卷.上海:东方出版中心,2015

75. 李文治编.中国近代农业史资料.1辑,北京:生活·读书·新知三联书店,1957

76. 李向民.中国的经济发展学说——大梦初觉.南京:江苏人民出版社,1994

77. 李银桥.在毛泽东身边十五年.石家庄:河北人民出版社,1991

78. 李泽厚.中国现代思想史论.北京:生活·读书·新知三联书店,2008

79. 梁漱溟.东西文化及其哲学.北京:商务印书馆,1999

80. 梁漱溟.乡村建设理论.上海:上海人民出版社,2011

81. 刘少奇选集(上卷),北京:人民出版社,1981

82. 鲁迅全集.1、4卷,北京:人民文学出版社,1981

83. 罗国杰.中国革命道德.北京:中国人民大学出版社,2012

84. 罗国杰.中国伦理思想史(下卷),北京:中国人民大学出版社,2008

85. 吕希晨,陈莹选编.精神自由与民族文化——张君劢新儒学论著辑要.北京:中国广播电视出版社,1995

86. 马东玉.梁漱溟传.北京:东方出版社,1993

87. 马勇.中国圣雄——梁漱溟传.石家庄:河北人民出版社,2012

88. 《民国丛书》编辑委员会编.民国丛书(第3编73)(历史·地理类),上海:上海书店,1991

89. 瞿秋白文集(政治理论篇).第2卷,北京:人民出版社,1988

90. 乔素玲.教育与女性——近代中国女子教育与知识女性觉醒1840—1921.天津:天津古籍出版社,2005

91. 秦孝仪主编.总统蒋公思想言论总集(卷五、二十),台北:"中央文物供应社",1975、1984

92. 屈美琳.胡适实用主义伦理思想研究.硕士学位论文,南京师范大学,2014

93. 柔石选集.北京:人民文学出版社,1986

94. 孙中山全集.1—2、5、7、8—9、11卷,北京:中华书局,1981、1982、1985、1985、1986、1986、1986

95. 孙中山选集.北京:人民出版社,1981

96. 孙中山文集.北京:团结出版社,1997

97. 孙中山.建国方略.北京:中华书局,2011

98. 孙中山.三民主义.北京:九州出版社,2012

99. 宋庆龄.为新中国奋斗.北京:人民出版社,1952

100. 上海社会科学院历史研究所.辛亥革命在上海史料选辑.上海:上海人民出版社,1966

101. 上海市工商行政管理局等.上海民族机器工业.北京:中华书局,1979

102. 《申报》(影印本)(第168、169、171、177册),上海:上海书店影印,1983

103. 沈云龙主编.近代中国史料丛刊(第三编第53辑),新北:台湾文海出版社,1989

104. 石柏林.凄风苦雨中的民国经济.郑州:河南人民出版社,1993

105. 史凤仪.中国古代的家族与身分.北京:社会科学文献出版社,1999

106. 史全生主编. 中华民国经济史. 南京：江苏人民出版社，1989

107. 唐凯麟，王泽应. 20世纪中国伦理思潮. 北京：高等教育出版社，2003

108. 天津市档案馆等编. 天津商会档案汇编（1903—1911）（上），天津：天津人民出版社，1989

109. 田苗苗整理. 吴虞集. 北京：中华书局，2013

110. 田瑞星. 梁漱溟经济伦理思想研究. 硕士学位论文，南京师范大学，2013

111. 田晓青主编《民国思潮读本》（第三、四卷），北京：作家出版社，2013

112. 佟自光编. 梁漱溟的孤独思考. 上海：东方出版社，2006

113. 魏源集（上），北京：中华书局，1976

114. 万建中，周耀明. 汉族风俗史. 5卷，上海：学林出版社，2004

115. 万俊人. 道德之维——现代经济伦理导论. 广州：广东人民出版社，2000

116. 汪敬虞. 中国近代工业史资料. 2辑（下册），北京：科学出版社，1957

117. 王沪宁. 当代中国村落家族文化. 上海：上海人民出版社，1991

118. 王杰. 孙中山民生思想研究. 北京：首都经济贸易大学出版社，2011

119. 王露璐. 乡土伦理——一种跨学科视野中的"地方性道德知识"探究. 北京：人民出版社，2008

120. 王露璐. 新乡土伦理——社会转型期的中国乡村伦理问题研究. 北京：人民出版社，2016

121. 王露璐等. 经济伦理学. 北京：人民出版社，2014

122. 王铭铭. 村落视野中的文化与权力——闽台三村五论. 北京：生活·读书·新知三联书店，1997

123. 王南湜. 社会哲学：现代实践哲学视野中的社会生活. 昆明：云南人民出版社，2001

124. 王小锡. 中国经济伦理学. 北京：中国商业出版社，1994

125. 王小锡. 经济伦理学——经济与道德关系之哲学分析. 北京：人民出版社，2015

126. 王仲鸣编译. 中国农民问题与农民运动. 上海：上海平凡书局，1929

127. 韦冬主编. 中国共产党思想道德建设史. 济南：山东人民出版社，2015

128. 温波. 重建合法性——南昌市新生活运动研究（1934—1935）. 北京：学苑出版社，2006

129. 吴汉全. 李大钊与中国社会现代化新道路（外二种）. 长春：吉林人民出版社，2011

130. 吴雁南等主编. 中国近代社会思潮（1840—1949）. 4卷，长沙：湖南教育出版

社,2011

131. 习近平. 习近平谈治国理政. 2卷,北京:外文出版社,2017

132. 夏伟东,李颖,杨宗元. 个人主义思潮. 北京:高等教育出版社,2006

133. 夏伟东. 中国共产党思想道德建设史略. 济南:山东人民出版社,2006

134. 萧继宗主编. 新生活运动史料. 革命文献第 68 辑,台北:"中央文物供应社",1975

135. 谢新春. 李大钊伦理思想研究. 博士学位论文,南京师范大学,2015

136. 熊十力. 新唯识论. 北京:商务印书馆,2010

137. 熊十力全集. 3卷,武汉:湖北教育出版社,2001

138. 许全兴. 李大钊哲学思想研究. 北京:北京大学出版社,1989

139. 新生活运动. 南京:国民政府行政院新闻局印行,1947

140. 新生活运动促进总会. 新生活运动辑要. 南京:新生活运动促进总会编印,1936

141. 新生活运动手册. 南京:新生活运动促进总会印,1935

142. 新生活运动言论章则辑要. 郑州:河南省政府民政厅编印,1935

143. 行政院农村复兴委员会. 江苏省农村调查. 北京:商务印书馆,1934

144. 严中平等编. 中国近代经济史统计资料选辑. 北京:中国社会科学出版社,2012

145. 杨菲蓉. 梁漱溟合作理论与邹平合作运动. 重庆:重庆出版社,2001

146. 于亚东. 孙中山民生主义经济伦理思想研究. 硕士学位论文,南京师范大学,2012

147. 余英时. 中国近代思想史上的胡适. 台北:联经出版事业公司,1984

148. 张岱年. 中国哲学大纲. 北京:中国社会科学出版社,2014

149. 张福记. 近代中国社会演化与革命:新民主主义革命发生发展的历史根据研究. 北京:人民出版社,2002

150. 张冠生. 费孝通(上),北京:群言出版社,2012

151. 张鸿翼. 儒家经济伦理及其时代命运. 北京:北京大学出版社,2010

152. 张君劢. 中西印哲学文集(上),台北:台湾学生书局,1981

153. 张培刚. 农业与工业化. 北京:中国人民大学出版社,2014

154. 张其昀主编. 先总统蒋公全集. 一册,台北:台湾中国文化大学出版部,1984

155. 张锡勤,柴文华主编. 中国伦理道德变迁史稿(下卷),北京:人民出版社,2008

156. 张锡勤,饶良伦,杨忠文编著. 中国近现代伦理思想史. 哈尔滨:黑龙江人民出版社,1984

157. 张宪文等. 中华民国史. 1卷,南京:南京大学出版社,2013

158. 张謇全集.1、3卷,南京:江苏古籍出版社,1994

159. 张怡祖编.张季子(謇)·九录.3卷,台北:文海出版社,1983

160. 章伯锋,李宗一主编.北洋军阀.1卷,武汉:武汉出版社,1990

161. 赵炎才.致用与重构的二重变奏——清末民初伦理道德近代嬗变研究.北京:光明日报出版社,2009

162. 赵云声主编.中国大资本家传.8卷,长春:时代文艺出版社,1994

163. 郑大华.民国思想家论.北京:中华书局,2006

164. 郑大华.民国思想史论.北京:社会科学文献出版社,2006

165. 中共中央党史研究室.中国共产党历史·第一卷(1921—1949)》(上册),北京:中共党史出版社,2011

166. 中国革命博物馆编.回忆李大钊.北京:人民出版社,1980

167. 《中国近现代资料丛刊·洋务运动》(一),上海:上海人民出版社,1961

168. 钟离蒙,杨凤麟主编.中国现代哲学史资料汇编.辽宁大学哲学系1981年编(未公开出版),第1集第6册。

169. 周晓虹.传统与变迁——江浙农民的社会心理及其近代以来的嬗变.北京:生活·读书·新知三联书店,1998

170. 朱志敏.李大钊传.北京:红旗出版社,2009

171. 左玉河编.中国近代思想家文库·张东荪卷.北京:中国人民大学出版社,2015

172. 〔德〕马克斯·韦伯.儒教与道教.王容芬译,北京:商务印书馆,1995

173. 〔德〕马克斯·韦伯.新教伦理与资本主义精神.于晓、陈维纲等译,北京:生活·读书·新知三联书店,1987

174. 〔法〕孟德拉斯.农民的终结.李培林译,北京:社会科学文献出版社,2005

175. 〔法〕托马斯·皮凯蒂.21世纪资本论.巴曙松等译,北京:中信出版社,2014

176. 〔美〕埃德加·斯诺.西行漫记.董乐山译,北京:生活·读书·新知三联书店,1979

177. 〔美〕艾恺.最后的儒家:梁漱溟与中国现代化的两难.王宗昱、冀建中译,南京:江苏人民出版社,2003

178. 〔美〕大卫·阿古什.费孝通传.董天民译,郑州:河南人民出版社,2006

179. 〔美〕菲尔·比林斯利.民国时期的土匪.王贤知等译,北京:中国青年出版社,1991

180. 〔美〕费正清,费维恺编.剑桥中华民国史(下卷),刘敬坤等译,北京:中国社会科学出版社,1994

181. ［美］费正清. 中国：传统与变迁. 张沛等译，北京：世界知识出版社，2001

182. ［美］费正清编. 剑桥中华民国史（上卷），杨品泉等译，北京：中国社会科学出版社，1994

183. ［美］黄宗智. 华北的小农经济与社会变迁. 北京：中华书局，2000

184. ［美］黄宗智. 长江三角洲小农家庭与乡村发展. 北京：中华书局，2000

185. ［美］斯塔夫里阿诺斯. 全球通史：1500 年以后的历史. 吴象婴、梁赤民译，上海：上海社会科学院出版社，1999

186. ［美］许烺光. 美国人与中国人：两种生活方式的比较. 彭凯平、刘文静等译，北京：华夏出版社，1989

187. ［美］詹姆斯•C. 斯科特. 农民的道义经济学：东南亚的反叛与生存. 程立显、刘建等译，南京：译林出版社，2001

188. ［英］杰里米•边沁. 论道德与立法的原则. 程立显、宇文利译，西安：陕西人民出版社，2009

189. ［英］马林诺夫斯基. 原始社会的犯罪与习俗. 原江译，昆明：云南人民出版社，2002

190. ［英］休谟. 人类理智研究. 吕大吉译，北京：商务印书馆，1999

191. ［英］约翰•穆勒. 功利主义. 徐大建译，上海：上海世纪出版集团，2008

外文文献

1. Dwight H. Perkins, *Agricultural Development in China*, *1368—1968*. Chicago：Aldine，1969.

2. Robert Redfield. *Peasant Society and Culture*, Chicago：Chicago University Press，1956.

后 记

　　本书是国家社科基金重大项目"中国经济伦理思想通史研究"(11&ZD084)子课题"民国经济伦理思想研究"的最终研究成果。子课题组负责人为王露璐(南京师范大学教授),主要参加人员有李明建(宿迁学院教授)、张燕(南京师范大学副教授)、谢新春(国防大学政治学院干部)。本书提纲由王露璐拟订,经重大项目组成员集体讨论定稿。具体研究和写作分工如下:引言、第二章、第四章、第五章第三节、第九章、结语,王露璐;第一章、第三章、第五章第二节,李明建;第五章第一节、第六章、第七章,张燕;第八章,谢新春。由王露璐指导的谢新春、李明建的博士论文和田瑞星、于亚东、屈美琳的硕士论文对本书相关章节有一定贡献。研究生张萌协助完成了全书格式整理、校对等学术辅助工作。本书初稿在子课题组成员集体统稿、修改的基础上,由王小锡完成全书统改工作。

　　在本书撰写成稿过程中,重大项目组首席专家、各子课题负责人及全体成员、许多专家学者都给予了重要的学术支持。同时,成果参考、借鉴了国内外有关专家学者的研究成果,在此一并表示由衷的感谢。

王露璐

2021 年 6 月 10 日